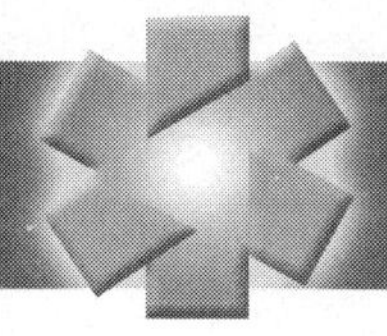

普通高等教育汽车服务工程专业“十二五”规划教材

QICHE MEIRONG

汽车美容

（第二版）

鲁植雄　主　编

黄学勤　韩　英　鞠卫平　李雨晖　副主编

陈　南　主　审

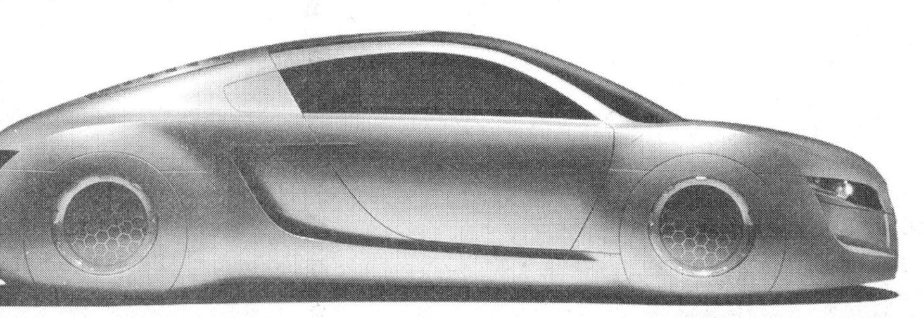

人民交通出版社
China Communications Press

内 容 提 要

本书详细介绍了汽车美容的基本知识和方法，并重点介绍了汽车美容的实际应用与操作。本书的主要内容有汽车美容概论、汽车清洗、汽车内饰美容、汽车外饰美容、汽车漆面装饰美容、汽车漆面修复美容、汽车外部装饰、汽车内部装饰和汽车精品装饰等。

本书是普通高等学校汽车服务工程专业本科生教材，亦可作为交通运输、车辆工程、载运工具运用工程等汽车类专业的教材，也可供汽车服务行业和相关工程技术人员参考使用。

图书在版编目(CIP)数据

汽车美容／鲁植雄主编.—2版.—北京：人民交通出版社，2011.7

ISBN 978-7-114-08977-0

Ⅰ.①汽…　Ⅱ.①鲁…　Ⅲ.①汽车－车辆保养　Ⅳ.①U472

中国版本图书馆CIP数据核字(2011)第048209号

普通高等教育汽车服务工程专业“十二五”规划教材

书　　名： 汽车美容（第二版）
著 作 者： 鲁植雄
责任编辑： 王金霞
出版发行： 人民交通出版社
地　　址： (100011)北京市朝阳区安定门外外馆斜街3号
网　　址： http://www.ccpress.com.cn
销售电话： (010)59757973
总 经 销： 人民交通出版社发行部
经　　销： 各地新华书店
印　　刷： 北京鑫正大印刷有限公司
开　　本： 787×1092　1/16
印　　张： 16
字　　数： 400千
版　　次： 2011年7月　第2版
印　　次： 2015年1月　第2次印刷
书　　号： ISBN 978-7-114-08977-0
定　　价： 30.00元

第二版前言

Dierbanqianyan

本书是2006年出版的《汽车美容》的第二版,是普通高等教育汽车服务工程专业“十二五”规划系列教材之一。

第一版在出版后受到了广大读者的肯定与支持,在几年内多次重印。为了适应汽车美容行业的技术发展和汽车服务工程专业人才培养的要求,满足高等学校对《汽车美容》课程改革的要求,推出了第二版。第二版主要修订内容如下。

(1)修改了第一版中的文字和图形错误。

(2)对原有的结构进行调整,增加了教学提示、复习思考题等。

(3)增加了一些汽车美容的新技术、新设备等相关内容。

(4)配套了该课程电子教案,可免费在人民交通出版社的网站上下载,下载地址为:http://www.ccpress.com.cn→服务/下载→课件下载→《汽车美容(第二版)》课件　鲁植雄主编。

本书由南京农业大学鲁植雄教授任主编,江苏技术师范学院的黄学勤和南京农业大学的韩英、鞠卫平、李雨晖担任副主编。本书第二章由李雨晖编写,第三章由韩英编写,第七章由鞠卫平编写,第八章和第九章由黄学勤编写,其余各章由鲁植雄编写。赵兰英、薛金林、李和、高强、张大成、李正浩、赵苗苗、席鑫鑫、胡超、党振如等同志参加了本书的文字和图片整理工作。全书由鲁植雄统稿。

本书由东南大学陈南教授担任主审。陈南教授仔细地阅读了全书的原稿,并提出了许多建设性的意见,在此表示最诚挚的谢意!

在撰写过程中,本书引用了一些国内外期刊、文献的资料,在此向有关文章的作者表示感谢!

编　者

2011年5月

第一版前言

Diyibanqianyan

本书是根据全国高等学校汽车服务工程专业教材编写会议通过的《汽车美容》教材编写大纲，并结合目前教学改革的具体情况编写的。该书为21世纪交通版高等学校汽车服务工程专业系列教材之一，也可供交通运输、载运工具运用工程等专业的学生使用。

随着我国汽车工业的发展和汽车保有量的不断增加，一种新兴的行业——汽车美容业悄然兴起，并且迅速遍及全国。

汽车美容是个边缘词汇，与其含义相近的专业术语叫做汽车养护。汽车美容是指由受过专业培训的人员，根据汽车各部位的不同材质，采用针对性的养护产品和专业工具设备，按照一定的施工工艺程序，由表及里地进行细致、周全的维护，使汽车外观洁亮如新，漆面亮光保持长久，并能有效延长汽车使用寿命的汽车养护作业，具有严格的系统性、规范性和专业性。汽车美容是20世纪90年代中期才发展起来的一种全新的服务模式，这一服务概念自被推向市场以后便受到了广泛的欢迎，使其在不到10年的时间里获得了迅猛的发展。

本书从汽车服务工程的角度出发，力求理论与实际紧密结合，内容的选择和安排注重循序渐进和深入浅出，着重对汽车美容的工艺规程、作业内容及相关养护产品的应用进行系统的介绍。教材的主要内容有汽车清洗、汽车打蜡、汽车内饰美容、漆面护理、喷漆处理、汽车外饰美容、汽车外部装饰、汽车内部装饰和汽车精品等。

本书由南京农业大学鲁植雄教授主编。第2章由李雨晖编写，第3章和第4章由韩英编写，第7章由鞠卫平编写，其余各章由鲁植雄编写。李和、高强、张大成、王立明等同志参加了本书文字和图片整理工作。

本书由东南大学陈南教授担任主审。陈南教授仔细地阅读了全书的原稿，并提出了许多建设性的意见，在此表示最诚挚的谢意！

在撰写过程中，本书引用了一些国内外期刊、文献的资料，借此机会向有关文章的作者表示感谢！

编　者

2005年3月

目　录

Mulu

第一章 汽车美容概论

教学提示:在我国,汽车美容业算是一个新兴行业。汽车美容是一门交叉学科,涉及机械、化工、美学、环保等各方面内容;同时也是一个操作性很强又十分注重经验的技术工种。因此,必须了解和掌握有关的知识,熟悉安全操作规程和有关环境保护常识,才能有效地提高汽车美容的专业水平,从而确保汽车美容的质量。

本章主要内容:汽车美容的定义与分类、汽车美容业的现状与发展前景、汽车美容施工的安全防护与环境保护等。

本章学习目标:

(1)了解汽车美容的内涵;

(2)掌握汽车美容的分类;

(3)了解汽车美容业的发展现状及发展前景;

(4)掌握汽车美容施工安全防护的方法;

(5)掌握汽车美容的环境保护措施。

本章重点:汽车美容的分类、汽车美容业的发展现状、汽车美容业的发展前景、汽车美容施工的安全防护、汽车美容环境保护。

本章难点:汽车美容的分类及其工作内容、汽车美容的环境保护。

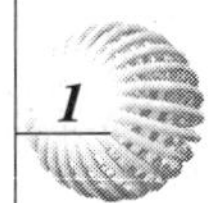

第一节 汽车美容的定义与分类

一、汽车美容的定义

汽车美容是指针对汽车各部位不同材质所需的养护条件,采用不同性质的汽车美容护理产品及施工工艺,对汽车进行全新养护以达到延长汽车使用寿命,增强其装饰和美观的一种行为。

今天的汽车美容由于借鉴了人类"美容养颜"的基本思想,被赋予了仿生学新的内涵,正逐步形成现代意义的汽车美容。因而,汽车美容不再只是简单的汽车打蜡、除渍、除臭、吸尘及车内外的清洁服务等常规美容护理,还包括利用专业美容系列产品和高科技技术设备,采用特殊的工艺和方法,对漆面进行增光、打蜡、抛光、镀膜及深浅划痕处理,全车漆面美容、底盘防腐涂胶处理和发动机表面除垢等一系列美容养护技术,从而达到"旧车变新,新车保值,延寿增益"的功效。

“汽车美容”一词源于西方发达国家,英文名称为“Car Beauty”或“Car Care”,意指汽车的美化与维护。在西方国家,这一行业被称为“汽车保姆(Car Care Center)”,是汽车生产、销售、维修之后的第四行业。

二、汽车美容的作用

汽车美容可以延长汽车的使用寿命,防止车漆龟裂硬化和脱色,使车辆美观并保值;汽车美容还有较高的装饰性,可以起到使汽车美观靓丽,充分体现出车主高贵身份的作用。

1. 美化环境

随着我国国民经济的不断发展和科学技术的不断进步,以及人们生活水平的不断提高,道路上行驶的各种汽车也越来越多。五颜六色的汽车装扮着城市的各条道路,形成一道道美丽的风景线,对城市和道路环境起着美化作用,给人们带来美的享受。这些成果的得来与我国的汽车美容业的兴起是分不开的,如果没有汽车美容,道路上行驶的汽车车身将会是灰尘污垢堆积,色泽暗淡,甚至锈迹斑斑,这样将会形成与美丽的城市建筑极不协调的景象。因此,美化城市环境离不开汽车美容。

2. 保护汽车

汽车涂膜是汽车金属等物体表面的保护层,它使物体表面与空气、水分、日光以及外界腐蚀物质隔离,起着保护物面、防止腐蚀的作用,从而延长金属等物体的使用寿命。汽车在使用过程中,由于风吹、日晒和雨淋等自然侵蚀,以及环境污染的影响,涂膜会出现失光、变色、粉化、起泡、龟裂以及脱落等老化现象。另外,交通事故、机械撞击等也会造成涂膜损伤。一旦涂膜损坏,金属等物体便失去了保护的“外衣”。为此,加强汽车美容作业,维护好汽车表面涂膜是保护汽车金属等物体的前提。

3. 装饰汽车

随着人们消费水平的提高,对于一些中、高档轿车来说,汽车不仅仅是一种交通工具,它已成为车主的一种身份的象征。车主不仅要求汽车具有优良的性能,而且要求汽车具有漂亮的外观,并想方设法把汽车装点得靓丽美观,这就对汽车的装饰性能提出了更高的要求。汽车的装饰性不仅取决于车型外观设计,而且取决于汽车表面色彩、光泽等因素。通过汽车美容作业,可以使汽车涂层平整、色彩鲜艳和色泽光亮,始终保持美丽的容颜。

三、汽车美容的层次

汽车美容的界定分为三个层次。最基本的一个层次是自理性养护。国外车主对汽车的熟悉程度普遍较高,车辆最简单的养护基本都是由自己完成的。第二个层次是简单装饰。诸如太阳膜、犀牛皮等的张贴,大包围、防盗装置等的安装,内饰品(包括真皮座椅、桃木内饰等)的改装、划痕的处理、抛光翻新等一些主要的汽车美容项目则需要依赖快修店。这种快修店一般只进行车辆内外的装备设施养护,而不涉及发动机等车辆中心结构的护理工作。第三个层次是专业服务。这是技术含量较高的服务种类,属于美容施工深度处理,也是对整个汽车最深入的美容养护。

四、汽车美容的分类

1. 根据汽车美容服务部位分类

根据汽车美容服务部位分类,汽车美容可分为车身美容、车饰美容、漆面美容和装饰美容。

1)车身美容

车身美容主要包括高压水洗车、除锈、去除沥青、焦油等污物,上蜡增艳与镜面处理,新车开蜡,钢圈、轮胎、保险杠翻新等项目。经常洗车可以清除车表尘土、酸雨、沥青等污染物,防止漆面及其他车身部件受到腐蚀和损害。适时打蜡、镀膜、封釉不但能给车身带来光彩亮丽的效果,而且可以防紫外线、防酸雨、抗高温及防静电。

2)车饰美容

车饰美容包括内饰美容、外饰美容及发动机及底盘美容三部分。内饰美容的服务项目可分车室美容、行李舱清洁等项目。车室服务项目包括仪表台、内顶、地毯、脚垫、座椅、座套、车门内饰的吸尘清洁保护,以及高温蒸汽杀菌、冷暖风出口除臭、车室空气净化等项目。外饰美容包括车窗玻璃、车灯、后视镜、保险杠、轮毂、轮罩、裙边等外饰件的清洁与护理。发动机及底盘美容包括发动机清洁、喷上光保护剂、做翻新处理及三滤散热器、蓄电池等的清洁、检查、维护项目以及底盘装甲处理。

3)漆面美容

漆面美容包括漆面装饰美容和漆面修复美容。漆面装饰美容又分为汽车漆面护理美容和漆面翻新美容。漆面护理美容的项目主要有汽车打蜡、汽车封釉、汽车镀膜等;漆面翻新美容主要是对漆面轻度失光、中浅划痕和斑点进行不喷漆美容处理。漆面修复美容是对漆面深划痕、局部漆面或全车漆面等进行喷漆修复的一种美容。

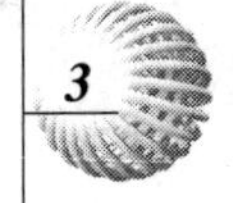

4)装饰美容

汽车装饰美容是指在原厂车的基础上通过加装、改装或更新车上装备和附件,以提高汽车的美观性、装饰性和安全性的行为。所增加的附属物品称为汽车饰品或汽车装车件。

汽车装饰主要有两种分类方法:一类是按照装饰部位进行分类,另一类是按照装饰作用进行分类。

(1)按照部位进行分类。

①汽车外部装饰,包括车顶、车窗、大包围、车灯、车轮、底盘等的装饰。

②汽车内部装饰,包括地板、门内护板、门边饰板、篷壁、座椅、仪表板等的装饰。

③汽车精品装饰,包括车载电子电气设备、通信设备、智能设备、防盗防护设备安装。

(2)按照作用进行分类。

①美观类,如个性贴花、车身大包围装饰、安装空气扰流组件等。

②舒适类,如天窗装饰、座椅装饰、桃木装饰等。

③娱乐类,如安装各种视听设备、娱乐设备等。

④防盗类,如安装各种防盗设备和工具等。

⑤保护类,如安装保险杠、防撞胶条、防滚架等。

⑥便利类,如安装电动门窗、集控门锁、车载电话、电子导航装置等。

⑦实用类,如安装车载冰箱、车载氧吧、车载货架等。

⑧安全类,如安装倒车雷达、可视倒车装置、汽车安全预警装置等。

2. 根据汽车美容程度分类

汽车美容根据汽车美容程度分类,可分为护理美容、修复美容和专业美容。

1)护理美容

护理美容是指对汽车漆面和室内表面进行美容护理,其中包括对汽车外表漆面、总成表面和内室物件表面进行清洗除污,对汽车漆面上光、抛光、研磨及对新车开蜡等作业。护理增加了车身表面的光亮度。

护理性的美容作业项目有新车开蜡、汽车清洗、漆面研磨、漆面抛光、漆面还原、车身打蜡、内室护理等。

(1)新车开蜡。汽车生产厂家为防止汽车在储运过程中漆膜受损,确保汽车到用户手中时漆膜完好如新,汽车总装的最后一道工序是在检查合格后,对整车进行喷蜡处理,在车身外表面喷涂封漆蜡。封漆蜡没有光泽,严重影响汽车美观,且易黏附灰尘。国外发达国家的汽车销售商在汽车出售前就对汽车进行除蜡处理,目前,我国还很少有汽车销售商实施这项工作。为此,用户购车后必须除掉封漆蜡(俗称"开蜡")。

(2)汽车清洗。为保持汽车干净、整洁的外观,应定期或不定期地对汽车进行清洗。汽车清洗是汽车美容的首要环节,同时也是一个重要环节。它既是一项基础性的工作,也是一种经常性的护理作业。按汽车部位不同,清洗作业可分为车身外表面清洗、内室清洗和行走部分清洗。对车身漆面的清洗可分为不脱蜡清洗和脱蜡清洗两种。不脱蜡清洗是指车身表面有蜡,但是不想把它去掉,只是洗掉灰尘、污迹。清洗方法主要是通过清水和普通清洗剂,采用人工或机械清洗。脱蜡清洗是一种除掉车漆表面原有车蜡的清洗作业。有些汽车原来打过蜡,现在需要重新打蜡上光,在这种情况下,必须在洗车的同时将原车蜡除净,然后再打新蜡。脱蜡洗车使用脱蜡清洗剂,该清洗剂可有效地去除车蜡。用脱蜡清洗剂洗完之后,再用清水将车身表面冲洗干净。

(3)漆面研磨。漆面研磨是去除漆膜表面氧化层、轻微划痕等缺陷所进行的作业。该作业虽具有修复美容的作用,但由于所修复的缺陷非常轻微,只要配合其他护理作业,便可消除缺陷,所以把它列为护理性美容的范围。漆面研磨与后面的抛光、还原是三道连续作业的工序,研磨是漆面轻微缺陷修复的第一道工序,需使用专用研磨剂,通过研磨抛光机进行作业。

(4)漆面抛光。漆面抛光是紧接着研磨的第二道工序。车漆表面经研磨后会留下细微的磨痕,漆面抛光就是去除这些痕迹所进行的护理作业。漆面抛光需使用专用抛光剂,通过研磨抛光机进行作业。

(5)漆面还原。漆面还原是研磨、抛光之后的第三道工序,它是通过还原剂将车身漆表面还原到"新车"般的状况。还原剂也称密封剂,对车身漆面起密封作用,以避免空气中的污染物直接侵蚀车身漆面。还原剂有两种:一种叫还原剂,另一种叫增光剂。增光剂在还原作用的基础上还有增亮的作用。

(6)车身打蜡。车身打蜡是在车漆表面涂上一层蜡质保护层,并将蜡抛出光泽的护理作业。打蜡的目的有以下四个方面。

①改善车身漆表面的光亮程度,增添靓丽的光彩。

②防止腐蚀性物质的侵蚀,对车漆进行保护。

③消除或减小静电影响,使车身保持整洁。

④降低紫外线和高温对车漆的侵害,防止和减缓漆膜老化。

汽车打蜡可通过人工或打蜡机进行作业。

(7)内室护理。汽车内室护理是指对汽车控制台、操纵件、座椅、座套、顶棚、地毯、脚垫等部件进行的清洁、上光等美容作业,还包括对汽车内室定期进行杀菌、除臭等净化空气作业。汽车内室部件种类很多,外层面料也各不相同,在护理中应分别使用不同的专用护理用品，确保护理质量。

2）修复美容

汽车修复美容是对车身漆膜有损伤的部位和内饰物出现破损的部位进行恢复性作业，其中包括对涂膜表面的病态、损伤和内室物件的破损进行修补处理等作业内容。汽车修复美容一般先进行漆膜修复，然后再进行美容。汽车修复美容的工艺过程为：沙子划痕→涂快干原子灰→研磨→涂快干底漆→涂底色漆→涂罩光漆→清除接口。

汽车修复美容应在正规的汽车美容中心进行，它需要必要的设备和工具，必须有一定的修复美容工艺才能满足汽车美容的基本要求。但是，这种美容并非很完善，对整车而言，只是对车身的漆膜部分进行了维护。

修复性的美容维护作业项目有以下几项内容。

（1）漆膜病态治理。漆膜病态是指漆膜质量与规定的技术指标相比存在缺陷。漆膜病态有上百种，按病态产生的时机不同可分为涂装中出现的病态和使用中出现的病态两大类。对于各种不同的漆膜病态，应分析具体原因，并采取有效措施积极防治。

（2）漆面划痕处理。漆面划痕是因刮擦、碰撞等原因造成的漆膜损伤。当漆面出现划痕时，应根据划痕的深浅程度，采取不同的工艺进行修复处理。

（3）漆面斑点处理。漆面斑点是指漆面接触了沥青、飞漆、焦油、鸟粪等污物，在漆面上留下的污迹。对斑点的处理应根据斑点在漆膜中渗透的深度不同而采取不同的工艺。

（4）汽车涂层局部修补。汽车涂层局部修补是当汽车漆面出现局部失光、变色、粉化、起泡、龟裂、脱落等严重老化现象或因交通事故导致涂层局部破损时，所进行的局部修补涂装作业。汽车涂层局部修补虽然作业面积较小，但要使修补漆面与原漆面的漆膜外观、光泽、颜色达到基本一致，需要操作人员具有丰富的经验和高超的技术水平。

（5）汽车涂层整体翻修。汽车涂层整体翻修是当全车漆膜出现严重老化时所进行的全车翻新涂装作业。其作业内容主要有清除旧漆膜、金属表面除锈、底漆和腻子施工、面漆喷涂、补漆修饰及抛光上蜡等。

3）专业美容

专业汽车美容不仅仅包括对汽车的清洗、打蜡，更主要的是根据汽车的实际需要进行维护，包括对汽车护理用品的正确选择与使用、汽车漆膜的护理（如对各类漆膜缺陷的处理、划痕的修复美容等）、汽车装饰、精品选装等内容。

（1）汽车装饰服务。汽车装饰服务即根据车主的个性化要求，在车上改装或加装一些装饰件，如车身大包围、导流板、扰流板、车贴、防护杠、车顶行李架、车灯、天窗、真皮座椅、桃木内饰、底盘封塑等。

（2）汽车精品增配。汽车精品的服务项目有贴防爆太阳膜，安装防盗器、静电放电器、汽车语音报警装置以及能满足驾驶员及乘员对汽车内部附属装饰、便捷服务的需求，如车用香水、蜡掸、剃须刀、护目镜、脚垫、座套、把套等的配置，能使汽车美容服务更加贴心，从而体现人性化的服务。

一般认为，专业汽车美容是通过先进的设备和数百种用品，经过几十道工序，从车身、内室、发动机、钢圈、轮胎、底盘、保险杠、油路、电路、空调系统、冷却系统、进排气系统等各部位进行彻底的清洗、养护，使旧车变新并保持长久，使整车焕然一新。这样的汽车美容才是真正的专业汽车美容。

第二节 汽车美容业的现状与发展前景

一、汽车美容业存在的问题

由于种种原因,我国汽车美容业长期滞后于发达国家,传统的单一手工养护方法在我国延续了几十年。直到20世纪90年代初,现代汽车美容业才在我国出现,进入20世纪90年代中期,国外一些汽车美容公司纷纷登场,在全国范围内办起了连锁店,各种品牌的汽车美容用品也像雨后春笋般蜂拥而至,并造就了一支汽车美容大军,从业人数逐年增加,汽车美容业呈现一片繁荣的景象。目前,汽车美容业存在的问题主要表现在以下几个方面。

1.汽车美容行业管理法规制度不健全

(1)市场准入制度方面。目前,汽车美容店申请开业是按三类汽车维修企业的标准来申请的,三类汽车维修企业是指专门从事汽车专项修理(或维护)生产的企业和个体经营户。国标GB/T 16739.2—2004《汽车维修业开业条件第2部分:汽车专项维修业户》规定了专项修理项目、设备、设施、人员和流动资金条件,汽车维修企业可以根据自身条件,申请从事一项或数项专项修理作业。从该标准中可以看出,对汽车美容店开业的要求并不高,汽车美容的详细项目并没有明确列于其中,与之相应的设备、技术、人员和资金流动方面的要求也就无从谈起了。没有专门针对汽车美容行业的市场准入制度,这个行业就无法得到规范。

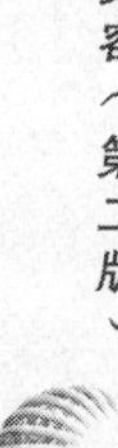

(2)行业管理方面。从国外的汽车服务市场来看,汽车美容服务已经完全从汽车维修行业中划分出来,成为一个独立行业。而我国目前的行业划分,汽车美容依然是附属于汽车维修,而且经营项目也并未与汽车维修有所区分。

(3)服务标准方面。一个健全的行业应有相应的技术及服务标准。汽车维修业相对汽车美容业是一个发展比较完善的行业,汽车维修在技术上有《汽车运输业车辆技术管理规定》;在质量上有"三级检验"制度;设备和人员等方面在《汽车维修业开业条件》中也有说明;在收费方面还有各省制定的《汽车摩托车维修行业工时定额和收费管理规定》。然而,汽车美容行业在技术、设备、人员和收费等各方面都没有标准可以去参照执行,技术操作不规范和收费不合理现象大量存在。

2.从业人员素质低,专业化人才不足

据调查显示,汽车美容市场上的从业人员基本上都是学徒工,不少从业人员仅具备初中文化程度,这些人对于汽车美容技术的学习都是采取师傅带徒弟的方式,汽车美容技术的传授和更新速度极慢,知识和技能十分有限,他们对汽车美容产品的使用基本上是按说明书操作,极少研究其工作原理。另外,汽车工业的新技术应用越来越广泛,电脑系统、电子技术在这一行业的应用也在逐渐升级,非专业美容养护工人根本无法排除故障。这种靠老师傅传、帮、带的学习方式,不能适应现在的市场对汽车美容工作的需要。从业人员素质低、专业化人才匮乏严重制约了汽车美容业的发展。

3.汽车美容用品质量参差不齐

市场上的汽车美容用品以国外品牌居多,其中有符合国际质量认证的优质产品,但也不乏假冒伪劣甚至国外的垃圾产品,质量很难保证。以汽车清洗剂为例,不少汽车美容企业都没有使用汽车专用清洗剂,而是使用一般的洗涤剂,甚至还有个别小店使用洗衣粉洗车。汽车美容用品质量低劣，美容用品损害汽车的消费纠纷屡见不鲜，大大妨碍了我国汽车美容业的健康有序发展。

4. 规模经济不明显，品牌优势不突出

我国汽车美容市场最显著的特点是企业规模较小、持续经营能力差及品牌优势不突出。国内的汽车美容企业经营具有一定的盲目性，投资者在货品渠道、操作技能、日常管理与经营发展等方面经验不足。不论连锁经营企业还是独立经营企业，可以称得上规模化又能树立起品牌的汽车美容企业寥寥无几。近年来，国际知名汽车美容品牌驰耐普、3M、尼尔森及美丽狮等已进入我国汽车美容市场，并开始建立其连锁经营网络。相比之下，本土汽车美容企业规模经济不明显，品牌优势不突出，影响了企业通过差异化营销策略实现可持续发展。

5. 汽车美容业的暴利现象同样不能回避

服务行业的定价差别大虽然属于正常现象，但就目前汽车美容养护工作的技术含量、服务质量而言，收费不尽合理。另外，车主对汽车养护知之不多，也给不良商家带来可乘之机。许多美容养护中心为了赚钱，常有用品以次充好的情况发生，更因很多美容中心缺乏技术工人、技术力量薄弱，导致对客户的汽车服务质量差，这些都是需要引起重视的问题。

二、汽车美容业的发展前景

根据欧美国家统计，在一个完全成熟的国际化汽车市场中，汽车的销售利润在整个汽车业的利润构成中仅占20%，零部件供应的利润占20%，而50%～60%的利润是从汽车服务业中产生的。例如，美国汽车服务业的营业额已经超过汽车整车市场的销售额，其中，单单一个汽车美容业年产值就已超过3500亿美元。

近年来，我国汽车行业发展迅速，截至2010年年底，我国汽车保有量已达到8500多万辆，全年销售量达到1806万辆。巨大的汽车保有量，为汽车美容提供了广阔的市场，其社会效益和经济效益将是十分显著的。

随着人们对自己的爱车更加呵护，汽车平时的清洁护理、定期美容养护及汽车百货用品采购也理所当然成为人们日常消费的内容。美容装饰的观念落实到一种实实在在的消费行为上，与之相伴的必然是汽车美容业的直线升温，这使汽车美容业成为一个新兴的阳光产业。

第三节　汽车美容的安全防护与环境保护

一、汽车美容的安全防护

汽车美容作业中，安全防护是防止发生火灾、防止发生伤亡事故、防止职业病、保护国家财产、保障职工身体健康的重要措施。

1. 防火

在汽车美容作业中，尤其是涂料作业中，经常要与涂料和溶剂打交道。涂料和溶剂均属于易燃易爆物品。涂料本身遇明火会发生火灾，而作业中挥发的溶剂蒸气与空气混合，达到一定的浓度，一旦遇到明火即会发生爆炸。易燃和可燃液体的易燃性分级标准如表1-1所示。

易燃和可燃液体的易燃性分级标准 表1-1

类别		闪点	举例
易燃液体	一级	低于28℃	汽油、苯、酒精
	二级	28~45℃	煤油、松节油
可燃液体	一级	45~120℃	柴油、硝基苯
	二级	高于120℃	润滑油、甘油

1)火灾和爆炸的主要原因

根据统计资料显示,涂料作业场所发生火灾和爆炸事故的主要原因有以下几个方面。

(1)作业场所不具备安全防火条件,没有通风排气设备,使挥发的溶剂不能及时排出,溶剂蒸气达到一定的浓度,遇明火即可起火爆炸。

(2)电气设备达不到防爆等级,照明灯、电动机、电气开关没有安装防爆装置,电气设备使用不当或损坏未及时维修,照明器具、电动机、开关及配线等在危险的场合使用,在结构上防爆考虑不充分,有产生火花的危险。

(3)浸有油性涂料或溶剂的棉纱、碎布等擦拭物没有及时清理而长期堆积,由于化学反应会渐渐发热以致达到燃点而自动燃烧。

(4)作业人员不遵守防火规则,在涂装现场使用明火和吸烟。

(5)作业场所没有足够数量的灭火器、黄沙及其他防火工具。

2)防火措施

为消除火灾的隐患,同时实现安全操作,应做好以下几点防火措施。

(1)完善防火设施。涂装车间所有结构件应采用耐火材料制成,并通风良好,每立方米厂房空间体积对应的窗户或易打开的顶盖面积不小于$0.05m^2$。

(2)按防爆等级规定安装电器。凡能产生电火花的电器和仪表不得在施工场所使用。电器和机械设备的超负荷运转引起的过热,也是潜在的火灾隐患。所以,施工场所的电线、电缆、电动启动装置、配电设备,照明灯等,都应符合防爆要求。电动工具和电器部分应接地良好。在使用溶剂的直接场所,禁装闸刀开关,且配电盘、熔断器、普通电动机及照明开关应安装在室外。

(3)严禁烟火。作业场所严禁吸烟,不准携带火种入内;如必须动用明火,只能在规定的安全区域内进行,车间及仓库都要设立“严禁烟火”的醒目标志。

(4)防止冲击火花。涂装过程中,应尽量避免敲打、碰撞、冲击、摩擦等操作。用铁器开启金属桶、敲击铁制件,甚至鞋底的掌钉与水泥地面摩擦都可能产生火花,进而引起火灾。对于燃点低的涂料或溶剂开桶时,应使用非铁工具(如铜、铝制工具)开启,以免产生火花引起燃爆事故。

(5)严防静电产生。在涂装作业中,静电往往是火种的来源之一。作业中由于摩擦产生的静电火花,常常是被忽视的隐患。为防止静电事故,施工场所的设备、管道、容器都应安装地线。

(6)谨防自燃。浸有油性涂料或溶剂的棉纱、碎布等抹擦物,必须放在指定地点,定期销毁,更不许与涂料及溶剂混放在同一场所。

(7)避免积存过多的涂料。施工现场尽量避免积存过多的涂料与稀释剂,不可将盛涂料的容器开口放置。

(8)废料严禁随意摆放。废弃的易燃的溶剂和涂料要集中管理,并在安全场所销毁,严禁倒入下水道。

(9)备足灭火器材。施工场所必须备有足够的灭火器、黄沙及其他灭火工具,并定期检查更换。

(10)及时灭火。当燃烧物遇明火发生燃烧时,应使用扑盖物罩上,或者使用灭火器扑灭。若发生较大火灾时,应立即报警,迅速切断电源,关闭运转的设备和邻近车间门窗,防止火势蔓延并尽快组织扑救。

2. 防毒

清洗剂、护理用品、涂料及溶剂大部分都有毒,其在喷涂时所形成的喷雾、涂膜,在干燥过程中会挥发出溶剂气体并通过人的呼吸道或皮肤渗入人体,对人体神经系统和血液系统产生刺激和破坏作用,进而导致人体出现头昏、头疼、失眠乏力和记忆力减退等症状。它还能引起人体血液系统的损害,导致白细胞减少,出现血小板和红细胞降低,以及皮肤干燥、瘙痒等症状。为防止中毒事故发生,应采取必要的防护措施。

1)控制空气中有毒物质的浓度

为确保操作人员身体健康,必须采取有效措施控制空气中有毒物质的浓度,使空气中的溶剂蒸汽浓度降低到最高许可浓度以下,即长期不损害安全的浓度。一般最高许可浓度是毒性下限值的1/10~1/2。

控制空气中有毒物质浓度的具体措施有以下5个方面。

(1)作业场所应有良好的通风和排风换气设备,使空气流通,加速有害气体的散发,使空气中有害气体含量不超过卫生许可浓度。

(2)在采用暖风的情况下,一般不采用循环风。在有害气体浓度不超标的场合,才允许部分采用循环风。

(3)含有毒成分的尘雾和气体,应经过净化处理后排入大气,排气风管应超出屋顶1m以上。

(4)吸入新鲜空气点和排废气点之间的距离,在水平方向不小于10m。

(5)对于毒性大、有害物质含量高的涂料严禁用喷涂法涂装。

2)防毒措施

(1)涂装人员在操作时,应穿戴好各种防护用具,如专用工作服、手套、面具、口罩和鞋帽等。不允许操作人员将工作服穿着离开车间。

(2)限制使用有毒涂料和溶剂,尽量使用无毒或毒性低的涂料和溶剂。例如,限制使用苯作溶剂等。

(3)控制有毒涂料的尘雾和气体外逸扩散,如红丹底漆不用喷涂法而用刷涂法。

(4)操作前穿戴好劳动保护用品(表1-2),如使用有空气净化器的头罩或面罩。

(5)作业时,如感到头痛、眩晕、心悸、恶心时,应立即离开现场到通风处呼吸新鲜空气,严重的应及时治疗。

(6)长期接触漆雾和有机溶剂气体的人,在不知不觉中也会发生慢性中毒,因而有关部门应对施工人员定期进行体检,发现有中毒迹象,应立即调离原场所的工作,脱离其与有机溶剂的接触。

(7)为防止有毒气体通过肺部吸入人体,在涂装时要戴附有活性炭的防毒面具。有毒气体还可通过肌肤进入人体而发生危害作用,因此,在施工完毕后,要用肥皂洗脸和手。

(8)为保护皮肤,作业前可涂抹防护油膏,作业后洗干净,再涂其他润肤油膏保护。

(9)要随时注意个人卫生和保健,不能在作业场所进食、就餐、饮水和吸烟,工作衣物要隔离存放并定期清洗。

(10)工作结束后,应洗淋浴,换好干净衣服到室外呼吸新鲜空气。还应多喝开水,以湿润气管,并加速和增加排毒能力。

涂装作业中各种操作人员应穿戴的劳动保护用品　　表 1-2

序号	工作项目	推荐油漆人员保护用品							
1	湿打磨、汽车清洗								
2	去除溶剂和蜡、去除剥片和油漆								
3	机动砂磨、吹洗								
4	擦光、抛光								
5	底层涂料（非催化）喷漆和瓷型								
6	喷射（非催化）喷漆和瓷漆								
7	全催化底层涂料和油漆								
8	油漆与底层涂料混合 湿油漆作业检查								
备注	空气净化呼吸器　供空气呼吸器	护目镜	面罩	安全眼镜	手套	保护服	护听筒	靴	护膝垫

二、汽车美容的环境保护

在汽车美容作业中,所产生的废气、废水和废物等污染物,如处理不当,将导致大气污染、水质污染和土壤污染,进而造成社会性公害。因此,治理“三废”是汽车美容作业中不可忽视的重要问题。

1. 汽车美容作业中产生的废气

汽车美容作业中产生的废气主要来源于喷涂散发的漆雾和溶剂挥发的蒸气。为防止废气造成大气污染,常采用活性炭吸附、触媒燃烧和直接燃烧等方法进行治理。

1)活性炭吸附法

这种方法是采用活性炭作为物理吸附剂,利用其毛细管的凝聚作用和分子间的引力,把有害物质吸附在活性炭表面上,使废气净化,其工艺过程见图 1-1。

活性炭吸附法使用的设备有预处理设备、吸附罐、后处理设备和控制系统等。

优点:可回收溶剂。可净化低浓度低温废气,不需加热。

缺点:需要预处理除去漆雾、粉尘、烟和油等杂质,高温废气需要冷却。

2)触媒燃烧法

这种方法是将作为有机溶剂的气体加热至 200 ~400℃,通过触媒层,进行氧化反应,这样可以在较低温度下燃烧，热能消耗少。

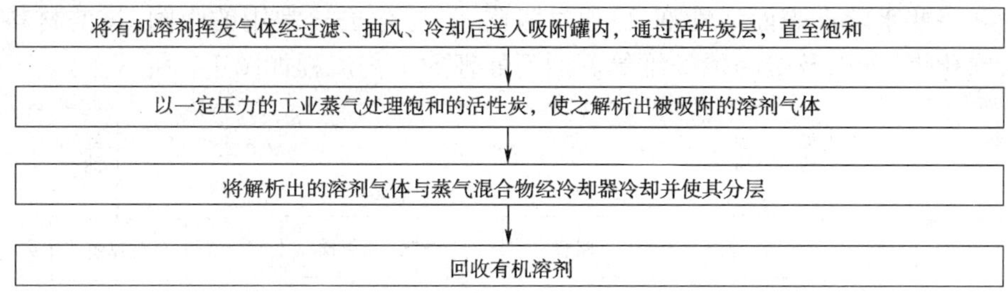

注:活性炭吸附处理后,废气排放浓度可达国家标准规定。

图 1-1　活性炭吸附法工艺过程

优点:装置较小,燃料费用低,NO_x 生成少。

缺点:需要良好的预处理,催化剂和设备价格较贵。

3)直接燃烧法

直接燃烧法是将含有机溶剂的气体加热至 600 ~ 800℃,使其直接燃烧,进行氧化反应,分解为二氧化碳和水。

优点:操作简单,维护容易;不需预处理,有机物可完全燃烧;有利于净化高浓度废气;燃烧热可作为烘干室的热源综合利用。

缺点:NO_x 排气增大,当单独处理时,燃烧费用较大。

2. 废水的处理

在汽车美容的清洗、湿打磨等作业中,会产生大量废水,这些废水中含有油污、清洗剂等有害物质,必须进行净化处理,使之符合工业废水最高允许排放浓度及地面水质的卫生要求才能排放,以减少环境污染,保证水质卫生。

1)油污的处理

清洗汽车车身、底盘时会产生大量含油废液,这种油污主要以乳化油的状态存在,油分散的粒径很小,不易从废液中去除,通常采用破乳、油水分离的方法净化处理。基本原理如下。

(1)破乳:主要用外加药剂来破坏废液中乳化胶体溶液的稳定性,使其凝聚。

(2)油水分离:通过破乳、凝聚处理,油珠和杂质生成絮凝,然后用物理方法使油水分层,去除沉淀,从而达到分离的目的。油水分离的方法有自然浮上、加压浮上、电解浮上、凝聚沉淀和粗粒化等,具体如表 1-3 所示。

油水分离的方法　　表 1-3

方　法	作　用
自然浮上	将废液露天存放,经一定时间使乳化状油污形成小滴析出,浮在水面上,以利清除
加压浮上	对废液施加一定压力,使油污分子变大,与水分离,浮在水面上
电解浮上	向废液中加入电解质溶液,使油污颗粒形成较大的颗粒与水分离,浮聚在水面上
凝聚沉淀	向废液中加入混凝剂,使油污颗粒失去稳定性,凝聚形成较大的颗粒与水分离沉淀于底层,以利清除
粗粒化	用机械或物理的方法,使水中细小的胶体悬浮颗粒失去稳定性,经碰撞和凝聚变成较大颗粒或油污胶体

(3)质净化。经破乳、油水分离后,水中油分和有机物都会大大降低,但水中还存在着微量的油和一些水溶性表面活性剂,可通过吸附、过滤除去。常用的吸附、过滤材料有活性炭、焦炭、磺化煤、砂以及聚丙烯纤维等。油污处理的工艺流程如图1-2所示。

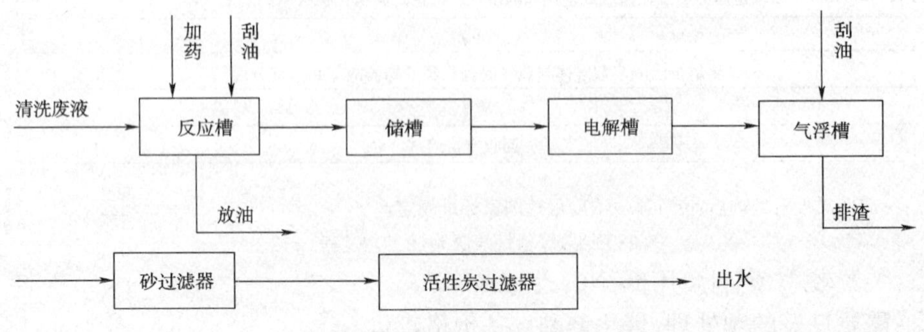

图1-2 油污处理工艺流程

2)碱性废液的处理

汽车表面清洗采用的大多为碱性清洗剂,对废液中的碱可采用中和法进行处理。

(1)将碱性废液与酸性废液相互中和,使pH值为6~8。此法节省药剂,方便易行,且成本低。

(2)加药中和法。常用的中和剂为工业用硫酸、盐酸或硝酸。中和各种碱性废液所需的酸量见表1-4。此法效果好,时间短,但成本高。

中和各种碱性废液所需的酸量 表1-4

需酸量 / 碱类名称	中和1kg碱所需酸的质量数(kg)					
	H_2SO_4		HCl		HNO_3	
	100%	98%	100%	36%	100%	42%
NaOH(氢氧化钠)	1.22	1.24	0.91	2.53	1.57	3.74
Na_2CO_3(碳酸钠)	0.92	0.94	0.69	1.92	1.19	2.93
Na_3PO_4(磷酸钠)	0.90	0.92	0.67	1.86	1.15	2.74
Na_2SiO_3(硅酸钠)	0.80	0.82	0.60	1.67	1.03	2.45
$Na_5P_3O_{10}$(三聚磷酸钠)	0.67	0.80	0.50	1.66	0.86	2.05

3)酸性废液的处理

对酸性废液的处理通常也是采用中和法。

(1)将酸性废液与碱性废液相互中和,使pH值为6~8。此法节省中和药剂,费用低,但处理效果不稳定。

(2)投药中和法。常用中和剂有纯碱、烧碱、氨水、石灰乳和碳酸钙等。此法适应性强,效果好,但成本较高。中和各种酸性废液所需的碱量见表1-5。

3.废物的处理

1)再生利用

(1)废漆的再生利用。性能较好的喷漆室能高效地捕集漆雾。漆雾被水幕冲洗下来,积聚在水槽中,这种废漆渣可以再生利用,例如,硝基漆(热塑性)废漆渣的再生工艺是:将收集来的废漆渣晾干,清除掉夹杂物,用相应的溶剂溶解过滤,按一定比例混入新漆,供涂装要求不高的被涂物使用或当作底涂料使用。

中和各种酸性废液所需的碱量 表 1-5

需碱量 / 酸类名称	中和 1kg 酸所需碱的质量数(kg)				
	NaOH	Na_2CO_3	NH_4OH	$Ca(OH)_2$	$CaCO_3$
HCl(盐酸)	1.10	1.45	0.96	1.01	1.37
HNO_3(硝酸)	0.64	0.84	0.56	0.59	0.85
H_2SO_4(硫酸)	0.82	1.08	0.71	0.76	1.02
HF(氢氟酸)	2.00	2.65	1.75	1.85	2.50
H_3PO_4(磷酸)	1.22	1.62	1.07	1.13	1.53
NH_4CO_3H(氨基碳酸)	0.41	0.55	0.36	0.38	0.82
$H_2C_2O_4$(醋酸)	0.64	0.84	0.58	0.62	0.83

(2)废溶剂的再生利用。若是同一条涂漆线收集的废溶剂,经过滤后可回收用来调配相同颜色的涂料或作底涂料、中间涂料的稀释剂使用。

废溶剂的再生方法一般采用真空蒸馏和蒸汽蒸馏,也可用与废溶剂等量的水和乳化剂混合搅拌后静止,颜料和树脂呈胶冻状沉在下部分离出来,上部的澄清液可作为回收溶剂使用。

2)焚烧处理

对易燃废物可进行焚烧处理,焚烧时应注意以下事项。

(1)防止有害气体侵蚀。有些废物焚烧时会产生氯化氢和氟化氢等有害气体,这些有害气体会侵蚀炉体。因此,炉体必须选用耐腐蚀性强的材料。

(2)注意焚烧残渣处理。有些废物焚烧后产生的残渣中仍含有害物质,因此,焚烧前应对废物进行分离。对焚烧后不含有害物质的残渣可直接进行深埋处理;对含有害物质的残渣应符合含有害物质污泥的标准,经溶出试验不高于标准时,才能深埋处理和混凝土化处理。

(3)注意焚烧安全。有些废物(如废溶剂、废油漆等)是易燃、易爆的危险品,在保管中或在装料坑、破碎机中有自燃着火的危险,应备有防火设备、电气防爆措施等,从而确保焚烧安全。

复习思考题

1. 何为汽车美容?汽车美容有何作用?
2. 按汽车服务部位不同,汽车美容分为哪四类?各主要工作内容是什么?
3. 护理美容与修复美容有何不同?
4. 简述我国汽车美容业的发展过程。
5. 简述我国汽车美容业存在的问题。
6. 简述我国汽车美容业的发展前景。
7. 汽车美容作业时,如何做好防火工作?
8. 汽车美容作业时,如何做好防毒工作?
9. 汽车美容作业时,如何做好废气处理?
10. 汽车美容作业时,如何做好废水处理?
11. 汽车美容作业时,如何做好废物处理?

第二章　汽车清洗

教学提示:汽车清洗是汽车美容中最基本的工作,通过清除车表和零部件上的污染物,可防止车身部件受到腐蚀和损害,保护汽车各个零部件在最佳状况工作。因此,汽车清洗在汽车养护中具有最重要的作用。

本章主要内容:汽车清洗概述、汽车清洗剂、车身的人工清洗、汽车的机械清洗、发动机清洗、底盘清洗、汽车零部件清洗等。

本章学习目标:

(1)了解汽车清洗技术的发展现状和趋势;

(2)理解汽车清洗的内涵;

(3)掌握汽车清洗剂的种类与选用;

(4)掌握汽车清洗设备及工具的种类、原理和使用;

(5)掌握车身清洗的工作内容及工作流程;

(6)掌握发动机清洗的工作内容及工作流程;

(7)掌握底盘清洗的方法和技巧;

(8)掌握汽车零部件的清洗方法和技巧。

本章重点:汽车清洗剂的种类与选用、汽车清洗机的构造原理、车身清洗的工作流程、发动机舱的清洗方法、发动机免拆卸清洗方法与原理、底盘清洗的工作流程和汽车零部件的清洗方法。

本章难点:汽车清洗剂的选用、汽车清洗机的构造原理、发动机免拆卸清洗方法。

第一节　汽车清洗概述

一、汽车污垢形成机理

汽车及其零部件的污垢包括:外部沉积物、润滑材料的残留物、炭化沉积物、积炭、锈蚀物和水垢等。由于这些污垢各自有着不同的性质,因此从表面清除它们的难易程度也不同。污垢往往具有很高的附着力,牢固地黏附在零部件的表面。

1. 外部沉积物

外部沉积物可以分为尘埃沉积物和油腻沉积物。大气中经常含有一定数量的尘埃,在运动着的车辆附近,当尘埃的颗粒度为 5 ~30μm 时,尘埃的含量就达到 $0.05g/m^3$ 左右。当尘埃颗粒的含量增加时，它在金属表面的凝聚和沉积也就加快。在潮湿的空气中，由于吸附的水膜会提高尘粒间的附着力，从而使尘粒加速凝聚，尘粒固着在表面上的牢固程度取决于表面的清洁程度、尘粒的大小和空气的湿度。油腻沉积物是由于污泥和尘埃落到被机油污染了的零部件上而形成的，也可能是由于润滑油落到了被污泥所污染了的表面上，此时润滑油浸透污泥。

2. 润滑残留物

润滑残留物是发动机最常见的污垢。汽车在使用过程中，润滑材料经受急剧变化，发生“老化”、氧化和聚合。要从长期工作的润滑油介质中的零部件表面上清除润滑油残留物，是比较困难的。

3. 炭化沉积物

产生在发动机上的碳化沉积物可以分为积炭、类漆沉积物和沉淀物。

(1)积炭。积炭是坚硬的碳化物，它聚集在发动机零部件上。积炭主要是燃油和润滑油在高温区燃烧而形成的硬的、炭化产物。在较低温度的区域内，润滑油氧化和浓缩的变化不是很剧烈，此时形成黏稠的高分子化合物。这些化合物沉积在零件上呈薄薄的一层沉积面，这种沉积面使燃烧后的燃油和润滑油的炭粒子附着在表面上，逐渐凝结就构成了碳化沉积物(积炭)。

根据发动机的结构、使用条件、所用燃油和润滑油的性质不同，积炭就有不同的化学成分。在汽车发动机中，积炭的主要成分是炭质沥青和碳化物、润滑油和焦油、剩下的为含氧酸和灰等。因此，积炭大部分由不溶的或难溶的成分组成，所以难以清除。

(2)类漆沉积物。类漆沉积物是在活塞环区域内构成的薄膜，同时也出现在活塞裙部和内壁上。

(3)沉淀物。沉淀物是沉积在壳体壁、曲轴颈、齿轮、机油泵和润滑油道中的油泥凝结物，其形成的主要原因是润滑油中碳氢化合物的热氧化作用。随着润滑油和燃油氧化程度的增长，氧化产物中的含氧酸、炭质沥青和碳化物的数量也随之增加。

4. 锈蚀物

锈蚀物是由于金属和合金的化学键或电化学键破坏而形成的。在钢铁零件表面上很容易形成微红褐色的薄膜——氧化铁的水化物(铁锈)。氧化物的水化物能溶于酸中，而只微溶于碱和水中。铝件同样也会生锈，它的产物呈灰白色薄膜，即氧化铝或氧化铝的水化物。

5. 水垢

发动机使用时，在冷却系统中会产生水垢。在发动机冷却水套及散热器壁上形成的水垢使热交换过程发生困难，并破坏发动机的正常工作。水中处于溶解状态的钙盐和镁盐(即水的硬度)是形成水垢的条件。硬水可以分为暂时硬度(碳酸盐)和永久硬度(非碳酸盐)两类。溶解在水中的碳酸氢钙、碳酸氢镁和硫酸钙等称暂时硬度。

除水垢外，发动机冷却系统中还由于落入了机械杂质(砂、土)、有机物质(微小的有机物、植物)和锈蚀物而形成了淤泥沉积物。

二、汽车清洗的主要内容

汽车清洗涉及的内容很多，主要有车身清洗、内室清洗、发动机清洗、底盘清洗、零部件清洗等内容。

车身清洗俗称洗车，是指对汽车外部进行清洗，它是汽车清洗中最基本、最广泛的工作内容。车身清洗的主要内容有车身顶部清洗、车身侧窗和前后风窗清洗、车顶、车身四周护面和大包围清洗、车轮清洗等。

内室清洗主要是对车内装饰件进行清洗，其工作内容主要是对车室内部和行李舱清洗。此部分内容将在第三章中讲述。

发动机清洗是在不拆卸发动机的情况下，对发动机外部和内部进行清洗，其主要工作内容是发动机舱清洗和发动机内部免拆卸清洗。

底盘清洗是对汽车底部及底盘零部件的外部进行清洗。汽车底盘部分的清洁护理包括车身底板的清洁护理、转向系统的清洁护理、传动系统的清洁护理、制动系统的清洁护理、轮毂的清洁护理等。

零部件清洗是对拆卸的汽车零部件进行外部和内部的清洗。

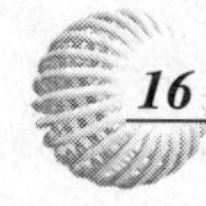

三、车身清洗的目的和方式

1. 车身清洗的目的

一般来说，洗车不仅使汽车清洁亮丽、光彩如新，其更主要的目的在于养护汽车漆面和车身，也就是说，洗车工作是汽车美容的最基本工作。

现代汽车所使用的烤漆型面漆，可以为车身提供光亮度极高的保护面。但是，漆质再硬、漆面再厚，车辆在经过长时间特殊环境（如酸雨、高温强光等）下的使用，又未能及时护理，也会给漆面造成诸多不良影响。其中，化学污染过的酸雨水或融化的雪水，对漆面的损害最为严重。车身上的酸雨水珠近似透镜，形成聚光点的穿透能力极强，如果不及时进行护理，就会在车漆表层产生极难处理的印痕，而有害物质的不断沉积、腐蚀、渗透，将使车漆褪色、失去光泽，并形成氧化层。

2. 车身清洗时机的选择

1）按气候变化情况选择

（1）连续晴天时。一般情况下，连续晴天时，汽车表面只是一些浮尘沉积，可采用一般简单的清洗方法，进行日常清洗除尘，大约一周做一次全车清洗工作即可。

（2）连续雨天时。雨水在车身表面停留一段时间后，可留下水印痕迹。若是“酸雨”，对车身的侵蚀作用更为严重。所以，必须及时将车身上的泥水异物冲洗掉，并将表面擦干。雨停天晴之时，应及时全面彻底地将汽车外部清洗一次。

（3）时晴时雨时。在这样的气候条件下，对汽车的清洗要求频繁，尽量在雨停之后，就对汽车进行一般清洗，从而保持车身表面清洁干净。否则，残留的水珠会对车身漆面产生腐蚀，容易留下水印痕迹，进而影响车容。

2）按行驶路况选择

（1）恶劣路况。当行驶路况恶劣，例如在施工工地中行驶或经常路过工地时，工地沙尘、污泥将侵蚀车身，特别是工地的沥青、水泥浆等侵蚀物对车辆侵蚀更为严重，因此，更需及时彻底清洗车辆。

（2）特殊环境。在沿海或热带多雨地区，海岸的露水或盐雾易对车身产生腐蚀，且较严重。在热带高温潮湿地区，也易使车身表面受到侵蚀。这些情况均需及时对汽车进行清洗护理。

（3）山区有雾行车。山区道路不佳，路面沙石、尘土较多，尤其有雾或雨天行车，车身更易受污泥侵蚀，一般都应及时对车辆进行清洗护理。

3）意外情况

意外情况主要是指行车或驻车时被偶遇的强附着喷涂料所污染，如路经喷洒沥青路段、通过喷涂油漆天桥等情形。

（1）路经喷洒沥青路段。行车时，路经喷洒沥青路段（一侧通行），风刮沥青喷雾沾污一侧的车身时，需停车及时将沥青除净，并进行适当护理。

（2）通过喷涂油漆天桥。当恰遇天桥进行油漆涂装或广告牌粉刷装饰时，涂料会洒落到车上，应及时停车，彻底清除油漆或广告涂料，并进行适当护理。

3. 车身清洗的方式

汽车经常处于复杂的环境下行驶，附着的污物各异。因此，对于专业的汽车清洗而言，必须分析车身污垢状况，选择不同的清洁方式，而且每一种清洁方式都应使用专业用品并采取专业的操作步骤进行。

专业汽车美容的全部项目中，车身清洗的方式主要有四种，即去静电清洗、去交通膜清洗、除蜡清洗和增艳清洗。这四种清洗方式不仅使用的清洗用品不同，而且操作方式及要达到的目的也是不同的。

1）车身静电去除清洗

车辆在行驶过程中，由于与空气摩擦而产生强烈的静电层。静电对灰尘和油污的吸附能力很强，只有把静电全部清除掉才能彻底洗净车身。单纯用清水或普通的清洗剂洗车是根本达不到这种要求的。只有彻底清除掉车身静电，才能为下一步打蜡、封釉、镀膜等美容护理项目打好基础。如果车身静电没有彻底清除掉就上蜡，则电荷被覆盖在车蜡下面，蜡的养护性能就会大大降低，而且其附着漆面的能力也会降低，时间不长就会脱落而失去上蜡保护的意义。

用于清除车身静电的产品是汽车专用清洁香波，是 pH 值为 7.0 的绝对中性清洁剂，其中的阴离子表面活性剂和其他有效清洁成分在涂于或喷于车身表面后，会与车身自带电荷发生作用，将电荷从漆面彻底清除掉。

使用这种产品前，应用高压水将沾染在车身表面的泥沙冲掉，再将汽车专用清洁香波按比例稀释（1∶150 或按说明书比例配制），并用海绵将其擦（或使用高压清洗机将其均匀喷涂）到车身表面，保持片刻后，用高压水把泡沫冲掉。

2）车身交通膜去除清洗

汽车经过一段时间的行驶，由于车身静电吸附灰尘，时间久了便会形成一层坚硬的薄膜（交通膜），使原来艳丽的车身变得暗淡无光。这层交通膜用一般的清洁剂很难将其清除掉，为此，专门生产了用于清除交通膜的清洁剂。清洗时，将清洁剂按一定的比例稀释，再喷于车身上，片刻之后再用高压水冲干净就可以去除交通膜了。

3）除蜡清洗

除蜡清洗包括新车开蜡和残蜡开蜡，其本质都是将漆面上的原蜡给去除，为车漆上蜡做准备。

新车刚出厂时，车身表面涂有一层保护蜡膜，以防止风吹雨淋、烈日暴晒、烟雾酸雨对车身漆面的侵害以及运输过程中对漆面的伤害。在使用前，必须把这层蜡除掉再重新上光蜡，而残蜡如果清除不干净，上新蜡时还会因为两次蜡的区别和上蜡的时间不同，极易产生局部新蜡附着不牢的现象。

清除残蜡的方法是使用强力开蜡水喷涂于汽车表面，停留 3 ~ 5min，然后用高压水冲去

即可。值得注意的是，开蜡水是溶剂型清洁剂，对人体是有伤害的，使用时应注意保护人身安全。

4）增艳清洗

这种清洗作业是在车身漆面抛光或上镜面釉之后，目的是除掉残留在车身表面的抛光剂和油分，为上蜡保护作准备，使用的产品是清洁上蜡二合一香波。这种产品的清洗效果很好，不仅可以去除污物，同时留下一层薄薄的蜡膜为接下来的上蜡保护打基础，不但能增艳漆色，同时增加蜡膜的光泽，提高汽车抗静电和抗氧化的能力，但要注意这层蜡是保持不久的，必须再涂一层蜡。

四、汽车清洗的方法

汽车清洗的方法有很多，常用的方法主要有以下几个。

（1）非接触式洗车。用高压水流形成一道雨墙，以各种角度从前至后冲刷车辆，以冲掉车上的灰尘及缝隙中的泥沙；然后将中性洗车液喷到车身上，自动感应喷头根据车身形状、沿着车身和底盘自动进行反复清洗；再喷水蜡，用强力气流吹干车身。

（2）蒸汽洗车。整套设备只有一台双缸洗衣机大小，利用燃气将水加热产生的水蒸气洗车。工人手持高压枪，大量的水蒸气从枪内喷到汽车上，车上的灰尘很快就不见了。车辆洗过之后，地上基本没有水。

（3）免擦拭洗车。给车喷上富含活性物质的特种环保清洗剂，直接用水冲洗。在清洗过程中，不需人工擦拭，不伤漆面，使车身漆面亮丽如新，消除了传统洗车方式用海绵、抹布擦拭车身造成的划痕。

（4）泡泡浴洗车。用丰富的泡沫覆盖全车，并且渗透到车辆的各个缝隙处，使污垢和车漆彻底分离。然后用喷水枪将缝隙处的污水清理干净，最后再针对车辆的轮毂、内室进行专业清洗。

（5）香波洗车。将洗车香波按 1∶100 的比例与水混合并充分搅拌，按“车顶—前机盖—车身—行李舱—大包围”的顺序，用羊毛洗车手套手工擦洗全车，然后冲车，洗去泡沫。用不同质地的毛巾擦干车身、玻璃、保险杠等部位，用吹气枪吹干缝隙中多余的水分。

（6）雨水洗车。对雨水作专业处理后，得到符合中水水质标准的洗车用水，然后按照正常步骤洗车。在雨水缺乏的季节，还可以把洗车用过的废水回收到蓄水罐中循环使用。

根据汽车清洗的具体要求，可选择整车清洗或局部清洗；亦可选择日常护理清洗或彻底整车清洗。洗车要求不同，则洗车方法自然不可能完全相同。一般，既可以用手工清洗达到要求，又可以用机械方法清洗达到清洗要求。只是手工清洗效率低，机械清洗效率高。

综上所述，应根据实际条件和汽车清洗的具体要求，既要保证汽车清洗的质量要求，又要使清洗汽车所投入的人力和物力消耗最少，这就是选择洗车方法的原则。

第二节　汽车清洗剂及常用清洗设备和工具

一、汽车清洗剂的种类

这里所说的车用清洗剂有别于传统洗车的清洗原料，如洗衣粉、洗洁精等。虽然那些清洗剂能达到清洁车身表面的目的，但同时也会把车身表面的蜡层清洗掉，这与漆面养护的初衷是相违背的。更不利的是，这些清洁剂一般呈碱性，对车身漆面及金属具有强烈的腐蚀性，会导致漆面失光、生锈等现象发生。为此，应选用专用清洗剂清洗汽车。按去污垢机理不同，可将汽车专用清洗剂划分为三大类，即多功能清洗剂、去油剂和溶解清洗剂，如图2-1所示。

a) 多功能清洗剂

b) 去油剂

c) 溶解清洗剂

图2-1　汽车清洗剂的种类

1. 多功能清洗剂

此类清洗剂的特性是去除一般性污垢和其他污染，并起到清洁作用。所谓多功能是指其应用范围较宽，功能多样性，此清洗剂同时还具有增亮、上光、柔顺、杀菌及防静电、抗老化等作用。按使用的部位不同可分为洗车剂、内饰清洗剂两类。

1）洗车剂

此类清洗剂主要用于清洗汽车表面灰尘、油污等，且在清洗的同时进行漆面护理。车身清洗剂有高泡（沫）、低泡（沫）之分，又有脱蜡与不脱蜡之别。目前，市场上的洗车剂用品很多，功能、作用也不尽一致。概括起来，大致有以下几种。

（1）二合一清洗剂。所谓"二合一"是指清洁、护理合二为一，既有清洗功能，又有上蜡功效，同时满足快速清洗与打蜡的要求，所以又被称为上光洗车液。此产品主要由多种表面活性剂配制而成，上蜡成分是一种具有独特配方的水蜡，它可以在清洗作业中，在漆面形成一层蜡膜，增加车身鲜艳程度，有效保护车漆。二合一清洗剂适用于车身比较干净的汽车，洗车后直接用毛巾擦干，再用无纺棉轻轻抛光。在封釉处理中，抛光完之后应用二合一清洗剂清洗，在车身表面涂一层薄薄的蜡，这样封釉效果更好。

（2）香波类清洗剂。此类清洗剂主要有汽车香波、洗车香波及清洁香波等品种，pH值在7左右，具有性质温和、不破坏蜡膜、不腐蚀漆面、液体浓缩、泡沫丰富、使用成本低等特点。香波类清洗剂含有表面活性剂，有很强的分解能力，能有效地去除车身表面的尘土和油污等污垢。有的产品含有阳离子表面活性剂成分，能去除车身携带的静电和防止交通膜的形成。香波清洗剂常作为高压泡沫清洗剂使用，应用比较广泛。

（3）脱蜡清洗剂。此类清洗剂含柔和性溶剂，具有较强的溶解功能。不仅可以去除车身油垢，而且能把以前的蜡洗掉。主要应用于新车开蜡和旧车重新打蜡前的车身除蜡清洗。

（4）水系清洗剂。目前，在国内外汽车专业美容行业中广泛采用的是水系清洗剂。这种汽车清洗剂不同于除油脱脂剂，其配方中基本不含碱性盐类，一般由多种表面活性剂配制而成，具有很强的浸润和分散能力，能够有效地去除车身表面的尘埃、油污。不脱蜡洗车液就是近年来国内外正在推广使用的水系清洁剂，它因具有操作简便、挥发慢等特点而备受客户的欢迎。其主要成分是类型不一的表面活性剂，其中非离子活性剂使用的比较多，是车身日常清洁的首选洗车液。这种洗车液不易燃，属于生物降解型，对环境无污染。

(5)增光型清洗剂。增光型洗车液是一种集清洁、增光、保护于一身的超浓缩洗车液，使用时能够产生丰富的泡沫，具有良好的清洁效果，其独特的增光配方可以在洗车时在车漆表面形成一层高透明的蜡质保护膜，令漆面光洁亮丽，给人焕然一新的感觉。

(6)环保型清洗剂。此类清洗剂的主要成分是天然原料，对环境无污染，并具有特殊的清洗效果。如变色水蜡是一种双配方水蜡，瓶内上半截白色的部分为天然巴西棕蜡，下半截蓝色的部分是环保型润滑洗车液，使用时需先将液体晃匀呈乳白色。该清洗剂含流线型催干剂，自动驱水，几乎不需用毛巾擦干，且使用方便、快捷，洗车的同时即可完成打蜡工序。

2)汽车内饰清洗剂

用于汽车内饰的清洗剂属于强碱型，pH 值较高，与洗车剂一样，大多数是浓缩型的，使用时应根据用品使用说明及车况酌情稀释。汽车内饰不同于外饰，不可能用水或混合液体冲洗，只能以"干洗"的方式进行。因此，要根据清洗对象的材料特征采用相应的专用产品。汽车内饰的产品有很多，根据汽车内饰件材料的不同大致有以下几种清洗剂可供选择。

(1)丝绒清洁保护剂。此类产品主要用于对手绒、丝绒、棉绒等织物进行清洁和保护，具有泡沫丰富，去污力强，洗后留有硅酮保护膜，恢复绒织物原状，防止脏物浸入等特点。使用时，先将产品在瓶内轻轻摇晃均匀，然后喷在需要清洁的表面，再用清洁干布将泡沫擦净，污渍明显处应反复喷涂擦拭。

(2)化纤清洗剂。此类产品在多功能清洗剂的基础上特别增加了清洗内饰化纤制品的功能，对车用地毯、沙发套等化纤制品上的油泥和时间不太长的果汁、血迹等具有很好的清洗效果，而且不伤害化纤制品。使用时，先将液体倒入桶中，按需要的比例注水，然后用毛巾蘸水中的泡沫去清洗脏处，再用干净布擦净即可。

(3)塑胶清洁上光剂。此类产品主要用于塑料及橡胶制品的清洁与护理，去除污垢的同时能在塑胶制品表面形成一层保护膜，具有翻新效果。

(4)真皮清洁增光剂。此类产品主要用于皮革制品的清洁与护理，清除污垢的同时能在皮革制品表面形成一层保护膜，起到抗老化、防水、防静电作用，从而延长皮革制品的使用寿命。

(5)多功能内饰上光清洗剂。此类产品不仅可对化纤、皮革、塑料等不同材料的内饰物品进行清洗，而且可起到上光、保护、杀菌等作用。上光清洗剂使用也很方便，只要一喷一抹，即可使内饰物品光洁如新，同时具有防止内饰部件老化、龟裂及褪色的功效。

(6)多功能内饰绿色(环保型)清洗剂。此类清洗剂是近年来才出现的高档产品，特点是清洗功能强，使用起来好似溶剂，但破坏性极小，应用范围也较广泛，该类产品可用来清洗皮革、仪表台、变速操纵杆区等，同样适用于家庭和办公室，如清洁计算机、复印机、卫生间等，效果也相当好。

2. 去油剂

去油剂又称油脂清洗剂，它的突出特点是去油功能较强，是专门清洗油污较重部位的清洗剂，主要用于发动机、轮毂等油污较重部位的清洗。目前市场上的油脂清洗剂大致有三类。

(1)水质去油剂:该类产品具有安全、无害、成本适中等优点，但去油功能有限。

(2)石化溶剂型去油剂:该产品具有去油能力强，成本低等优点，但易燃、有害健康。

(3)天然溶剂型去油剂:该产品不仅去油能力强，且对人体无害，但成本较高。

常用的去油剂主要有发动机外部清洗剂、轮毂去油剂、玻璃清洗剂、轮胎强力去污剂、水质去油剂等。

3. 溶解清洗剂

溶解清洗剂简称溶剂，是一种溶解功能很强的清洗剂，能清除车身上的焦油、沥青、鸟粪、树胶、漆点等非溶水性污垢。前面所说的开蜡水就属于溶解型清洗剂。车身表面的蜡有两种：一种是油脂蜡，另一种是树脂蜡。两种蜡的性质不同，脱蜡时就要选择不同的脱蜡清洗剂。

1）油脂开蜡水

最好的油脂开蜡水是生物降解型的，它对环境无污染，主要原料是从橙皮中提取的，不用稀释，直接使用。如龟博士 P-460，这种产品价格较贵。

2）树脂开蜡水

树脂开蜡水含有一种树脂聚合物溶解元素，所以它能溶解树脂蜡。这种产品需要稀释使用，而且最好用热水稀释，因为其中的表面活性剂在加热的情况下效果最佳，此产品无腐蚀性，比较安全。如龟博士 P-461。

溶剂中还有一种产品叫污垢软化剂，属于柔和型的溶剂，主要用来软化车体上变硬的污物，如沥青、鸟粪、漆点等。有的车上变硬的油脂蜡，一般开蜡水洗不掉时，可用此产品浸泡 5min 后用布擦掉，如龟博士 P-470。

二、汽车清洗剂除垢机理

清洗剂除垢包括润湿、吸附、溶解、悬浮、去污五个过程。

1. 润湿

当清洗剂与汽车表面上的污垢接触后，由于清洗剂溶液对污垢有很强的润湿力，使被清洗物的表面很容易被清洗溶液所润湿，并促进它们有充分的接触。清洗溶液不仅能润湿污垢表面，而且能深入到污垢聚集体的细小空隙中，使污垢与被清洗表面结合力减弱，并逐渐松动。

2. 吸附

清洗剂中的电解质形成的无机离子吸附在污垢上，能改变对污垢的静电吸引力，并可防止污垢再沉积。清洗汽车外表面时，既有物理吸附（分子间相互吸引），又有化学吸附（类似化学键的力相互吸引）。

3. 溶解

溶解即使污垢溶解在清洗剂溶液中。

4. 悬浮

清洗剂中的表面活性物质能在污垢表面形成定向排列的分子层，进一步增加了去污作用。从清洗剂的基本结构上看，在其分子内有两个部分：一部分是由长的碳氢链组成，它在油中溶解而在水中不溶解；另一部分是水溶性物质，它使整个分子在水中能够溶解而发生表面活性作用。这种分子又称极性分子，分子中油溶性部分称为亲油基或憎水基，水溶性部分称为亲水基或憎油基。表面活性物质分子与污垢接触后，其憎水的一端会吸附在污垢上，而亲水的一端与水结合在一起，这样吸附在污垢周围定向排列的分子就起了桥梁作用，使污垢和周围的水溶液牢固地连结在一起，使憎水性污垢具有亲水性质，表面上的污垢脱落后便悬浮于清洗剂中。

5. 去污

去污即清除车身表面有机物、无机物和微生物的污垢。通过这种“润湿→吸附→溶解→悬浮→去污”的过程，不断循环，或综合作用，可以将汽车表面上的污垢清除掉。

三、汽车清洗剂的主要成分

1. 表面活性物质

表面活性物质又称表面活性剂或界面活性剂，是一类能显著降低液体表面张力的物质，是清洗剂中不可或缺的成分。汽车清洗剂中的表面活性物质主要有软肥皂和合成清洗剂。

2. 水玻璃

水玻璃的化学名称为硅酸钠。它在清洗剂中的主要作用是能够使溶液的 pH 值几乎维持不变。在清洗过程中，酸性污垢必定耗用碱盐，水玻璃维持溶液碱性的缓冲效果约为其他碱盐的两倍，因此能降低清洗剂的消耗。水玻璃具有很好的悬浮能力，这一能力是水玻璃和活性物质同时使用时能提高去污能力的重要原因。

3. 磷酸盐

磷酸盐有磷酸三钠、磷酸氢二钠和缩合磷酸钠等多种。在清洗剂配方中，缩合磷酸盐最为重要。磷酸三钠又称正磷酸钠，它的 1% 溶液，在室温时的 pH 值为 12，由于它的碱性太强，在清洗剂中用量不能太多。在配方中，它能增加清洗剂溶液的润湿能力，有一定的乳化能力，但它主要的作用是软水作用。

4. 碱性物质

附着在金属表面的油脂，大体上可分为动、植物油和矿物油脂两大类。其中动、植物油是脂肪，它和苛性钠一起被加热时会发生皂化反应，结果生成肥皂和甘油。这些产物都溶于水，此时生成的碱皂是极性分子，极性端被水所吸引，非极性端被油所吸引，因此溶剂的表面张力降低，油和溶液完全接触，溶液可以渗透到油的内部，油脂膨胀并被溶液润湿，从而使它和金属间的附着力减少，最后变成微小的颗粒而分散在溶液中发生乳化。

5. 溶剂

溶剂是表面清洗剂的主体，它连同表面活性剂等添加剂一起，共同对污垢起化学反应，达到清洗除垢的目的。溶剂主要有水基溶剂和油基溶剂两种，水基溶剂主要是水，油基溶剂主要有汽油、煤油、松节油等。

6. 摩擦剂

摩擦剂是增加与清洗表面接触、摩擦的物质，如硅藻土等。

四、常用的清洗设备

常用的清洗设备主要有冷热水高压清洗机、泡沫清洗机、空气压缩机等。

1. 冷热水高压清洗机

冷热水高压清洗机主要用于清洗车身外表面、发动机表面及底盘等部位的灰尘油污，是现代汽车美容的必备工具之一。冷热水高压清洗机如图 2-2 所示。

冷热水高压清洗机系统一般由水泵、加热装置和传动机构等组成。配套的部件主要有进水软管和出水软管、各种规格喷枪、刷洗用的毛刷等。这类清洗机具有结构紧凑、清洗效率高、有利于环境保护、清洗质量好和清洗范围广等特点。它可使用自来水作为水源，采用柱塞式水泵获取高压水流。高压水流的压力和流量可以根据清洗的要求进行调节。热水的温度也可以调节到 80～100℃。

2. 泡沫清洗机

利用压缩空气在设备内部产生一定的压力，通过设备配置的系统，将设备内调配好的清洗液以泡沫状喷射到需要清洗的汽车车身表面，通过化学反应，起到去尘和去污的作用。泡沫清洗机如图 2-3 所示。

图 2-2　冷热水高压清洗机

图 2-3　泡沫清洗机

3. 空气压缩机

空气压缩机分为单级式和双级式两种，其常见性能指标主要有空气压力、压缩空气量和额定功率。空气压缩机在汽车美容护理方面应用范围很广，主要用于泡沫清洗机、各种气动工具、车身油漆喷涂、发动机和变速器免拆卸清洗以及轮胎充气等。空气压缩机如图 2-4 所示。

4. 水枪和气枪

水枪和气枪分别是与高压清洗机和空气压缩机配套使用的重要清洗设备，其种类很多，有的带快速接头，可作快速切换；有的带长短接杆，使用时更为方便。水枪如图 2-5 所示。

图 2-4　空气压缩机

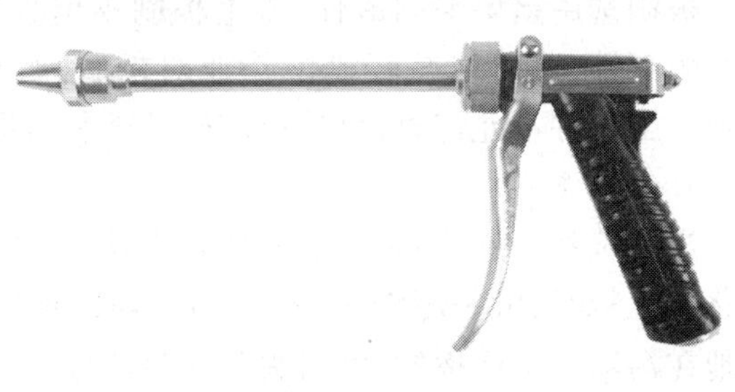

图 2-5　水枪

由于水枪和气枪承受的工作压力高，使用频繁，因此比较容易出现泄漏和损坏。

五、常用的清洁工具

在进行汽车清洗作业时，由于汽车表面各部位的材料质地、形状的不同，宜选用合适的清洁工具。常用的清洁工具包括外用湿性海绵、毛巾、大浴巾、麂皮、长毛板刷、洗车泥等。

1. 外用湿性海绵

汽车清洁外用湿性海绵应该具备较好的藏污能力,能使沙粒或尘土很容易藏于海绵的气孔之内,避免在清洁车身时,沙粒刮伤漆膜表面。外用湿性海绵如图2-6所示。

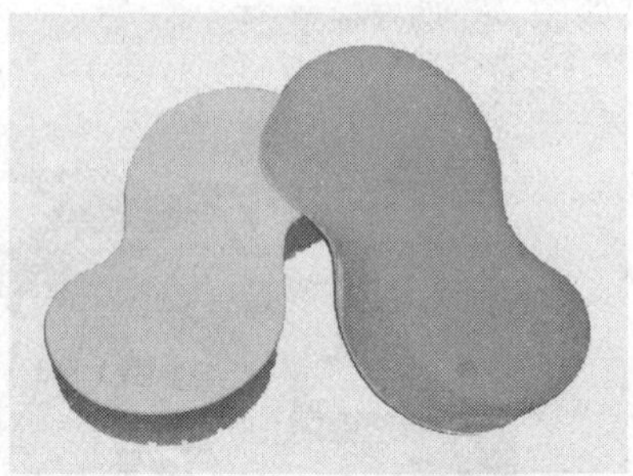

图2-6　外用湿性海绵

2. 毛巾和浴巾

毛巾和浴巾是洗车作业中的易耗品,主要用于擦拭车身。为保证清洗效果,在擦拭过程中不应有细小纤维的脱落,为此,普通毛巾和浴巾就难以满足要求,一般在洗车中所用的毛巾和浴巾都是无纺布制品。

3. 麂皮

麂皮主要用于擦干车身表面。麂皮的质地柔软,有利于漆面的保护,具有良好的吸水能力,尤其是对车身表面及玻璃水膜的清除效果极佳。

在洗车作业中,一般先用毛巾或浴巾对车身表面进行吸水性擦干后,再用麂皮进一步擦干,以利于延长麂皮的使用寿命。另外,在选用麂皮时,应尽可能选择皮质韧性好、耐磨性好、较厚的麂皮。

4. 长毛板刷

长毛板刷主要用于轮胎、挡泥板等处附着泥土的清除。由于上述部位泥土附着较厚,一般不易冲洗干净,所以,在洗车时要用长毛板刷对其进行有针对性的刷洗。长毛板刷如图2-7所示。

板刷选用猪鬃毛刷最佳,鬃毛板刷不但具有较好的韧性和耐磨性,还可以减轻刷洗作业对橡胶、塑料件产生的磨损。当条件不允许时,可选择较软的塑料板刷进行清洁。

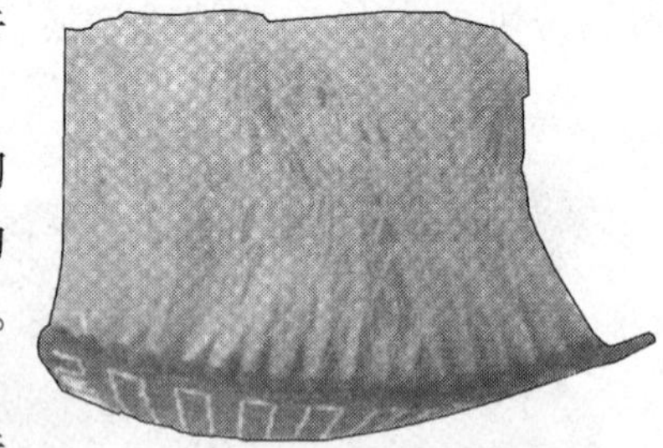

图2-7　长毛板刷

5. 洗车泥

当清洗到一些海绵或清洗剂都无法清洗干净的沥青或化学尘粒时,可利用洗车泥先湿润车膜,再配合喷水,缓慢地在污垢上来回擦拭,即可去除车身漆膜上的此类异物。

第三节　汽车的人工清洗

人工洗车是指通过一系列清洗设备,用自来水冲洗车辆的方法。该方法简单易行,成本低,但清洗效果不稳定,质量不易控制,常会发生冲洗擦伤等现象,要求作业人员有较高的技术和专业知识。人工洗车常用的方法有手工擦洗法、手工冲洗法和高压水枪法3种。

一、手工擦洗法洗车

1. 清洗用的材料和工具

一般手工擦洗主要使用清水，盛水用的水桶、擦洗用的柔软毛刷、一定数量的湿毛巾和干毛巾。

2. 清洗操作

(1)用毛巾蘸上水，从车顶开始由上向下逐一把车身淋湿。

(2)用湿毛巾从车顶开始进行擦拭，把污垢擦净，逐步向车窗、护围从上往下擦拭。在擦拭过程中，应适时把毛巾用清水洗净，擦拭的毛巾不应带有沙粒，否则会把漆膜表面和玻璃擦伤或擦出划痕。

(3)对污物较多处，可先用柔软的毛刷进行刷洗，然后浇上清水冲洗，最后再用毛巾擦洗。

(4)把车身擦洗一遍后，应进行认真检查，检查是否还有残余的污物。如有，则应马上重新进行擦拭，直到擦净为止。

(5)用清洁的干毛巾，按上述的方式，再次擦拭车身，直到擦拭干净为上，不得残留污物和水迹。

这是最简单的车身清洗方法，适应性强，但清洗的质量难以控制，且与清洗者的操作熟练程度和责任心有关。图2-8为手工擦洗法洗车的照片。

图2-8 手工擦洗法洗车的照片

二、手工冲洗法洗车

1. 清洗用的材料和工具

手工冲洗法所用的材料主要是自来水。冲洗工具主要有自来水胶管、毛刷、一定数量的湿毛巾和干毛巾以及备用水桶。

2. 清洗操作

(1)用自来水胶管喷水冲洗车身，先从车顶部开始，逐一从上往下冲，最后冲洗车底部。

(2)对污物严重的部位，可以边冲洗，边用毛刷擦刷。冲洗完一遍之后，用湿毛巾擦拭一遍，对污物严重的部位，再重点擦拭，如车门下部、轮罩下部和内侧、底盘下部等。以“冲、刷、擦”三结合方式清洗，直到洗净为止。

(3)用湿毛巾擦拭一遍车身，直到无污物为止。如有污物，应重复冲洗擦拭。

(4)用清洁的干毛巾擦拭车身，除去污物和水迹，直到车身清洁干净为止。

3. 手工冲洗法的特点

(1)用水量较多。为了节约用水，应考虑用循环水冲洗。

(2)清洗质量和清洗速度均比手工擦洗法快。

三、高压水枪法洗车

1. 清洗用的材料和工具

清洗材料为高压水，可利用自来水的压力，若用清洗机产生的高压水则效果更好。常用的工具有普通高压水枪、水桶、毛刷、湿毛巾和干毛巾等。

2. 清洗操作

(1)用高压清水将全车车身冲洗一遍,将车身上的沙粒和污泥清除。

(2)用高压水枪冲洗车顶,边冲边刷。

(3)用高压水枪冲洗前后风窗玻璃和侧窗玻璃。

(4)用高压水枪冲洗发动机罩、前围、车门、后围以及前后保险杠。

(5)用高压水枪冲洗车轮罩、车轮和底盘下部,对污垢严重处,要反复边冲边擦,直到擦净为止。

(6)用湿毛巾将车身全部擦拭一遍,对残余污物反复擦拭,直到擦净为止。

(7)用干毛巾将车身全部擦拭一遍,直到将全车身擦拭清洁、干净为止,不允许有任何污物和水痕存在。

图2-9为用高压水枪洗车的示意图。

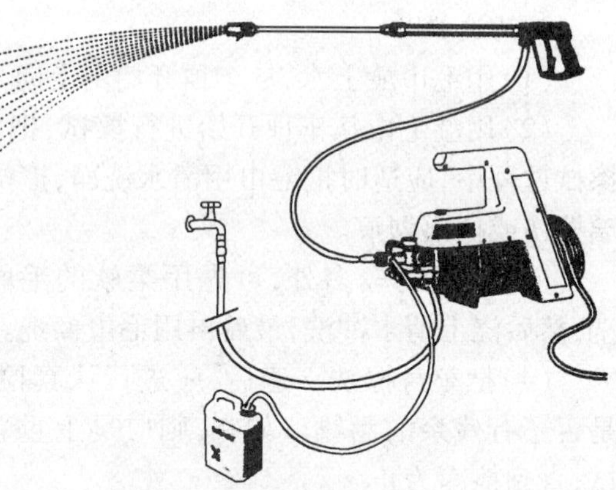

图2-9 用高压水枪洗车的示意图

3. 高压水枪法的特点

(1)冲洗简便、省力。

(2)冲洗速度快,质量较好。

(3)使用的清洁水较多,应考虑冲洗用循环水,这样有利于节水,但需增添循环用水设施。

四、典型整车清洗工艺

典型的整车清洗工艺流程为“冲车→擦洗→冲洗→擦车→吹干”5个步骤。洗车时,一般由两人配合进行,这样不但速度快而且清洗的质量较好。

1. 冲车

接到服务车辆后,由一人负责驶入工作间,另一人在车前引导,适时提醒驾驶员控制好方向。车辆停放平稳后,一人用高压水冲去车身污物,顺序自上而下,整个过程中始终由一个方向向另一边的斜下方冲洗,尽量避免正向或反向冲洗,以免将泥沙冲回已经冲洗干净的部位。冲洗车时,不可忽视的部位是车身的下部及底部,因为大量的泥沙和污物一般都聚集在这些部位,如果稍不注意,就会遗留下泥沙等物质,这样,在进行下面的工序擦洗时就会划伤漆面。因此,必须尽可能地冲洗掉车身下部及车底的大颗粒泥沙。

图2-10 车身的擦洗

2. 擦洗

将配制好的洗车液均匀喷洒在车身表面,如果有泡沫清洗机,可先用泡沫清洗机将泡沫喷洒在车身表面,然后两人手持海绵,一左一右按照从上到下的顺序擦洗车身,如图2-10所示。擦洗时,应注意全车的每个角落都要细致认真地进行擦洗,同时注意车身表面有些冲洗不掉的附着物,不可用力猛擦,以免损坏车身漆面。对于焦油、沥青等一类的顽固污渍,应使用专用溶剂来清洗。

3. 冲洗

擦洗完毕后，开始冲洗车身，顺序同冲车一样，但这时应以车顶、上部和中部为重点。因为冲车时已经将车身下部冲洗得比较干净并进行了一定的擦洗。这时的冲洗主要应为冲洗中部以上的部位，向下流动的水基本能够将下部及底部冲洗干净，所以下部和底部一带而过即可。

4. 擦车

用半湿性大毛巾将整个车身从前至后先预擦一遍，待车身中部及下部大部分水分被吸干之后，用干毛巾细擦一遍，要求擦干所留下的水痕。这样经过“一湿一干”两遍抹擦之后，车身应不留水痕而且十分干净。擦车时，应注意检查前面工序中容易遗漏的部位，如刮水器安装部位、车身底部等。

5. 吹干

完成前面四道工序后，车身表面基本洗干净。但是有些地方在擦车时不容易擦干，如发动机罩边沿及内侧、车门边缘内侧、车门把手内侧、行李舱边沿内侧以及油箱盖内侧等凹进去的地方，这时要用压缩空气来进行吹干。操作时，可一手拿着压缩空气枪，一手拿着干净抹布，边吹边抹，直到吹干为止。最后，就可以进行下一步的研磨抛光工作了。

五、车表顽固污渍的清除

汽车行驶时，有可能粘上焦油、沥青等污物，如果没有及时清洗，这些污物将长时间附着在漆面上，会形成顽固的污斑，使用普通的清洗液一般难以清除干净，可以采用如下几种方法处理。

(1)焦油去除剂清除。焦油去除剂是汽车美容的常用产品，主要用于沥青、焦油等有机烃类化合物的清洁。使用专用的焦油去除剂，既可有效地溶解顽固污物，又不会对漆面造成损伤。在沥青、焦油等顽固污渍的清除作业中，最好选用专用产品，若无专用去除剂，可考虑使用后面两种方法。

(2)有机溶剂清除。如果没有专用的焦油去除剂，可选用有机溶剂，但选用时一定要注意不可选用对车漆有溶解作用的有机溶剂，如含醇类、苯类的有机溶剂、松节水等。一般可用溶剂汽油浸润污渍后，将其擦拭清除。

(3)抛光机清除。使用抛光机清除时可加入适当的研磨剂，这样能有效地去除附着在车表的沥青、焦油等顽迹。但操作时要注意抛光机的使用，注意选择抛光机的转速和抛光盘的材质，避免抛光过度，得不偿失。

六、洗车注意事项

为保持车容整洁，应经常对汽车进行清洗，在进行汽车清洗作业时，应注意以下几点。

(1)洗车时应选用专用洗车液，任何车身漆面均不能用洗衣粉、洗洁精等含碱性成分的普通洗涤用品，以免使车身漆面失去光泽，甚至使车漆干裂，造成不可挽回的损失。

(2)洗车时最好使用软水，尽量避免使用含矿物质较多的硬水，以免车身干燥后留下痕迹。

(3)在进行冲车时，水压不宜太高，喷嘴与车身应保持一定的距离。

(4)洗车各工序都应遵循由上到下的原则。

(5)擦洗车身漆面时，应使用软毛巾或海绵，并检查其中是否裹有硬质颗粒，以免划伤

漆面。

(6)车身粘有沥青、油渍等污物时，要及时用专用清洗剂进行清洗。

(7)洗车时，应进行最后一道吹干工序，不能省略。车身的隙缝之间的水滴如果不吹干的话，时间久了将会形成顽固的水垢，难以去除。

(8)不要在阳光直射下洗车，以免车表水滴干燥后留下斑点，影响清洗效果。

(9)若发动机罩还有余热，应待冷却后再进行清洗，防止温差太大伤及漆层。

(10)北方严寒季节不要在室外洗车，以防水滴在车身上结冰，造成漆层破裂。

第四节　汽车的机械清洗

汽车的机械清洗是指采用洗车机对汽车进行清洗，由于洗车机的种类不同，清洗效果有较大的差异。

一、洗车机

1. 洗车机的类型

按洗车机的外形不同，可分为隧道式洗车机和龙门式洗车机（图 2-11）。

a) 隧道式电脑洗车机

b) 龙门式电脑洗车机

图 2-11　电脑洗车机按外形不同分类

按洗车机的大小不同，可分为大型电脑洗车机和小型电脑洗车机。

按洗车机的自动化程度不同，可分为全自动洗车机和半自动洗车机。

按使用的清洗剂不同，可分为水（冷水、热水）、蒸汽和化学清洗剂或洗车机三种。

按清洗方式不同，可分为仰洗洗车机、俯洗洗车机和侧洗洗车机三种。

按水的压力不同，可分为低压洗车机和高压洗车机两种。

按洗车机安置方式不同，可分为移动式洗车机和固定式洗车机两种。固定式洗车机采用“车动，洗车机不动”的工作方式，汽车缓慢通过洗车机的工作区域，洗车机按照相应的指令程序清洗汽车，如隧道式电脑洗车机。移动式洗车机则采用“洗车机动，车不动”的工作方式，洗车机按照一定的程序在 H 轨上来回移动，同时执行洗车指令，如龙门往复式电脑洗车机。

电脑洗车机都采用循环水式洗车，属于节约环保型洗车方式。由于电脑洗车机速度快（1h 可洗 120 辆车）、洗车效果好、节约水资源且成本低，它已经成为国内大城市较为普及的洗车方式之一，但投入成本较大。

2. 隧道式电脑洗车机

隧道式电脑洗车机可以通过实现如下功能来完成自动清洗：自动加注清洗剂，自动打蜡,无接触吹干以及底盘冲洗。隧道式洗车机价格较高,但洗车速度快,每小时约能清洗120 辆车。隧道式洗车机为龙门式洗车机的换代产品,也是目前国际主流机型,其特点为能耗低、噪声小和效率高。

1)组成

隧道式电脑洗车机主要由输送机系统、高压喷水系统、高泡沫喷洒系统、滚刷系统、亮光蜡喷洒系统、强力吹风系统、擦干系统、控制操作箱等组成(图 2-12)。

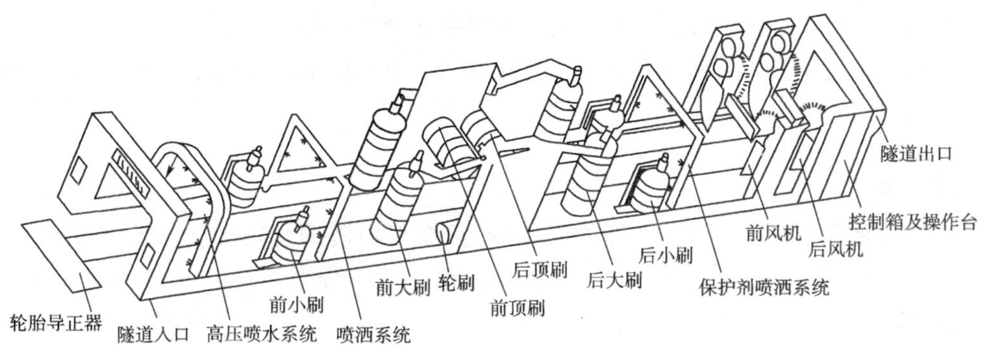

图 2-12　隧道式电脑洗车机

(1)输送机系统。待清洗的汽车进入隧道时,轮胎导正器可使汽车停在输送机的停车轨道上,收好天线、放空挡、勿动刮水器。输送机系统可使待清洗的汽车通过隧道而完成清洗的运输任务。

(2)高压喷水系统。高压喷水系统采用强力电动机和水泵产生高压水,对汽车表面进行冲洗,可将车身上的微小沙粒和灰尘除去,以便安全进行刷洗。

(3)高泡沫喷洒系统。利用该系统向车身喷洒高泡沫洗车液,以增强清洗除污能力。

(4)滚刷系统。由一对前小刷、一对前大刷、一个前顶刷、一个后顶刷、一对轮刷和一对后小刷等组成。隧道式滚刷系统可依车型的斜度自动倾斜,轻柔而平稳地包裹车身,以达到良好的洗净效果。刷洗车身前后刷毛似手臂,采用交叉式刷洗方法,洗车无死角,清洗效果理想。

当汽车驶入洗车机时,打开门形架上的喷嘴,开始喷水淋湿车身。汽车车头驶近Ⅰ、Ⅱ滚刷时,Ⅰ、Ⅱ滚刷转动出水,如图 2-13a)所示,车头通过Ⅰ、Ⅱ滚刷后,滚刷在气动机构的推动下,向车身靠拢,洗刷车身两侧,如图 2-13b)所示。当车辆驶过Ⅰ、Ⅱ滚刷,则Ⅰ、Ⅱ滚刷自动合拢,清洗车尾,如图 2-13c)所示。当车头接近Ⅲ、Ⅳ滚刷时,Ⅲ、Ⅳ滚刷出水,并刷洗车头,接着由车头慢慢顶开滚刷清洗车侧,如图 2-13b)、图 2-13c)所示。直到车辆通过Ⅲ、Ⅳ滚刷,Ⅲ、Ⅳ滚刷将复位到关闭位置。当整车洗刷完毕后,让汽车向前移动,在专门设置的清水位置淋洗,使车身表面干燥后不产生水斑。

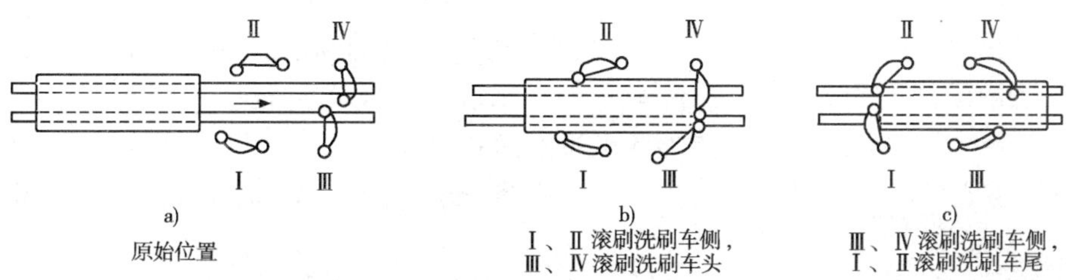

图 2-13　洗车的滚刷动作

(6)亮光蜡喷洒系统。在滚刷刷洗之后,用亮光蜡喷洒系统对车身进行清洗后的护理,会使车身涂膜更加鲜艳靓丽。

(7)强力吹风系统。强力吹风系统由前风机和后风机组成,用清洁的高压空气将车身吹干。

(8)擦干系统。擦干系统由特殊的绒毛布条组成,可将风干后所残留的水痕彻底擦拭干净。

(9)控制操作箱。整个控制操作系统由控制箱和操作控制台组成。

隧道式电脑洗车机可实现洗车快速、靓丽、安全、无刮痕的洗车要求。操作真正实现人性化,由电脑自动感测车型,一次启动,不用人员操作选择,可依不同车型,连续清洗乘用车、商用车等不同类型的汽车。

2)洗车操作

隧道式电脑洗车机的洗车过程是全自动的,只要待清洗的车辆按洗车要求停放在输送机的停车位置上,然后启动洗车机,即可开始进入洗车规定程序,约需30s即可将车洗完,同时实现快速、靓丽、安全和无刮痕的洗车要求。

3. 1 +1 式电脑洗车机

1)结构特点

1 +1 式电脑洗车机主要由主架、大刷、顶刷、蝶刷、风车等部件组成,其主要结构特点有如下几点。

(1)平衡的机械结构。因车型的大小、高低不同,采用了平衡的洗车方式,洗车时刷毛与车身接触的各点面皆保持平均压力,在最小的压力下,刷毛彻底包裹车身,以达到最好的洗车效果。

(2)安全的防撞设计。在洗车过程中,各部位都有先进的光电技术的安全防护装置,有有效的防撞功能。

(3)独特的轮胎清洗方式。设有专用的轮胎刷洗喷头和轮刷,可正转、反转,以达到最佳的清洗效果。

(4)先进的气压控制系统。气压控制是洗车时刷毛游走的中枢,每个部位都设有独立的调压阀,可保证洗车作业全程流畅。

(5)洗车机的特制刷毛。为满足清洗的不同需求,有传统的尼龙刷、高级的绒布刷、轻柔的绵质刷等。

(6)强力的吹干系统。每组风机系统都配有专用电动机。鼓风机具有风压高、风量大、噪声小、吹风效果好的特点。系统采用光电控制,依车型升降,达到不接触车辆的吹风流程。

(7)采用电脑新技术。电控线路规整,一目了然;采用精密的光电技术,独立控制,运行可靠。

(8)电脑操控台。操作及维修简便,达到人机一体化的高度境界。由故障显示、测试功能和产品记录电脑三部分组成。故障显示能显示洗车机洗车过程中故障状态,并有指示图指导操作人员排除故障。测试功能能测试洗车机手动、自动、电动机、气压控制、喷水、喷蜡、吹风系统的功能。产品记录电脑可显示水洗数量、蜡洗数量、各车型数量、单日数量、累计数量等。

2)洗车操作

(1)洗车流程。泡沫喷洒→高压水冲洗→水蜡洗车→亮光蜡喷洒护理→强力风干,全过程约需 99s。

(2)清洗方法。可全自动操作,也可手动控制操作。按操控台的指示操作,操作方法简单方便。

4. 龙门式电脑洗车机

其工作原理为:车不动,由清洗机本身往返移动,并根据此原理完成洗车、吹干、上蜡等工作程序。其主要功能有自动清洗车辆外表、自动定位刷车轮、高压冲洗底盘、自动加注清洗剂、自动打蜡及全自动吹干等。以上各种功能通过电脑控制一次性完成。龙门式电脑洗车机针对不同的洗车要求设有 8 种洗车程序。可针对清洁程度不同的车辆选择相对应的洗车程序进行清洗,很多机型还专门设置了泡沫洗车程序、蜡洗程序,使清洗护理效果更加完美。另外,有的机型为了方便操作,设有洗车机初始状态显示功能及各主要系统的多种检测功能,便于操作人员初步诊断设备的故障,以便及时排除故障。为防止洗车过程中发生意外,一般洗车机的各个系统在电脑自动控制的基础上都设有人工干涉功能,从而确保洗车过程安全。一般每小时洗车为 20 ~ 40 辆。由于其噪声大、蜡和水浪费较多,已逐步退出了欧美等发达国家的市场,但在我国正在兴起阶段。

1)组成

龙门式电脑洗车机主要由机架、轨道、顶刷、大侧刷、小侧刷和风机等部件组成。由于其结构比隧道式电脑洗车机和 1 + 1 式电脑洗车机简单,功能和洗车能力自然会逊色一些。

2)洗车操作

(1)洗车流程:泡沫洗车→清水洗车→蜡水洗车→强力风干。全过程清洗约需 4min,具有最小的洗车作业面积、较快的洗车速度和投资较少等特点。

(2)洗车的具体操作为半自动化,按设备的操作规程进行操作,也可实现自动化操作。

5. 无刷式电脑洗车机

1)主要结构

该设备主要由高压喷水清洗系统和电脑控制系统组成,如图 2-14 所示。高压喷水系统由水泵室、储水罐、输水管路和喷头及控制阀等组成。控制系统全部由电脑控制。

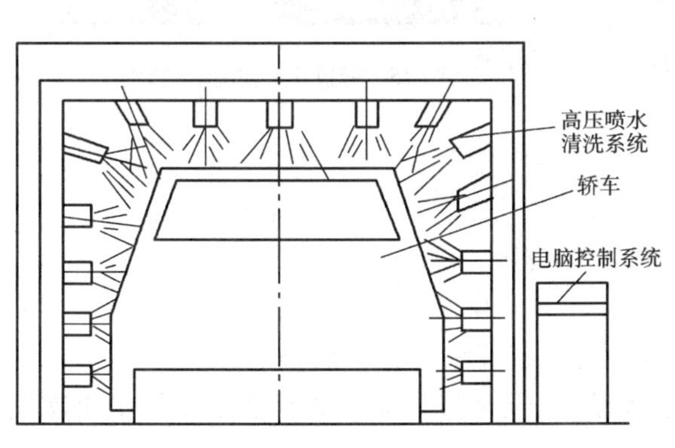

图 2-14　无刷式电脑洗车机

2)功能

该设备能对汽车进行整车外部清洗。

3)操作方法

(1)把需要清洗的车辆开到清洗时应停放的位置,停稳后,关好车门,并关好清洗机机门。

(2)启动制动系统,调好高压水水压,打开喷头控制阀,按清洗整车的清洗工艺要求所规定的参数,对汽车进行喷淋清洗。

(3)清洗完后,停机。把机门打开,用干净的抹布把车身外表擦干净,然后把车开出来,对清洗质量进行检查。若不合格,则进行补救清洗,直到合格为止。

二、机械洗车步骤

1. 人工预清洗

(1)对汽车污垢严重部位,先用手工预清洗,也可用洗车剂初步清洗一遍。

(2)做好洗车前的准备,对影响机械清洗的零部件,如车用天线、出租车标志牌、后视镜等应提前取下,进行单独清洗,待全车清洗完成后,再重新安装好。

2. 电脑洗车机清洗

(1)人工清洗完成后,将车开至机械清洗的停车位置,关好车窗和车门,关闭发动机,驾驶员离开。

(2)启动清洗机,首先对汽车进行喷水;喷水完毕后,滚刷开始擦洗汽车的顶部、前端、发动机罩、后端及行李舱盖等处;然后滚刷清洗汽车两侧,用喷头冲洗车轮及底盘底部;最后重新开始喷水,再对汽车各部位冲洗一遍。

(3)清洗完成后,对汽车喷水蜡,并对水蜡进行抛光。

(4)最后,用压缩空气或热蒸汽将汽车吹干。

(5)对汽车进行清洗质量检查,发现有残余污物或水痕处,可用手工补充清洗,直到汽车全部清洁干净为止。

隧道式电脑洗车机工序如图 2-15 所示。

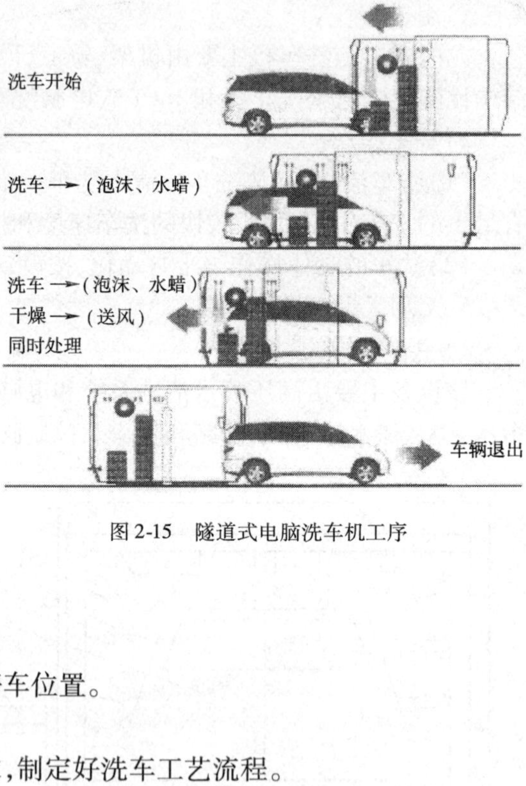

图 2-15　隧道式电脑洗车机工序

三、机械洗车注意事项

在进行机械洗车时,应注意以下事项。

(1)汽车驶入洗车机时,必须停在规定的停车位置。

(2)洗车时,车内不要留人。

(3)洗车前,必须按照事先约定的具体要求,制定好洗车工艺流程。

(4)刚洗完的车,车轮上还有水分。刚起动时,要慢速行驶,才不会致使灰尘再次附着在车轮上。最好是待车彻底干燥后,再起动使用。

(5)电脑清洗机的滚刷,一般是用塑胶长丝条制作的,长期使用这种电脑清洗机洗车,在一定程度上会对车身漆膜有一定的损伤,因此,在可能的条件下,应减少采用这种方法的洗车次数。

(6)电脑洗车时,会有部分死角;如车轮弧内及凹槽等处,因此还需配合人工清洗。

(7)电脑洗车时,对一些比较隐蔽处的小缺陷,一般难以发现,若得不到及时的修补处理,会留下扩大损伤的后患。

(8)在清洗时拆下的有关零部件,清洗完后还需重新安装好,因而增加了拆、装和保管等工作量。同时,有的零部件在拆、装过程中,还容易发生损伤,影响其使用寿命。

(9)目前的电脑清洗机系列,其结构上大同小异,但适用的车型、具体的操作方法均不尽相同,在使用时,必须认真阅读设备的使用操作说明,以免发生误操作造成不必要的损失。

第五节 发动机清洗

发动机清洗主要包括发动机舱清洗和发动机免拆卸清洗。

一、发动机舱的清洗

1. 发动机舱清洗的目的

发动机舱为发动机系统及空调系统的工作空间,设备装置多而紧凑,又因通风的需要与地面相通,易受风吹、雨淋、泥水喷溅等影响。发动机舱工作条件恶劣、易有污垢沉积,因而容易使设备遭受腐蚀。所以,对发动机舱需经常进行清洗,以保持设备整洁和正常运行。

2. 发动机舱清洗的工作内容

对于发动机舱的清洁,主要工作内容有 3 个方面:一是清除油污,二是处理锈渍,三是清洁发动机电器和电路部分。

1)清除油污

发动机清洗可采用多种方法,清洗剂产品也很多,但不可用汽油清洗,会引起火灾。使用清洗剂时需要注意三点:一是碱性小,不可腐蚀外涂银粉或漆面;二是使用方便,除油彻底;三是使用经济,成本低。

专业的汽车发动机清洁剂应具有含有良好的生物降解功能的阳离子的表面活性剂,虽然有碱成分,但因加入了碱性抑制剂,因此能更好地清洁而不伤及银粉和漆面。使用时,应先将发动机表面用清水润湿,然后喷涂上汽车发动机清洁剂,停留 2 ~ 3min 后,用高压水冲洗。对于极脏的污垢处,可用毛刷蘸取清洗剂进行刷洗。发动机应至少半年清洗一次,才能充分保护发动机,从而提高行车的安全系数。

2)锈渍处理

生锈是一个缓慢的氧化过程。开始时,金属制品表面可能出现一些细小的斑点,然后斑点逐渐扩大,颜色变深,形成片状或一层层的锈渍,这时就形成了严重的锈蚀。发动机的表面都涂有漆或银粉,对于新车来说,因为出厂后不一定马上到达用户手中,都要经过一段时间的运输和储存,还要经过汽车销售场的停放。用户接车后,有的可能已经发生了锈蚀。因此,最好在购车后,马上进行防锈处理。

对于锈渍的处理,首先应将锈迹消灭在萌芽状态,即在发现锈斑时(氧化形成的小斑点),就必须进行除锈处理。将除锈剂稀释后喷涂到生锈表面,停留 5 ~ 10min 后,用水充分冲去,严重的可以用毛刷辅助刷洗除锈。除锈完毕后,用多功能防腐润滑保护剂喷涂一层。当然,最好在发动机整个外面都进行一次防锈处理,一般每年最好做两次防锈处理。

3)发动机电器电路部分清洗

发动机的电器电路部分包括继电器、点火线圈和分电器、蓄电池等。这些部件的清洁,需要采用特定产品进行,如果长期用水和普通的清洁剂处理,则只能加速生锈、老化,进而影响汽车正常起动和行驶。

专业的电子清洗剂主要用于发动机电路清洁。擦干电器部分,然后再用电子清洗剂清洁处理电器电路部分。清洁后不必用水冲洗,只需擦干或任其自然干燥。因为此类产品为溶剂型,不溶于水。清洁后建议使用多功能润滑剂喷涂一遍,更具抗潮、排水、润滑等多项保护功能。

3.发动机舱的清洗方法

发动机舱的清洗,一般应由专业人员进行。常用的方法有溶剂清洗法、高压清洗机清洗法、高压空气清洗法和一般手工清洗法等。无论采用何种方法进行清洗,都必须先将发动机关闭,使发动机舱内温度下降到常温时再进行清洗。

1)柴油或煤油清洗法

(1)将溶剂柴油或煤油装在压力容器内,再将其喷洒在发动机舱及有关设备表面上,然后用拭布擦拭干净。在喷洒前,应将易受煤油或柴油腐蚀的物品(如高压线路、电器线路等)用布或纸遮盖好。

(2)稍等片刻,使油污适当溶解后,用干净的拭布进行擦拭,直到擦拭干净为止。

(3)用压缩空气或吹风机,将发动机吹干,即可使整个发动机及其装置光亮整洁。

2)高压清洗机清洗法

利用冷热水高压清洗机清洗发动机。打开发动机舱罩,用遮盖布(或遮盖纸、遮盖工具)将分电器、制动液储液罐、蓄电池和冷却液储液罐等怕水物品遮盖好。起动清洗机,开动高压喷枪,对发动机舱内各总成逐一进行冲洗。其冲洗顺序如下。

(1)用高压水枪冲洗前风窗下部的通风口。

(2)喷洗清除前风窗玻璃与发动机舱隔热空间内的树叶、污泥和尘土等异物。

(3)冲洗散热器,散热片及冷凝器散热片上的异物、尘土等,注意先由内向外冲洗。

(4)冲洗左右车轮挡板、发动机内侧排水孔,若有异物阻塞,应想办法取出,保持排水孔畅通。

(5)冲洗清除发动机舱内侧支撑条内的污物或尘土等异物。

(6)用空气喷枪或车用打气机清除火花塞安装孔边凹槽内的沙粒。

(7)取下遮盖物,用干净的拭布将发动机舱内各处擦拭干净。

(8)发动机舱内的不易擦拭处,可用压缩空气或吹风机吹洗干净。

3)高压空气清洗法

采用高压空气清洗发动机舱内各总成,其原理和顺序与采用冷热水清洗机冲洗是一样的,只不过是冲洗的介质不同而已。前面的冲洗介质是高压水,而这里的冲洗介质是高压空气,即用空气代替了水。但是,用高压水冲洗时,不可能产生尘土和异物飞扬,而用高压空气冲洗时,在发动机舱内局部易产生尘土、异物飞扬,会再度污染相邻部位。所以,最好是先用高压水冲洗清除污物、尘土,再结合高压空气吹干的方法来清洗发动机舱内各总成。

采用高压空气吹洗空气滤清器时,应先把滤清器盖打开,用塞布将进气口顶部塞住,然后进行吹洗,清除滤芯内的灰尘,清除完毕后,再取出塞布,关好滤清器盖。

4)一般手工清洗法

一般手工清洗法的操作程序如下。

(1)将车用空气加缩机接上喷气嘴。

(2)将空气加缩机电源接头插入点烟器中,或用直流变换器也可,但不要开动发动机。

(3)打开发动机罩。

(4)使用空气压缩机清除发动机舱内侧凸条及凹孔内的浮尘。

(5)吹除空气滤清器盖上及凹孔内的污物。

(6)吹除发动机舱内隔热槽中的污物。

(7)吹除火花塞凹孔内的灰尘及沙粒。

(8)吹除排水孔中的污物灰尘。

(9)吹除散热器及冷凝器散热片上的污物。

(10)旋松空气滤清器固定螺钉,取下空气滤芯。

(11)由内向外吹除空气滤清器中的污物。外壳内若有灰尘,可用湿布擦掉,千万不要把灰尘弄到化油器孔内,为此应先将化油器孔用布盖上,清洗完毕后再把盖布取下。

(12)使用吸尘器吸除空气滤芯外侧,去除附着其上的污物。

(13)清除完毕后,再把滤芯安装上,并盖上滤清器盖,使其恢复正常状态。

第六节　底盘清洗

汽车在行驶过程中,汽车底盘部分由于与路面距离最近,工作环境比较恶劣,经常会粘有泥土、焦油、沥青等污物,尤其是下雨天,底盘部位很容易粘上泥水,如不及时清洗,还容易形成锈渍。此外,底盘系统的油液渗漏,还有可能使其粘上灰尘后造成油渍、油泥等,如不及时护理,就会影响到汽车的行驶性能。汽车底盘部分的清洁护理包括车身底板的清洁护理、转向系统的清洁护理、传动系统的清洁护理、制动系统的清洁护理、轮毂的清洁护理等。

一、车身底板的清洗护理

1.底板清洁的设备、工具和材料

底盘清洁的设备、工具和材料主要有举升机、高压水枪(高压热水冲洗机)、钢丝刷或铲刀和保护剂等。

2.底板的清洁

汽车底板清洁的主要作业流程有如下几点。

(1)将汽车用举升机抬升至工作高度或者将汽车开到地沟槽平台上。

(2)用高压水全面冲洗底板,有可能的话,最好使用高压热水冲洗机来冲刷去掉脏物,若只用自来水很难冲洗干净。

冲洗时对边缘部分、弯曲部位以及四轮的挡泥板等部位更应仔细冲洗,有时还需配合使用较软的钢丝刷或铲刀来除去顽固残留脏物,但操作要小心,不要损伤保护涂层。

(3)使用工作灯仔细检查车身底部、悬架等处有无生锈。如果生锈或有伤痕,用砂纸打磨,去除浮渣、锈污,然后先后涂上防锈漆和底盘沥青涂料。

(4)有必要的话还可以对汽车底板部位全面喷涂保护剂。喷涂之前,应先卸下四只车轮,将轮毂、减振器、排气管及转向节等有相对运动的接合表面以及其他不得喷涂的部分用防涂纸进行覆盖。当必要的防涂遮蔽工作完成后,才能进行喷涂作业。

3.底板清洁的注意事项

(1)为确保在举升设备下作业的安全,有必要定期对举升设备进行维护保养。两柱举升机的四个防滑支承垫容易破损,必须经常检查。

(2)部分车辆的四轮挡泥板处，另外安装塑胶拱罩，必要时应拆下来清洗，并用高压水彻底冲洗挡泥板及翼子板内侧。

(3)排气管因在高温下工作不得喷涂底盘涂料。

(4)发动机舱无底托板或底托板破烂时，必须先遮蔽，然后进行底板涂料的喷涂作业。

二、转向系统的清洁护理

转向系统的转向横拉杆、齿条壳、转向节臂等部件位于车底，汽车行驶时比较容易脏污，如不及时清洗，时间长了就会生锈。一般的污渍可用多功能清洗剂进行清洗，如果发现有锈斑就必须用除锈剂进行擦洗。清洗后可喷上多功能防锈剂进行护理。此外，还可以在转向助力储液灌中添加转向助力调节密封剂，可以恢复老化橡胶油封的密封性，防止转向液的渗漏，消除因漏液而造成的转向迟钝、转向沉重等现象，还能清洁并润滑助力转向系统内部机件，防止胶质、油泥产生，减少机件磨损，延长使用寿命。

三、传动系统的清洁护理

传动系统的变速器、传动轴、主减速器壳体、半轴套管等部件也是容易沾上泥土的地方，时间长了没有清洗也会生锈，一般可用多功能清洗剂进行清洗。

四、制动系统的清洁护理

在行车制动器中，由于其工作情况特殊，制动蹄片有可能会沾上油泥、制动液、烧蚀物、胶质等污物，容易产生制动噪声，影响制动性能，因此也必须定期进行清洁护理。可选专用的制动系统清洁剂进行喷洒清洁，能有效地清除制动蹄片上的污物，改善制动效能，消除制动噪声。使用时只要将清洁剂喷在需要清洁的部位，使之风干即可。如有必要可重复清洁。

五、轮毂的清洁护理

现代汽车一般多使用铝合金轮毂，而汽车行驶时轮毂是比较容易脏污的部件。清洗轮毂时需特别小心，其表面有保护漆，通常应选用中性清洁剂。清洗时应一次清洗一个轮毂，可避免清洁剂在轮毂表面凝固，若清洁剂凝固，清洁效果将降低，且在使用清水冲洗时将更加困难。对于一般的灰尘污物，可用普通的清洁剂进行清洗，而长期附着在轮毂上的积垢，如沥青、制动摩擦片磨损留下的黑粉等，使用普通的清洁剂一般很难清除，可使用强力轮毂去污剂进行清洁。清洗时先喷上强力轮毂去污剂，稍等片刻后，用软毛刷进行刷洗清除，刷洗时切勿使用过硬的刷子，否则将会刮伤轮毂表面的漆面。轮毂清洗后，再用专用防护剂进行护理，一般每两个星期应彻底清洗一次轮毂上的污物。

第七节　汽车零部件清洗

在汽车的维修装饰过程中，必须进行外部清洗，以消除其表面的浮土、油垢、锈蚀等，使其外表清洁，同时可及时发现外表缺陷，以便针对缺陷进行修复。

一、零件清洗的工艺要求

零件清洗不同于汽车外部清洗，它在清洗方法和清洗材料上呈现出了多样性。为了不破坏零件的使用性能，提高清洗质量和工效，应注意以下几点。

(1)清洗程度要有针对性。汽车中不同的零件对清洁度要求的程度是不尽相同的。如配合零件的清洗程度要高于非配合零件；间隙配合零件高于过渡和过盈配合零件；精密配合零件高于一般配合零件；对需喷、镀、黏结的零件表面，清洗要干净、彻底等。清洗时，要根据上述特点，选择清洗方法和清洗剂。

(2)避免零件的磕碰和划伤。零件在清洗过程中，应遵循轻拿缓放、排列有序的原则，尽量不要叠放。同时注意，在手工清除活塞、喷油嘴、汽缸等的积炭时，要用专门工具。

(3)防止零件腐蚀。轴承孔、光洁表面和轮齿、散热器等受到潮气或清洗过程中受腐蚀性溶剂的作用，会产生斑痕或被腐蚀。清洗时，要合理选择清洗剂，对清洗过的零件，应用压缩空气吹干，并采取防腐和防氧化措施。

(4)确保操作安全，防止火灾、毒害或腐蚀人体的事故，避免环境污染。

(5)选择清洗方法和清洗材料时，在保证清洗质量和效率的前提下，要兼顾设备造价和材料成本，讲究经济性。

二、汽车零部件的清洗方法

汽车零部件的清洗方法主要有液流冲洗法、蒸汽冲洗法、高压冲洗法、浸入式清洗法、机具清洗法、熔盐清洗法、超声波清洗法、无水清洗法等。

1. 液流冲洗法

液流冲洗法就是使洗涤液对零件表面的污垢起机械的、热的和物化作用，使之脱离零件表面，达到清洗的目的。液流冲洗法适用于汽车整车、部件及零件的清洗，在护理美容和维修的清洗中都广泛使用。液流冲洗法具有如下特点。

(1)适用范围广，使用灵活，操作方便。

(2)冲洗时，洗涤液流走时，也顺便将污垢等从清洗区带走，不产生二次污染。

(3)清洗效率与洗涤液的性质、温度和压力等有密切关系。一般是洗涤液的去污力强，温度在正常范围内，冲击力(压力)越强，则洗涤效率越高。

2. 蒸汽冲洗法

蒸汽冲洗法是指用温度为90～100℃、压力为0.5～2MPa的蒸汽流冲洗零部件表面污垢的一种清洗方法。蒸汽冲洗法适用于清洗油污严重，而一般方法又不容易清洗的零部件。蒸汽冲洗法具有如下特点。

(1)属于高温压力作业，应有与此相适应的劳动保护用品，因为冲洗时有高温压力蒸汽飞溅，若护理不当，极容易造成操作者受伤。

(2)去污力强，清洗质量好，可以彻底清洗污泥、润滑脂、润滑油及其分解物、残留覆盖层等严重污染的表面。

(3)清洗效率主要取决于蒸汽流的压力和流量，同时也与蒸汽流的温度和清洗剂的活性等有关。

(4)需要配置专门的蒸汽装置和配套系统，投资较大，成本较高。

3. 高压冲洗法

高压冲洗法是一种采用压力为9.8MPa的热水，对零件的污垢表面进行冲洗的方法。高压冲洗法适用性广，可对整车、部件和零件进行清洗，而且清洗效果好，效率较高，使用方便。高压热水冲洗法具有如下特点。

(1)效率高,成本低,不伤及油漆表面。

(2)设备简单,采用高压清洗机即可提供高压热水,热水温度可调,一般使用的热水温度在75℃左右。不用热水冲洗时,还可用冷水进行冲洗,适用范围广。

(3)有利于保护环境,使用高压水冲洗时可不用清洗剂,因而可避免使用化学药品和试剂,不会污染环境。

(4)设备及材料种类较多,有各种专门的水加热器、高压冲洗液流压力调节、液流流量调节、自动控制和保护系统,可获得各种不同形式液流的喷嘴以及洗涤剂和防腐剂等。采用此法可实现冷热水、加洗涤剂或不加洗涤剂、低压或高压等各种不同状态的清洗作业需求。所以,在清洗时应根据清洗作业的需要,选用最适合的清洗设备及清洗材料。

4. 浸入式清洗法

浸入式清洗法是将待清洗的汽车零部件,浸入特制的装有清洗液的槽或池中,进行清洗的一种方法。此法适用于外形复杂并具有不同污垢的设备及零部件的清洗。如车架、驾驶室、车身以及数量较多的零件等。浸入式清洗法具有如下特点。

(1)可以使用高效碱性合成洗涤剂,它有较强的起泡能力,对清除旧漆及除锈有较好的效果。采用各种乳化液,可以强化清洗过程。

(2)设备结构简单,使用方便,经济性好。

(3)采用此法清洗时,若将溶液加温到100℃,可提高清洗速度和清洗质量。

(4)采用此法清洗时,污物、油垢等会漂浮在溶液表面,当取出零部件时,若不采取相应措施,这些污物有可能黏附在清洁的零部件表面上,造成二次污染,因此应特别注意。

(5)此法包括采用压缩空气活化溶液清洗、用螺旋桨活化溶液清洗、超声波清洗等几种方式。

5. 机具清洗法

机具清洗法是利用机具手工清洗,这是最简单而又最容易做到的清洗方法,适用于整车、零部件的全部清洗作业。这也是目前我国的清洗业中最为广泛使用的方法。机具手工清洗具有如下特点。

(1)主要使用的工具有刮片、金属刷、磨块等,操作灵活,简单实用。

(2)需要根据清洗物的不同情况选用不同的工具。如清除毛刺和松软的铁锈时,可选用由合成材料制成的刷子;清除钢和铸铁件表面的锈蚀时,可选用由低碳钢制成的刷子;清除黄铜和铜制品表面的污垢时,可选用由黄铜丝或青铜丝制成的刷子。

(3)清洗速度慢,清洗质量与操作者的技术和责任心有关。

6. 熔盐清洗法

熔盐清洗法是在专门的熔盐或熔碱炉中,对零件的污垢进行清洗的一种方法。这种清洗方法的通用程序为"在熔炉中处理→在流动水中洗涤→在酸性溶液中浸蚀→在热水中二次清洗",适用于大型维修美容企业,主要用于零件的清洗。熔盐清洗法具有如下特点。

(1)必须有熔盐装置,这种装置应有很强的防腐性能。

(2)清洗过程主要在高温(400±10℃)的熔炉中进行。

(3)在零件上的腐蚀物和氧化铁等被清除时,零件本身同时得到钝化处理。

(4)清洗时,应遵守设备的使用操作规程和清洗工艺流程并注意安全防护。

(5)使用范围窄,受限制的条件多。

7. 超声波清洗法

超声波是一种交变声压,当它在液体介质中振动传播时,能使液体介质形成疏密状态,产生超声空化效应。当超声波的振动频率和强度达到一定程度时,则不断地形成足够数量的空腔,然后不断闭合,在无数个点上形成数百兆帕的爆炸力和冲击波,从而对零件表面的油污、积炭产生极大的剥离作用,加上清洗液的热力和化学作用,可以获得良好的清洗效果。

超声波清洗用的清洗剂,大致可分为水基清洗剂和非水基清洗剂两种。非水基清洗剂存在易燃易爆(石油系和醇系)、对人体有害(氯系)、价格昂贵(代氟)等问题,为此多采用水基清洗剂。水基清洗剂对油及亲油污垢的溶解力和分散力不够,需在水基清洗剂中添加表面活性剂和适当的碱类物质,可显著改善其去污性能。

超声波清洗设备一般都是专用的,根据清洗的需要而设置。超声波清洗装置示意图如图2-16所示。

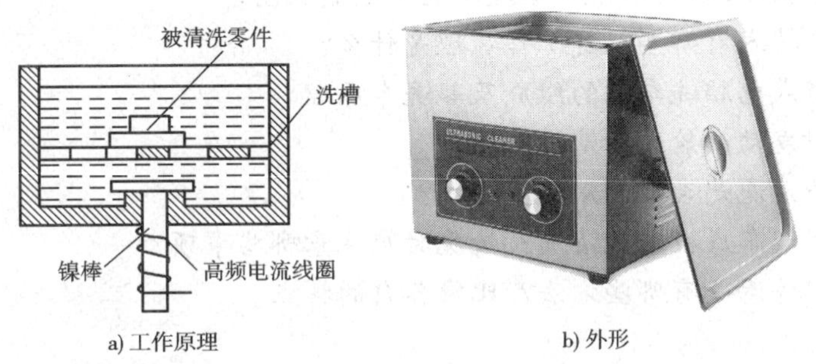

图2-16 超声波清洗装置示意图

超声波清洗法的清洗工艺流程是高压喷淋水基清洗剂→超声波水基清洗剂→超声波脱脂→超声波水冲洗→防锈剂浸洗→高压空气吹干(或热风干燥)。在工艺流程中,超声波脱脂和浸洗均在槽中进行。

8. 无水清洗法

无水洗车法是利用无水洗车液(特种洗车剂)与体积分数为98%的高压空气(代替水)混合,以适当的压力对零件的清洗表面进行喷洗,将零件表面的泥土、污垢轻松除掉的一种清洗方法。清洗后,地面上无流水,所以称为无水清洗法,是节约用水很有效的措施,适用于车身油漆表面、内饰、轮胎、底盘、发动机等的清洗养护。无水清洗法具有如下特点。

(1)节约用水较其他清洗法可达98%左右。

(2)洗车、打蜡、抛光可一次完成,有良好的经济效益。

(3)无水清洗法若配有电子加温系统,能保证在冬季也能满足随时洗车的要求。

(4)有完善的液位显示系统、空气二次加压储存罐、特制的高压旋口喷枪等配套装置,能顺利地完成各种清洗养护任务。

(5)清洗后的零件表面上形成一层高分子保护膜,可保护油漆防静电、防雨雪侵蚀、防漆面老化,可延长使用寿命,并可覆盖漆面表面的轻微划痕。

1. 需要清除的污垢主要有哪些类型？其形成机理各是什么？
2. 怎样选择洗车时机？
3. 汽车清洗剂有哪些种类？各有何功效？
4. 简述汽车清洗剂的发展现状与趋势。
5. 汽车清洗剂是如何清除污垢的？
6. 汽车清洗剂的主要成分是什么？能否自行配制？
7. 汽车清洗剂常用设备有哪些？简述其工作原理。
8. 汽车清洗常用的洁具有哪些？各起什么作用？
9. 现场观察人工洗车过程，绘制人工洗车的工艺流程图。
10. 洗车机有哪些类型？简述各种洗车机的洗车原理。
11. 现场观察机械洗车，绘制机械洗车的工艺流程图。
12. 节水洗车技术有哪些？其工作原理是什么？
13. 简述隧道式电脑洗车机的组成及其洗车原理。
14. 为何要对发动机舱进行清洗？
15. 发动机舱清洗是否常采用扫描方式？
16. 为何要对汽车底板进行清洗？清洗时应注意哪些事项？
17. 汽车零部件清洗有哪些方法？比较各自的特点。

第三章 汽车内饰美容

教学提示:汽车内饰美容包括车室、行李舱的清洁与护理等项目。内饰美容是一项系统地、细致地清洁护理作业项目。因此,既要明确施工项目的内涵,又要遵循严格的操作工艺流程,只有这样才能有效地组织操作,提高工效,节约时间,从而保证作业质量,提高服务水平。

本章主要内容:汽车内饰美容概述、车室除尘、内饰清洁护理、车室净化、增光处理、内饰件污迹清除与修复等。

本章学习目标:

(1)了解汽车内饰件的类型及特点;

(2)理解汽车内饰美容的目的和方法;

(3)掌握车室除尘的方法;

(4)掌握各内饰件的清洁护理方法;

(5)掌握车室净化的方法;

(6)掌握内饰件污迹形成机理及清除方法。

本章重点:车室除尘、各内饰件清洁护理和车内空气净化。

本章难点:车内空气净化和内饰件污迹消除。

第一节 汽车内饰美容概述

一、汽车内饰美容的目的

(1)美化内饰环境。车室作为车内人员活动的重要空间,其舒适与否对人会产生重要的生理及心理影响,美化汽车内饰能使车内人员拥有一份好心情。

(2)有助于健康。汽车内饰中的地毯、座椅、空调风口、行李舱等处,经常接触潮湿的空气或水渍,在特定的环境中,这些地方最易滋生细菌,使内饰霉变,散发出臭气。这不但影响了车室内空气环境,更重要的是会对车内人员的健康产生威胁。汽车内饰美容可以为车内人员的健康提供保障。

(3)延长内饰件使用寿命。车室的清洁、杀菌、除臭可以有效地防止各种污物对车室(如地毯、真皮座椅、纤维织物等)的腐蚀,加上通过使用专门的保护品,可以对塑料件、真皮及纤维品进行清洁上光保护,从而大大延长内饰件的使用寿命。

(4)延长发动机使用寿命。发动机清洁翻新作为内饰美容的一部分,对汽车发动机性能的影响非常大。油泥、灰尘及污物的附着,不但影响发动机的美观,而且还易造成发动机附件的故障,更严重的是影响发动机的散热能力,加速发动机运动副的磨损,进而导致发动机使用寿命缩短。

二、车内污垢的种类与演变

1. 车内污垢的种类

车内污垢的种类主要分为三种。

(1)水溶性污垢。糖浆、果汁中的有机酸、盐、血液、黏附性的液体等。

(2)非水溶性固体污垢。泥、沙、金属粉末、铁锈或霉菌、虱虫等。

(3)油脂性污垢。润滑油、漆类产品、油彩、沥青、食物油等。

2. 车内污垢的演变过程

车内污垢的演变过程可分为三个阶段。

(1)黏附。污垢会在重力作用下停落或黏附在物件的表面。当有压力或摩擦力产生时,污垢也会渗透物件的表层,变得难以去除,如汽车玻璃及仪表台上的灰尘。

(2)渗透。饮料或污水会渗透物件的表层,被物件所吸收,以致很难清除。如车门内饰板、后挡台、脚垫上的饮料或血渍。

(3)凝结。黏性污垢变干凝固后,会紧紧粘贴在物件表面,如汽车内饰丝绒脚垫或地毯表面的轻油类污垢。

三、去除污垢的原理

要想有效地清洗污渍需要四个方面的作用相互配合,才能发挥最佳的清洁效能。

(1)高温蒸汽。高温蒸汽可使极难去除的污垢在清洗之前得到软化,为手工清洁内饰部件上的污渍做好准备。

(2)水。用水可去除水溶性污垢,但不能去除油脂性污垢。难以清洁内饰部件上的非水溶性污垢。

(3)清洁剂。清洁剂能有效去除轻油脂及重油脂类污垢,帮助水分渗入内饰丝绒化纤制品。

(4)作用力。动力清洗内饰部件时,拍打、刷洗、挤压等皆有助于去除污垢。

另外,关于泡沫的多少需要注意,非离子表面活性剂的泡沫虽少,但清洁效能较高,泡沫太多的清洁剂不宜供内饰丝绒或皮革部件使用。因为内饰部件多属纤维或皮革制品,不易拆卸,更不可能放于洗衣机内漂洗,经高泡清洁剂清洁过的内饰丝绒制品,用少量的清水很难清除干净,必须用大量清水冲洗,而渗入丝绒化纤制品的水分又极难晾干,天长日久,会出现霉性异味,进而导致菌类及虱虫等有害物质的滋生。过多的泡沫还会阻碍清洁剂对针织类内饰用品发挥效能。因此,内含非离子表面活性剂的环保型低泡清洁用品特别适用于内饰,不需用大量清水冲洗,只需用干净的半湿性毛巾擦净表面被清洗掉的污垢和残留的清洁剂便可。

四、汽车内饰美容的主要项目

1. 驾乘舱美容护理

驾乘舱是驾乘人员平时活动的空间,易受外界因素的影响,例如外界的油尘、驾乘人员的汗渍等。如不及时进行清洁护理,就容易污染内部空气质量,造成驾乘人员的不适,影响驾乘人员的心情,甚至危害人们的身心健康。驾乘舱的清洁护理一般可分为车内顶棚的清洁、车侧立柱及车门内表面的清洁、仪表控制面板的清洁护理、车窗玻璃的清洁护理、座椅的清洁护理、安全带的清洁、地毯的清洗、转向盘的清洁及其他饰面的清洁。

汽车内部顶棚、侧壁、座套及地毯等部位主要由化纤、皮革、塑料及橡胶等材料制成,清洗时应根据不同材料选择清洗剂和清洗方法。车内清洁应按照自上而下的顺序进行,即从顶棚到仪表板、座椅,最后是地毯。

2. 发动机美容护理

发动机作为汽车的动力源,历来被广大驾驶员、车主、维修人员所注目。由于传统的观念,人们把目光的焦点大多集中在发动机维修及传统保养项目上,而对国际上广为流行的免拆养护,特别是发动机表面的护理缺乏正确的认识。随着近几年汽车美容行业的兴起,国内越来越多的人士把发动机护理的着眼点一分为二,即内部护理(包括燃料与空气供给系、润滑系、冷却系的免拆养护)及外部护理,而这里的外部护理作业,通常被专业人士称为发动机美容。发动机美容作业包括高压水冲洗、表面油污清洁、上光保护、翻新处理等养护工作。

3. 行李舱清洁

行李舱是汽车内部的重要设施,作为内饰美容的一部分在汽车美容中不容忽视。

行李舱是车辆放置大件物品的地方,汽车的备用轮胎及随车工具也放在行李舱中,由于车主的需要,装载的物品复杂,容易产生垃圾,也容易脏污。行李舱中通常有泥沙、油污、小杂物等垃圾,清理不够方便,不能用水直接冲洗。行李舱中铺设的材料有胶垫、丝绒地毯,要针对不同材质进行清洁处理。可先清理出行李舱中如纸屑、沙粒等垃圾,再用吸尘器进行吸尘处理。对于铺设胶垫的行李舱,可用抹布蘸上清洁液进行擦洗;对于铺设丝绒地毯的行李舱,可按地毯的清洗方法进行清洁。

五、内饰美容的基本程序

内饰美容是一项系统且细致的护理作业,因此,一定要遵循合乎规范的程序。其基本程序包括室内除尘、内饰清洁与护理和车室净化等。内饰美容不像漆面护理那样要求技术较高,只要有设备,基本上可以自己动手实施。

内饰美容护理施工基本程序为“车室除尘→内饰清洁护理→车室净化→增光处理”。

第二节　车 室 除 尘

除尘吸尘是车室美容的第一步。现代汽车内饰最忌受潮,潮气会使内饰发霉、变质。因此,室内除尘应避免采用水洗的方法。

除尘一般是用吸尘器清除内饰各部件上的灰尘,现在市面上常见的吸尘器主要有便携型、家用型和专业型三种。一般来说,专业型吸尘器的效果最好,使用较多,它具有较好的防水性,而且集吸尘、吸水、风干于一体,配有适于内饰结构的专用吸嘴,操作简单,吸力大,并可与内饰蒸汽机配套使用。

真空吸尘器一般采用360°旋转吸口和多级过滤以及简单的过滤层更换,能十分方便地伸进各个角落部位,快速地吸去灰尘。为方便在不同空间中进行工作,常见的接头有正方形、圆形和长方形。真空吸尘器如图3-1所示。

采用吸尘器进行车内美容的基本操作程序如下。

(1)准备好两用吸尘器及其附件。可以接交流电再接转换器,也可直接使用汽车蓄电池电压,应从驾驶室内的点烟器插座接出。在使用吸尘器时应注意:由于是直接使用蓄电池电源,所以最好是发动机在工作,否则吸尘器吸尘时间过长易使蓄电池的电池容量不足,到时起动不了发动机。

图 3-1　真空吸尘器

(2)先将车厢内的杂物及大型垃圾取出,包括脚踏板、座垫、椅背、腰背靠垫、录音带、钱币、拐子锁等。

(3)用高压水枪或水柱清洗脚踏板污秽面并风干,如果脚踏板两面都一起浸洗过,可用脱水机脱干再风干。

(4)将后座底座拆下,双手伸入后背垫下方再往外翻。

(5)脱离座椅下的固定钩。

(6)拉起后椅背。

(7)拆下后椅背上的固定螺钉。

(8)用吸尘器吸除前室底板灰尘及沙粒。

(9)用吸尘器吸除后座底板及座椅下灰尘及沙粒。

(10)如果不拆下后椅座,也可吸除其座椅面上的灰尘及沙粒。

(11)吸除后风窗玻璃下方及后椅背板上的污物,如纸屑或蚊虫等。

(12)吸除车门板下置物槽内的污物。

(13)用吸尘器除去置币槽及音乐带槽中的污物,并将其擦拭干净。

(14)用清洁湿布擦拭车内与脚部易接触的部位(因易沾泥土)。

(15)用清洁的干布擦拭前仪表板上的灰尘或前后风窗玻璃上的污物。

(16)用透明胶布做底以隔绝沙粒灰尘沉入地毯中,且便于日后清理。

(17)用吸尘器清洁后行李舱内的灰尘。

(18)用吸尘器清除后风窗玻璃水沟内的污物。

(19)用清洁布清除车门窗除雾通风口和自然风通风口上的灰尘。

(20)用清洁湿布擦拭仪表板各处。

(21)用吸尘器清洁座垫上的灰尘。

(22)用吸尘器清洁地毯。

(23)最后需要说明的是,下雨天时,可使用报纸类物品放置在脚踏板上,这样不易弄脏汽车。

第三节　内饰清洁护理

内饰清洁护理通常在除尘后进行,目的是清除附着或浸渍在内饰表面的污物。基本用品是毛巾及相关清洁护理品。在车室清洁时,也要求遵循由高处到低处的原则,即从顶棚到纤维织物、真皮、玻璃、仪表板、门边,最后清洁地毯、脚垫等。

一、座椅的清洁护理

座椅的使用频率极高,其上沾有的人体汗渍和细菌是车内清洁的重点。座椅的面料有丝绒、人造革或真皮等，不同的面料要使用不同的方法进行清洁。同时应该注意，织物和皮革的颜色是通过吸收染料而形成的，有机染料会与某些清洁剂发生化学反应，而出现褪色现象，当清洁剂首次使用时，应先在座椅面料的不显眼地方进行试用。

1. 座椅清洁的设备和工具

座椅清洁使用的主要设备和工具是电热式多功能清洗机、蒸汽清洗机、拭布和毛巾。

2. 座椅清洁的清洗剂

座椅清洁的清洁剂有皮革清洗剂、丝绒清洗剂、全能泡沫清洗剂、保护剂和光亮剂。这些清洗剂的特点是可以用于干洗、保护车内的座椅、沙发等用皮革和乙烯材料制作的饰品，恢复其表面光泽；可以防止座椅因受恶劣的环境影响而提前老化。

3. 根据座椅不同的材质选用不同的清洗剂

轿车座椅一般有两种材质，一种是化纤织物，另一种是人造革或真皮制品。

对于化纤织物，应选用专用的化纤织物清洗剂，不能使用碱性较强的洗衣粉或洗洁精。因为这些碱性物质在清洁过程结束后，仍有一部分残留在织物内部，这部分碱性物质极易使化纤织物变黄、腐蚀。为此，选用化纤织物清洗剂一定要慎重，在没有把握的情况下，最好先在车室隐蔽部位对清洗剂进行试用，确认不会使纤维变色或变质后，再进行大面积使用。对于真皮座椅，可选用真皮清洗剂洗净，再用真皮护理剂进行深层护理。

4. 化纤织物座椅的清洁护理

对于织物面料折座椅来说，如果不是很脏，可用长毛刷与家用吸尘器配合使用，一边刷座椅表面一边用吸尘器把脏物吸出来，这样不但效果好，而且效率也较高。

如果座椅沾有较大的污点、污垢等，应利用化纤织物清洗剂清洁。首先，将化纤织物清洗剂喷在座椅表面上，对于污垢严重的部位，可重点喷涂，用软刷轻轻擦拭，然后用干毛巾或麂皮吸干。

清洁织物座椅表面时要注意以下几点。

(1)根据织物的质地不同选择合适的清洗剂。

(2)清洁剂喷涂后，应停留 1 ~2min 再进行擦拭，这样有利于脏物充分溶解、松化。

(3)织物的清洁不能选用稀释剂、汽油、风窗玻璃清洗剂等有机溶剂和漂白粉。

(4)清洁时要充分考虑纤维纹理的变化和规律，一般采用纵横双向清洁效果较好。

(5)用干毛巾擦拭时，应顺着纤维织物方向擦拭。

5. 人造革、真皮座椅的清洁护理

人造革、真皮的共同特点是其表面有许多细纹，这些细纹容易吸附污垢，用湿毛巾擦拭后，看起来似乎很干净，但其上聚积的油污和细菌是无法擦掉的，应使用专用的皮革清洗剂进行清洁。

1)人造革座椅的清洁

先用一块洁净的湿布擦去人造革上的污垢，如果污垢较重，可用一块蘸上稀的皮革专用清洗剂的海绵擦拭。擦拭时不可将座椅弄得太湿，以免使清洁剂顺着接缝渗入座椅内部。用清洗剂擦洗后，再用一块干燥的软布或毛巾将其擦干，然后打开车门，让空气流通，彻底晾干皮革的水分。将皮革上光剂喷于打蜡海绵块上，均匀涂在上述部位表面，2min 后用干毛巾擦干即可。

2)真皮座椅的清洁

最好使用纯天然物质提纯的真皮清洗剂，它性质柔和，可有效去除真皮上的油污。使用方法是拭去皮革表面浮土，用软布蘸少许真皮清洗剂擦拭，特别脏的地方可加量使用。

二、地毯和脚垫的清洁护理

1. 地毯、脚垫的清洁设备和工具

地毯、脚垫的清洁设备和工具有电热式喷水/吸尘/吸水多功能清洗机、蒸汽机和专用脱水机。

2. 地毯、脚垫的清洁剂

地毯、脚垫的清洁剂有泡沫清洗液和专用地毯清洗液。

车内地毯及装饰品清洁剂的产品主要有以下特点。

(1)可去除地毯、丝绒和其他车内饰品上的油泥、污物和灰尘。

(2)可防止车内饰品老化。

(3)不含对车内饰品及人体有害的成分。

3. 地毯、脚垫的清洁方法

汽车里面最容易脏的就是地毯，汽车本身自带的地毯基本是和汽车一体的，不容易拆下来清洁，因此最好在汽车里放置活动的脚垫。如果脚垫不太脏的话，可以拿到车外拍打就可以了。如果使用毛刷头的吸尘器进行吸尘处理的话，可以使较脏的地毯看上去不那么脏。地毯深处的小石头等的清除，可先用硬一点的刷子刷出后再吸。对于更加脏一些的地毯，就只能动用专用洗涤剂了，一般是在洗涤前先进行上述两项除尘工作，然后喷洒适量的洗涤剂，用刷子刷洗干净，最后用干净的抹布将多余的洗涤剂吸掉就可以了，这样可以使清洗后的地毯既干净又柔软。最需要注意的就是地毯不要完全放入水中浸泡刷洗，一方面会破坏地毯内部几乎不同材质的黏结，另一方面会使地毯在很长时间内不能干透而影响使用效果，甚至引起车内潮湿。

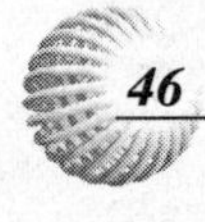

三、仪表板的清洁护理

仪表板是汽车附属功能的控制面板，其形状复杂，开关、仪表数量多，有些仪表板为了和汽车造型相适应，其外形更为复杂，最容易藏污纳垢。如覆盖有人造皮革或真皮的仪表台，由于皮革表面纹路多或附有毛孔，长期操作使用和触碰按钮，容易附着污物或滋生细菌，应认真清洁。

仪表板的清洁方法具体如下。

(1)首先用半干毛巾将仪表板擦拭一遍，检视其是否有积垢过多的地方。

(2)在积垢过多或有油渍的部位，在清洁时如用毛巾无法清除时，可先喷洒万能泡沫清洗剂或表板清洁剂进行擦拭，并用软毛刷刷除，然后再喷洒皮革清洁剂，再用干净的干毛巾擦拭，最后用麂皮吸去其上的水分。

(3)仪表板上的塑料装饰件，在清洁时如用毛巾无法清除时，可先喷洒万能泡沫清洗剂或表板清洁剂进行擦拭，并用软毛刷刷除，然后再喷洒塑料保护剂，再用干净的干毛巾擦拭，最后用麂皮吸去其上的水分。

(4)仪表板上的电镀装饰件，用无纺巾蘸少许镀铬保护剂进行擦拭，擦至恢复光亮即可。

四、顶棚内衬的清洁护理

汽车顶棚内衬一般是用人造革或化纤混纺材料制成的。在清洗时，应按具体的材质选用适当的清洗方法。

1. 人造革制成的内衬表面的清洗

先用半湿毛巾擦拭一遍,然后用干毛巾再擦拭一遍即可。当内衬表面污垢较严重时,可用毛巾蘸上全能泡沫清洗剂进行清洗。其具体方法是:先将该清洗剂喷涂在内衬表面上,然后用干毛巾或拭布进行擦拭即可。

2. 用化纤、棉、毛混纺材料制作的内衬表面的清洗

可用多功能柔顺剂进行清洗。清洗方法可选用人工擦洗法,即先将该清洗剂喷涂在顶棚内衬上,然后用拭布擦拭即可。

若有喷抽机时,可采用喷抽机清洗,选用低泡柔顺剂作清洗剂,先在内衬表面上喷涂该清洗剂,然后再用喷抽机吸出污液,最后用拭布擦干即可。

五、安全带的清洁护理

用中性的肥皂水或温水对安全带进行清洗,但不可选用染色剂或漂白剂作为清洗剂清洗,否则将降低安全带的强度。

安全带是在危险关头保护乘客和驾驶员生命安全不可或缺的装置,它的功效在所有安全试验中已被证明。清洁安全带时,应先检测安全带,其方法是:先用手慢慢地将安全带匀速拉出,检查其拉出时是否顺畅;然后,在用手拉出一小段后突然加速抖出,检查其安全锁止功能是否完好。此外,安全带若出现裂纹或产生脱出现象等都是危险的信号,不要误以为这样的安全带还可以继续使用,有不妥感觉时,应向驾驶员报告并建议更换。

六、空调通风口的清洁护理

汽车在行驶过程中,大量的灰尘、污物会进入空调的进风口,吸附在风道内,在高湿的环境下,会滋生大量的菌类,随着空气的流通,飘浮在室内空气中,使人感到头晕、乏力、恶心,时间长了还会患上一些呼吸道疾病,危害人们的健康。

清洁时,要先了解空调进出风口和进气滤网(有的车无进气滤网)的位置,用吸尘机对各进出风口吸尘,再用塑料清洁剂配合毛巾或海绵擦拭。

清洁完成后,喷施空气清新剂,净化室内空气。空调系统净化清新剂中的特效清新剂能够彻底全面地清除所有霉菌和孢子,并防止此类物质进一步滋长;能够快速、安全、有效地清除腐烂性异味,恢复车内空气清新,保护使用者的身体健康。

喷施方法是:将发动机熄火,把空调设置在进风模式,向空调的各处出风口喷施清新剂,要求连续喷 10s;起动发动机,打开空调系统,并将其设置为内循环和最大出风量,在各进风口处连续喷 10s,并使发动机持续运转 5min;最后,打开车门让空气自然流通。

七、车门、门柱、门框边缘的清洁护理

车门、门柱、门框边缘部分都是喷漆表面,可使用防静电清洁除油剂清除表面附着的油污,然后再打上幼蜡抛光处理。车门内衬(旁板)和拉扶手,因其材质的不同,按情形分别使用绒布清洁剂或真皮清洁护理剂进行清洁。车门锁、铰链部位,先喷上清洁除锈剂进行清洁,然后抹干净渣滓、油污,最后涂上润滑油脂,以确保其运转良好。此外,还应检查车门内侧底部的排水孔是否畅通,以避免积水。

八、踏板的清洁护理

踏板包括制动踏板、离合器踏板和加速踏板，其中制动踏板尤为重要，若其表面胶垫的凹槽内塞满沙石、泥土，下雨天时很容易打滑，进而妨碍行车安全。清洁时，踏板胶槽内附着的泥土，应使用硬刷子刷掉或用尖细铲刀剔除。最后，用抹布蘸上清洁剂水溶液进行擦抹，驾驶座下地板及其周围的脏污也一并擦拭干净。

九、转向盘的清洁护理

转向盘是驾驶员手触摸的地方，容易沾上人体的油脂和汗渍。对于转向盘的清洁，可针对其不同材质进行不同的处理。转向盘的外表材料有塑料、人造革、真皮、桃木等。对于塑胶材质的转向盘，可用干净的抹布蘸上中性的清洁剂进行擦洗，然后用塑胶护理上光剂轻轻擦拭即可。对于人造革、真皮材质的转向盘，可用真皮清洁柔顺剂进行擦洗，然后用真皮保护上光剂轻轻擦拭即可。对于有桃木饰条的转向盘，可用中性的清洁剂进行擦洗，然后用塑件橡胶润光剂轻轻擦拭即可。

十、行李舱的清洁护理

行李舱在汽车的后部，密封较好，主要用于存放行李，有时也用于存放一些随车用品。当总的情况是使用状态较好，油污、灰尘、异物较少时，采用一般的手工清洗法清洗即可。

行李舱内衬表面一般均用人造革铺置，清洗时，先用半湿毛巾擦拭，然后再用干毛巾擦拭，即可达到清洁行李舱的目的。

若行李舱内局部有油污时，可先用毛巾蘸上一点肥皂液或清洗剂，涂在油污处，然后再擦拭，即可把油污去除。擦洗后，为使行李舱内保持干燥，可用压缩空气吹干，也可用干毛巾多擦两遍，即可达到干燥的目的。

第四节　车室净化

一、车内空气污染的原因

内饰清洁后，车内可谓焕然一新，但仍有许多看不见的有害细菌无法彻底清除。车内空气污染的主要来源有以下几个方面。

（1）新车内装饰材料中含有的有毒气体，主要包括苯、甲醛、丙酮和二甲苯等，这些有害物质在不知不觉中使人出现头痛、乏力等中毒症状。专家认为，内部装饰豪华的轿车更容易产生污染，其内部装饰选用的皮类、电镀件、金属件、油漆、工程塑料等材料处理不当，就会辐射出有害物质。

（2）汽车发动机工作时产生的一氧化碳、汽油味，均会使车室内的空气质量下降。

（3）车用空调蒸发器长时间不进行清洗护理，就会在其内部附着大量污垢，所产生的胺、烟碱和细菌等有害物质弥漫在车内狭小的空间里，导致车内空气质量变差，甚至车内人员缺氧。另外，霉菌在汽车通风系统内长年存在，这个问题在潮湿气候条件下运行的空调中尤为突出。有的霉菌会导致车内人员出现哮喘、呼吸困难、记忆力及听力丧失、肺部出血等症状。

（4）人体自身的污染。据统计，在人呼出的气体中，至少存在25种有害物质，例如二甲胺、酚类、苯类、四氯乙烯以及各种病菌，加上人体排泄出的汗液，鞋、袜、衣服等散发出的气味，人在谈话、咳嗽和打喷嚏时喷射出来的唾沫，都在不同程度上加重了车内空气的污染。

二、车室净化的方法

车室净化的方法主要有高温蒸汽消毒法、臭氧消毒法、光触媒消毒法、喷施空气清洁剂等。

1. 高温蒸汽消毒法

将消毒液按规定的比例稀释后，装入蒸汽机内，接通电源，加热约30min，观察温度及压力表，当温度高达130℃左右时，即可利用形成的高温蒸汽对车室各部件进行逐一消毒。消毒完毕后，可以选择适合的香型，喷洒少量空气清新剂，使乘坐环境更为舒适。为了得到清新的空气环境，还可采用如下措施：起动发动机，提高转速到1500～2000r/min，将空调打到外循环，打开鼓风机，保持5min，可使车内空气焕然一新。

2. 臭氧消毒法

臭氧杀菌是采用一个能迅速产生大量臭氧的汽车专用杀菌消毒机进行杀菌消毒的。臭氧是一种具有广泛性的高效快速杀菌剂，它可以杀灭使人和动物致病的多种病菌、病毒及微生物。臭氧杀菌的机理是：以氧化作用破坏微生物膜的结构实现杀菌作用，臭氧首先作用于细胞膜，使膜构成成分受损伤而导致新陈代谢障碍，臭氧继续渗透穿透膜而破坏膜内脂蛋白和脂多糖，改变细胞的通透性，导致细胞溶解、死亡。

3. 光触媒消毒法

光触媒技术也是一种清除汽车内室异味、净化内室空气质量的技术。光触媒美容用品可高效降解车内空气中的甲醛、苯、甲苯、二甲苯等有害气体，氧化消除各种异味，有效防止汽车内室隐蔽部位的霉菌滋生，从而保持车内空气清新。

1）光触媒的消毒原理

光触媒的工作原理：在太阳光的照射下，二氧化碳吸收其中的紫外线使内部电子激发，形成具有极强氧化能力的超氧化物和羟基原子团，使周围的氧气与水分子转化成极具活性的氢氧自由基（OH），再由这些自由基对有害气体（如甲醛、苯）等各种污染物进行氧化—还原反应，并将其分解成无害的二氧化碳和水，随空气流动排出室外，达到净化室内空气的效果，且不会产生二次污染。

此外，光触媒还可以杀死空气中的细菌、病毒、真菌及植物花粉等，其杀菌率高达90%。

2）光触媒消毒的作业方法

光触媒消毒主要是采用喷涂技术进行作业，具体工艺如下。

（1）降下车窗，打开车门，保持通风。

（2）将清洁的喷枪与空气压缩机相连，并进行空喷射以排除喷枪及管内的水分。

（3）将白色牛奶状的液态光触媒注入喷枪，并进行试喷。在距离试板（通常为30cm×40cm纸箱板）30cm垂直距离处，对准试板中心喷射，调整喷枪喷涂量，调节旋钮使喷射带宽度达到在喷射中心上下各10cm内的最佳喷射状态。

（4）待车内各清洁部位干燥后，依顺序进行光触媒操作，喷涂顺序与吸尘顺序相同。同时为防止将光触媒喷涂到玻璃、顶灯、内后视镜、开关、门把、饰条上，应在喷涂时用试板配合遮住上述部件。

（5）喷涂完毕，升起车窗，关上车门，起动发动机，开启空调并将空调置于车内循环和上半身送风状态，运行3～4min。

(6)关闭发动机,打开车门,等待10min以使光触媒喷涂到的部位完全干燥,并将吸尘时移出的物品归位。

(7)收尾工作。主要是为了防止喷枪生锈,必须清洗喷枪。方法是在喷涂结束后,将水倒入储液罐内,进行水喷雾将吸管和喷嘴洗干净,用布擦掉储液罐内的水分。

3)光触媒车室净化注意事项

(1)作业时,不要将湿的清洁布随手放在已经清洁过的地方。

(2)作业时,避免光触媒溅落到前后风窗玻璃、门窗玻璃、开关、桃木饰板等高光洁度表面和仪表台等明显部位,以免光触媒固化成膜后造成视觉和触觉的影响。

(3)刚喷完光触媒的汽车最好能多晒太阳,让紫外线充分激活光触媒的活力。

(4)过度的摩擦有可能使膜提早剥落,但一般正常的汽车保养,如一星期两次的清洁工作,不会影响到保护膜。

(5)光触媒本身是无味的,应结合香水使用,让车室内空气更加清洁。

4.喷施空气清新剂

无高温蒸汽杀菌设备时,可在车室内喷施空气清新剂,也可清除室内的有害细菌。具体方法如下。

(1)将空气清新剂喷于空调通风口或地毯下面。

(2)起动发动机,打开空调5min,进行车室内异味、杀菌处理。

(3)然后打开车门,让空气自然流通,即可清除异味。

第五节 增光处理

车室内清洁干净后,应及时对内饰件进行上光护理。传统车室内护理产品只有单一的上光功能,只能保持光亮,起不到保护作用。新一代上光剂内含表面活化剂和软化剂,不仅具有增光作用,还具有护理功效,用后能迅速滋润表面,使其恢复弹性和光滑状态,防止龟裂、硬化及脱色等现象发生。

一、塑料件上光

对汽车室内的塑料件应定期使用塑料上光剂进行上光处理,上光剂使用时可喷涂也可擦涂,经处理的塑料件表面光亮如新,同时可防止塑料老化。

二、皮革件上光

选用皮革清洁柔顺剂和上光保护剂对皮革件进行上光处理。先将清洁柔顺剂喷在皮革件上,浸润1~2min后擦干,再喷施上光保护剂,浸润1~2min后,根据需要进行擦干处理,干燥后即可。

第六节 内饰件污迹清除与修复

一、污迹清除

1.饮料

若不慎将可乐、冰激凌、牛奶或咖啡等饮料洒在车上时,可先用冷水浸湿的布擦拭,千万不可用肥皂或热水来清理，以免使印痕根深蒂固。如有需要，可使用泡沫清洁保护剂，用海绵或毛刷轻轻刷洗，随后用湿布擦拭，最后再用纸巾或干毛巾擦干。

2. 糖果

对掉落在地毯及座椅上的糖果，首先应把固体部分清除掉，然后再清理残留的糖汁。一般用热水浸泡的抹布进行擦拭，如果是巧克力，可用温水浸湿的抹布擦拭，如果需要可加用清洁剂。

3. 口香糖

口香糖的性质是越热越黏，不容易除掉，因此一定要冷处理。先用冰块按于口香糖上，使之冷却硬化，然后把它拧下来，剩余部分可用比较钝的小刀轻轻刮掉。

4. 番茄酱及口红

番茄酱滴落在座椅或地毯上时，可用冷水浸湿抹布擦拭，如果痕迹深，可以喷些泡沫清洁保护剂。座椅沾上了口红，可先用比较钝的小刀轻轻刮掉口红，不要将座椅布刮破，刮不掉的部分可以喷上泡沫清洁保护剂，照上述步骤清理。

5. 尿液

座椅或地毯上的尿液，可用温热的肥皂水浸泡抹布后进行擦拭，然后用湿抹布来回擦几遍，再用干净布浸泡于医用氨水和冷水的混合液中(1∶5)，将布覆盖在尿液处约几分钟后拿掉，用湿布擦拭干净，最后用干布擦干。

6. 呕吐物

先用手巾纸把呕吐物擦掉，因为手巾纸有吸水的功能，在擦去呕吐物的同时也把水分吸干，随后用湿布擦几遍，接着用温热的肥皂水将抹布浸泡后清洗被沾污的座椅和地毯。这样处理后，如果气味还是很重，可用温热的苏打水(比例是 1 升水加 1 匙小苏打)擦洗沾污处，最后用湿布擦拭干净，再用干抹布揩干。

7. 血渍

用冷水浸湿的抹布擦拭血滴，用干抹布擦干即可。注意千万不要用肥皂或热水清洗，因为血一碰到肥皂或热水就会固化，血渍就不容易除掉。也可用医用氨水在血渍部位滴几滴，等几分钟后，氨水充分渗透，用冷水浸湿的抹布把血滴擦掉，最后用干抹布擦干即可。

8. 霉变

内饰件受污染未及时清洁时会导致霉变，对此进行清洁可用热肥皂水清洗霉点，然后用冷水漂洗干净，再在盐水中浸泡，最后用专用清洗剂清洗并擦干。

9. 焦油

可先用冷水彻底刷洗，如难以去除干净，可用去除焦油的专用清洗剂浸润一段时间，然后擦拭干净即可。

10. 黄油、机油等

用专用的油污去除剂，从污迹周边向中心清洗，当污迹已经洗掉时，用毛巾擦干即可。

二、内饰修复

1. 人造革破裂修复

人造革在内饰中应用比较普遍，如座椅、门边内衬等处在使用过程中，难免意外受刮伤，甚至出现裂口，对于这类破损，可采取两种方法进行修补。

方法一：先用电吹风将裂口两边吹热，再将一块纤维布衬在裂口下面，并精心将裂口两边对齐，然后压平，最后将人造革修复液涂在修理部位上，待完全干后即可。

方法二：沿人造革裂纹周边涂一种特殊化合物，选一张与人造革花纹相近的木纹纸贴在裂口上（木纹纸花纹应朝下），用电熨斗隔着棉布烫熨修复部件60s即可。

2. 地毯破损修补

汽车内饰地毯常见的破损形式为烧痕及裂口。在这类破损处理时，先将损坏部分的毛边切除，另找一块地毯（或在座椅下不显眼处切下一块）作补片，用胶将补片沿损坏部位毛边切除处黏结上，再用工具理顺接缝即可。

3. 塑料顶棚破裂修复

塑料顶棚表面划伤而未伤及衬布时，可用烙铁进行修复。方法是：将烙铁头的表面用砂纸彻底打磨干净，以免黏结时黏住塑料。将烙铁的温度定在110℃，焊接时，使烙铁头轻轻横向滑过伤口，每次行程不要大于6mm，直到伤口被塑料盖住。最后用烙铁头沿伤口长度方向焊一次，使焊缝光滑。

若小面积表面划破并伤及衬布，可先涂上一薄层黏结剂，将撕开的蒙皮粘贴住，如果切口在有夹层的面上，则不必粘贴，用烙铁从切口中间开始焊接，注意应顺着切口的长度方向焊接。

4. 塑料件的涂装美容

车室塑料件在使用过程中易出现老化、失光、划伤、腐蚀等缺陷，不但影响车室整洁美观，同时会影响这些零件的使用寿命及使用安全和便捷程度，因此，若有上述缺陷发生时，最好对其进行涂装美容。

在车室塑料件的涂装前要解决两大问题，其一是鉴别材料，其二是确定涂装系统。涂装系统的确定可根据塑料品种和应用部位综合确定。关于塑料种类及鉴别在汽车外饰美容章节中会有详细的介绍。下面是几种常用车室塑料的涂装工艺。

1）聚丙烯塑料部件的涂装

聚丙烯塑料（又称PP塑料）涂装的附着性较差，必须采用专用底漆或对其表面进行特殊处理，然后才能进行表面喷涂，具体涂装工艺如下。

（1）用面漆稀释剂对零件表面进行彻底清洗。

（2）按底漆产品说明的要求湿喷并涂一薄层专用底漆，所谓“湿”应能够在适当的照明下从湿膜表面上看见反射光。认真检查是否待喷零件每个部分都已被底漆覆盖，然后让底漆闪蒸几分钟。

（3）在10min以内，喷涂热塑性丙烯酸面漆，干燥后再将塑料件安装到汽车上。在漆闪蒸期间喷涂面漆是为了提高面漆的附着能力。

2）硬质ABS塑料的涂装

硬质ABS塑料不需要专用底漆，传统的热塑性丙烯酸涂料就能满足涂装要求，具体工艺如下。

（1）用面漆稀释剂对零件表面进行彻底清洗。

（2）选定合适的丙烯酸面漆，按规程进行喷涂。

（3）干燥后安装。

3）PVC和软质ABS塑料的涂装

汽车内部很多地方采用PVC及软质ABS塑料，如仪表板、门框、座椅扶手等。这两种塑料所采用的涂料都为PVC专用色漆或清漆。值得注意的是，这两种塑料涂装前都不需专用

底漆,其施工工艺如下。

(1)采用PVC专用清洗剂或涂料配套用稀释剂将待喷表面彻底清洁。

(2)按产品说明书要求用PVC表面调整剂对其进行表面处理。

(3)参照有关资料确定合适的色漆,然后施喷。

(4)喷涂最后一道色漆,要使溶剂完全挥发,然后再喷涂两道清漆,使其光泽达到产品说明书要求。对于仪表板、后窗等处采用非闪光型清漆;对于其他部件,宜采用闪光清漆。

(5)按产品说明书要求,待涂装部件完全干燥后安装。

1. 为何要进行内饰美容?
2. 汽车内饰美容包括哪些项目?
3. 简述内饰美容的基本程序。
4. 简述吸尘器的工作原理。如何用吸尘器对内饰进行美容?
5. 如何对真皮座椅进行美容护理?
6. 如何对化纤织物座椅进行美容护理?
7. 如何对汽车地毯进行美容护理?
8. 如何对汽车仪表板进行美容护理?
9. 如何对行李舱进行美容护理?
10. 车内空气为何会被污染?
11. 如何采用高压蒸汽消毒法对车内进行消毒处理?
12. 如何采用臭氧消毒法对车内进行消毒处理?
13. 如何采用光触媒消毒法对车内进行消毒处理?
14. 内饰件常有哪些污迹?如何消除?
15. 人造革内饰件有哪些?如何修补?
16. 塑料内饰件有哪些?如何修补?

第四章　汽车外饰美容

教学提示：汽车外饰件主要有风窗玻璃、车窗玻璃、后视镜、车灯、轮毂、轮罩、保险杠与饰板等。外饰件美容主要包括玻璃的清洁与抛光、车灯的清洁与抛光、后视镜的清洁与护理、轮毂与轮罩的清洁与护理、保险杠及饰板的清洁与护理等作业项目。这些部件都必须清洁护理或抛光，这样不仅能确保行车安全，并给驾乘人员美的享受，同时可以延长它们的使用寿命。各个部件都需要用相应的专用清洗剂、抛光剂或护理剂来处理。

本章主要内容：玻璃的美容与修补、塑料部件的美容与修补、不锈钢和电镀件的美容、轮胎的美容、车灯的美容等。

本章学习目标：

(1)了解汽车外饰美容的内涵及其发展的动向；

(2)掌握汽车玻璃的美容与修补方法；

(3)掌握塑料外饰件的类型、美容与修补方法；

(4)掌握不锈钢和电镀件的美容方法；

(5)掌握轮胎的美容方法；

(6)理解车灯的美容的内涵。

本章重点：玻璃美容、塑料外饰件美容、不锈钢与电镀件美容、轮胎美容。

本章难点：玻璃的修补方法、塑料外饰件的修补方法。

第一节　玻璃的美容与修补

一、清洗玻璃

整个汽车的玻璃分为两类：前风窗玻璃和后视镜为一类；另一类是单面贴膜和后风窗玻璃（有防雾、除霜栅格）。车窗特别是前风窗玻璃的清洁，不仅仅是外观问题，从安全方面来讲，也十分必要。特别是在雨夜，刮水刷擦过，残留水膜晃眼，大大影响驾驶员视野，是驾驶员的大敌，必须想办法尽快彻底清除。

玻璃的清洁不能用水，因为玻璃外侧常吸附有油烟，不但清洁费力费时，而且不能彻底清洁，可能留下烟膜和交通膜的花纹。清洁玻璃前，应先将上面黏附的污斑、昆虫和沥青用塑料或橡皮刮刀除去，千万不可用刀片等铁质材料刮玻璃，以防止划伤玻璃。然后才能用专门的玻璃清洁产品进行清洁。

一般玻璃清洁用品为玻璃清洁剂、风窗玻璃抛光剂。对于前风窗玻璃和后视镜，可先用玻璃清洁剂预处理，除去表面尘污，然后使用风窗玻璃抛光剂，将其尽量涂满欲擦部位，稍待片刻再用干净的软布作直线式擦拭，直到将玻璃擦亮为止。这种产品兼具抛光上光作用，不但能使玻璃表面洁净、光滑，防止灰尘二次沉降，同时也可改善刮水器留下的擦痕。

后风窗玻璃因内侧有防雾、除霜栅格，所以不能用风窗玻璃抛光剂处理。另外，有的玻璃贴膜后，也只能用玻璃清洁剂处理贴膜面，否则不但不能清洁玻璃反而会将膜面擦出花痕，影响采光效果。外面则可用风窗玻璃抛光剂进行处理。

1. 清洗工艺

清洗玻璃的具体工艺如下。

(1)用洗车香波清洗车身、玻璃上附着的沙粒、尘土等污物，在浸润后被高压水流冲走，玻璃上黏附的鸟粪、昆虫和沥青等污物，可用塑料或橡胶刮刀去除。到洗车工序完成后，车窗玻璃上附着的仅剩油膜了。

(2)用海绵蘸上适量玻璃清洁剂，均匀地擦拭玻璃的内外表面，静置一段时间，待已擦抹的表面变白后，再用柔软的布擦干。

(3)玻璃表面上的顽固性污物，如油漆污点、鸟粪等，可以用 P1500 ~ P2000 号旧的水砂纸的背面醮着肥皂水细心研磨。

清洁后风窗玻璃时要千万小心，不可破坏防雾、除霜栅格。只能用软布配合玻璃清洁剂进行仔细处理。如果不慎破坏了除霜栅格，可用修复工具将断了的地方用导电涂料涂上将其连接起来。贴有太阳膜的玻璃，有膜的一面用玻璃抛光剂处理，效果更加理想。如果玻璃上黏附有口香糖或透明胶的残痕，可先用塑料刮刀将残留物清除，然后使用新车开蜡水简单擦拭即可清除此类污迹，最后再用风窗玻璃抛光剂处理即可。

2. 注意事项

(1)不能使用砂纸来去研磨去除附着在玻璃面上的污物。

(2)不能使用刀片或弹簧钢刮刀来刮除玻璃面上的污物。

(3)不仅是外侧，玻璃的车内部分也必须擦拭干净，除雾加热线或收音机天线部分则必须横向擦拭，如果垂直擦拭有时会弄断线材。

(4)玻璃清洁干净后，必须再次喷涂玻璃保护剂(玻璃清洁、保护二合一剂除外)才能有效防止玻璃表面脏物、油膜的再次附着。

(5)使用加入散热器的玻璃保护剂时，应先把风窗玻璃清洁干净，否则效果不佳。

(6)检查刮水器片质量，老化或破损时必须另行更换。

(7)检查刮水器储液罐液量，不足时应及时添加。

(8)全车打蜡抛光作业完毕，需再检查刮水器喷水嘴是否喷水良好。

二、抛光

玻璃经过抛光处理，不仅可以增亮，使玻璃表面洁净，还十分光滑，具有防止灰尘二次沉降的作用，同时，也可治理雨刷磨痕。抛光具体程序如下。

(1)在玻璃上喷洒清洗剂后，用橡皮或塑料刮刀去除玻璃上的黏附物。

(2)对于前风窗玻璃和后视镜，可先用玻璃清洁剂预处理，除去表面尘污。

(3)将风窗玻璃抛光剂涂满玻璃，稍待片刻，再用干净软布作直线擦拭，直到将玻璃擦亮为止。

(4)后风窗玻璃内侧有防雾、除霜栅格,不能用抛光剂处理。

三、玻璃的防雾与防水处理

汽车内外温差大时,玻璃内侧容易形成雾层,严重影响驾驶员的视线。而大雾天气,在风窗玻璃和后视镜上又极易形成细水珠,给安全行车带来很大的麻烦。给汽车玻璃进行防雾与防水处理,可以有效解决上述问题。

值得注意的是,如果湿气不是太重的话,不要轻易涂抹防雾剂,因为涂抹不当反而会造成眩目、模糊。

1. 风窗玻璃的防雾与防水

在喷施风窗玻璃防雾、防水剂前,要彻底清洁玻璃。可先在玻璃上喷洒清水,用手触摸,感触较大尘粒的程度,用专用刮刀将其刮除干净,在海绵上蘸上适量玻璃清洁剂,均匀地擦拭玻璃的内外表面,静置一段时间,待已擦抹的表面变白后,再用柔软的布擦干。

后风窗玻璃内侧有防雾、除霜栅格,擦拭时要横向平行地擦,如果不慎破坏了除霜栅格,可用修复工具将断了的地方用导电涂料将其连接起来。

在风窗玻璃内侧均匀地涂上风窗玻璃防雾剂。然后,在风窗玻璃外侧均匀地涂上风窗玻璃防雨剂。待防雾剂、防雨剂干透后,用软布擦拭干净,直至玻璃透明光亮。

2. 后视镜的防雾与防水

后视镜的防雾与防水可采用与风窗玻璃相同的工艺,即先喷涂玻璃清洁剂,然后用干净的软布轻轻擦拭,最后喷涂一层防雾剂,即可保持后视镜在很长的一段时间内具有防雾防水功能。也可采用驱水防雾防尘胶片处理后视镜。驱水防雾防尘胶片能吸收阳光中的紫外线,将空气中的水分在后视镜表面形成一层水分保护层,消除水珠雾气的聚集,并具有防尘功能。它特别适合在亚热带气候地区使用。该胶片的安装方法为:先将镜面擦拭干净,然后在玻璃镜面及胶片上喷洒清水,把胶片贴在镜面上,再将保护胶片放在驱水防雾防尘胶片的表面,最后用蓝色水泡清洁器将胶片与镜面之间的水泡刮走。

四、风窗玻璃除冰处理

冬季行车时,风窗玻璃上有冰雪,影响驾驶员操作,因此可选用风窗玻璃除冰剂进行除冰雪处理。

1)除冰剂的特性

将除冰剂喷洒到玻璃表面上,能使玻璃表面上的积雪、冰层、浓霜等很快融化,还能去除聚乙烯和镀铬制品表面上的油雾、沙石和尘垢。该产品能保证在0℃以下进行喷洒,对汽车无损害。

2)使用方法

将该产品直接喷洒到待处理物表面上,待冰融化后擦拭干净即可。

五、风窗玻璃渗水处理

无论是前风窗玻璃还是后风窗玻璃,日久后或更换玻璃后常常会发现有漏水现象,这些漏水一般都发生在风窗玻璃四周的胶垫接合处。造成渗水的原因往往是日久胶垫老化或更换时清除不良,如污物、碎玻璃仍留于接合处,造成缝隙,所以下雨时雨水就很容易渗入,如不马上处理,那么风窗玻璃安置处的钣金部件很容易生锈腐烂。

风窗玻璃渗水处理方法如下。

(1)如果是前风窗玻璃的下方渗水进入车内时,需先将刮水器臂、通风罩拆下,然后用清洁器具清除接合处,再用空气喷枪吹干净,最后将硅胶注在接合缝上即可。

(2)如果渗水位置是在风窗玻璃的上方或后风窗玻璃的四周时,可用硅胶直接注在外层表面即可,或使用平口螺丝刀先翘起胶垫再注入硅胶,效果会更好。

六、玻璃的修补技术

1. 玻璃擦痕的修复

汽车玻璃被擦伤留下的擦痕,既影响汽车的外貌,又影响驾驶员的视线。

玻璃属于高硬度物质,其表面的擦痕不可能用抹布擦去,如果用抹布擦拭,只会越擦越脏,甚至把抹布上的污垢涂抹在擦痕的凹槽中,形成一条条的黑道子。消除玻璃表面擦痕的正确方法是使用玻璃磨光药品和器具。

风窗玻璃磨光设备主要包括清洗剂、增光粉和磨具。在作业时,首先用玻璃清洗剂净化擦痕或划痕和其周围的玻璃。必要时,可用刀片刮去污垢,把搅拌好的增光粉(乳剂)涂在被浸湿的磨具上,磨具以1100r/min的速度旋转并加稍许压力在擦痕上往复移动,直到擦痕消失,用清水洗净玻璃上残留的磨光剂即可。

2. 风窗玻璃炸点的修补

高速行驶的汽车能带起路面上的小沙石。这些沙石如果撞击到快速行驶的汽车风窗玻璃上,极易对汽车风窗玻璃造成伤害,有的能形成一个小炸点(图4-1)。这些小炸点不但影响了汽车的美观,更会干扰驾驶员的视线。消除汽车风窗玻璃上的小炸点,现在已形成一种专门的技术。用这种技术消除玻璃炸点,首先要用专用的玻璃清洁剂清洗炸点,清理碎屑。然后用专用的钻机在炸点处打孔,如图4-2所示。清洗钻孔去除玻璃渣后,用吹风机吹干,并在车内、车外分别固定好专用的反光盘和三角固定架,向风窗玻璃夹层内注射适量的专用玻璃补充液后,再使用专用的真空加压工具使玻璃补充液填充炸点的所有缝隙和缺损处。这些玻璃补充液经专门设计的紫外线烤灯烘干后,再经反复研磨,便可使炸点完全消失。为了使修补后的炸点与风窗玻璃的完整部分一致,还可以涂上一层特制玻璃防护液并抛光擦亮。

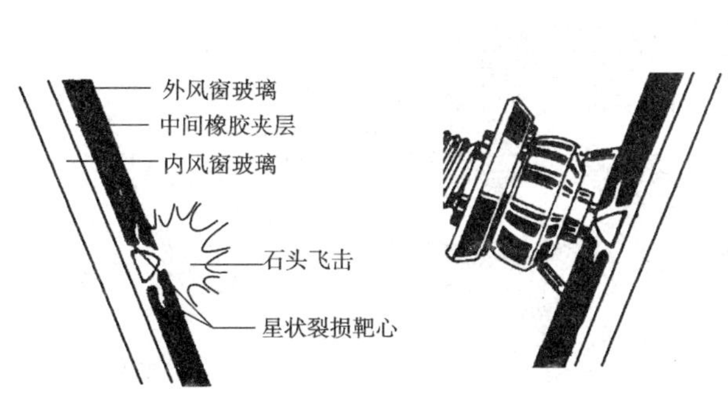

图4-1 飞石撞击玻璃形成的小炸点

图4-2 用专用钻机在炸点处打孔

并非所有的汽车风窗玻璃都能修补,按照目前的修补技术,只能修补复合(夹层)风窗玻璃上的炸点,而且是在玻璃非应力区上的炸点。钢化玻璃、区域钢化玻璃上的炸点用这项技术是修补不了的。这项技术特别适用于那些炸点较少或市面上很难寻觅的风窗玻璃,如某些进口量较少的豪华型汽车的风窗玻璃修补。

第二节 塑料部件的美容与修补

塑料部件有比玻璃钢材料更大的优点,且具有良好的维修性能,所以塑料部件在车身上的应用较为广泛。塑料在汽车上的应用如图 4-3 所示。

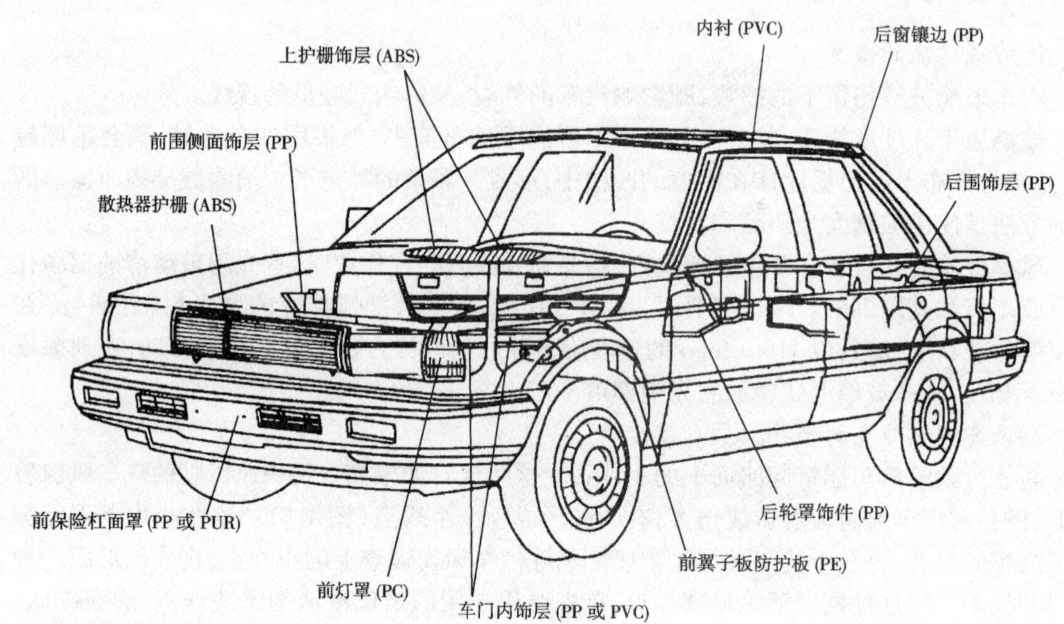

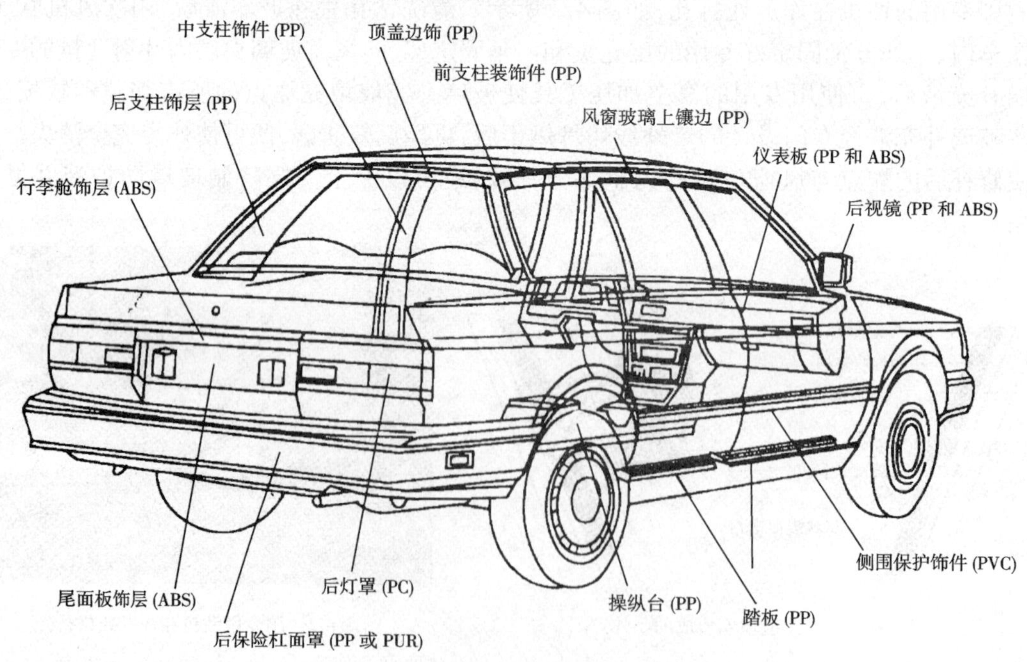

图 4-3 塑料在汽车上的应用部位

一、塑料的性质

塑料的种类很多,就其特性而言可分为热固性塑料和热塑性塑料两大类。热固性塑料在受热时,初期软化具有一定的可塑性,但随着继续加热,塑料中树脂分子不断增大,最后达到硬化,硬化后如果再加热,它就不会再软化了,因而此类材料多用于制作一次性成形不需修复的零件。热塑性塑料受热时,随着温度的升高,可以逐渐软化,但当冷却时,即重新硬化为固体,如果再加热,它又可以软化。这类塑料可以利用它受热软化和冷却硬化的特性制成各种形状的构件。聚氯乙烯塑料是典型的热塑性塑料,被广泛应用在汽车制造业,如轿车车身、翼板、保险杠等壳体板件。通常使用的聚氯乙烯塑料板材可分为两类:第一类是不可压缩、没有弹性的,是车身板件的常用材料;第二类是具有较大弹性的,有的弹性变形相当于橡胶板。

塑料板材抗拉强度较低,大约只有钢材的1/10,且随着温度升高,强度减弱。一般塑料板件使用温度应低于80℃。但塑料板材具有较强的抗腐蚀能力,且其隔热能力良好,质量轻、重塑能力强,焊修性能特别好,因而可用于制作形状复杂及易损的构件。表4-1为常用汽车塑料的名称及应用。表4-2为几种汽车塑料的加工特性。

常用汽车塑料的名称及应用 表4-1

符　号	化学名称	应用举例	属　性
AAS	苯乙烯—丙烯腈—丙烯酸酯三元嵌段共聚物	汽车挡泥板	热塑性
ABS	丙烯腈—丁二烯—苯乙烯共聚物	车身板、仪表板、护栅、前照灯外罩	热塑性
ABS/MAT	丙烯腈—丁二烯—苯乙烯共聚物	车身板	热塑性
ABS/PVC	丙烯腈—丁二烯—苯乙烯共聚物/聚氯乙烯	—	热塑性
EP	环氧树脂	玻璃钢车身板	热塑性
EPDM	三元乙丙橡胶	保险杠冲击条、车身板	热塑性
PA	聚酰胺(尼龙)	外部装饰板	热塑性
PC	聚碳酸酯	护栅、仪表板、灯罩	热塑性
PPO	聚苯撑氧(聚苯醚)	镀铬塑料件、护栅、前照灯外罩、仪表前板、装饰件	热塑性
PE	聚乙烯	内翼子板、内衬板、帷幔、阻流板	热塑性
PP	聚丙烯	内饰件、内衬板、内翼子板、散热器、挡风帘、仪表板、保险杠、面罩	热塑性
PS	聚苯乙烯	—	热塑性
PUR	聚氨酯	保险杠面罩、前后车身板、填板	热塑性
TPUR	热塑性聚氨酯	保险杠面罩、防石板、填板、软质仪表前板	热塑性
PVC	聚氯乙烯	内衬板、软质填板	热塑性
RIM	反应注模聚氨酯	保险杠面罩	热塑性
RRIM	强化反应注模聚氨酯	外车身板	热塑性
SAN	苯乙烯—丙烯腈	内衬板	热塑性
TPR	热塑性橡胶	帷幔板	热塑性
UP	聚酯	玻璃车身板	热塑性

几种汽车塑料的加工特性　　表 4-2

塑料符号	耐热温度(℃)	耐酒精或耐汽油性	备　注
AAS、ABS、AES	80	可短时间少量使用酒精(如快速擦除油脂)	禁止使用汽油、有机或芳香族溶剂
EPDM	100	耐酒精,可短时间少量使用汽油	耐大多数溶剂,但禁止用汽油或溶剂浸泡
PA	80	耐酒精和汽油	禁止使用蓄电池酸
PC	120	耐酒精	禁止使用汽油、制动液、蜡、除蜡剂和有机溶剂
PE	80	耐酒精和汽油	耐大多数溶剂
POM	100	耐酒精和汽油	耐大多数溶剂
PP	80	耐酒精和汽油	耐大多数溶剂
PPO	100	耐酒精	可用汽油快速擦拭清除油脂
PS	60	可短时间少量使用酒精和汽油	禁止用酒精、汽油、溶剂浸泡

二、塑料的鉴别方法

(1)查看压制在塑料上的国际标准符号,即 ISO 代码。现在越来越多的工厂都使用这种符号,但还有一些工厂没有使用。一般在将零件拆下以后才能看到所标注的符号。

(2)对于没有标注国际标准符号的零件,必须查阅车身维修手册,手册中一般都标出了每个塑料件所用的材料。但是,车身维修手册一般每年更新两次,因而对于新型汽车,应注意查阅最新版本的车身维修手册。

(3)燃烧鉴别法现在不提倡使用,因为在修理车间内使用明火有失火的危险,同时也污染环境。另外,对于目前被广泛使用的复合塑料,含有多种成分,燃烧法根本无法鉴别。

(4)塑料的试焊鉴别法是鉴别不明塑料的可靠方法。即用几种塑料焊条,在零件的隐蔽或损伤部位进行试焊,能与之焊合的那种焊条即是所需的塑料。现在常用的塑料焊条只有 6 种左右,所以可能性的范围也不太广,且不同焊条的颜色也不一样,一旦找出能与塑料件焊合的焊条,塑料件的材料也就鉴别出来了。

三、塑料部件的美容护理与翻新

塑料部件如后视镜架、保险杠、车门把手等在长期的风吹日晒下,极易褪色、老化甚至龟裂。对塑料部件的清洁护理既可以起到维护作用,达到延长使用寿命的目的,还可以起到恢复表面原色,使其达到光洁如新的效果。

1. 汽车塑料部件面漆

汽车塑料件的面漆大多使用丙烯酸漆、丙烯酸瓷漆或丙烯酸底漆,如光亮漆层,有的还在底漆中添加增韧剂。汽车塑料件常见用漆及涂层的关系见表 4-3。

汽车塑料件常见用漆及涂层的关系 表4-3

塑料代号	塑 料 名 称	标准的挥发漆	柔性的挥发漆和瓷漆	聚丙烯漆	乙烯树脂漆	尿烷漆
ABS	丙烯腈—丁二烯—苯乙烯三元共聚物	I/NP E/NP	—	—	—	—
ABS/PVC	ABS/乙烯树脂(软)	—	I/NP E/NP	—	I/NP	—
EPR	乙烯丙烯橡胶	—	—	E/SP*	—	—
PA	聚酰胺(尼龙)	E/P	—	—	—	—
PC	聚碳酸酯	I/NP	—	—	—	—
PE	聚乙烯	NA	NA	NA	NA	NA
PP	聚丙烯	—	—	I/SP	—	—
PPO	聚苯撑氧	I/NP	—	—	—	—
PS	聚苯乙烯	NA	NA	NA	NA	NA
PUR、RIM或RRIM	热固聚氨酯	—	E*	—	—	E
PVC	聚氯乙烯(乙烯树脂)	—	E/NP I/NP	—	E/NP	E/NP、I/NP
SAN	苯乙烯-丙烯腈共聚物	I/NP	—	—	—	—
SMC	片状模塑料	E/P	—	—	—	—
UP	聚酯(玻璃纤维)	E/P	—	—	—	—
TPUR	热塑性聚氨酯	—	E*	—	—	E
TPR	热塑性橡胶	—	E*	—	—	E

注:I——内部;E——外部;P——底漆;NP——无底漆;SP——专用底漆/助黏剂;NA——不许可;*——规定使用柔性底漆或添加剂。

当汽车塑料件(如保险杠等)在维修美容或翻新美容时,必须根据塑料件的种类、涂层、涂料性质来采取相应的措施进行。

2. 塑料件的美容护理

保险杠等硬塑料件一般无底漆层,常用标准的挥发性漆作为面漆。美容护理时的操作要点有如下两点。

(1)清洗。采用塑料件清洗液对保险杠的表面进行彻底清洗,去除污物或油垢,彻底干燥,擦干或风干均可。

(2)选用亮光蜡进行美容护理。亮光蜡能在漆面上形成保护膜,能防止氧化、酸雨和雨水的侵蚀;光亮持久,品质稳定;还能使漆面不沾灰尘。其操作方法是将亮光蜡直接均匀地喷涂在清洁而干燥的保险杠漆面上,即可达到对保险杠护理美容的目的。

3. 塑料件的维修翻新美容

当保险杠的漆面在使用中受到了损伤,甚至穿透底漆层,但尚未使保险杠塑料件断裂时(塑料件断裂可采用塑料焊接或黏结法进行修复)的维修,称为翻新美容。

1)车外硬塑料件的维修翻新

大多数车外硬性塑料件不需要用底漆,有些涂料生产厂仍然建议在涂色漆前使用底漆,但不应用磷化底漆、金属处理剂和柔软剂等。具体涂装工艺如下。

(1)表面处理。先用肥皂水清洗待修补区域,然后用清水清洗干净,再用面漆稀释剂或推荐的溶剂彻底清洗塑料件。对要涂底色漆的部位用400号砂纸打磨,需要喷涂透明清漆的混涂区域用600号或更细的砂纸打磨。

(2)漆料的选配与调漆。按涂料供应商提供的色卡以及汽车的颜色标号选择丙烯酸或聚氨酯面漆、清漆,进行调色,然后按说明书介绍的稀释比例稀释涂料。

(3)喷涂施工。按施工要求进行喷涂,用漆量以完全遮盖为宜,不要太多,一般有2~3层中厚湿涂层即可,待底色漆干透后再涂透明清漆。

2)汽车外用软塑料件的喷涂施工

对于软性塑料的修补施工最好采用全修补的办法,这是因为整板进行打磨、清洗后,对涂料的附着力极为有利。保险杠用塑料一般分为两大类:第一类是聚氨酯和其他类似塑料,第二类是聚丙烯、乙丙酸橡胶或其他塑料。修复保险杠之前,首先根据前述简易鉴定法鉴别保险杠覆盖层的材料是由哪一类塑料制成的,然后采用不同的方法和涂料进行施工。

(1)聚氨酯(PU)和其他类似塑料的修补施工(以3M公司的产品为例)要点。

①用肥皂水清洗待修补区域,然后用清水清洗干净,再用涂料稀释剂清洗表面。

②打磨待修补的区域,形成斜面的收边。采用电动打磨机进行打磨施工时,先用36号粗砂轮,最后进行精加工时采用180号较细的砂轮。

③按产品说明书的要求,将3M公司的No. 05900或No. 05901A和No. 05901B涂料等量混合。

④用橡胶刮板将上述材料刮涂到待修补区域,先薄薄地刮涂一层,然后再刮至比未损坏部位稍稍高一点,在室温下干燥30min。

⑤待涂层固化后,用180号砂轮打磨收边。

⑥刮涂柔性腻子No. 05903,应将针孔和凹陷填平,然后干燥15~30min。

⑦用240号砂纸垫上软的打磨块打磨腻子,然后再用320号(机械)或400号(手工)砂纸进行打磨,直到原装涂膜的光泽被打掉80%~90%。

⑧擦拭和吹净待修补区域,在不打算涂装的部位用胶带粘贴保护。

⑨用3M公司的No. 05905或BASF公司的HP-100柔性涂料喷涂两道湿的涂层到待修补区域,干燥10~15min。再喷涂第三道,干燥45~60min,然后用320号或400号砂纸将涂层磨平。

⑩施工完成后及时清洗喷枪。待全部修补工作完成后,清洗喷枪,去掉胶带。

(2)聚烯烃塑料件的涂装要点。

①按与PU塑料相同的办法进行表面处理。

②在清洗、打磨、贴胶带后,喷涂聚烯烃增黏剂(3M公司的No. 05907),使其干燥10min。

③在聚烯烃增黏剂上喷涂中间涂料(3M公司的No. 05900),干燥后再用180号砂纸打磨抛光。

④再次喷涂聚烯烃增黏剂到打磨过的修补区域并干燥。

⑤再次喷涂中间涂料,以填平小的凹陷、针孔及打磨痕迹等。

⑥用240号砂纸打磨平整,然后用320号或400号砂纸彻底打磨塑料件上面的原装涂膜,去掉其光泽的80%~90%。

⑦第三次喷涂增黏剂并干燥。

⑧喷涂中间涂料,干燥10~15min,再喷涂一层中间涂料,干燥45~60min,用400号砂纸砂磨平表面。

⑨面漆的配置。

a. 将柔韧性添加剂与标准丙烯酸涂料混合。

b. 在正式喷涂汽车之前,应该先喷涂样板进行比色。

c. 如果是底色漆+清漆系统,则可在清漆中加柔韧剂。

⑩喷涂结束后,应及时清洗喷枪,先用水洗,再用稀释剂清洗。待全部修补工作完成后,即可去掉胶带。待新喷涂膜彻底干燥后,即可投入使用。

四、塑料件的修补

1. 焊接法

1)热空气焊接技术

塑料焊接采用热空气塑料焊接焊炬(图4-4),其工作原理是采用陶瓷或不锈钢电热元件来产生热风,热风的温度为230~340℃,热风通过喷嘴吹到焊件及焊条上,使其软化,将加热后熔化的塑料棒压入接缝即可。在焊接过程中,塑料的焊接收缩量较金属大,所以在焊接下料时应多留焊接余量。

热空气塑料焊接焊炬配有不同种类的焊嘴,其应用范围不同。定位焊嘴用于断裂板件的定位焊,这种焊接在必要时可以容易地拉开,以便重新定位;圆形焊嘴用于充填小的孔眼或形成短焊缝,也可用于难以靠近部位的焊接和尖角部位的焊接;快速焊嘴用于直而长的接缝的焊接,这种焊嘴可以夹持焊条,可以对焊条预热,并将焊条喂到焊道处,因而可进行快速焊接。

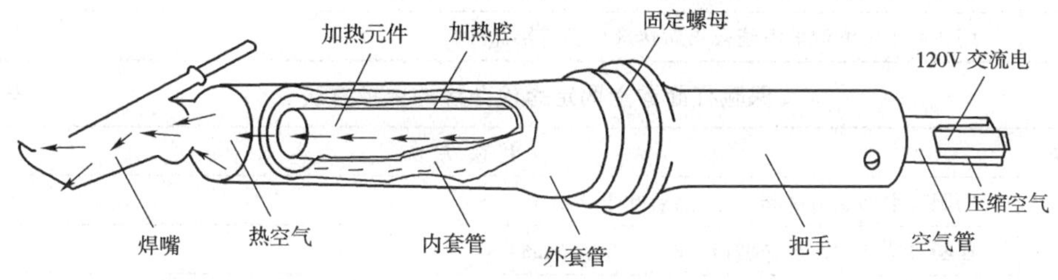

图4-4 热空气塑料焊接焊炬

2)快速焊接技术(图4-5)

高速塑料焊炬的握持方法与匕首的握法相似,软管在手腕的外侧。焊接开始时,焊炬喷嘴应在起点上方距焊件80mm远,以免热风影响焊件。

将焊条一端截成60°角的斜口后插进焊炬的焊条预热管内,然后立即将加压掌压到焊件上的起焊部位,并使焊炬与焊件表面垂直,再将焊条插到底,使之在焊缝起点顶住母材。必要时,可将焊炬略微抬起而使焊条压到加压掌下。用左手轻压焊条,加压掌处的压力只能是焊炬本身的重力,切勿再施加压力。慢慢向身边移动焊炬,开始焊接。

在焊接初始的30~50mm,需轻轻向下推压焊条进入预热管。焊接正确开始之后,则应将焊炬倾角调至45°,这时焊条就能自动滑入而无需推压。

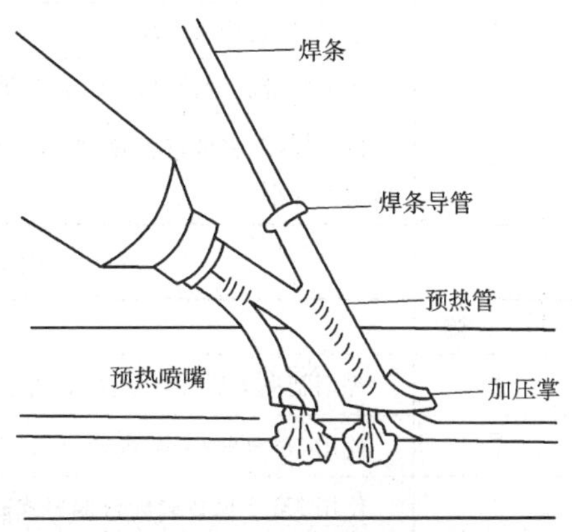

图4-5 快速焊接技术

移动焊炬时，应随时注意观察焊缝的质量。

2. 铆接法

塑料板在某些结构中可以用铆钉接合，一般是用塑料铆钉、铝铆钉或黄铜铆钉。但绝不可与金属钣金作业一样用钢铆钉，以免冲坏塑料板孔。

塑料铆钉是单件式，且能自行膨胀，可以从塑料板一侧铆接。铆接时应使用特制的空气枪。

3. 粘接法

粘接法应用越来越普遍，即用特别的聚氯乙烯胶制作胶合接头，将胶黏剂涂在粘接的地方，然后将两板件迅速粘接。被粘接的塑料应用夹具夹住并保持一段时间，即可达到使用强度。

4. 塑料件修补方法

常见塑料件的修补方法见表4-4～表4-7。

保险杠面罩开关的加热修复方法　　表4-4

步　骤	修复方法
1	用肥皂水彻底清洗保险杠面罩
2	用塑料清洗液清洗，确保清除掉所有的路面沥青、油脂及旧涂膜
3	吹干或擦干
4	直接加热变形部位，直到其背面很烫手时为止
5	必要时可用调漆板、橡胶辊或木块敲打，帮助其恢复形状
6	用在冷水中润湿的海绵或布对热部位进行快速冷却

保险杠面罩上固定螺栓凸缘的更换方法　　表4-5

步　骤	更换方法
1	用肥皂水彻底清洗断口处，然后吹干或擦干
2	在断口处从两面制作坡口，坡口至少宽6mm
3	将坡口附近表面磨糙，并清净碎末
4	用铝质车身胶带做出凸缘的模子，边缘向上弯，形成新凸缘的厚度
5	将焊接温度调至适合于所焊塑料的规定值，进行预热
6	开始焊接，慢慢将焊条向预热管内推进，模子内的焊料可略多充填一些，并使熔化的塑料与母材熔合
7	整形，然后快速冷却
8	揭下车身胶带，在另一面上沿断口线做出深约板厚一半的V形坡口
9	进行焊接，将坡口填满，快速冷却，然后用安装有60号或80号砂轮片的慢速砂轮机修整表面，得到所希望的外形

保险杠面罩的粘接修复方法　　表4-6

步　骤	修复方法
1	先用肥皂水清洗修复区域，然后使用3M通用除胶剂去除修补区域的油脂、蜡、残胶或柏油等
2	使用3M转矩砂碟，配合直角气动砂磨机打磨修补区域，打磨区域为修补区域外延长1.5cm左右
3	使用3M干磨砂碟配合偏振式砂磨机研磨修补区域及其边缘，修羽状边至光滑
4	用清洁干布擦拭修补区域，并用压缩空气枪吹尽磨削尘粒

续上表

步　　骤	修 复 方 法
5	取保险杠修补剂，挤出等量的A、B组各一份于干净的板上混合，调和至均匀颜色，也可以使用3M自动混合系统调色
6	将混合后的材料均匀、致密地涂抹一薄层于修复区域，确保覆盖所有研磨区域
7	再取少量材料，如刮腻子般刮在修补处（略高于平面）
8	在18～24℃温度间等待20～30min至复补处被固化
9	用3M砂碟打磨修复区域
10	用压缩空气枪吹净修复区域灰尘（请勿用溶剂擦拭）
11	均匀喷涂3M塑料底漆于修复表面

微小断口、裂纹、擦伤、撕伤和孔洞的修复方法 表4-7

步　　骤	修 复 方 法
1	用水和塑料清洗剂清洗修理部位，保证配合表面无蜡、无灰尘、无油脂等。使用塑料清洗液即可，无需使用其他溶剂
2	将零件预热至20℃
3	在一侧断口表面先喷上助黏剂，然后再涂胶黏剂
4	把断口两侧仔细地放到原来位置，对接好后牢牢地压紧在一起，几分钟后即可达到足够的粘接强度
5	按胶黏剂说明书和注意事项固化3～12h即可达到最高的强度
6	如果零件表面原来的涂膜并未损坏，而且修理中正确地对好了位置，则粘接后可不需涂装。如需涂装，则一定要按涂料使用说明书进行
7	用清除蜡、油脂和硅质等污物的溶剂彻底清洗损坏部位，用湿润了水的布涂抹，然后抹干
8	用直径为75mm的中粒度砂轮在损伤部位边缘制作坡口，坡口宽度为6～9mm。用这种砂轮片可使坡口表面粗糙，便于粘接
9	打磨配合表面，打磨时宜用低速（不高于2000r/min），如果打磨后的表面较光滑，最好先涂一层助粘剂，且每次打磨后都应再涂一层助粘剂
10	用细一点的砂轮修整坡口边缘，打磨掉旧涂膜，但要尽量少地磨掉塑料材料，并使涂膜逐渐过渡到塑料层；打磨掉的损坏部位周围的涂膜宽度应在25～40mm之间；在进行下一步作业之前，要仔细清理干净一切涂料及粉末，粘接前必须保证表面绝对干净
11	进行烧燎处理，用以改善粘接效果。烧燎所用的工具为氧—乙炔焰，对火焰要进行控制，焰心约25mm长；烧燎时，火焰要仔细地对着磨糙的坡口表面，保持一定速度运动，将其烧至淡棕色；烧燎时一定要特别小心，不要使表面发生变形或烧着涂膜
12	在修理部位粘贴上铝质车身胶带；用溶剂清洗内表面，然后粘贴上铝质车身胶带，将损伤部位全部盖住
13	在涂敷结构胶粘剂前，应将零件背面彻底清理干净，然后粘贴上铝质车身胶带以起支撑作用。为获得最佳的效果，应将铝质车身胶带做成盘形，中部凹下，这样可使胶黏剂在背面能与修理部分重叠。使用车身胶带的好处是可以不必把零件松开或从车上拆卸下来，但有些车型可能仍需拆下部分零件
14	胶黏剂的准备应按说明书的要求进行。大多数胶黏剂都分装在两个管内。将它们挤到干净、平整、光滑、不渗透的玻璃或金属板上（从每个管挤出的量应相同），然后，为了减少气泡，用刮板刮抹的方式将它们完全混合均匀。混合好的胶黏剂色泽及成分应均匀一致

续上表

步　骤	修复方法
15	用橡胶刮板或塑料抹子将胶粘剂抹到孔洞处，这个过程要求既迅速又仔细，胶黏剂将在2～3min之内开始固化。通常需要涂抹两次。第一次仅仅是填充损坏部位的底部，无需担心表面形状，但要做到充填损坏部位内的大部分体积，而后在室温下固化1h或用加热灯或用热风枪加热到95℃，固化20min
16	打磨第一次涂抹的胶黏剂，用细砂轮磨掉过高的部分，清除粉末，然后清理干净
17	进行第二次涂抹。用胶黏剂刮抹到需修理的部位即可。为了形成修理部位所需要的外形，要多充填一些。这时所用的刮板最好有一定的柔性，以便能形成理想的板件表面形状
18	胶黏剂固化后，先用80号砂纸打磨块初步打磨出周围区域的表面形状，然后用盘式砂纸打磨机和180号砂纸修整边缘，再用240号砂纸将表面打光，使零件表面平整。检查是否仍有低凹、小坑或气孔等缺陷，如果有，则应再刮抹一些胶黏剂
19	用盘式砂纸打磨机和320号砂纸修整边缘和精磨，然后除去粉末和疏松材料
20	喷底涂层和面涂层

第三节　不锈钢和电镀件美容

汽车外部有许多部件如防撞杆、保险杠、车标徽、发动机通风栅格、后视镜架、车身装饰条、拉杆天线等，均采用不锈钢和电镀件，它们大大提高了汽车的装饰效果。

对于镀铬件表面最有害的是空气中硫化气体和海滨地区空气中的盐分，这些腐蚀性物质附着在镀铬件表面，久而久之，会造成镀铬件失光，影响其装饰效果。且当镀铬件表面出现深达基层金属的划痕时，腐蚀会迅速扩展到镀铬层下面，此时，对镀铬件的保养翻新尤为重要。

关于镀铬件的翻新作业按零件的镀层状况可划分为上光保护美容和维护美容两种。

一、上光维护美容

1. 条件

(1)当镀铬件在日常使用过程中大面积，甚至全部失光时，需对其进行上光维护美容。

(2)车身镀铬件例行维护时，建议定期进行上光维护美容。

2. 美容步骤

(1)首先要对美容处进行彻底清洗。因此，翻新作业经常在洗车后进行。

(2)清洁后待翻新表面擦干后，喷施专用镀铬件上光翻新剂。

(3)浸润3～5min，用小块无纺布擦拭，直至镀铬件表面重现光泽。

二、维护翻新

1. 条件

(1)当镀铬件表面失光通过上光无法恢复原有光泽时，需进行维护翻新施工。

(2)当镀铬件表面出现深达基层的划痕时，亦应及时维护翻新。

2. 翻新方法

(1)采用电镀方法重新镀铬翻新。此方法适合于大面积失光镀件，且镀前要进行必要的表面打磨及其他处理。

(2)采用电刷镀方法对局部失光或破损处进行翻新施工。施工前也应对作业表面进行必要处理。

(3)对于局部深度划伤,亦可进行喷涂施工,进行局部修补作业。具体操作事宜详见漆面处理相关部分。

第四节　轮胎美容

一、轮胎美容的目的

轮胎在使用过程中直接与各种条件的路面接触,易黏附路面上各种污物,这些污物有一些会浸入轮胎橡胶表面,造成以下后果。

(1)轮胎橡胶失光。被污物侵蚀后的轮胎将失去原有纯正黑色,而呈现出灰黑色,影响汽车的视觉效果,且这种失光通过清洗是无法解决的。

(2)轮胎橡胶老化。受侵蚀的橡胶极易老化、变硬,失去原有的弹性及耐磨性。

(3)发生爆胎。据不完全统计,在高速公路的交通事故中,爆胎占70%以上,使生命和财产造成了严重的损失。

(4)易磨损。轮胎是汽车的易损件。在一辆汽车的使用过程中,更换轮胎的费用占维修费用的20%左右。

为了确保行车安全,延长汽车使用寿命,降低汽车维修费用,对轮胎的维护美容是不可忽视的。

二、轮胎维护美容方法

1.轮胎的清洗

(1)轮胎上污物的类型。附着在轮胎上的污物主要是淤泥、污物、油污、沥青、蜡膜、油脂以及硅化物等。

(2)清洗方法。可采用高压水冲洗法,洗去轮胎上的淤泥、污物等。同时,边冲洗、边用刷子刷,可除去深嵌在轮胎花纹中的淤泥、沙石等。

(3)用沥青清洗剂清洗轮胎。将此清洗剂喷涂在轮胎表面上,稍等20s左右,用软刷子对轮胎进行刷洗,并用清水将污物冲洗干净,这样可洗去轮胎表面上的焦油、蜡膜、油脂和硅化物等。

(4)再清洗。将万能清洁剂喷涂在轮胎表面上,再用软刷子进行刷洗,并用清水冲去污物,可达到彻底清洗,除去污物的目的。

(5)干燥轮胎。将清洗后的轮胎擦干或自然风干,也可用压缩空气吹干。

2.轮胎的维护美容

将轮胎光亮清洁保护液均匀地喷涂在轮胎表面上(薄薄地喷涂一层即可),自然风干后,即可完成对轮胎的维护美容。因为使用了轮胎光亮保护液之后,可极大地延缓轮胎的进一步龟裂和老化程度,同时可使轮胎表面快速生成一层乌黑闪亮的保护膜,且能防水,不易被水洗掉。轮胎经过上述的美容维护后,表面容光焕发,可达到维护美容的目的。

3. 轮胎维护美容用品

轮胎的维护美容用品的名称、性能、使用方法及适用范围见表4-8。

轮胎的维护美容用品的名称、性能、使用方法及适用范围　　表4-8

产品名称	主要性能	使用方法及适用范围
S-922 轮胎增黑剂	含有专门的聚合油脂,集清洁、增黑、抗老化护理于一体,能使轮胎表面呈现长久的不受气候影响的光亮效果,恢复轮胎等橡胶制品的自然光泽;能起到防水作用;能快速干燥,不会被蹭掉,不会碎裂或剥落	将被处理物表面清洗并干燥,然后将本产品直接均匀地刷涂即可。 适用于轮胎、保险杠、密封条等塑料、橡胶制品表面的装饰美容护理
轮胎硅光亮喷雾剂	能使轮胎表面形成一层抗老化的硅保护膜,可延长轮胎使用寿命	直接将本产品喷涂到清洗后的处理物表面,配合增黑剂使用效果更好,可延长轮胎使用寿命20%~30%。 适用范围:仅适用于轮胎
SNAP(4764)车胎保护剂	能恢复轮胎原有色泽,增强其抗老化能力	使用前,先将本产品摇匀,然后喷洒到轮胎表面上,自干半分钟,再用上光小海绵轻轻擦拭即可。 适用于所有轮胎、橡胶及塑料件的装饰美容护理
SNAP 轮胎及时亮(泡沫型)(CTS500)	可防止橡胶、塑料制品表面白化、干裂,使其焕然一新,并可用于塑料装饰件和保险杠的装饰	先清洗处理物表面,使其清洁干燥,然后将本产品摇匀并直接喷涂到轮胎表面,10min后,待其自然风干即可。 适用于轮胎、橡胶、塑料制品表面的养护美容装饰

三、轮辋的美容护理

轮辋一般为铝合金材质,空气、水分与腐蚀性物质混合后对其表面会产生化学腐蚀作用并形成氧化锈蚀层,为了长期保持铝合金轮辋的美观,一般每两个星期将其彻底清洗一次,以清除附着在轮辋上的污物。

轮辋的美容护理流程如下。

(1)用高压水枪冲洗掉轮辋表面上的大量泥沙、污物。

(2)将摇晃均匀的轮辋清洗剂喷于轮辋表面,保持2~3min后用柔软的毛刷或海绵擦拭,注意轮辋的叶片及辐条之间不要有遗漏。

(3)最后用毛巾擦净,喷涂铝合金光亮剂。

注意:轮辋如有喷漆表面,可参照车身打蜡上光工艺进行打磨抛光。

第五节　车灯美容

一、车灯的护理

车灯的护理很少被人重视。看着灯罩一天天变黄,灯光一天天变暗,许多人却束手无策。其实,车灯的护理很简单,用透明塑料件研磨剂对车灯表面进行研磨,再用透明塑料件

抛光剂用同样的方法进行抛光保护即可,其原理与漆面的镜面处理相同。

基本操作方法是:用干净的软毛巾蘸少许透明塑料件研磨剂对车灯表面进行研磨,出现光亮后,用毛巾擦干。再用另一干净毛巾蘸少许透明塑料件抛光剂用同样的方法进行抛光,直到清澈透明为止。

二、转向信号灯罩轻微破损的修复

前、后转向信号灯或小灯的外灯罩亚克力板因撞击而造成破裂、破洞的情形,通常依规定是要拆下整组或分组后再重新安装,以防水渗进灯座内造成锈蚀或进水至行李舱内造成积水。若灯罩只有轻微破损,其处理步骤如下。

(1)将破孔内部碎片先清除干净。

(2)使用短锯片将其破损的边缘稍加修齐,然后再找一块颜色、大小相同的亚克力板补其缺口。

(3)使用强力胶黏剂先在四周固定好,再用 PU 胶黏剂或常用的硅胶在其四周涂上一层。

(4)涂完后即可结束处理程序。如果表面处理较细时,依旧看不出有补过的迹象。

1. 汽车外饰美容有何意义?
2. 汽车有哪些外饰件?
3. 绘制前风窗玻璃美容的工艺流程。
4. 如何防止玻璃形成雾层?
5. 哪些汽车外饰件采用塑料材料?各采用何种塑料?
6. 如何鉴别塑料材料?
7. 如何对塑料外饰件进行美容护理?
8. 修补塑料外饰件有哪些方法?各有何特点?
9. 哪些汽车外饰件采用不锈钢或电镀件制成?
10. 轮胎美容护理有何作用?
11. 简述轮胎美容的方法。
12. 车灯如何进行美容?

第五章　汽车漆面装饰美容

教学提示：汽车漆面美容包括汽车漆面装饰美容和汽车漆面修复美容。汽车漆面装饰美容主要涉及汽车漆面护理美容和汽车漆面翻新美容。

本章主要内容：汽车漆面装饰美容的类型、汽车漆面、汽车漆面护理美容、汽车漆面翻新美容和漆面养护等。

本章学习目标：

(1)了解汽车漆面装饰美容的内涵及发展趋势；

(2)掌握汽车漆面失光的机理；

(3)掌握清洗打蜡的工艺流程；

(4)理解汽车封釉的工艺流程；

(5)掌握汽车漆面划痕的分类与美容处理方法；

(6)掌握汽车漆面常见斑点的美容处理方法；

(7)理解汽车漆面的日常养护技术。

本章重点：汽车漆面类型与鉴别、汽车打蜡工艺流程、汽车封釉的工艺流程、汽车漆面划痕的分类与美容、汽车漆面常见斑点的美容、汽车漆面的日常养护。

本章难点：汽车打蜡的工艺流程、汽车漆面划痕的美容和漆面常见斑点的美容。

众所周知，汽车日常运行及停放绝大多数时间都处于露天环境中，车辆毫无遮掩地遭受风吹雨淋、日晒及酸雨等具有氧化性物质的侵蚀，使漆面逐渐粗糙失光。另外，由于许多人为因素，如行车当中不注意而与其他物体或车辆刮擦，停放在路边或生活区的车辆被人恶意划伤，也会造成漆面严重伤害。这些情况通过专业汽车美容师漆面处理施工后，完全可以使汽车漆面面目一新。

第一节　汽车漆面装饰美容的类型

漆面装饰美容是指汽车在使用过程中漆面出现失光、划痕，为达到美观等需要而进行的美容处理，包括漆面护理美容和漆面翻新美容。

一、漆面护理美容

护理美容是指汽车在正常使用中进行护理，保护漆膜而使漆面光泽持久，避免粗糙、失去弹性和光泽。

1. 汽车漆面失光的原因

造成汽车漆面失光的原因有很多,主要有日常维护不当、透镜效应、自然老化等原因。

1)日常维护不当

(1)洗车不当。洗车时,选用的水源、洗车剂种类及冲洗水压的高低,可能成为漆面失光的诱发因素。因此,洗车时应使用清洁的水源和专业洗车液,冲洗车身的水压也不宜过高。

(2)擦车不当。因为车表浮尘中含有许多硬质颗粒,在擦拭时,易导致漆面出现划伤。正确的方法是先冲洗,再擦拭。

(3)不注重日常打蜡保护。因为较好的车蜡具有抗高温、防紫外线、防酸雨等功用。所以,应按不同车蜡及汽车行驶环境的要求,及时给车身漆面上蜡保护。

(4)暴露环境恶劣。为避免汽车在行驶及停放时受恶劣环境的影响,应及时采取必要的保护措施,例如给汽车打蜡,长时间停放时罩上车套或选择合适的库房等。

(5)交通膜。汽车运行中形成的交通膜也是导致漆面失光的原因。为了避免和减少形成交通膜的可能性,通常采用打蜡和加装汽车防静电装置予以解决。

2)透视效应

所谓透视效应是指当车表漆面存在有小水滴时,在阳光的照射下,小水滴对日光产生聚集作用,焦点处的温度高达 800 ~ 1000℃,从而导致漆面被灼蚀,出现肉眼看不见的小孔洞。因此,在汽车使用中应注意:一是炎热天气用冷水给车表降温后,要擦净漆表残存水滴;二是雨过天晴时,千万别忘记漆表雨滴的去除。

3)自然老化

汽车在使用过程中,漆面在风吹日晒及雨雾等环境中,难免出现自然氧化现象。

2. 漆面失光原因的判别

1)自然老化导致失光

当漆面无明显划痕,用放大镜观察漆面斑点较少,此类失光主要由漆面出现氧化还原反应所致,属自然老化失光。

2)浅划痕导致的失光

当漆面分布较多的未伤及底漆的划痕,特别是在强光照射下尤为明显,此类失光主要是由漆表划痕所致。

3)透镜效应导致失光

用放大镜仔细观察漆面,若发现车表有较多的斑点,则说明漆面受透镜效应的侵蚀严重,此类失光多为透镜效应所致。

3. 漆面失光的处理方法

(1)较轻微的自然老化失光或是浅划痕导致的失光的处理方法。此类失光可利用专业的抛光剂进行抛光研磨处理,即本节要讲解的内容。

(2)严重自然失光或透镜效应严重失光的处理办法。此类情况不是护理性美容所能解决的,必须进行修复性美容操作,即要进行重新涂装翻新施工。对局部失光的应进行局部涂装,若全车漆面都严重失光则必须进行全车涂装,具体介绍详见第 6 章。

4. 防止漆面失光的方法

1)正确进行日常护理

从漆面失光原因的分析中，得知日常护理时洗车不当、擦车不当以及选用的清洗剂、护理剂和清洗护理的方法不当等，均可导致漆面失光，相应地应从这些方面采取措施，即可预防漆面失光。

2）选装相应装置和采取对应措施，预防失光现象发生

（1）加强日常护理，防止漆面失光。

（2）给停放较长时间的车辆罩上防潮防蚀罩，并选择适合的车库停放。

（3）加强护理，加装汽车防静电装置，解决汽车运行中形成所谓"交通膜"，防止漆面失光。

（4）及时护理，消除残存于漆面上的雨滴，防止透镜效应的产生。

二、漆面翻新美容

漆面翻新美容是指受污染的漆面造成粗糙、失光时，不需喷漆就能达到原来的效果的美容护理。

在日常使用中，汽车油漆表面由于长时间未做任何漆膜保护，以及受空气中的有害气体、紫外光照射、酸雨、鸟粪等侵蚀和汽车在高速行驶时与空气摩擦产生静电，将有害气体的分子和灰尘吸附黏结于车身油漆表面而形成一种氧化膜等，使车身颜色变暗、不鲜艳，同时严重影响上蜡质量，这时可做漆面翻新美容。

第二节 汽车漆面

一、涂料成膜机理

涂料由液态或粉末状变成固态，在被涂物表面上形成均匀的薄膜，这一过程称为涂装。汽车涂装分为电泳涂装，静电喷涂和压缩空气喷涂等几种类型。新车通常在全自动生产线上完成底漆的电泳涂装工序。为了达到漆面厚度均匀、趋于完美的涂装效果，新车面漆通常采用静电喷涂，而汽车修补涂装则使用压缩空气进行喷涂，涂膜的质量好坏很大程度上取决于操作者的熟练程度和技术水平。涂料的成膜过程如表 5-1 所示。

涂料的成膜过程 表 5-1

序号	涂料的成膜过程	涂膜状态（干燥程序）
1	涂料的涂布	潮湿而均匀的薄膜
2	指触干燥	以手指滑动状轻抚涂膜，涂料不附在手指上
3	不沾尘干燥	此时即使意外沾上灰尘、飞絮也不会影响涂膜质量，即涂膜表面干燥
4	硬化干燥	二液型涂料在烘烤规范下烘烤干燥所达到的涂膜干燥状态，此时可打磨或粘贴胶纸进行下一道工序
5	完全干燥	指在硬化干燥后常温经过 24h 以后，此时可进行修饰研磨与打蜡抛光

液态涂料靠溶剂挥发、氧化、缩合和聚合等物理或化学作用成膜。粉末涂料靠熔融、缩合、聚合物理或化学作用成膜。

根据涂料成膜过程的不同，汽车常用涂料可分为热塑性和热固性两大类。

1. 热塑性涂料的成膜过程

液态溶剂型涂料是靠溶剂挥发来实现涂膜干燥的，故又称挥发型涂料。无溶剂型或粉末热塑性涂料是靠加热熔融来实现涂膜干燥的，所形成的涂膜能被溶剂再溶解或受热再融化。其成膜过程是物理作用，无化学变化。这一类型的汽车用涂料通常有硝基漆、过氯乙烯漆、改性热塑性丙烯酸树脂涂料及 PVC 型车底涂料等。

2. 热固性涂料的成膜过程

热固性涂料除了溶剂挥发和熔融等物理作用外，主要靠缩合聚合和氧化聚合等化学作用，使低分子树脂产生交联固化反应，形成网状结构的高分子化合物，所形成的涂膜不能再被溶剂溶解，受热也不能再融化。这一类型汽车涂料的代表是热固性丙烯酸树脂涂料，此外，还有环氧树脂涂料。氨基醇酸树脂涂料、聚酯涂料、电泳涂料和水性涂料，以及热固性粉末涂料等。

目前，汽车修补涂料多数是双组份(二液型)的热固性丙烯酸树脂涂料，其主剂(涂料)与固化剂必须严格按厂家规定标准配兑，并需根据环境温度选用不同挥发速度的稀释剂。

二、车身漆面的类型

1. 根据车身漆面的形成条件划分

1)原厂漆面

新车涂膜经过在 120℃高温下烘烤，在涂膜干燥过程中经过熔融和二次流平，涂膜干固后具有镜面光泽，并且膜质坚硬。此外，由于新车在全自动化生产线上完成涂装，环境洁净无粉尘污染，亦保证了新车漆面洁净无瑕疵。

2)修补漆面

汽车原厂漆面因意外碰撞受损后，为了恢复其外貌和装饰效果，通常采用压缩空气喷涂方法进行修补。因修补部位、修补面积、修补涂料的选用以及技工操作技术水平的不同，修补漆面的质量存在诸多变数，漆面质量或多或少存在瑕疵，只要认真观察，就可以发现修补漆面纹理不均一、有压缩空气喷涂时漆雾落点留下的痕迹(严重者呈橘纹状)，甚至有时局部漆面可能存在尘粒等。

2. 根据车身漆面劣化程度划分

1)新车漆面

新车下线之前必须进行漆面保护，即在车身漆面上易受磨损部位贴上塑料薄膜，然后全车涂上一层较厚、黏性大的保护蜡。所以目前汽车销售商在将汽车交给客户之前，要进行新车整备。新车整备的最主要工作之一是进行开蜡，即将原来涂在新车漆面上黏糊糊的保护蜡用专用开蜡水洗除，然后再用抛光方法进行处理。通常来说，新车漆面一经开蜡处理投入使用，就必须按期进行汽车美容专业护理，而不规范、非专业的洗车和打蜡不但省不了钱，反而会加速车身漆面的老化或者造成漆面意外伤害。

2)轻微损伤漆面

只要汽车在被使用，就避免不了受到外界的伤害，在漆面表层形成氧化层或哑光、老化。这些轻微损伤包括紫外线对汽车漆面的伤害、有害气体对汽车漆面的伤害、酸雨及盐碱气候对汽车漆面的伤害，制动盘与蹄片磨损产生的粉尘以及公路粉尘对汽车漆面的伤害等。这些有害因素对汽车漆面的早期损伤是轻微的，通过专业的美容护理，可以有效去除哑光、氧化层和交通膜，恢复汽车漆面洁亮如新的效果。

3）擦伤的漆面

擦伤的漆面是指对汽车漆面造成损伤，但这种损伤仅仅伤及漆面的外观，而车身钣金面未变形、漆面亦无划刮花痕。被擦伤的漆面经修饰研磨或用砂蜡研磨后，可通过抛光处理来恢复原貌。

4）划花的漆面

划花的漆面是指漆面不但被外物擦伤，而且划出的划痕深入漆面。划花的漆面可采用点修补或笔修补的方法先修补，然后再抛光。划痕深且长，或大面积的划痕，则应采用其他修补方法进行处理。

5）碰撞伤的漆面

该部分钣金面受损变形，需先进行钣金修复，然后再作修补涂装。

6）劣质老化的漆面

劣质老化的漆面是指漆面因材质等方面的原因，经日晒雨淋而出现发白、褪色或龟裂等现象。这种漆面必须先清除，然后进行重新涂装。

3. 根据车身面漆漆面构成划分

1）单膜漆面

新车涂装和修补涂装的涂膜构成相似，由里及外分为底涂、中涂和面漆三部分。单膜漆面是指面漆由一种材质的涂料，按工艺规范分 2 ~ 3 次涂布，然后进行干燥处理而获得的涂膜。通常素色（实色），即黑、白、红、黄、奶白、浅黄等不掺和闪光材料（如铝粉、云母等）的各色涂料，多采用单膜喷涂技法。

2）双膜或三膜漆面

金属底色面漆及珍珠幻彩面漆涂装成膜后，涂膜表面没有洁亮的光泽感，其表面还必须另外涂装透明清漆罩光，才能显出其幻彩的色彩效果。有的珍珠底色漆由于其遮盖力差，在喷涂之前，还必须先喷涂材质相同、颜色相称但遮盖力好的素色漆，故称“三膜”。这类漆面的最外层是透明层，有如彩色相片烫压了一层透明塑料薄膜，既能保持色彩鲜艳持久，又能耐磨不变花，故保色保光亮性能明显优于单膜漆面，其美容作业的操作性和效果较佳。

3）局部修补的驳口处漆面

车身漆面进行局部修补时，为了减小新旧涂膜的颜色差异，均需采用驳口渐淡喷涂技法。因此，驳口区域修补喷涂获得的新涂膜逐渐变稀薄地过渡到旧涂膜区域，在进行美容护理时应特别仔细辨认，格外小心护理，以免意外造成漆面破损。

三、汽车漆面鉴别

由于使用材质不同，导致不同的汽车漆面性能迥异。新车采用高温烘烤，其漆面光亮、坚硬，性能最佳；其次是双组份低温烤漆；性能最差的是挥发性单组份涂料（如硝基漆），其漆面短则一周长则不过一个月就要抛光一次才能光泽见人。

不同汽车漆面对其日常接触的物质，如汽油、有机溶剂、硅油、机油等敏感程度亦有所不同。

总之，漆面性能影响到车身抛光效果，涉及抛光用材的取舍。因此，汽车美容技工必须掌握鉴别漆面的方法。

在进行修补涂装时，首先要知道旧漆面所用的涂料是什么类型，其劣化的状态如何等，这是进行美容作业的一个重要环节。旧漆面的正确区分，挑选适当的涂料，以及正确安排作业计划来进行汽车美容作业,可以避免在美容作业中施工不顺利或交车后客户投诉事件的发生。旧漆面的辨别方法如表5-2所示。

旧漆面的辨别方法　　表5-2

旧　漆　面	目　测　法	溶剂法	加热法	漆面硬度法	硝化棉检定液法
氨基醇酸	橘皮面	不溶	无变化	H～2H	无变化
聚丙烯酸酯	橘皮面	不溶	变化	H～2H	无变化
喷漆	抛光后的表面状态	可溶	稍微软化	F～H	变青紫色
NC变性丙烯酸酯喷漆	抛光后的表面状态	可溶	稍微软化	F～H	变青紫色
CAB变性丙烯酸酯喷漆	抛光后的表面状态	可溶	软化	F～H	无变化
双组份丙烯酸酯漆	抛光后的表面状态	难溶	无变化	H～2H	稍微变青紫色
丙烯酸氨基甲酸酯	橘皮面	不溶	无变化	H～2H	无变化

1. 目测法

如果车身外形线附近的表皮组织粗糙或漆面摩擦后出现抛光组织,则说明原车用的是抛光型油漆。

2. 溶剂法

用蘸有硝基漆稀释剂的白布擦拭漆膜,观察漆膜溶解的程度,如果漆膜溶解,并在白布上留下印痕,则是白干漆;如果没有溶解,则可能是烘干漆或双组分漆。丙烯醇聚氨酯面漆没有自干漆易溶解,但有时溶剂渗透面漆,会削弱其表面光泽。

3. 加热法

首先用细水砂纸打磨,使漆膜失光,然后用红外线加热灯加热,如钝化表面重现光泽,则说明原车使用的是丙烯酸面漆。

4. 漆面硬度法

使用铅笔按照图5-1所示的方式进行漆面推压,漆面损坏时,涂膜硬度应降一级。

5. 硝化棉检定液法

用日本工业标准(JIS)规格的硝化棉检定液(二苯胺1g+浓硫酸100mL)滴一滴在旧漆面上,观察其是否会变色。由于检定液中含有硫酸,具有危险性,所示自行配制硝化棉检定液应特别小心。

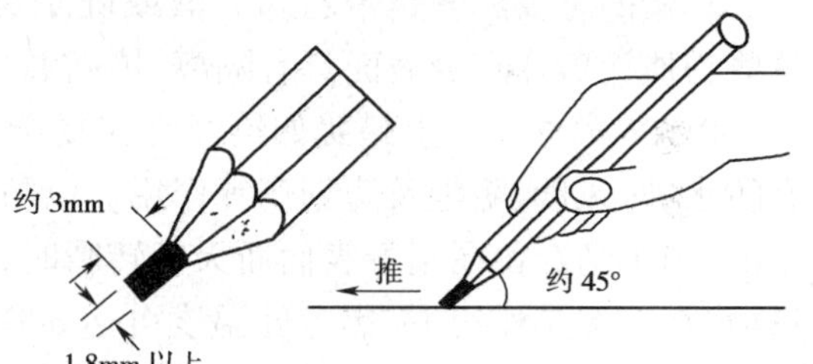

图5-1　硬度法鉴别汽车漆面

6. 厚度测试法

各种面漆由于性质不同,其涂层厚度是不一样的,所以可通过厚度计测定漆膜厚度来判定面漆大致类型。

7. 电脑检测仪法

利用电脑调色系统可直接获得原车面漆的有关资料。这是目前涂装行业中普遍使用的检测方法。此方法方便快捷,只需将原车车身的油箱盖拿来,便可利用仪器快速且准确无误的判别出面漆的类型。

四、旧漆面与修补用涂料的适应性

旧漆面与修补用涂料的适应性如表5-3所示。由旧漆面的辨别法可知,修补用涂料的性质有所不同,对旧漆面选错修补用涂料时,有可能产生收缩及破损等漆面缺陷,因此旧漆面所适用的涂料是受到限制的。

旧漆面与修补用涂料的适应性表　　表 5-3

面漆涂料（旧漆面）	硝基喷漆	NC 变性丙烯酸酯喷漆	CAB 变性烯酸酯喷漆	双组份丙烯酸酯漆	丙烯酸氨基甲酸酯	烤漆
硝基纤维喷漆	○	○	△	△	△	×
NC 变性丙烯酸酯喷漆	○	○	△	△	△	×
CAB 变性烯酯喷漆	○	○	○	△	△	×
双组份丙烯酸酯漆	○	○	○	○	○	○
丙烯酸氨基甲酸酯	○	○	○	○	○	○
烤漆	○	○	○	○	○	○

注:1. ○——适应;△——使用中涂时尚可;×——不适应。

2. “双组份”又称“二液型”,指漆料需加固化剂才能干固,也可在60℃以下低温烘烤。

第三节　汽车漆面护理美容

汽车漆面护理美容主要有汽车打蜡、汽车封釉等。

一、汽车打蜡

1. 车蜡

1)车蜡的功用

车蜡的主要成分是聚乙烯乳液或硅酮类高分子化合物,并含有油脂和其他添加成分。这些物质涂覆在车身表面具有隔离、抗高温、防静电、防紫外线、上光、研磨抛光等作用。

(1)隔离作用。上蜡犹如给经常在复杂环境下工作的汽车披上一层外衣,这层外衣具有防水、防风沙、防尘及防划伤等作用。以防水为例,汽车经常暴露在空气中,免不了受风吹雨淋,当水滴存留在车身表面而天气转晴时,在强烈的阳光照射下,每个小水滴就是一个凸透镜,在其聚焦作用下,焦点处温度可达 800 ~ 1000℃,进而造成漆面暗斑,影响漆面质量及其使用寿命。而且,水滴易使暴露的金属表面产生锈蚀。

另外,有害气体和有害灰尘会造成车漆变色和老化。车蜡可在车漆与大气之间形成一层保护层,将车漆与有害气体、有害灰尘有效地隔离,可以起到一种“屏蔽”的作用。车蜡可使车身表面的水滴附着减少 60% ~ 90%,高档车蜡还可使残留在漆面上的水滴进一步平展,呈扁平状,最大限度地减少水滴对阳光的聚焦作用,大大降低了车身遭受侵蚀的可能性,使车漆得到保护。

(2)抗高温作用。车蜡的抗高温作用是对来自不同方向的入射光产生有效反射,防止入射光线穿透清罩漆,导致底色漆老化变色,从而延长漆面的使用寿命。

(3)防静电作用。汽车静电的产生,一是来自纤维织物,如地毯、座椅、衣物等;二是来自汽车行驶过程中,空气中的尘埃与车身金属表面的相互摩擦,同时会形成难以清洗的交通膜。无论是哪种原因产生的静电,都会给乘员带来诸多不便,甚至造成伤害。车蜡防静电作用的原理是隔断尘埃与车身表面金属的摩擦。由于涂覆蜡层的厚度及车蜡本身附着能力不同,不同车蜡的防静电作用有一定的差别,防静电车蜡在阻断尘埃与漆面摩擦的能力方面优于普通车蜡。

(4)防紫外线作用。车蜡防紫外线作用与抗高温作用是并行的。紫外线的特性决定了紫外光较易于折射进入漆面,防紫外线车蜡充分考虑了紫外线的特性,使其对车身表面的侵害得以最大限度地降低。

(5)上光作用。上光是车蜡的最基本作用之一,经过打蜡的车辆都能不同程度地改善其漆面的光洁程度,使车身恢复亮丽本色。

(6)研磨抛光作用。当漆面出现划痕时,可使用研磨抛光车蜡。如划痕不太严重,抛光和打蜡作业可一次完成。

车蜡除了具有上述功用外,还具有防酸雨、防雾等功能,选用时可根据需要灵活把握,使打蜡事半功倍。如车身褪色及出现细小划痕,则经打蜡后漆面可恢复新画一样的色彩和光泽。

2)车蜡的种类

车蜡是涂装作业和汽车美容不可缺少的材料。市场上可供使用的蜡种类繁多,使用时必须根据不同的使用目的进行适当的选择。

几种常见的车蜡如图5-2所示。

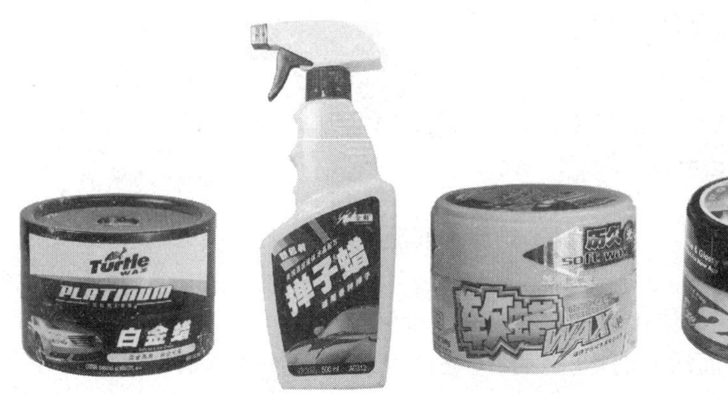

图5-2　几种常见的车蜡

(1)按物理状态不同分类。车蜡按其物理状态的不同可分为固体蜡、半固态蜡、液体蜡和喷雾蜡四种。这些车蜡的黏度越大,光泽越艳丽且持久性越强,但去污性越弱,而且打蜡操作越费力。相反,黏度较小的车蜡则便于使用,但持久性较弱。

(2)按装饰效果不同分类。车蜡可分为无色上光蜡和有色上光蜡。无色上光蜡的作用主要以增光为主,有色上光蜡的作用主要以增色为主。

(3)按生产国别不同分类。车蜡按其生产国的不同,大体分为国产蜡和进口蜡。目前,国产车蜡基本上都是低档蜡,中高档车蜡绝大部分为进口蜡。常见进口车蜡多来自美国、英国、日本、荷兰等国,例如美国龟博士系列车蜡、英国尼尔森系列车蜡、美国美丽狮系列车蜡等。

(4)按其功能不同分类。车蜡按其主要功能的不同分为上光蜡和抛光研磨蜡两种。国产上光蜡的主要添加成分为蜂蜡、松节油等,其外观多为白色或乳白色,主要用于喷漆作业中表面上光。国产抛光研磨蜡主要添加成分为地蜡、硅藻土、氧化铝、矿物油及乳化剂等,颜色有浅灰色、灰色、乳黄色及黄褐色等多种,主要用于浅划痕处理及漆膜的磨平作业,以消除浅划痕、橘纹,填平细小针孔等。

(5)按其作用不同分类。车蜡按其作用不同可分为防水蜡、防高温蜡、防静电蜡及防紫外线蜡等多种。

(6)按材质不同分类。车蜡按其材质不同可分为溶剂型蜡和乳化型蜡。溶剂型蜡的光泽保持性、拨水性良好，对涂面上水性的污物痕迹不易除去。乳化型蜡可除去涂面上水性的污物，涂布作业性好，但光泽保持性、拨水性比溶剂型的稍差。

(7)依蜡皮膜构成分类。车蜡依蜡皮膜构成不同可分为封锁型蜡和标准型蜡两种。

封锁型蜡(树脂型蜡)涂布后与空气中的氧、水分反应，涂膜与蜡皮膜成密着状态，能保持长时间的光泽及拨水性。但是，涂装之后若涂膜不充分干燥便使用封锁型蜡，经过一段时间变化后会发生起泡龟裂的现象，使用时应特别注意。封锁型蜡成膜过程如图5-3所示。

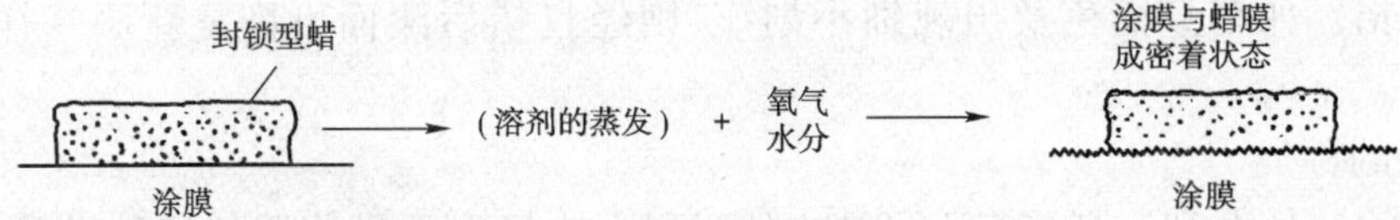

图5-3　封锁型蜡成膜过程

标准型蜡涂布后，溶剂蒸发后在涂膜上留下蜡膜，其光泽性及拨水性比封锁型蜡膜稍差。标准型蜡成膜过程如图5-4所示。

图5-4　标准型蜡成膜过程

3)车蜡的组成

车蜡的组成依车蜡的使用目的、材质、形态而有若干差异，主要由蜡脂、溶剂、硅油、染料、香料、研磨材料、界面活性剂、安定剂、增黏剂等组成。各种车蜡的组成及分类如表5-4所示。

车蜡的组成及分类　　表5-4

成分		车蜡										
		溶剂型			乳化型						抛光用	抛去光污兼用
		封锁型	标准型		封锁型			标准型				
		固型	固型	液体	膏状	乳液	液体	膏状	乳液	液体		
油脂		○	○	○	○	○	○	○	○	○	○	○
溶剂		○	○	○	○	○	○	○	○	○	○	○
硅油	A	○			○	○	○				○	
	B		○	○				○	○	○		
染料、香料		○	○	○	○	○	○	○	○	○	○	○
研磨材料		○	○	○	○	○	○	○	○	○	○	○
界面活性剂					○	○	○	○	○	○	○	○
水分					○	○	○	○	○	○	○	○
增黏剂、安定剂					○	○	○	○	○	○	○	○

注：○表示含有此种成分。

(1)蜡脂。一般使用天然性蜡,可形成蜡特有的皮膜,保护漆面,并呈现光泽。

(2)溶剂。一般使用150~300℃碳化氢系溶剂(如石油脑、矿油精)。用此溶解蜡及硅油,兼具除去涂面上油污的能力。

(3)硅油。增加涂布作业的滑溜性、拨水性、光泽保持性。使用含硅油的蜡易使涂膜(漆面)再修补时产生"鱼眼"、"弹坑"等缺陷。

(4)染料、香料。染料可改变蜡的色调,香料用以抑制溶剂的臭味。

(5)研磨材料。一般使用氧化硅或滑石粉,其目的为研削涂膜的一部分,除去污物及老化的涂膜,并使蜡皮膜的均匀性及擦拭作业性良好。

(6)界面活性剂。仅使用于乳液型的蜡,其功用是使脂粉、溶剂、水分均匀溶解,并使涂面的污垢容易除去。

(7)安定剂、增黏剂。其目的在增加蜡的安定性及调整适当的黏度。

4)车蜡的形态及其特性

车蜡的形态及其特性见表5-5。

车蜡的形态及其特性　表5-5

形　态		固　态	膏　状	液　体
去污性		×	○	○
作业性	涂布性	△	△	○
	擦拭性	△	○	△
光泽		○	○	○、△
光泽保持性		○	○	○

注:○——好;△——中;×——差。

5)车蜡的正确选择

由于各种车蜡的性能不同,其作用与效果也不一样,所以在选用时必须慎重,选择不当不仅不能保护车体,反而使车漆变色。一般情况下,应根据车蜡的作用特点、车辆的新旧程度、车漆颜色及行驶环境等因素综合考虑。

(1)根据车蜡的作用来选择。由于车辆的运行环境千差万别,在车蜡的选择上对汽车漆面的保护应该有所侧重。例如,沿海地区宜选用防盐雾功能较强的车蜡,而化学工业区宜选用防酸雨功能较强的车蜡,多雨地区宜选用防水性能优良的车蜡,光照好的地区宜选用防紫外线、抗高温性能优良的车蜡。

(2)根据漆面的质量来选择。对于中高档轿车,其漆面的质量较好,宜选用高档车蜡;对普通轿车或其他车辆,可选用一般车蜡。

(3)根据漆面的新旧来选择。新车或新喷漆的车辆,应选用上光蜡,以保持车身的光泽和颜色;对旧车或漆面有漫射光痕的车辆,可选用研磨蜡对其进行抛光处理后,再用上光蜡上光。

(4)根据季节不同来选择。夏季一般光照较强,宜选用防高温、防紫外线能力强的车蜡。

(5)根据车辆行驶环境来选择。行驶环境较差宜选用保护作用突出的树脂车蜡,如车辆经常在泥泞、砾石、多尘等恶劣路面及沙尘暴易发地区环境下行驶,应选用保护功能较强的硅酮树脂蜡。

(6)根据车身颜色来选择。选用车蜡时还必须考虑与车漆颜色相适应,一般深色车漆选用黑色、红色、绿色系列的车蜡，浅色车漆选用银色、白色、珍珠色系列的车蜡。

6)常见车蜡及其使用

(1)美容粗蜡(砂蜡)。美容粗蜡对于车身漆面的尘粒、鱼眼迸弹、橘皮纹、流涂、砂纸痕、漆面失光、光泽减退、汽油痕迹、水斑点和酸雨滴等缺陷，经过修饰研磨后，配合使用本类产品，可使漆面恢复光泽。

(2)抛光白蜡。抛光白蜡是一种含幼质研磨砂(滑石粉)的抛光剂。一般使用于手工抛光或镜面蜡机械抛光处理。

(3)镜面抛光剂。镜面抛光剂具有优良的消除粗蜡、白蜡(中蜡)所产生的抛光蜡痕，使漆面产生明亮如镜的光泽的功能。施工时，配合使用软质海绵抛光盘，可用于所有漆类、各种颜色面漆，使用抛光机效果最佳。

(4)镜面釉蜡。镜面釉蜡内含高分子特殊树脂，能形成一层坚硬光亮的保护膜。使用时，用幼质抛光剂进行抛光后，清除漆面残留物，将本产品均匀涂布在漆面上，待2~3min后，再用手工或抛光机进行抛光。有较强的耐清洗和抗磨能力，且可保光1年以上，还可抵抗高温和酸性物质对漆面的损坏，使汽车历久常新。

(5)增艳蜡。增艳蜡内含超微细研磨剂、天然蜡及镜面光蜡成分，使汽车车身漆面能很快地去污、去氧化膜、水渍，并且很快覆盖一层光滑、强韧的保护膜，具有省力、省时、清洁、上蜡、保养、拨水、抗氧化一次完成的功效，使汽车漆面亮丽光滑，并可防紫外线、静电粉尘，减少水渍与酸雨等对漆面的影响。使用时，最好使用特级软质海绵抛光盘进行抛光。

(6)“巴西棕榈蜡”。汽车美容抛光蜡中，含有一种叫“巴西棕榈蜡”的成分，它可以发挥增加漆面光泽的作用。这是在南美大量生产的椰子中提取的一种天然蜡的名字。越高级的蜡中这种成分的含量越高，也有含量为100%的产品，它最大的特色是光泽自然。所以，漆面抛光护理的最后一道工序是涂上一层蜡，从而完成最后的漆面保护。使用时，用特级软质海绵蘸少量天然蜡均匀地擦涂，经过一段时间，待蜡呈现白色(即开始干燥)时，再用软布擦抹干净。

2.打蜡程序

汽车打蜡的正确程序为“洗车→清除车身附着物→上蜡→研磨、抛光→检查整理”。

1)洗车

洗去车身上各种附着的污物。

2)清除车身附着物

(1)车身附着物的形成。经过洗车工序之后，汽车显得干净了不少。但如果仔细地观察，仍可发现车身上黏附着许多附着物，主要有以下几类。

①从公路上飞溅黏附在车身上的沥青、焦油。

②汽车在调整行驶时与空气剧烈摩擦使车身表面形成的一层静电，这股静电吸附大气中的粉尘、有害气体等附着物，日久成渍。

③酸雨及雨水中夹杂着的工业粉尘、二氧化硫等有害成分，积聚在车身表面，对车身产生侵蚀。

④海边地区盐雾及潮湿气候，对车身产生持续侵蚀。

⑤尖锐铁粉及细小沙粒扎入车身漆面造成损伤等。

(2)车身附着物的清除工艺

①将黏土清洁专用液和水按1:5的比例配兑，然后装入喷雾罐中使用。

②在需要处理的车身表面喷洒上黏土清洁专用液水溶液。

③用黏土清洁器(海绵块嵌入黏土块)小心轻擦喷上清洁液的处理表面,使脏物卷入黏土内,反复此项操作,并且不断更换新的黏土表面(不断搓揉黏土),即可去除掉车身表面的脏污、附着物,使车身变得光洁干净。

清除附着物的注意事项有如下几点。

①黏土清洁专用液是一种用来溶化沥青、焦油的溶剂,严格来说,只涂在沥青、焦油表面就可以了。用水兑稀并配合喷雾器使用,是为了使黏土清洁器在擦拭中易于滑动。

②用黏土清洁器擦拭车身漆面去除附着物时,必须分区域、按顺序逐一进行清洁,一般无脏污、附着物的漆面则不需要使用黏土清洁器清洁。

③黏着在车身表面的附着物,一定程度上又是车身漆面的保护皮,可使车身漆面减少磨损。如果经常将这层薄皮"揭"掉,虽可得到预期的焕然一新的漆面,但操作过程中亦容易产生许多损伤,并且令车身漆面逐渐变薄,存在"磨穿"的危险。总之,汽车的美容保养也有一个"度"的问题。

④用黏土清洁器擦拭去除脏污、附着物后,必须马上进行上蜡抛光作业。

3)上蜡

上蜡可分手工上蜡和打蜡机上蜡两种(图5-5)。手工上蜡简单易行,打蜡机上蜡效率较高。无论是手工上蜡还是打蜡机上蜡,都要按一定的顺序进行,要保证车身漆面涂抹的均匀一致。上蜡时,每次不要涂的太厚,上太多的蜡不但会造成成本的增加,而且会增加抛光的工作量,还容易沾上灰尘,使抛光摩擦时有可能产生划痕。

a)手工打蜡

b)打蜡机打蜡

图5-5 上蜡方式

(1)手工上蜡。首先将适量的车蜡涂在海绵上,然后按一定顺序往复直线或环形均匀涂布。涂布时,手感力度一定要掌握好,可将手指摊开,用大拇指和小拇指夹住海绵,其余三个手指及手掌按住海绵均匀涂抹。上蜡时,每次涂抹的面积不要过大,整个车身可分块进行,顺序可从前到后或从左到右,尽量做到薄而均匀。每次处理的面积要有1/6~1/5交叉重叠,防止漏涂。

(2)打蜡机上蜡。将车蜡洒在车身表面上,用手控制好打蜡机,启动开关,注意涂布时的力度、方向性及均匀度。车身表面在边、角、棱处的涂布使用打蜡机上蜡时不易把握,而在这方面手工涂布更有优势。

上蜡上几层较为合适要视车漆状况决定,并不是越多越好,太多的蜡反而会使抛光困难,而上得太薄,又无法填补车身的缝隙。通常新车需要上蜡一至两层,旧车可上三至四层。

4)研磨抛光

一般在上蜡后5~10min即可进行研磨抛光,抛光时应遵循先上蜡后抛光的原则。

（1）研磨抛光剂。研磨抛光剂是一种含有滑石粉等可以平整漆表层的研磨剂。通常地，含有粗糙颗粒的抛光剂称为研磨抛光剂，而那些含有细微颗粒的抛光剂称为精细抛光剂，此外，还有部分抛光剂不含磨料，如漆面镀膜用品等。

（2）手工研磨抛光。手工研磨抛光常用于小面积或弯抹角处等抛光机难于作业的部位。

首先，以柔软洁净的棉布或棉纱折叠成厚的盘状，然后再卷成球形，其手执方法及运行方法如图5-6所示。蘸少量研磨抛光膏，以中程度稍微强些的压力前后运动研磨，直至被抛光漆面出现光泽时即减小研磨的力量，布团脏污时应翻转另一面使用，继续研磨至修饰研磨的砂纸痕或橘纹、粗糙消失，然后以轻压、快擦动作来获得涂膜的光滑。最后，以另一块干净柔布抹拭干净。

下一步是使用精细抛光剂或镜面蜡，必须使用另外一块布团，抛光方法与上述研磨抛光剂的使用方法相同。使用手工抛光想要得到光亮如镜面效果的技巧是，抛光到最后步骤时，必须使用"轻压快擦"法，并且最好使用法兰绒，轻快地连续擦拭几次。

手工研磨抛光的方向与汽车行驶方向相同，这样上蜡，可以逐渐修补车身的损伤，使光的散射消失，看起来更加漂亮，而且水滴也能顺利滴落，并可防止脏污附着。

（3）机械研磨抛光。机械研磨抛光需要采用抛光工具，通常有抛光机、打蜡机、研磨机三种，其中抛光机应用得较多。

①抛光机。抛光机如图5-7所示，具有抛光面漆涂膜的表面，使其呈现出光泽的作用。它是在圆盘上装上羊毛、毛巾、法兰绒、海绵等抛光布，以单式旋转运动抛光漆面的机器，有电动式和空气式两种。

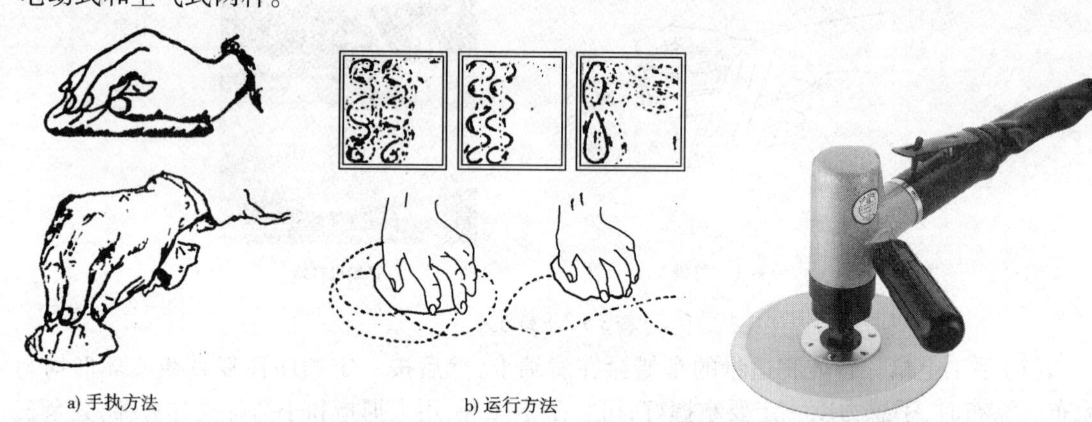

a) 手执方法　　b) 运行方法

图5-6　棉布团手执方法及运行方法

图5-7　抛光机

电动式抛光机转速较大且转速可调，抛光机输出扭力亦较大，研磨抛光效率较高，能够形成光洁如镜的抛光漆面。但在汽车美容作业环境潮湿的情况下使用时，应特别注意防触电。抛光作业时切记区分使用电动式抛光机和空气式抛光机。

不论是哪一种抛光盘，在使用之前，都必须在清水中浸泡、湿润，并且用手把抛光盘吸附的水分挤掉，然后再启动抛光机将抛光盘上的水分甩掉。完成这些步骤后，才能进行机械抛光。

抛光机旋转速度一般以1000～2000r/min较为适合，旋转太快时，会导致漆面磨热而造成其软化，进而出现光泽减退、皱纹等现象，所以必须特别注意。

抛光机的转速可根据漆面的表面状况来调整，其具体内容如表5-6所示。

表 5-6 漆面色彩深浅与抛光机转速

漆　色	转　速	漆　色	转　速
罩光清漆	2000～3000r/min	较深实色漆面	2000r/min以下或手工操作
较浅实色漆面	1000～2000r/min		

②研磨抛光方法。用干净的海绵块或毛刷将研磨抛光剂——粗蜡薄薄地涂敷在被抛光面上,即可进行研磨抛光作业。使用抛光机进行抛光时,抛光盘平面与被抛光的漆面应始终保持成一个较小的角度θ(一般为5°～10°),如图5-8所示。

使用抛光机进行研磨抛光的操作要点如下:

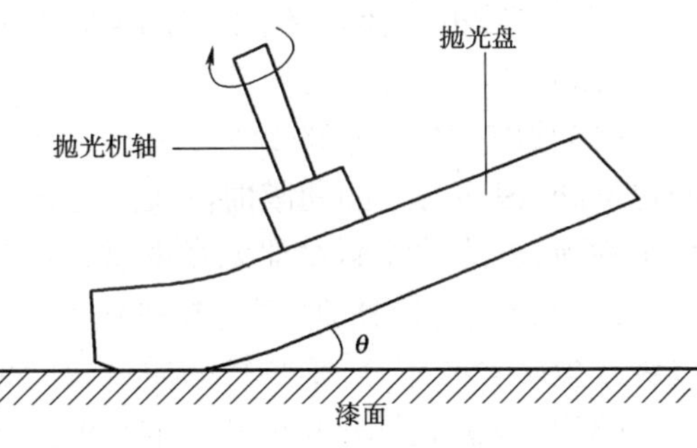

图5-8　抛光机的正确使用

①抛光盘的中心通常都存在固定用的螺母垫圈,即使其中心凹陷,在作业时亦有可能意外地刮伤漆面。

②即使是海绵抛光盘这种靠胶粘贴而无需螺母垫圈的情形,倘若抛光作业时将抛光盘平压在被抛光面上,亦会造成剧烈的振动,操作者对抛光机难以把握,长时间进行这种不规范的操作亦会造成操作者两手关节发麻、劳损。

③不论抛光机旋转速度多快,抛光盘的中心始终是相对不动的,换而言之,在抛光作业中,真正发挥功效的是抛光盘外圆半径一半以外的边缘部分,而且越是往外缘的点处,其线速度越大,研磨抛光的效果也就越好。

④在机械抛光作业中,操作者双手把握住抛光机上的两个手柄,将抛光盘压向被抛光表面,形成一个小角度,并且保持抛光盘半径一半以外的盘面与漆面接触,利用抛光盘自身的弹力来保证抛光盘始终贴住漆面进行研磨抛光,另一方面亦可以借助这一弹力来减轻操作者把握抛光机的力量,从而有效地减轻劳动负荷。

这就是为什么用旧了的海绵抛光盘都呈半球形的原因。研磨抛光作业完毕后,必须彻底清洁抛光研磨渣,然后才能进行下一步精细抛光。

对于大面积的部分,如全车抛光等场合,因研磨抛光剂会干燥,不宜一次性地全面涂布,而应分次涂布分别研磨抛光。在作业中应经常检视抛光盘,以免硬化的研磨抛光漆渣形成结焦,造成漆面擦伤。可使用钢丝刷清洁抛光盘上的漆渣,必要时可更换或拆下清洗。

使用抛光机进行研磨抛光时,加力不可太大,并且应保持连续不断地移动抛光机,不可停留在一个地点,否则会导致研磨过度,不仅把面漆磨去,亦可能把底漆也磨穿,或者因温度过热把漆面烧焦。对于角、边、凸起部分以及漆面有被磨穿可能的部位,应事先把防涂胶带(皱纹胶纸带)贴好、遮蔽,待机械抛光完毕,取去胶纸带,再用手工进行局部抛光。

此外,在抛光作业之前,应将抛光区域内以及抛光作业中可能触及的车身装饰胶条、门把手、刮水器喷水嘴、门及窗的装饰电镀边和胶饰条等物件进行遮蔽,最好贴上双层防涂皱纹胶纸带。使用气动抛光机等气动设备时,应配备润滑油壶,并且随时注意壶内润滑油量,不足时应及时补充。

5)检查整理

抛光后,要检查整个车身的护理质量,特别是车身较显眼的地方,如果发现蜡上得不均匀,产生无序的反光现象,可用干净的无纺棉布轻轻地擦拭,也可以用抛光机重新进行抛光,直到光线反射面的反光现象一致。此外,要仔细检查清除厂牌、车标内空隙及油箱盖周围、纤细的边缘或转角部分、车门车窗密封橡胶的边条缝、车牌、车灯、门边等处残存的车蜡。不要认为这些地方不显眼而有所忽视,进而影响整车的护理效果。打蜡结束后,设备及用品要作适当清洁处理并妥善保存。

如果想使车蜡保留的时间长些,可以在打完蜡的车身上喷抹一层护车素,既可保护车蜡,又可提高车身表面的光泽度,还可以起到一定的防晒、防酸雨的作用。

6)打蜡作业注意事项

汽车打蜡的品质好坏,不但同车蜡的品质有关,而且同打蜡作业方法关系密切,要做到正确打蜡,在汽车打蜡时应注意以下几点。

(1)要掌握好上蜡的频率。由于汽车行驶的环境与停放场所不同,各种车蜡的保持时间也不同,因而打蜡的间隔时间也应有所区别。一般可以通过目视感觉或用手触摸车身漆面来判断,若感觉漆面发涩无光滑感,就应该进行再次打蜡。一般2~4个月打一次蜡。

(2)要注意打蜡的环境。打蜡作业应在室内进行,周围环境要清洁,要有良好的通风,以免沙尘附着在车身,影响打蜡质量,甚至产生划痕。

(3)要注意选择打蜡时机。打蜡应选择天气晴朗的日子,雨天一般不应进行。打蜡应避免在车表温度过高时进行,否则车蜡附着能力会下降,进而影响打蜡效果。

(4)要注意打蜡的方法。在上蜡作业时,要穿好工作服,摘下手表、戒指等装饰品,以防漆面划伤。上蜡时,尽量采用质地柔软的海绵或柔质的干净棉布进行均匀涂抹,应遵循先上后下的原则,即先涂抹车顶、前后盖板、车身侧面等,一次作业要连续完成,不可涂涂停停。打蜡时,手工海绵及打蜡机海绵运行路线应该按一定的顺序进行,防止出现光线漫射的不一致。

(5)要注意打蜡的范围。上蜡时,要注意涂抹的部位,注意不要涂在车窗和风窗玻璃上,否则玻璃上形成的油膜很难擦干净。

(6)要掌握好力度和转速。上完蜡进行机械抛光时,应控制抛光的力度和转速,避免力度过大转速过高,从而抛到车漆。若海绵上出现与车漆相同的颜色,可能是漆面已经破损,应立即停止抛光,先进行修复处理。

(7)要仔细检查,清除厂牌、车标内空隙及油箱盖钥匙孔周围、纤细的边缘或转角部分、车门车窗密封橡胶的边条缝、车牌、车灯、门边等处残存的车蜡。打蜡结束后,设备及用品要作适当清洁处理并妥善保存。

3. 新车开蜡

1)运输保护蜡

(1)运输保护蜡的功用。汽车生产厂,为了把新下线的车辆安全地运往销售地,使销售商卖给用户的车辆是崭新的没有漆面损伤的车,则在运输前,在车身漆面上喷涂了一层保护蜡,这就是运输保护蜡。运输保护蜡的功能,顾名思义就是保护车辆漆面在运输的过程中,不受气候影响而损伤。

(2)运输保护蜡的类型。目前,运输保护蜡主要分为以下两类。

①油脂运输蜡。油脂运输蜡多为国内合资厂家生产。

②树脂运输蜡。树脂运输蜡以进口产品居多。

2)新车开蜡方法

当新车被送到目的地时,需要将运输保护蜡去掉,然后再出售。去掉车身保护蜡的工作，称为“新车开蜡”。

（1）选择开蜡水。开蜡水是开蜡作业中最重要的用品，亦称去蜡水。开蜡水对车蜡具有极强的溶解能力及油污分解能力，一般短在3～5min，长在7～8min内，就可以将车表蜡层完全溶解，而且对漆面及塑料、橡胶件无腐蚀。

（2）新车开蜡步骤。

①车身表面的冲洗。新车开蜡时，必须先冲洗车身表面，可用冷水高压清洗机冲去车表尘埃及其他表面附着物，否则会影响开蜡水的溶解效果。

②开蜡水的喷洒。冲洗干净车身表面后，在开蜡车车身表面均匀的喷上开蜡水。等候6～7min，使开蜡水完全渗透于蜡层，快速溶解车表蜡的保护层。

③擦除残蜡。当车表蜡层完全溶解后，用棉布、毛巾或无纺布擦除车表的残蜡。擦拭时，注意清除厂牌、车标内空隙及油箱盖钥匙孔周围、纤细的边缘或转角部分、车门车窗密封橡胶的边条缝、车牌、车灯、门边等处残存的车蜡。

④清洗及擦干车身。使用冷水高压清洗机冲洗车身表面，然后喷上洗车液清洁车身，最后再用高压水冲净车身，擦干后即可交车。

（3）新车开蜡注意事项。

①在开蜡前不要使用洗车液，以免造成无谓浪费。

②开蜡水喷施一定要均匀，边角缝隙处千万不可忽视。

③喷施开蜡水后，要待开蜡水完全渗透蜡层并使其开始溶解后，才能用毛巾擦拭。

④最后的清洁及擦干，要按洗车作业规程实施。因为经开蜡水清洗开蜡后，仍会有部分蜡质及杂质留在车表。

⑤不可用煤油开蜡，虽然煤油可洗掉原来油蜡，但对汽车会造成很多细微刮痕，有损于漆面的装饰效果，增加了消除细微划痕的护理美容工序，使新车面漆受到了一定程度的损伤。

⑥新车开蜡，必须了解新车运输保护蜡的类别，采取相应的方法开蜡。但目前国内市场不够规范，运输保护蜡的使用混乱，有的同一辆车上混用了两种运输保护蜡，为新车开蜡造成了不良效果。

⑦开蜡用品的使用方法，必须按新车和开蜡产品的要求，正确选用操作方法，以保证开蜡效果。一般将开蜡剂喷涂于漆面上之后，要等1～3min，使之有一定的“软化”时间，然后再冲洗掉或擦拭掉残蜡即可。

二、汽车封釉

封釉美容是指运用专用的抛光机将一种高分子结构的涂装剂压进车漆内部，使其形成一层坚固的网状结构，类似“唐三彩”等陶器制品外表涂层的保护膜，罩在漆面。

1. 汽车封釉的作用

（1）漆面与空气隔绝，不被氧化。

（2）内含紫外线反射剂，可抵御高温和酸雨，使车漆不再被辐射褪色。

（3）釉表面有静电易吸收灰尘，但便于清理。

（4）延长车漆的使用寿命，减缓褪色。

由于封釉美容使用的专用工具可使“釉”经过加热，挤压进车漆的毛孔内，其持久性比普通打蜡等美容工艺要强许多，即使不再做任何处理也可以保持1年左右。如果能保证每

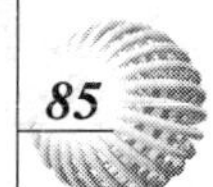

隔三四个月做一次相关护理,则车漆可保持常年如新。

2. 封釉和打蜡的区别

封釉和打蜡都是保护汽车漆面光泽的美容手段,因此二者的作用是有相同之处的。但是,封釉和打蜡相比较,封釉的优势远远大于打蜡。原因是封釉的基本原理是依靠振抛技术将釉剂反复深压进车漆纹理中,形成一种特殊的网状保护膜,从而提高原车漆面的光泽度、硬度,使车漆能更好地抵抗外界环境的侵袭,有效减少划痕,保持车漆亮度。封釉前,首先要对全车抛光,以避免氧化层在釉和漆面间形成隔离,影响封釉效果。与汽车打蜡相比,封釉在光泽度、耐磨度、漆面保护效果、持久性上都具有明显的优势。在光泽度上,采用封釉技术的车光泽度可达95%以上。在耐磨程度方面,封釉能使漆层表面形成一层坚硬的保护层,防止行车时的风沙天气、泥沙飞溅及长期洗车造成的磨损,而汽车打蜡只是在车体表面附着,保护膜很薄,耐磨度较低。另外,釉不溶于水,而车蜡都是溶于水的,如果汽车刚刚打完蜡后碰到阴雨天气,车蜡就会被水溶解,起不到保护漆面和美容的作用,而封釉后的汽车就不用担心洗车的问题。

3. 封釉的工序

1)新车施工工艺流程

汽车施工的工艺流程为"洗车→除蜡→风干→上釉"。

(1)清洗车身并且去除沥青或蜡层等脏物(用开蜡水除蜡)。

(2)用专业洗车液洗净车上残液与残蜡。

(3)车身风干无水分后上釉。

(4)上釉。第一遍:先将产品充分摇动均匀,然后直接倒在常温下干净的表面,用一块干净的软毛巾轻快而有力地"画圈",直到上光剂消失并出现高光泽。"画圈"时,请用力以便去除污渍和表面已被氧化的油漆层(这一步用封釉机操作效果最佳)。第二遍:将一薄层釉产品涂在整个车身表面,10min 后用一块干净的软毛巾将其擦去,晶亮釉效果立刻呈现。

2)旧车施工工艺流程

旧车施工的工艺流程为"中性清洗→砂光→精细研磨→除蜡→风干→上釉→无尘打磨"。

封釉美容的工序有 7 道,作业时间大约需要 4 ~ 5h。

(1)中性清洗。清洗剂要使用中性的,因为碱性的清洁剂会腐蚀车漆,如果残存在车体缝隙中,腐蚀性就更大了。

(2)砂光。用 2000 号水砂纸砂光漆面。砂光时,应不断加水冲洗漆面(使漆面上没有沙子,以免造成划伤),砂光中根据漆的强度高低和车漆使用的情况,掌握不同的砂漆力度。砂光主要去橘皮、油迹、斑点、垂流、针孔轻微划痕等缺陷,砂光时要均匀用力,一般砂光后的漆面呈哑光漆样,并有微小亮点为最佳。砂光中要注意边角部、带肋的部位和橘皮轻的部位,根据具体情况不砂光或轻微砂光,以免造成砂露底漆。特别注意的是,砂光时,不要砂到装饰条、密封条、镀铬条、门把手和不应砂光的部位,以免造成不必要的损伤,必要时,要把砂光相邻的不需要砂光的部位用胶带黏封起来。

(3)细研磨。用 4000r/min 的抛光机研磨,主要配合晶亮研磨剂作镜面处理,开始研磨时,研磨的压力要根据漆的强度高低和面漆的厚薄来决定,例如,进口车漆一般硬度比较高,其研磨压力稍大,而国产车的面漆比较薄,其研磨压力应稍小。高速抛光机转速高、切削力强,如力度掌握不好,就会抛露底漆,这点特别要注意。倒入漆面的研磨剂量要适中,如果过多,切削力差,反而会出现打滑,过少则会伤及漆面。研磨有两个作用,一是在湿的时候研磨起切削作用,用力稍大;二是在研磨中研磨剂逐渐变干,这时应当减轻压力到最小进行研磨,此时研磨起提光作用。二者不可忽视,反之会伤漆面,抛光时,抛光机要掌握平衡运行,倾斜度不宜过大,要随着漆面的角度变化角度,抛光时要及时清理毛轮上的污垢,以便增强毛轮的切削力,避免不必要的漆面损伤。研磨中严禁原地不动地进行研磨,特别注意相邻的门或边缘。因高低不平会造成伤害边缘部位,一定要注意相邻的装饰条、密封条、镀铬条、门把手等部位不要损伤,因抛光机没有调速,所以可用点动开关的方式来掌握速度的快慢。

(4)除蜡。先用除蜡水清除漆面蜡层,然后用洗车液擦洗车身(因抛光时所用的研磨剂有蜡成分,如果不消除将会影响产品的渗透力)。

(5)风干。将车身冲洗干净再用风机彻底风干车身的水分。

(6)上釉。釉分子能填充细小微孔起密封作用,所以用专用的封釉机上釉效果比较好(图5-9)。操作过程中,蘸少量晶亮釉振动涂抹,振涂时,速度要慢要均匀,一般每处要振涂两次,然后轻微提起抛光机,使抛光机轮快速转动,抛出亮光时即可;接着用棉布蘸少量晶亮釉手工再涂抹一薄层即可。

图5-9 封釉机

(7)无尘打磨。最后用无尘纸打磨一遍车身,可让车漆如镜面般光亮。

三、汽车镀膜

汽车镀膜的工艺流程为“洗车→浅抛→去眩光→镀膜→清洁→增艳去静电→再清洁→验收”。

(1)洗车。用清水冲洗车身,将漆面上的泥土,粉尘,细沙粒等彻底清洗干净;同时,用专用洗车泥进行车漆表层清洁处理。

(2)浅抛。用高速抛光机以4500r/min的速度配合微量研磨剂、兔毛轮做研磨处理。开始研磨时,研磨的压力要根据漆的强度高低和漆面的厚薄来决定。

(3)去眩光。用低速抛光机配合波浪海绵加微量研磨剂,去除研磨剂留下的光环。

(4)镀膜。镀膜需要用专业的喷枪喷涂,喷涂手法和喷漆一样,但没有喷漆的要求高,喷涂匀即可,装饰条和后视镜、刮水器片如果是粗糙面用报纸胶带包裹起来,光滑部位如玻璃不需要包裹。

(5)清洁。等膜彻底渗透漆面,干透以后用纳米擦巾将车漆面残留的膜等清理干净,特别注意车缝部位。

(6)增艳去静电。镀膜后,采用鹰艳保护釉进行封釉增艳处理,消除细微光纹,更能消除汽车车身99.97%的静电。

(7)再清洁。等釉彻底渗透漆面,干透以后用纳米擦巾将车漆面残留的釉等清理干净,特别注意车缝部位。

(8)验收。全面检查汽车镀膜后的效果。

第四节　汽车漆面翻新美容

汽车漆面翻新美容主要是对漆面浅划痕、斑点进行处理,做到不喷漆就可达到原来的漆面效果。

一、漆面翻新美容的基本工艺流程

汽车漆面的翻新美容,实质上就是对旧车身漆面的损伤进行修复护理。因车况损伤的程度不一,使用条件不一,所以必须针对具体的汽车漆面的损伤状态,确定损伤原因及损伤程度,采用相应的护理措施,进行适当的护理。

1. 对车身漆面损伤程度的确认

1)清洗车身

对车身表面用清洁液进行彻底清洗,选用电动细磨机或气动细磨机,配合专用超软连接垫和超软尼龙细砂网,以中低速度将氧化膜除掉,然后用快干清洁剂清洁。

2)确认车身漆面的损伤程度及护理措施

(1)对清洗后的车身漆面缺陷或损伤表面进行检查。若漆面损伤严重,划痕较深或局部露底等,均需经过维修处理后,才能转入护理美容的施工工序施工。若漆面只有轻微腐蚀,表面有细划痕等缺陷,可进行打磨、打蜡及抛光美容护理。

(2)确定漆面损伤缺陷产生的原因及处理措施。

2. 去除氧化膜

用抛光机和粗海绵球配合水溶性抛光粗蜡,将抛光蜡涂于海绵球表面,用1600r/min的中速扩散研磨一遍,可消除漆面纹理。

3. 抛光处理

将水溶性抛光细蜡加少许水,均匀地涂抹在需抛光的部位,然后改用羊毛球,将抛光机调至中高速,即1900~2200r/min进行抛光,可将砂纸纹痕抛掉,使漆面产生光泽。在抛光过程中,应尽量使羊毛球保持湿润,防止其过热而损伤漆面。

4. 上光封闭保护处理

用水溶性漆面上光保护蜡和细海绵球,将蜡均匀地涂抹在车身漆面上,10min后,再用清洁的羊毛球进行抛光,即可使漆面焕然一新。

二、漆面划痕的美容处理

1. 漆面划痕产生的原因

(1)打磨、抛光不当留下打磨划痕:主要指在喷涂施工或维修喷涂施工中,由于选择的打磨砂纸或打磨盘粒度较大,打磨用力较重,或打磨失手划伤,从而在漆面表面上留下了不同程度的划痕,而抛光时又未能除掉。

(2)运行中擦伤产生划痕:主要包括原车身漆面本无划痕,由于在行驶过程中,挫车时发生的擦伤;路边树枝或高草刮伤造成的划痕;或交通事故撞伤出现的划痕;暴风、沙尘气候的“飞沙走石”撞击创成的裂纹、划痕等。

2. 漆面划痕的分类

车身漆面划痕可以分为发丝划痕、微度划痕、中度划痕、深度划痕、创伤划痕5种。车身漆面划痕示意图如图 5-10 所示。

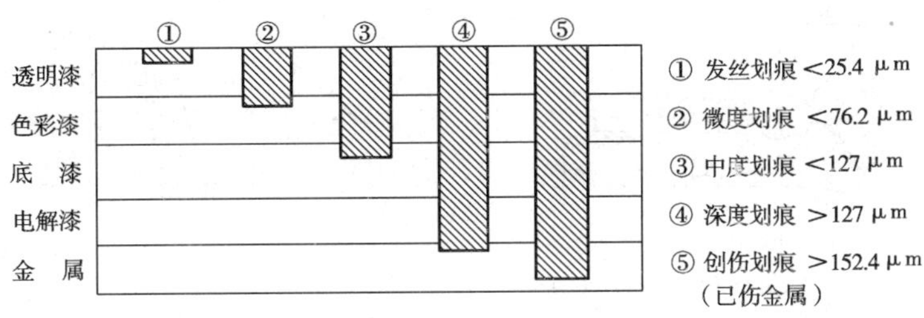

图 5-10　车身漆面划痕示意图

(1)发丝划痕：洗车、擦车或轻微摩擦而产生的细划痕，未穿透透明漆，一般手感觉不出凹痕处。

(2)微度划痕：比发丝划痕要深，虽穿过透明漆层但未穿透底色漆层。

(3)中度划痕：可见底色漆，但未划破底色漆层。

(4)深度划痕：可见电解漆层，但未伤及金属。

(5)创伤划痕：使金属受到严重伤害的划痕。

其中，深度划痕与创伤划痕属于修复性美容，本章不做介绍，详见第 6 章。

通常发丝划痕和微度划痕要进行微切研磨修复，中度划痕要进行中切研磨修复，深度划痕要进行深切研磨修复，创伤划痕要进行喷漆修复。

3. 漆面浅划痕的美容处理

1)划痕状态

浅划痕是指发丝划痕和微度划痕，即漆面表面的护理层或罩光涂层划伤可能涉及面漆表面，尚未伤及面漆；或漆面划伤到底漆层，但尚未划破底漆层。

2)浅划痕处理的一般程序

浅划痕处理的一般程序为"洗车→开蜡→漆面研磨抛光→漆面还原增艳→漆面保护"。

3)浅划痕处理的具体工艺过程

(1)洗车。目的是清除汽车车身表面的污染物、泥土等，避免造成意外的伤害。

(2)开蜡。开蜡的目的是为了保证抛光效果。开蜡作业要求使用专用开蜡水，去除漆面原有的蜡质层，在对蜡质层进行彻底分解的同时，又不损伤漆面及塑料。操作方法同前述新车开蜡基本相同。

(3)漆面研磨抛光。漆面研磨抛光作业方法如图 5-11 所示。在进行研磨抛光作业前，要根据漆面的状况及质量，如厚度、硬度、耐磨性等，选择合适的抛光剂。对于色漆遭受部分划伤的浅划痕，其研磨抛光过程可分四个步骤进行。

①深切研磨。深切研磨的目的是去除漆面较深的划痕，提高作业效率，保证抛光质量。

研磨剂的选择：深切用研磨剂粒度选择以能保证抛光作业清除 95% 左右划痕为宜，其粒度一般应在 320 ~ 400 目(即每平方英寸上有 320 ~ 400 个小孔)。

操作方法：首先用小块毛巾将研磨剂均匀涂抹在待抛光漆面上，涂抹面积以操作人员不需移动脚步且能自如抛光为宜。将海绵抛光盘安装在抛光机上，蘸满水，保持抛光盘平面与待抛漆面基本平行(局部抛光除外)，启动抛光机，将其转速设置在 1500 ~ 1800r/min。抛光时，为保持海绵抛光盘湿润，应不断向抛光盘上洒洁净清水，以降低摩擦表面温度，避免由于摩擦升温过高使抛光盘焦化和损坏面漆。研磨抛光作业在清除 95% 左右划痕时停止即可，然后用洁净清水冲洗抛光表面，擦去残余物，检查抛光效果。

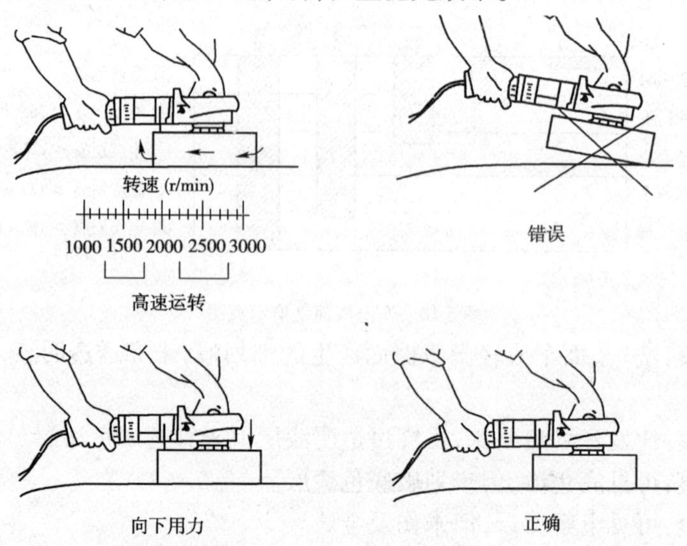

图 5-11　漆面研磨抛光作业方法

②中切研磨。中切的主要目的是清除粗切留下的砂痕。中切研磨剂的粒度应在 400 ~ 600 目为宜。具体操作方法与粗切相同，要注意的是一定要更换中切抛光盘。

③微切研磨。微切的主要目的是清除中切留下的细微砂痕，进行表面磨光处理，以进一步提高漆面光泽度。微切用研磨剂的粒度一般在 600 目以上。具体操作方法与前述相同，需更换微切用抛光盘。

④抛光。抛光的作用是清除研磨留下的细微划痕。具体操作方法与研磨施工基本相同。

(4)漆面还原增艳。抛光作业结束后，漆面浅划痕已基本消除，对于抛光作业中残留的一些发丝划痕、旋印等，可通过漆面还原进行处理。漆面还原时，用小块无纺布将还原剂均匀涂抹于漆面，然后用无纺布毛巾抛光即可。经还原处理后的漆面亮丽如新，即使有经验的内行也可能会误以为是蜡打得很漂亮。

(5)漆面保护。漆面保护通过对漆面上保护剂来实现，漆面保护剂有蜡质和釉质两大类，具体操作详见车身打蜡部分。

上述介绍了浅划痕处理的基本程序及方法，应该注意的是，不同美容产品在使用上存在一定的差异，千万不可千篇一律，应根据具体情况灵活调整。

4)浅划痕处理的注意事项

(1)在漆面浅划痕处理施工前，待处理表面必须进行清洁和开蜡。

(2)抛光剂不可涂在抛光盘上，应用小块毛巾均匀涂抹于漆面待处理部位。

(3)抛光剂涂抹面积要适当，既可便于抛光操作，又要避免未及时抛光出现干燥现象。

(4)抛光时，要掌握好轻重缓急：漆面瑕疵多的地方要重，要缓慢；用力要去时重，回时轻；棱角边处抛光要轻；来回抛光速度要快。

(5)抛光时，应及时洒水，洒水最好雾状喷洒，防止因水流过大，冲去抛光剂。

(6)欧美汽车的面漆涂层一般较厚，而日本、韩国及国产车辆面漆涂层一般较薄。在抛光时要注意把握好分寸，千万别抛露面漆。

(7)抛光作业可以手工完成，在手工抛光时，应注意抛光运动路线不可胡乱刮擦、环形运动,应该以车身纵向平行线为准往复运动。

总之,抛光作业是面漆划痕处理的核心技术,抛光剂的选择、抛光剂的用量、抛光机的正确使用,以及抛光程度的鉴定等事宜,要在操作实践中不断探索,不断总结经验,才能提高技术水平。

4.漆面深度划痕的美容处理

1)划痕状态

深划痕伤及底漆,可见到底材金属,但对金属无损伤。

2)深划痕的处理

(1)用脱蜡洗车液除去划痕中的残蜡及周围的污垢。

(2)用600号砂纸将划痕棱角打圆。

(3)用含有原子灰的底漆涂于划痕处,应涂2~3层。

(4)待底漆干燥后进行打磨,然后按浅划痕处理的措施继续处理,直到抛光为止。

三、漆面常见斑点的美容处理

随着汽车使用时间的增长,漆面常会出现氧化、龟裂、褪色、水痕(纹)、蚀痕等“皮肤病”特征,应及时进行处理。

1.漆面氧化

阳光的常年照射是缩短车漆寿命的主要原因,这个过程称氧化。用肉眼观察到的是车漆发乌、发白、无光泽等现象。如果看不出任何异样,在洗车时可向专业人员要些“还原剂”涂一块在车上;涂过的地方看上去像新漆,而未涂的地方就逊色多了。

常用专业不脱蜡洗车液来洗车可减缓车漆的氧化,但不能阻止它氧化。轻微氧化时,可用蜡来除去,一旦严重则必须研磨、抛光。

2.漆面龟裂

金属漆在使用过程中,容易产生一种非常微细的裂纹,它不断地渗透发展、甚至“击穿”整个色漆层,这种现象称龟裂。龟裂初期,一般肉眼很难发现。当肉眼能发现的时候,往往已是比较严重的时候了。在打蜡抛光时,漆面可出现条纹状的裂纹,这是因为车蜡渗透到裂纹中的反应所致,此时漆面损伤已经达到了较严重的状态了。

维修时,重新喷涂的金属漆也会产生龟裂。这是由于喷涂的质量问题,车漆中的树脂会因为“萎缩”而产生龟裂。这种龟裂与划伤有类似的地方,可达到漆面的一定深度,一般的打蜡抛光不易消除。若经常打蜡抛光护理,则可能将龟裂现象消除在萌芽状态,蜡可以将细微的裂纹在抛光时除掉。

3.漆面褪色

大气中的油烟和污染物是造成车漆褪色、变色的主要原因,褪色与氧化不同,发生褪色时,车漆出现不均匀的色差。

勤洗车和勤打蜡可预防和减轻褪色病。轻微褪色可通过打蜡(抛光)来治理,中度褪色可用研磨治理,严重时必须重新喷漆。

4.漆面水痕(纹)

水痕(纹)呈环状,是水滴蒸发后留下的痕迹。氧化的车,常用洗涤剂的车和有龟裂的车更容易染上水痕病。这些车漆本身很脆弱,一般的水滴蒸发也会造成水痕(纹)。水痕(纹)属轻微时,打蜡抛光可治愈,严重时必须研磨或喷漆。

5. 蚀痕

蚀痕是面状磨蚀，鸟粪、昆虫、树叶、焦油和沥青都有可能引起蚀痕。

1）蚀痕形成机理

（1）鸟粪等漆面的侵蚀。当车身漆面上聚积了鸟粪、死虫或其他污物时，因这类污物有很强的酸性，它会很快渗进漆面，对漆面和车身进行腐蚀，使漆面失去光泽，这种腐蚀与这类污物的多少和聚积的时间成正比例关系，即聚积越多，聚积的时间越长，则腐蚀的程度就越严重。

（2）酸雨等对漆面的侵蚀。由于工业化程度的提高，机动车辆急剧增加，致使工业废气和汽车尾气的排放量显著增加，造成城市污染日趋严重，大气中的酸性物质越来越多，使雨水中的酸性值越来越高，这就是酸雨的形成过程。当汽车受到酸雨的袭击后，漆面遭到酸性腐蚀，呈现出一些类似水滴干后的印迹，使漆面变色；有时损伤处像一个白环，中心清楚，但颜色发暗；严重时呈点蚀状况。

（3）金属漆受酸雨的腐蚀。金属漆中含有铝片，当受到酸雨侵蚀之后，铝片与酸发生化学反应使漆面腐蚀；硝基漆和瓷漆对酸雨的侵蚀最为敏感；其次是催化瓷器。而罩有透明清漆的面漆，虽然清漆有一定的保护作用，但酸雨仍能腐蚀清漆，同样会损伤漆面，只不过需要的时间长一些。

2）蚀痕的修复

遭到鸟粪、酸雨等侵蚀后的漆面的修复护理，应根据其受损程度而定。一般情况下，可采用打磨抛光的方法修复。但是，每打磨抛光一次，均会使漆面层减薄一层，从而会缩短漆面的使用寿命。当然，如果不采用打磨抛光修复，而让鸟粪、酸雨等继续腐蚀下去，则漆面的使用寿命会更短。所以，在一定的条件下，打磨抛光修复还是必要的。

具体的修复护理方法是，当发现鸟粪或受到酸雨侵淋时，应及时进行彻底清洗，最好是用弱碱性洗车液或专用洗车液清洗，然后用清洁的高压水冲洗，并擦拭干净，无酸雨、鸟粪侵蚀的印迹时，按车的级别、状态进行相应的保护处理。

3）漆面出现印迹、变色损伤的修复

当鸟粪、酸雨等腐蚀使漆面出现印迹、变色时，只是漆面的表面受到腐蚀，并未穿透漆面（损伤只在面漆罩光层），其修复方法是，先用高压清水冲洗车身表面（大范围腐蚀时），除去浮尘、泥浆、沙粒等，并擦拭干净，再用除蜡除脂剂清洗，然后用碳酸氢钠（小苏打）溶液（1汤匙碳酸氢钠溶液溶于1L水中）进行中和处理，最后用高压清洁水彻底冲洗并擦干，并用护理车蜡进行打蜡抛光护理。

4）漆面呈白环、中心呈暗色时，腐蚀已进入表面涂层（面漆层）的修复

先用高压水冲洗并擦净，然后用碳酸氢钠溶液进行中和处理，再手工抛光受损部位，仔细检查面漆受损情况，如果受损面积较大，可用抛光盘进行抛光，在可能的情况下，抛光范围要小，抛掉的面漆要少，并涂上抛光膏；边抛光边注意漆面的损伤状况，当面漆层未伤透，未见中涂层漆时，可改用2000号砂纸水磨并抛光，最后用护理车蜡进行打蜡抛光护理。

5）当出现点蚀状蚀痕，损伤已到底涂层漆时的修复

当处于这种腐蚀状况时，不论是局部还是较大范围，其修复方法基本一样，现简述如下。

（1）进行表面维修清洗。可用高压水冲洗，清除浮尘、污垢等。

（2）去除旧漆层。将受损伤的旧漆层清除干净。若底漆已受损，有的地位已露底时，则受损伤的旧底漆层也除尽，露出清洁平整的底材金属。在这种状态下，进行喷涂修复，实质

上与制造新车时的喷涂过程一样。

（3）修复喷涂。其工艺过程为“底材金属喷涂前磷化处理→清洗干燥→喷涂底漆→打磨平整并干燥→喷涂中涂层漆→打磨、抛光并干燥→喷涂面漆→打磨、抛光并干燥→喷涂面漆罩光层漆→打磨、抛光并干燥→打蜡、清洁抛光并擦干→打护理车蜡并抛光”。其具体的操作方法必须根据车辆的具体情况调整，从而制订合理的漆面修复工艺。

第五节　漆面养护

一、漆面养护基本要点

厚度仅为20μm（20μm＝0.02mm）、莫氏硬度仅为0.4～0.6（相当于2H～4H铅笔芯硬度）的轿车面漆，必须如同呵护肌肤那样精心护理，方能保持轿车鲜丽的色彩。为此，在使用养护中要注意以下几点。

（1）车辆使用前、中、后，要及时地清除车体上的灰尘，尽量减少车身静电对灰尘的吸附。

（2）雨后及时冲洗。雨后车身上的雨渍会逐渐缩小，使雨水酸性物质的浓度逐渐增大，如果不尽快用清水冲洗雨渍，久而久之，就会损害面漆。

（3）洗车时，应待发动机冷却后进行，不要在烈日或高温下清洗车辆，以免洗洁剂被烘干而留下痕迹。自己动手冲洗车辆时，要用专用洗涤剂中性活水，不得使用碱性大的洗衣粉、肥皂水和洗涤灵，以防洗掉漆面中的油脂，加速漆面老化。如在洗车场洗车，应防止洗车员使用脱蜡洗涤剂，以免漆面受到伤害。特别是行驶在沿海或污染严重地区的车辆，应坚持每天冲洗一次车辆。

（4）擦洗车辆要用干净、柔软的擦布或海绵，防止混入金属屑和沙粒，勿用干布、干毛巾、干海绵擦车，以免留下划痕。擦拭时，应顺着水流的方向自上而下轻轻地擦拭，不得划圈和横向擦拭。

（5）对一些特殊的腐蚀性极强的痕迹（如沥青、鸟粪、昆虫等），要及时清除。对此，必须用专用清洁剂清洗，不可随意使用刀片刮削或用汽油消除，以免伤害漆面。

（6）在车辆维修保养中，注意不要用带有油污的脏手触摸车身漆面，或用油抹布随意擦洗漆面，不要将黏有油污的工具或含有有机溶剂的擦布置于车身上，以免产生化学反应，留下印痕或使漆面过早褪色。

（7）漆面若无明显的划痕，不要轻易进行二次喷漆，防止漆色不合或结合不好而弄巧成拙。

（8）车辆长期停驶，应停在车库或通风良好的地方，冬天应用专用车身罩覆盖。临时停放时，要选择阴凉的地方，避免阳光暴晒。

（9）防止对车身漆面进行强烈冲击、磕碰和划痕。如发现漆面有伤痕、凹陷或脱落，应及时进行修补。对此，最好是到美容店修补，以防得不偿失。

（10）对镀光金属件的清洗，应使用炭精清洗剂，定期对其上蜡进行保护。特别是车身表面的焊接点和接缝处，要及时清洗擦干，防止锈蚀。

（11）对车身装饰件的清洗，要用质量较好的洗涤剂，上蜡时不要擦抹过重，避免穿透漆层而露原形。

(12)不定期对漆面进行上蜡保护，并定期(每季度一次)到汽车美容店进行养护，及时恢复车身漆面的亮丽光泽度。

除此之外，还可粘贴汽车漆面保护膜。3M漆面保护膜(犀牛皮)为无色透明的漆面保护膜，具有超强韧性，可用于保护车身保险杠、发动机罩、前后车门、后视镜等烤漆漆面，保护车漆面不被轻微擦撞而刮伤掉漆。

二、漆面的日常护理

汽车车漆膜的日常护理主要有车辆的停放、车辆的清洁和擦拭、车漆膜光艳护理和定期检查等工作。

1. 车辆的停放

为防止腐蚀性的灰尘和有害气体对车身表面产生腐蚀，车辆应尽量停在停车库或停车棚内(图5-12)，以防日晒、风吹和雨淋等自然侵蚀造成漆膜老化、龟裂及失光。

如果没车库停放，应用汽车护理套进行遮盖。这样就能有效防水、防紫外线辐射、防腐蚀和对漆面无磨损等，能较好地防止露天停放的汽车受到高温、紫外线、尘埃及化学污染物等侵害。

a) 停车库停车

b) 停车棚停车

图5-12 车辆的停放

2. 车辆的清洁和擦拭

定期的车辆清洁和正确的擦拭，是保护汽车车漆膜不受伤害的基本条件。根据道路和环境等条件，如果在尘埃较少的高速公路行驶，车辆在入车库时，只要掸除车身的灰尘或每周清洗一次就可以了。若汽车行驶在泥泞路段或有化学污染的地区，最好每天清洗一次。特别要注意的是，不要因一时贪便宜或省事，用碱值较高的清洗剂(如洗衣粉)来清洗车身，这样会使车漆膜容易龟裂。

日常护理的操作要点有如下几点。

(1)雨天应每天清洗一次车辆。洗去车身漆面上的泥水，可用清洁的自来水冲洗，冲洗压力应小于7MPa，冲洗后用柔软的干毛巾将水痕擦干即可。

(2)晴天应每隔2~3天清洗车辆一次，其清洗方法和要求同雨天一样。

(3)冲洗后擦拭时，要以车身纵向直线擦拭，擦拭用的柔软干毛巾或细海绵，应洁净、无沙粒，否则会在漆面上留下轻微划痕。

(4)清洗之后，用纯棉柔软的细毛巾蘸上镜面保护乳液，在漆面上涂匀擦拭；然后打磨抛光，可用手工进行，也可用抛光机进行；在进行打磨抛光时，应在阴凉无风处进行操作，否则会影响打磨抛光的效果。

3. 车漆膜光艳护理

为了预防漆膜受到阳光和有害物质的侵蚀，必须对清洗后的车漆表面进行上光护理。常用到的上光护理材料主要有各种上光蜡（如光亮蜡）、增亮剂等，其主要成分是聚乙烯乳液、硅酮等高分子材料，这些材料易在油漆表面生成高分子保护膜，从而起到保护漆膜、增加光洁度、防紫外线和酸等侵蚀之功能。

4. 定期检查

在日常护理中，应对全车车膜进行定期的检查，以确定缺陷的种类和分布情况，为以后的护理做好准备。

(1) 定期检查车漆表面是否残留未被清洗掉的柏油、酸雨以及其他污渍。

(2) 定期检查车漆表面是否有橘皮、网纹等漆膜缺陷。

(3) 定期检查车身表面是否有划痕，如有划痕应进行研磨、打蜡处理。若划痕很深，伤及底漆，应进行补漆处理。仔细检查车身表面各缝隙及塑料件上是否有刮痕及污渍，如果有刮痕及污渍，应进行修补处理。

5. 日常护理时的注意事项

(1) 冲洗后的擦拭，不能使用油污的抹布或含有沙粒的海绵等，否则会重新污染清洗后的漆面，同时会在漆面上留下划痕。

(2) 不允许使用粗布、粗的干毛巾、干海绵、干麂皮擦拭漆面，以防留下划痕。

(3) 不要用旋转的方法擦车，避免留下旋转的无序划痕，造成漆面的陈旧感觉。

(4) 不要使用汽油清除漆面上的沥青等污痕，以防对漆面造成严重的损坏。

(5) 不要在烈日或风沙露天环境中进行打蜡抛光，否则会影响漆面的打蜡抛光质量和效果。

(6) 对漆面上已有的严重缺陷，如氧化、失光、斑点、龟裂、划痕等，由于不属于日常清洗护理的内容，应在专项美容处理时进行处理。

三、漆面的冬季养护

1. 严冬对车身漆面的影响

(1) 严冬加重了对车身漆面的腐蚀。严冬时节，气温变化大，在这种恶劣的气候条件下，会使车身漆面受到腐蚀的程度加重。

(2) 酸雨、工业污染物加重了对车身漆面的腐蚀。酸雨，工业污染物再加上冬季的冰雪，往往混合覆在车身漆面表面上；冬季对车身漆面的清洗养护次数减少，这些因素加重了对车身漆面的腐蚀。

2. 冬季车身漆面的养护方法

1) 及时除去漆面上的雨雪冰

当行车之后，若车身漆面上有雨、雪、冰粒等异物吸附，应及时用适当的清洗方法，将上述异物、污垢除去。

(1) 一般雨水泥浆的去除。可用高压水冲洗法，冲去雨水泥浆，然后用干净的拭布擦拭干净，或用压缩空气吹干。

(2) 浮雪的去除。特别是在下雪天行车，车身漆面上会堆积一层薄雪，有时是雨雪天。只要是还未结冰，去除雨雪比较容易。也可用高压水冲洗，然后擦干即可。

(3) 冰雪的去除。在冬季行车，往往遇到的先是雨夹雪，后又是气温急降，车身漆面上很容易附着一层薄冰和积雪。这时,可用蒸汽洗车机或热水洗车机进行冲洗,然后擦干即可。

具体的清洗护理方法,可根据实际条件选用,以去除雨、雪、冰等异物和污物。

2)车身漆面的养护方法

(1)选择养护方法。根据车况的实际需要,可进行一般养护和高级养护。

(2)一般养护。当清洗干燥之后,可打蜡抛光养护。例如选用黄金镜面蜡养护,该产品是一种高性能的护理型天然蜡,含有巴西棕榈和聚碳酸酯,对漆面的渗透力极强,可使漆面光亮如镜,且能保持长久,可有效地护理汽车漆面,以手工打蜡和机器打蜡均可。

(3)高级养护。清洗干燥之后,可选用镜面釉进行养护。镜面釉是以高分子聚合物为主要成分,不含硅和蜡,打上镜面釉之后进行强力抛光,然后再上一层镜面釉,能形成一层光亮保护膜,可提高漆面硬度且耐高温能力,能增加抗腐蚀、抗氧化的能力,其功效能长久保持。

(4)"隐形车衣"养护法。在国外,普遍采用含"特氟龙"的高分子聚合物的上光保护剂,在国内则叫"隐形车衣"养护法。该产品具有极强的密封、抗酸碱、抗腐蚀功能。这种产品是冬季汽车过冬、沿海地区及工业区车辆保护的必备用品。保养一次可保持三四个月,常年均可用于汽车养护。

1. 何为漆面装饰美容?何为漆面护理美容?何为漆面翻新美容?
2. 简述汽车漆面失光的原因。如何判断?
3. 简述汽车漆面的类型。如何鉴别漆面?
4. 汽车漆面护理美容包括哪些项目?各有何特点?
5. 车蜡有何功用?
6. 简述车蜡的类型及其应用范围。
7. 绘制汽车打蜡的工艺流程。
8. 上蜡后为何要进行抛光工艺?
9. 新车为何要进行开蜡?简述其工艺过程。
10. 简述汽车封釉的工艺过程。
11. 汽车漆面翻新美容包括哪些项目?各有何特点?
12. 漆面划痕分哪五类?各种类型的划痕采用什么方法进行修复?
13. 现场观察清洗漆面浅划痕的处理过程,并绘制漆面浅划痕的处理工艺流程。
14. 研磨中的深切研磨、中切研磨和微切研磨各有何区别?
15. 漆面常见斑点有哪些?各采用什么方法进行修复?
16. 怎样对汽车漆面进行日常护理?
17. 在冬季时,如何对汽车漆面进行养护?

第六章　汽车漆面修复美容

教学提示：汽车漆面修复美容是通过重新喷漆的方式，对汽车漆面局部或全部进行修复，使损伤的漆面恢复到原有状态。

本章主要内容：汽车漆面修复美容的类型与工艺流程、汽车漆面修复美容的工具与设备、汽车漆面修复涂料、汽车涂料的选配、汽车涂料的调色、汽车喷漆前的车身表面处理、底漆喷涂与腻子刮涂打磨、面漆喷涂、漆面常见缺陷及其防治等。

本章学习目标：

(1)掌握漆面修复美容工艺流程；

(2)理解汽车漆面修复美容中常用工具的类型和使用方法；

(3)理解汽车漆面修复美容中喷枪的类型及使用方法；

(4)掌握空气压缩机的构造原理；

(5)理解涂料选配与调色原理；

(6)理解喷涂前车身除锈、除漆、除油的方法和技巧；

(7)理解底漆的类型及喷涂方法；

(8)理解腻子的类型，掌握腻子刮涂方法和打磨技巧；

(9)理解漆面的类型及喷涂方法；

(10)掌握喷涂后漆面形成机理。

本章重点：汽车漆面修复美容中常用工具的使用方法、喷枪的构造原理与使用方法、涂料的类型与特性、腻子刮涂与打磨方法、漆面的喷涂方法、漆面缺陷的形成机理。

本章难点：喷枪的正确使用、涂料的特性与选配、腻子的刮涂与打磨、面漆喷涂技巧。

第一节　汽车漆面修复美容的类型与工艺流程

一、汽车漆面修复美容的情形

车辆在运行中难免出现漆面老化、破损、划伤等现象，如不及时处理，会加剧钣金腐蚀，影响车辆使用寿命。当汽车漆面出现以下情况时，必须进行喷漆处理以达到漆面修复美容。

(1)漆面严重老化，无法采用抛光还原工艺解决时。

(2)漆面受透镜效应侵蚀，严重失光时。

(3)漆面氧化层较厚,出现局部腐蚀,无法抛光还原时。

(4)漆面出现深度划伤,无法用抛光清除时。

(5)漆面出现局部或大部分破损时。

二、汽车漆面修复美容的类型

汽车漆面修复美容按修复漆面的面积不同,可分为局部漆面修复和整车漆面修复两种。

局部漆面修复是指涂层被事故、碰撞等损坏的局部表面或经钣金修复及更换的零部件进行修补涂装。整车漆面修复是指经多年使用,涂层老化或汽车大修后进行翻新。汽车修补涂装按修补工作量的大小,可分为局部修补和整车修补。为改变汽车外表形象,一般都进行整车修补涂装。按涂层的老化、损坏程度不同,整车修补涂装又可分为车身"出白"全涂装和仅面漆涂层翻新涂装。目前,轿车车身底漆都采用阴极电泳涂料,使车身的耐腐蚀性能成倍提高。此外,车身"出白"后全涂装的工作效率低、成本高,所以在全涂装中以面漆涂层翻新涂装为主。

三、汽车漆面修复美容的工艺流程

汽车漆面修复美容的工艺流程一般为"车身清洗→金属表面处理(除锈、除漆、除油、修补)→涂底漆→腻子刮涂与打磨→喷涂面漆→烘干→抛光、打蜡"。

局部漆面修复美容与整车漆面修复美容的工艺工序如表6-1所示。

局部漆面修复美容与整车漆面修复美容的工艺工序 表6-1

工艺名称		局部修补		整车修补	
		从底到面	局部翻新	"出白"后全涂装	面漆翻新
修补涂装前的准备工作	1. 卸下影响钣金、涂装作业的部件	√*	√	√	
	2. 将车刷洗干净,按涂层状况及用户要求拟订修补涂装工艺	√	√	√	√
	3. 整平钣金,尽可能消除修补面的凸凹缺陷	√	√		√
	4. 用胶带和纸遮盖不需涂装表面和门窗、玻璃	√	√	√	
涂装前处理工序**	1. 刮离(铲除)被修补面的旧涂层,局部露底金属或"出白",用打磨法或脱漆剂	√		√	
	2. 擦净或吸净表面,去除油污和打磨灰	√	√	√	√
	3. 用蘸有溶剂的湿润的抹布擦净,去除油污和手印	√	√	√	√
	4. 在要求高的场合,喷涂一薄层磷化底漆	√		√	
底涂层涂装(含刮腻子整平)工序	1. 喷涂双组分环氧树脂底漆	√		√	
	2. 自干(60℃以下)或红外辐射强制烘干	√		√	
	3. 钣金修正部位和凹漆面涂刮腻子(涂刮腻子的次数取决于表面的不平整度),建议用原子灰腻子	√		√	
	4. 自干(60℃以下)或红外辐射强制烘干	√		√	
	5. 采用干打磨或湿打磨手工磨干刮腻子的表面,在整车修补涂装场合,对整车表面进行一次湿打磨	√		√	
	6. 吹干或烘干水分	√		√	

续上表

工艺名称		局部修补		整车修补	
		从底到面	局部翻新	“出白”后全涂装	面漆翻新
涂中涂层	1. 用蘸有溶剂汽油的湿润的抹布擦净除去油污和灰尘	√		√	
	2. 喷涂一道中涂层(俗称二道浆,或用底漆与面漆为1:1的比例制成的中间涂料)	√		√	
	3. 自干或在60℃下强制干燥,或用红外辐射烘干	√		√	
	4. 局部补刮腻子,消除腻子的砂眼,砂纸纹等(为加快加工进度,有时用快干腻子)	√		√	
	5. 腻子层干后,整个表面进行湿打磨,用360~400号的耐水砂纸擦拭干净	√	√	√	√
涂面漆工序	1. 将不需涂面漆表面用胶带和纸遮盖保护好	√	√	√	√
	2. 用溶剂汽油或黏性擦布擦净	√	√	√	√
	3. 用“湿碰湿”本色面漆喷涂2 ~ 3道,或用闪光底色漆加上罩光清漆进行喷涂	√	√	√	√
	4. 自干或在60℃下强制干燥,在局部修补时可用红外辐射器烘干	√	√	√	√
最终修饰工序	1. 取掉保护纸和胶带	√	√	√	√
	2. 检查涂装质量,标出涂层缺陷	√	√	√	√
	3. 用打磨、抛光等办法修饰,消除缺陷,消除局部喷涂的虚光	√	√	√	√
	4. 装上在补漆涂装前卸下的部件		√	√	√
	5. 清扫车内外表和轮胎	√	√	√	√

注:*——四种修补涂料工艺需要执行的工序,或增或删,根据现场经验确定;* *——刮腻子的道数取决于被涂刮物不平整的程度及所选腻子的类型,同时也与操作人员的操作工艺及熟练程度有关。总之,多刮腻子会直接影响修补涂层的质量,故少用腻子为好。

第二节 汽车漆面修复美容的工具与设备

汽车漆面修复美容中常用的工具与设备有除锈工具、刮涂工具、打磨工具、刷涂工具和喷涂设备等。

一、除锈工具

在汽车修补喷漆之前,应将作业面的锈蚀清除干净,然后才能进行底漆、腻子等的装涂。常用的防锈工具有手工除锈工具和机械除锈工具两种。

1. 手工除锈工具

手工除锈是一种最简单的除锈方法,使用的工具主要有刮刀、扁铲、钢丝刷、锉刀、废砂轮片、砂布等。一些常用的手工除锈工具如图6-1所示。使用手工除锈工具除锈,操作费力、工效低、除锈效果差;但因其简便易行,不受任何限制,仍是局部及部件等小工作量清除锈蚀的主要工具。

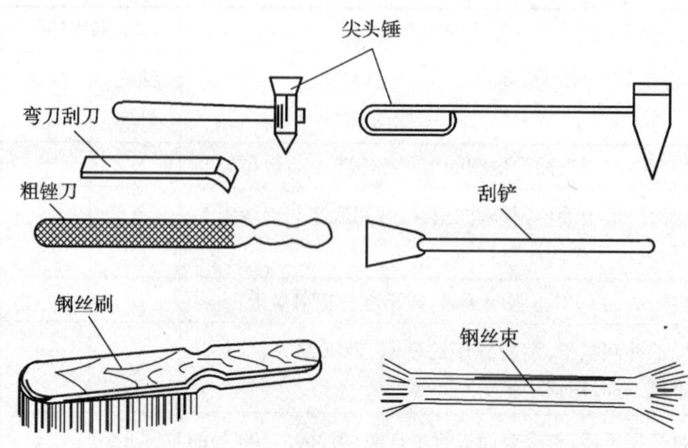

图 6-1　手工除锈工具

2. 机械除锈工具

机械除锈是利用机械产生的冲击、摩擦作用对工件表面进行除锈，机械除锈工具的除锈速度快，质量好，工作效率高，适于大面积或批量汽车锈蚀清除。

机械除锈工具按动力装置的不同分为电动除锈工具和气动除锈工具两大类。

电动除锈工具具有结构简单、体积小、质量轻、使用方便、易于维修等特点，常用的电动除锈工具有电动刷、电动砂轮、电动锤、电动针束除锈机等（图 6-2）。特别是手提式电动砂轮机可以在手中随意移动，利用砂轮的高速运转除去铁锈，效果较好，特别是对较深的锈斑有很好的除锈效果，其工作效率高，施工质量也较好，使用方便，是一种较理想的也是目前比较普遍采用的除锈工具。

气动除锈工具是利用压缩空气作动力，带动机器作业进行除锈的工具，常用的气动工具有气动除锈枪、气动砂轮、气动圆盘钢丝刷、气动除锈锤、气动除锈铲等（图 6-3）。

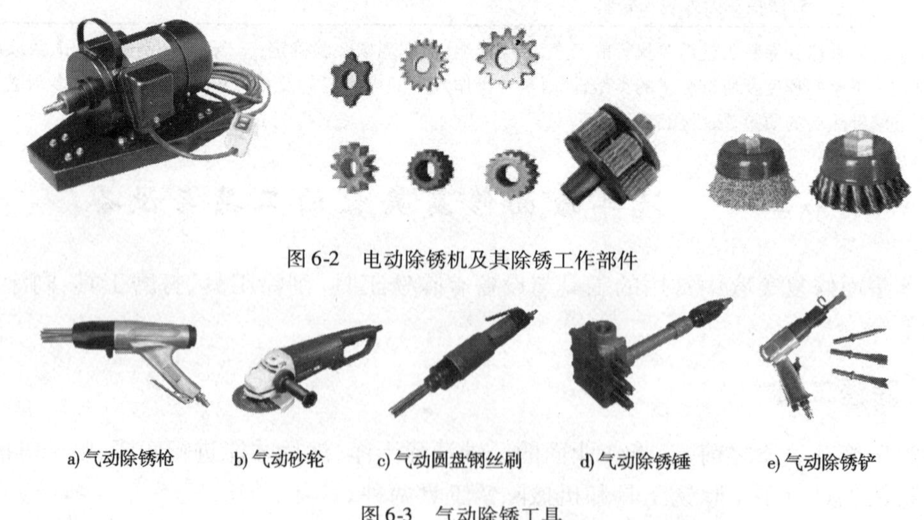

图 6-2　电动除锈机及其除锈工作部件

a) 气动除锈枪　b) 气动砂轮　c) 气动圆盘钢丝刷　d) 气动除锈锤　e) 气动除锈铲

图 6-3　气动除锈工具

二、刮涂工具

在汽车维修过程中，车辆外表经钣金工的敲补、焊接后，还需用腻子填补磨平。填补腻

子的常用刮涂工具有硬刮具和软刮具两类。硬刮具有刮灰刀、牛角刮刀以及钢片刮板等。通常用于平面及大面积凹坑的处理;软刮具一般是指橡胶刮板,它一般用于涂刮小的凹坑,刮出的腻子表面较平滑,遗留孔隙较小。

1. 刮灰刀

刮灰刀又称油灰刀、批灰刀等。它由木柄和刀板构成。木柄由松木、桦木等制作,刀板由弹性较好的钢板制作。规格有宽窄规格不同的(以刀头宽度区分)多种,其特点是成品刮灰刀的规格多,弹性好,使用方便。如宽刮灰刀有100mm宽和75mm宽两种,适于车厢、翼子板等平整大物面腻子刮涂或基层清理;中号刮灰刀的宽度多为50~65mm,主要用于调配腻子或小面积腻子补刮及清除旧漆等;窄刮灰刀多用于调配腻子或清理腻子毛刺等。刮灰刀及其拿法如图6-4所示。

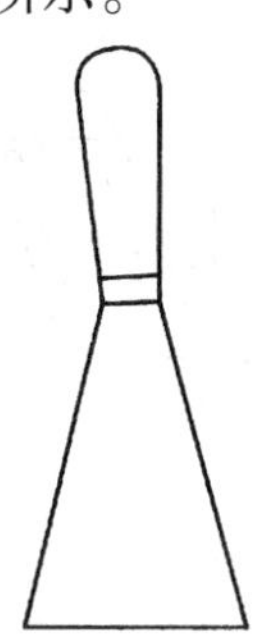

图6-4 刮灰刀及其拿法

2. 牛角刮刀

牛角刮刀由优质的水牛角制成,其特点是使用方便,可来回刮涂(左右刮涂)。主要用于修饰腻子的补刮等。牛角刮刀使用后,应清理干净并将其置于木夹上存放,以防变形而影响使用。牛角刮刀及其拿法如图6-5所示。

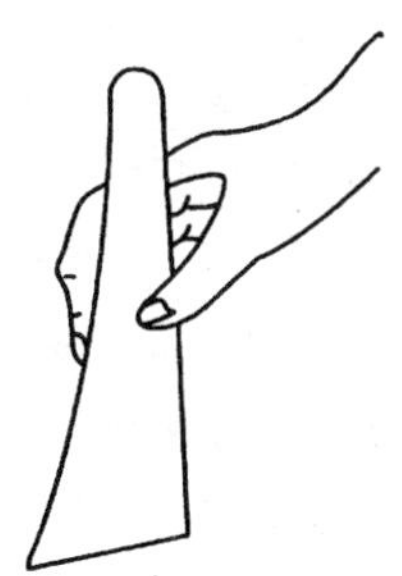

图6-5 牛角刮刀及其拿法

3. 钢片刮板

钢片刮板由弹性极好的薄钢片制成,其特点是弹性好、刮涂轻便、效率高,刮后的腻子层平整,既可用于局部刮涂,也可用于全面刮涂。较适于小轿车、大型客车等表面的腻子刮平。钢片刮板及其拿法如图6-6所示。

4. 橡胶刮板

橡胶刮板采用耐油、耐溶剂和膨胀系数小的橡胶板制成,外形尺寸和形状根据需要确定,橡胶刮板弹性极好、刮涂方便,可随物面形状的不同进行刮涂,以获得平整的腻子层。尤其对凸形、圆形、椭圆形等物面,使用橡胶刮板刮涂,质量更优。较适于刮涂弧形车门、翼子板等。橡胶刮板及其拿法如图6-7所示。

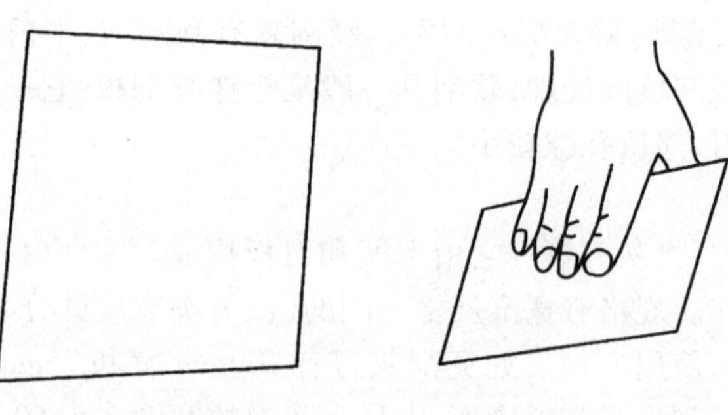

图 6-6 钢片刮板及其拿法

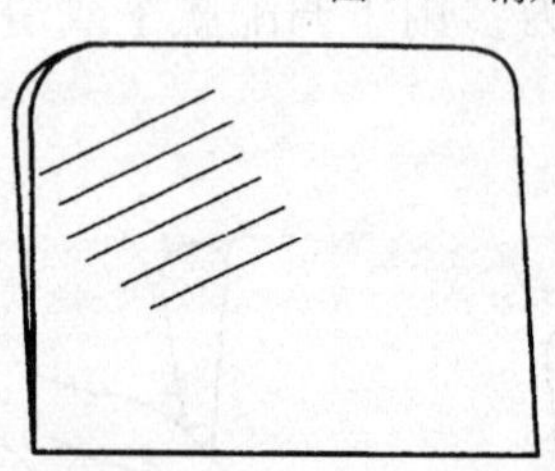
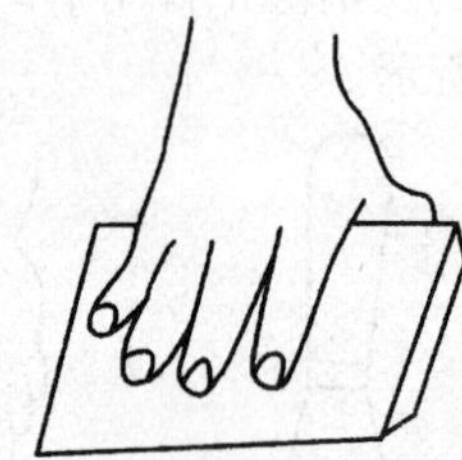

图 6-7 橡胶刮板及其拿法

三、打磨工具

1. 手工打磨工具

手工打磨有两种方式，一是使用砂布或砂纸包垫板进行打磨，二是使用磨石进行打磨。用砂布或砂纸包垫板进行打磨，垫板有木制的，也有硬橡胶制的。木块可选用长 180 ~ 200mm、宽 50 ~ 60mm、厚 25 ~ 30mm 的平直木板，橡胶块可使用厚 18 ~ 20mm，长宽相应厚度的橡胶板剪制而成。打磨用的木块与橡胶块如图 6-8 所示。

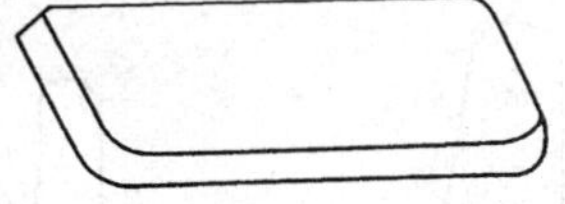

图 6-8 打磨用的木块与橡胶块

砂布、砂纸是打磨工具的辅助材料，砂纸分水砂纸和木砂纸两种，是用黏合剂把磨料贴在特制的纸或布上制成的，常用的一些砂纸如图 6-9 所示。木砂纸主要用于磨光木制品表面。水砂纸由于涂有耐水涂料，所以不怕水，可以用于水磨。砂布一般由布、胶、沙子制成。砂纸用磨料粒度数码表示，数码越小，磨料越粗。磨料粒度不同，用途也不同。

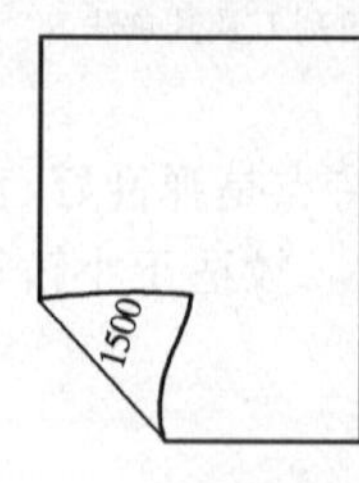

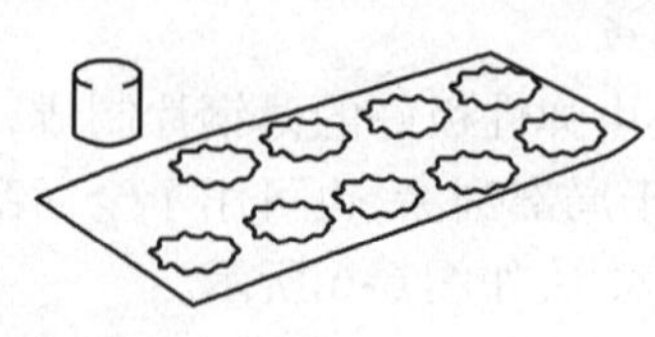

图 6-9 砂纸

磨石主要用于磨平第一道和第二道腻子用，可以提高工作效率，节约砂纸。一般采用人造磨石，它的规格有 46 粒（粗）、66 粒（中粗）、80 粒（中细）、100 粒（细）和 120 粒

(极细)等。

2. 机械打磨工具

1)按动力装置分类

机械打磨工具按动力装置不同可分为气动打磨工具和电动打磨工具两大类。

(1)气动打磨工具。气动打磨工具主要有气动打磨机、气动砂轮、气动钢丝轮等。气动打磨工具主要用于清除钢铁表面上的铁锈、旧涂层及打磨腻子等。具有体积小、质量轻、速度快、磨平质量好、使用安全、可干磨也可水磨等优点。

(2)电动打磨工具。电动打磨工具主要有电动软轴磨盘式打磨机、电动软轴带吸尘袋磨盘式打磨机、电动磨灰机等,主要作用同气动打磨工具。具有噪声小、振动轻、粉尘飞扬少等优点,但质量通常比气动打磨工具差些,且不适于水磨。

2)按打磨垫的作用分类

机械打磨工具按打磨垫的作用不同可分为单作用打磨机、轨道式打磨机和双作用打磨机三类。

(1)单作用打磨机。打磨垫绕同一固定的点旋转,主要用于清除涂料,研磨力很大。单作用打磨机如图6-10所示。

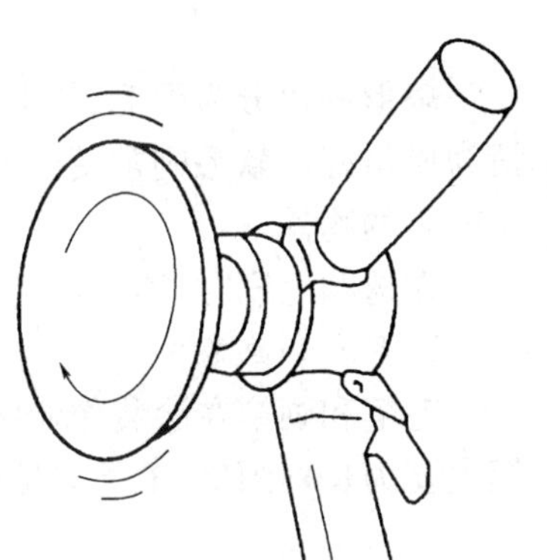

图6-10 单作用打磨机

(2)轨道式打磨机。整个打磨垫振动,犹如画圆圈。主要用于修整腻子,而打磨垫可以按照要修整的工件的面积改变,研磨力很小。轨道式打磨机如图6-11所示。

(3)双作用打磨机。整个打磨垫除了绕其自己的中心旋转外,还可振动,犹如画圆圈。双作用打磨机的动作可以比作是轨道式打磨机和单作用打磨机的动作的组合。如果用于腻子修整和表面平整,则使用较硬的打磨垫;如果用于磨毛,则使用较软的打磨垫,其研磨力属于中等。双作用打磨机如图 6-12 所示。

图6-11 轨道式打磨机

图6-12 双作用打磨机

四、刷涂工具

刷涂的主要工具有漆刷、画笔、毛笔、盛漆容器等。

1. 漆刷

漆刷有很多种类,按形状不同可分为圆形、扁形和歪脖形三种,按制作材料不同可分为硬毛刷和软毛刷两类。硬毛刷主要用猪鬃、马鬃等制作;软毛刷主要用狼毫、猫毛、绵羊和山羊毛等制作。漆刷按制作尺寸不同可分为 12mm、19mm、25mm、38mm、50mm、65mm、75mm 等。常用漆刷如图 6-13 所示。

圆形毛刷可分为大圆毛刷和椭圆毛刷两种。刷毛一般用猪鬃或马鬃制成,直径也分大小不同的尺寸，圆毛刷适用于涂刷粗糙的物件。

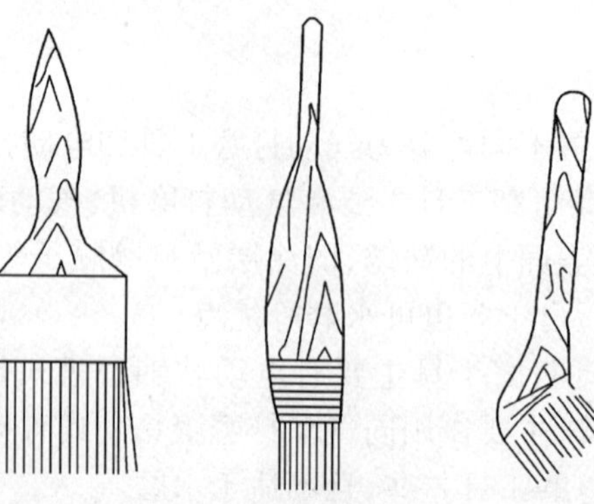

图 6-13 常用漆刷

扁形刷也分为硬毛、软毛两种。硬毛刷多用猪鬃制成，软毛刷多用羊毛制成，以毛直、毛清为质量好。软毛刷常用于刷涂稀涂料，由于含漆量大、刷痕轻、漆流展性好，适于刷品质要求较高的物件。

在选购毛刷时，通常以毛直、口齐、刷毛与刷柄组合牢固、刷毛中无脱毛者为上品。

2. 毛笔和画笔

毛笔和画笔在涂装作业中用来描字、画线，涂刷不易涂到的部位和局部补漆用。常用画笔主要为长杆画笔，毛笔以狼毫为好。画笔及毛笔的拿法如图 6-14 所示。

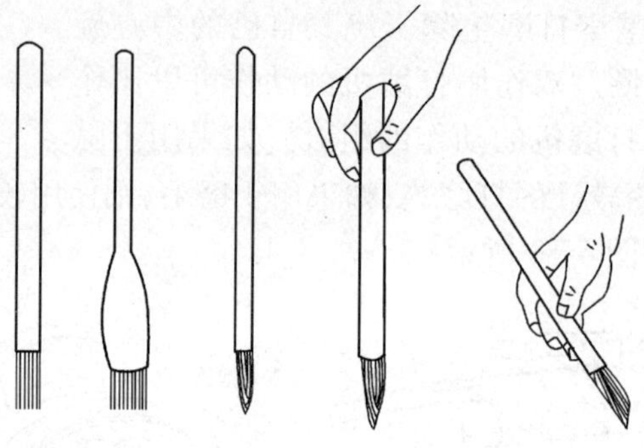

图 6-14 画笔及毛笔的拿法

五、喷涂设备

汽车漆面修复美容的喷涂一般采用空气喷涂法，其系统如图 6-15 所示。

汽车漆面修复美容的喷涂设备主要有喷枪、压缩空气供应系统和喷/烤漆房。

1. 喷枪

喷枪是喷漆工艺体系的关键设备。虽然不同的喷枪有许多通用的零件，但每种类型或型号的喷枪只适用于一定范围的作业。选择合适的工具是以最短时间完成高质量作业的保证。

1）喷枪的构造

喷枪由枪体与喷枪嘴所组成。枪体又由空气阀、漆流控制阀、雾形控制（漆雾扇形角度调节）阀、控漆阀、压缩空气进气阀、扳机、手柄等组成。喷枪嘴由气帽、涂料喷嘴和顶针组成。喷枪的构造如图 6-16 所示。

2）涂料的雾化过程

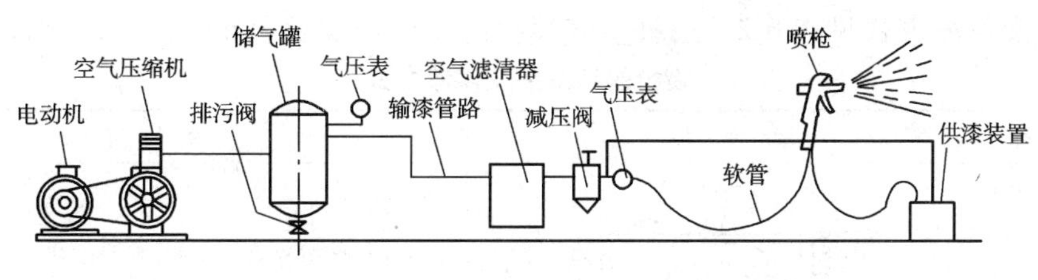

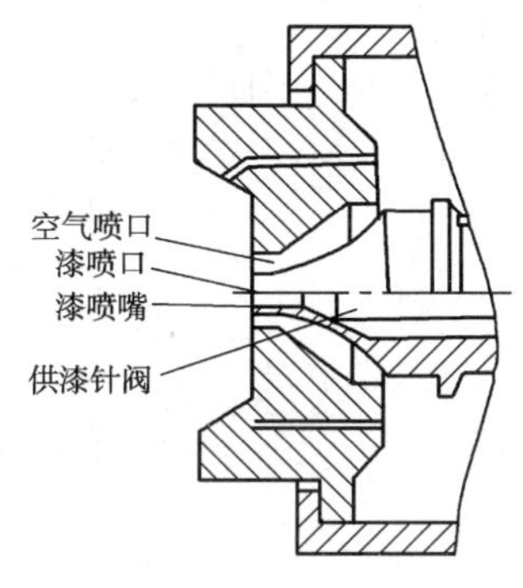

图 6-15　空气喷涂系统

空气喷枪是利用压力空气的气流将涂料雾化,使涂料成为可喷涂的细小且均匀的液滴。当这些小液滴以正确的方式喷上汽车表面后就会结合形成一层厚度极薄的像镜子一样的平整的膜。

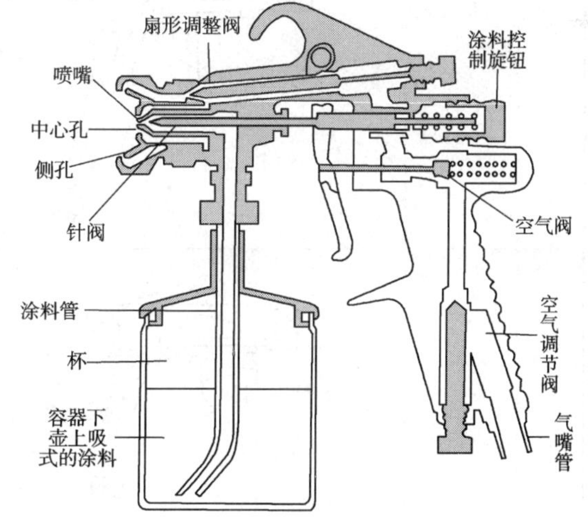

图 6-16　喷枪的构造

雾化分三个阶段完成(图 6-17)。

(1)雾化的第一阶段。涂料一经虹吸作用从喷料嘴喷出就被从环形口喷出的气流包围。气流产生的气旋开始使涂料分散。

(2)雾化的第二阶段。在涂料的液流与从限流孔喷出的气流相遇时,气流控制住液流的运动,并进一步使其分散。

(3)雾化的第三阶段。涂料受从空气帽喇叭口处的气流作用,气流从相反的方向冲击涂料,使其成为扇状的液雾。

a) 第一阶段　　b) 第二阶段　　c) 第三阶段

图 6-17　涂料雾化的三个过程

3)喷枪的类型

空气喷枪按供漆的方式分类,可分为虹吸式喷枪、重力式喷枪和压送式喷枪。这三种喷枪的示意图及供漆方式见表6-2。三种空气喷枪的特性比较见表6-3。

喷枪的示意图及供漆方式 表6-2

序号	名　称	示 意 图	说　明
1	虹吸式喷枪		是目前汽车涂装修补作业中应用最广泛的喷枪。它的工作过程是:涂料放在漆杯里,漆杯连到喷枪上。扳机扳动一半时,空气阀先打开,压缩空气流过喷枪,从气帽上的孔中喷出,在喷漆嘴出口处形成真空;继续扳动扳机,使顶针离开喷嘴内座,真空将漆料从漆杯中吸出,送入进漆口,从喷嘴喷出。空气从气孔中进入漆杯,填充在被吸出去的漆料的位置上
2	重力式喷枪		是靠漆料的重力将漆料供到喷嘴,再由抽吸作用吸出喷嘴。适用于高固体成分漆。喷枪的操作方法与虹吸式喷枪相同
3	压送式喷枪		压送式喷枪的喷嘴与气帽下面平齐,不形成真空。漆料被压力压向气帽,压力由一个独立的压力罐提供。系统的连接方法是: (1)将输气软管从压力罐上的气压调节装置出口接到喷枪进气口上; (2)将主输气软管从调压阀连至压力罐的调压阀入口; (3)将输漆管从压力罐的出漆口连至喷枪进漆口

空气喷枪的特性比较 表 6-3

类型	漆料进给方法	优点	缺点
虹吸式喷枪	油漆罐安装在喷嘴下方，仅用吸力供应漆料	喷枪工作稳定，便于向油漆罐加漆料或变换颜色	喷涂水平表面困难，黏度变动导致喷漆量变化，由于漆罐比重力式喷枪的大，因而喷漆人员较易疲劳
压送式喷枪	用压缩空气罐或泵给漆料加压	喷涂大型表面时，不必停下来向油漆罐加漆料，也可使用高黏度漆料	不适合小面积喷漆，变换颜色及清洗喷枪需要较多时间
重力式喷枪	油漆杯安装在喷嘴上方，用重力及喷嘴尖儿的吸力供应漆料	漆料黏度不变，所以喷漆量不会变化；油漆杯的位置可按喷漆件的形状变更	由于油漆杯安装在喷嘴上方，反过来就会影响喷枪的稳定性；油漆杯容量小，不适合喷射较大的表面

4）喷枪的选择

（1）根据被喷涂物面积的大小选择。被涂装物件大，需选择喷枪口径大的，这样的喷枪单位时间内出漆量大、速度高、喷涂效率高。

（2）根据涂料品种选择。根据被涂物所需的涂料特性，选择相匹配的喷枪。例如用双组分涂料喷涂时，就应选用双组分涂料喷枪，从而更好地配合涂料的特性进行喷涂，以保证喷涂施工的质量。

（3）根据喷涂质量要求选择。喷涂质量要求高的产品，应选用雾化性能好，操作、调整方便，可靠性强，能够保证喷涂质量的喷枪。

（4）选择喷枪的因素。喷枪自身的大小、质量、影响喷枪性能的空气用量、供漆量及方式、操作性能等，均是应该考虑的因素。

无论从性能上还是涂装效率上来看，中型喷枪比大型喷枪要好；对工作操作而言，中型喷枪操作轻松、省力，容易获得较好的涂装效果。特别是在维修涂装中，更显示出它的优越性。

（5）喷嘴的选择因素。小型喷枪的喷嘴口径一般为 0.5 ~ 1.0mm；中型喷枪喷嘴口径一般为 1.0 ~ 1.8mm；大型口径为 1.8 ~ 3.0mm。

喷枪口径越大，喷漆量、扇幅、空气消耗量也就越大。喷嘴的选择也和涂料的黏度有关。涂料的黏度越高，液体流动的阻力越大。若这时选择了口径较小的喷枪，则涂料的喷涂量将会急剧下降。这就要求在选择喷枪时，一定要考虑所采用的涂料品种。

一般情况下，喷涂底漆时，多采用大口径的喷枪；喷涂中间层时，选用中口径喷枪；喷涂面漆时，采用小口径的喷枪。

5）喷枪的调节

（1）调节压力。空气压力的调节，一般可通过分离/高压器（或转换器）调节，但由于空气从高压器经过输气管到达喷枪还受到摩擦力的作用，因此存在压力降。高压器处测得气压与喷枪处测得气压的差值取决于输气管的长度和直径。因此，应该在喷枪处测量气压值，而且这里所提到的压力值都是指喷枪处的气压。

测量压力降的最可靠的方法是使用一块插接在喷枪和输气管接头之间的气压表。有些喷枪本身就带有调压器，可用来检查和调节喷枪处的压力值，而一些喷枪的调压器是可选件。喷枪气压估计值如表 6-4 所示。

喷枪气压估计值 表 6-4

表上压力值(MPa)		输气管长度不同时的喷枪压力值(MPa)					
		1.5m	3m	4.5m	6m	7.5m	15m
1/4″(6.35mm)软管	0.30	0.26	0.24	0.23	0.22	0.21	0.09
	0.40	0.34	0.32	0.31	0.29	0.27	0.17
	0.50	0.43	0.40	0.38	0.36	0.34	0.22
	0.60	0.51	0.48	0.46	0.43	0.41	0.29
	0.70	0.59	0.56	0.53	0.51	0.48	0.36
	0.80	0.67	0.64	0.61	0.58	0.55	0.43
	0.90	0.76	0.71	0.68	0.65	0.61	0.51
5/8″(15.88mm)软管	0.30	0.29	0.28	0.28	0.27	0.27	0.23
	0.40	0.38	0.37	0.37	0.37	0.36	0.32
	0.50	0.48	0.47	0.46	0.46	0.45	0.40
	0.60	0.57	0.56	0.55	0.55	0.54	0.49
	0.70	0.66	0.65	0.64	0.63	0.63	0.57
	0.80	0.76	0.74	0.73	0.72	0.71	0.66
	0.90	0.84	0.83	0.82	0.81	0.80	0.74

(2)喷雾形状调节。喷雾形状又称喷雾扇面或喷雾锥形，是指在标准喷涂规范条件下，瞬间扣动喷枪扳机而喷涂形成的漆面形状。通过调节喷雾锥形控制旋钮可以调节喷雾扇面的大小。调节喷雾形状时，将喷雾控制旋钮旋紧到最小，可使喷雾的直径变小，形状变圆；将喷雾控制旋钮完全打开，可使喷雾形状变成宽的椭圆形。较窄的喷雾可用于局部修补，而较宽的喷雾则用于全车喷涂。图 6-18 是喷雾控制旋钮从旋紧最小到完全打开时，喷雾形状的变化。

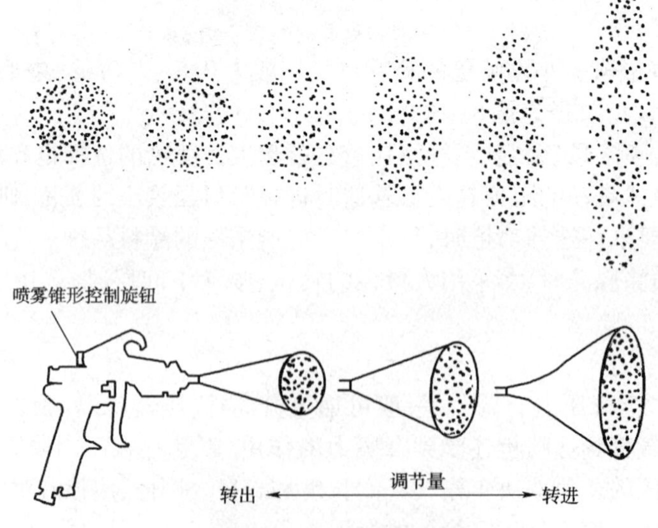

图 6-18 喷雾形状的调节

(3)涂料量调节。调节涂料控制旋钮可调节适应不同喷雾形状所需的涂料量。顺时针转动涂料控制旋钮，即转出可增大漆流，而逆时针转动，即转进将减小漆流。涂料喷涂量调节的示意图如图 6-19 所示。

最佳的喷涂压力是指获得适当雾化、挥发率和喷雾锥形宽度所需的最低压力。压力过高会产生过多弥漫的喷雾,从而导致用料量损耗增加,而且涂层流动性降低,因为在涂料到达喷涂表面之前已有大量的溶剂蒸发掉了。如果压力过低,会使涂层的干燥困难,因为大多数溶剂都保留下来了,容易出现起泡现象。不同涂料喷涂时所需的空气压力都有最佳值,通常为0.3~0.45MPa,小面积修补时使用风压为0.2MPa左右。

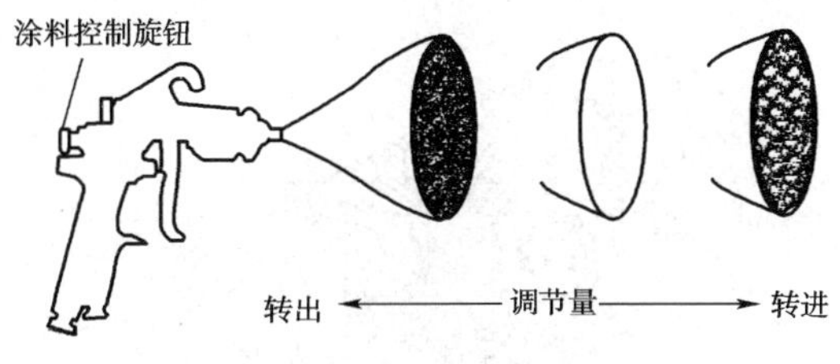

图6-19 涂料喷涂量调节

2. 压缩空气供给系统

压缩空气供应系统用于给各种气动工具和设备提供充足的达到预定压力值的压缩空气,以确保喷涂车间所有的气动设备都能有效地工作。在汽车美容作业中,高压泡沫机、打磨机、气枪、喷枪等气动工具都是以洁净的压缩空气为动力源的。

压缩空气供给系统主要由压缩空气分配系统、压缩机、控制元件和过滤装置组成。

1)压缩空气分配系统

压缩空气供给系统的分配系统是指从空气容器到需要压缩空气的分配点的软管和固定管道,或者软管和固定管道的组合。它是压缩空气供给系统连接的关键。分配系统主要包括软管或者固定管道、接头阀、油水分离器、气压调节器、仪表、特定的气动工具、空气与流体控制装置等。压缩空气供给系统的分配系统如图6-20所示。

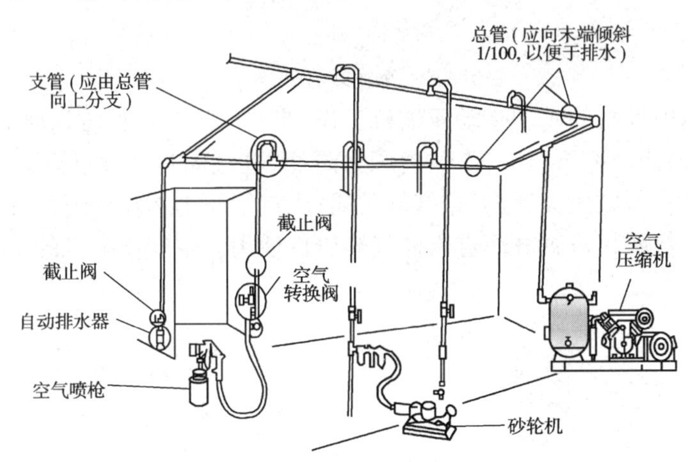

图6-20 压缩空气供给系统的分配系统

2)压缩机

(1)功用。为喷涂施工提供所必需的压缩空气,必须满足压力稳定和足够的需用量,必须是无水、无尘及干燥的。

(2)分类。压缩机按外形不同可分为立式、卧式两种空气压缩机,按放置方式不同可分为移动式压缩机(图6-21)和固定式压缩机(图6-22),按工作方式不同可分为单级压缩机和双级压缩机(图6-23),按工作原理不同可分为膜片式、活塞式和旋转式三种,其中活塞式压缩机应用较广。

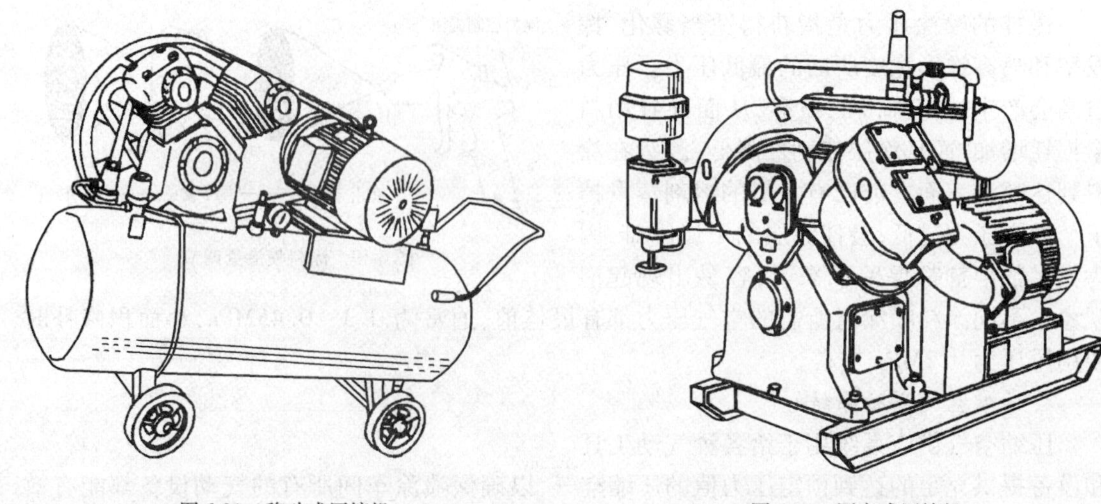

图 6-21　移动式压缩机　　　　图 6-22　固定式压缩机

(3)构造与工作原理。下面以活塞式空气压缩机为例说明其构造和工作原理。

空气压缩机是由压缩机、储气罐和电动机组成的。压缩机包括活塞、活塞环、汽缸、连杆、进气阀、排气阀等。

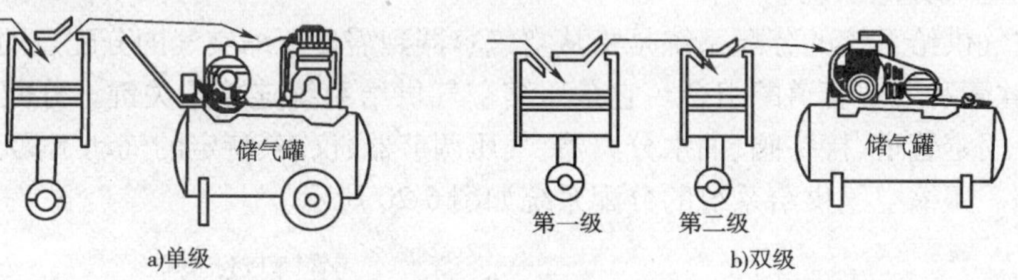

图 6-23　单级和双级压缩机

空气压缩机以电动机为动力带动压缩机工作,当空气压缩机曲轴回转时,带动活塞连杆组做上下往复运动:当活塞下行时,汽缸内压力降低,进气阀打开,气体进入汽缸,完成吸气过程;当活塞上行时,汽缸压力增加,进气阀关闭;当汽缸压力增加到超过排气阀处气体压力时,排气阀开启,气体排出汽缸外而进入储气罐以供使用。空气压缩机的工作原理如图 6-24 所示。

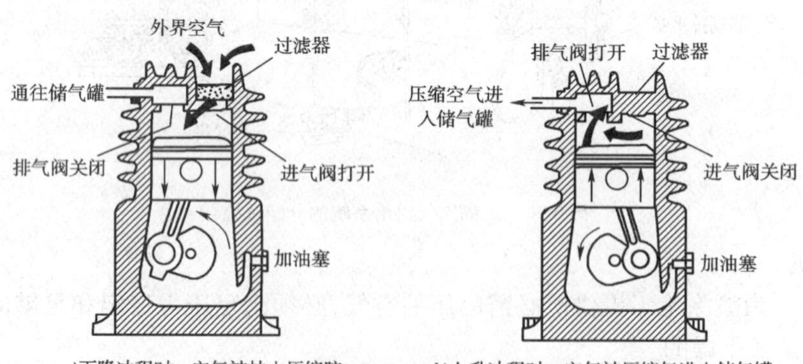

图 6-24　空气压缩机的工作原理

在空气压缩机上均装有调压阀和安全阀。在正常使用时,空气压缩机可提供一定压力的压缩空气,压力可由自动调压阀进行调节,当超过额定气压时,电动机停止运动,或减压阀打开,让超过额定压力的空气排出,空气压缩机无负荷运动。安全阀是设置在储气罐上的,当储气罐压力超压时,安全阀自动打开排气,以保证储气罐的安全。

3)控制元件

在气压传动系统中,气动控制元件是控制和调节压缩空气的压力、流量和方向的控制阀,其作用是保证气动执行元件(如喷枪、气动电动机等)按设计的程序正常地工作。气动控制元件主要有安全阀、调压阀和压力开关。

(1)安全阀。为了防止储气罐内的压力过大而发生爆炸,在储气罐上装有钢球—弹簧式止回阀,即当压力超过规定值时,安全阀自动排气,使储气罐内的最高压力不超过规定值(调整值)。安全阀的工作原理如图6-25所示。图6-25a)为安全阀开启的情形;图6-25b)表示压缩空气与大气相通,从而起到卸载和保护压缩机的目的。

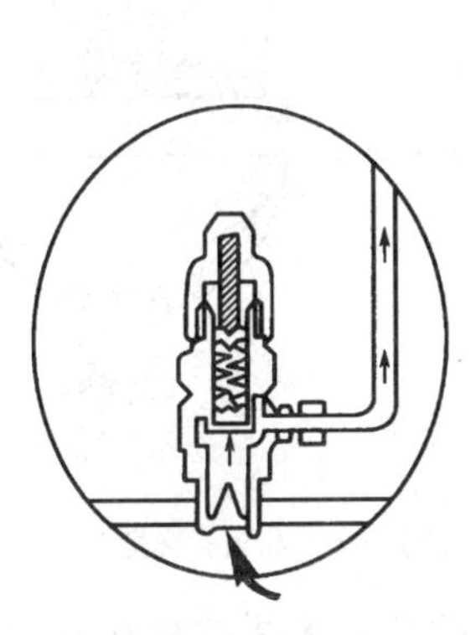

a)安全阀开启

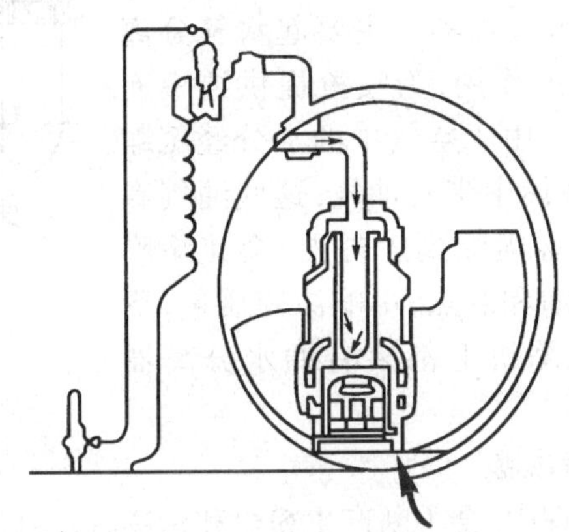

b)压缩空气与大气相通

图6-25 安全阀工作原理

(2)调压阀。调压阀的功能是调整空气压缩机输送的空气压力,并使其恒定在规定的范围以内。

调压阀的工作原理。调压阀内装有溢流阀,当输出压力超过调整的压力时,压缩空气将溢流阀顶开,自动排气,此时空气压缩机空负荷运转,压力不再升高。当储气罐内的压力低于工作压力0.1~0.2MPa时,溢流阀自动关闭,此时空气压缩机又进气负荷运转,继续向储气罐供气。旋转调整调压器手柄,可使平衡弹簧的作用力发生变化。当调整杆旋入时,中间弹簧、平衡弹簧被压缩并迫使进气阀杆下移,进气阀被推开使输出端压力也相应提高,直至平衡气室的压力与平衡弹簧相平衡为止,输出端的压力再次恒定在一个新调高的压力上。反之,当调整阀杆旋出时,平衡弹簧的作用力也相应减弱,平衡气室的压力相对低一些,使其可将进气阀关闭,从而达到了调低输出端气压的目的。

(3)压力开关。

①压力开关的作用。自动控制空气压缩机的工作,使储气罐内的压力始终在规定的范围内,即压力超过规定值时,自动控制装置使压缩机停机或空运转;当压力低于一定值时,又使压缩机恢复工作。

②自动控制装置的原理。压力开关是利用空气压力控制电源开闭的开关。一般情况下,压力达到所需要的最大值时,电源断开,电机停止,压缩机不工作;压力低于最小值时,电源接通,电机重新启动,带动压缩机工作。

4)过滤装置

为了保证喷涂质量,空气压缩机所提供的空气必须是纯净、干燥的气体。但由于空气中

存在水分,经压缩机压缩后的气体中还会带有水汽,这些水分和油气随漆雾喷涂到工作表面上,会使涂膜表面产生水泡和麻点,影响喷涂质量,严重的还会造成返工或报废。为了保证用于喷涂的空气无尘干燥,因而在空气压缩机上装有过滤装置。

过滤装置主要有空气清洁器和油水分离器。

(1)空气清洁器。空气清洁器是将压缩空气通过金属网、PVC海绵等空气滤清器,除去其中的细粉尘。水、气及油分在清洁器内膨胀降温而生成的水滴、油滴,从下部的排泄阀排出。

(2)油水分离器。主要起水气分离和过滤空气的作用,为喷枪提供纯净而干燥的空气。由于空气中的水分经压缩机压缩后,气体中带有油气,这些油气和水分若随漆雾喷涂到工件上,会使涂膜表面产生水泡和麻点,影响涂膜质量,所以在空气压缩机上都装有油水分离器(图6-26)。

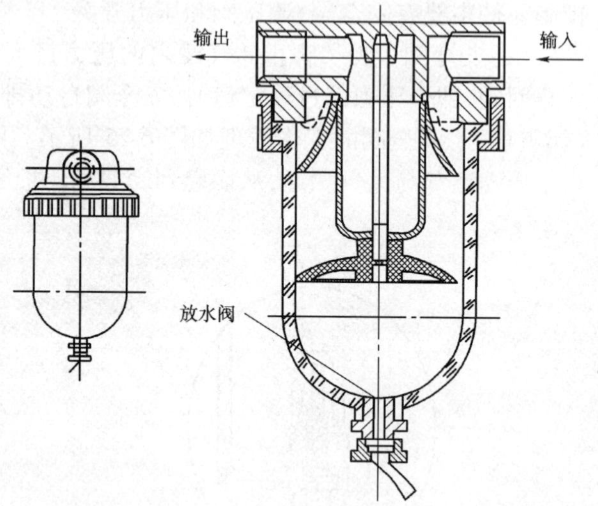

图6-26　油水分离器

3. 喷/烤漆房

车身修理中,会不断产生粉尘和污物,许多微小的尘粒几乎无法控制其散发的方向。在这样的环境中进行喷/烤漆显然是不合适的,因此,需要设置独立的喷/烤漆房,为喷/烤漆提供一个清洁、安全、照明良好的密封环境。这样,既可以隔开其他工序对喷/烤漆的影响,又可以使喷/烤漆所造成的污染得到有效的控制和治理。

喷/烤漆设施有两种形式,一种是喷漆和烤漆分别设立独立房间,即有单独的喷漆间和烤漆间;另一种是喷漆和烤漆合二为一在同一房间内进行,即喷漆烤漆两用房。

1)喷漆室

(1)喷漆室的基本要求。国内汽车美容业中,至今仍有不少厂家没有固定的喷漆室。在这种环境下施工,由于车间内的灰尘的存在以及人员的走动,必然给喷漆质量带来影响。同时,漆雾无法排出,会严重影响操作人员的身体健康。设立喷漆室的主要目的是提供干净、安全、照明良好的喷涂环境,使喷漆过程不受灰尘的干扰,并把挥发性气雾限制在喷漆室内。由于在不同类型的光线照射下,油漆颜色的色光有所不同(如白炽灯光使颜色明显发红),所以喷漆室内要求采用"消色差"灯光,这样才能提供纯粹的中性光,进而可能实现精确的配色。

因此,喷漆室必须具有一些必备的条件,其基本要求有以下几点。

①进入喷漆室的空气必须经过过滤,以保证空气中无灰尘。

②空气气流的流向必须顺重力的方向由天花板流向地面。

③空气流速应控制在16~40m/s,即空气流量至少应达到每分钟转换两次。

④空气由地下排出,并经过滤成为较清洁的空气。

⑤进气量应大于排气量,即产生一个正压,可防止外界灰尘吸入,并迫使废气通过地下的排气口排出。

⑥喷漆室内的噪声不允许超标,一般规定喷漆室内的噪声应小于85dB。

⑦喷漆室内应有灭火装置，要符合油漆厂安全防火的规则要求。

(2)喷漆室的类型。目前，常用的喷漆室有四种类型，即顺流喷漆室、逆流喷漆室、平吸式喷漆室和下吸式喷漆室，应用最广泛的是下吸式喷漆室。

下吸式喷漆室的空气流动系统，是由风机把外部空气吸入，经过滤清洁后，从天花板的排气孔往下排出，流经喷涂工作区，形成一个空气层流经过汽车表面，流向汽车下面的排气孔。洁净而柔和的空气从上而下流过汽车，可以防止污物和飞扬的涂料落在汽车新涂漆层的表面上。同时，这样流动的空气，也可将有毒的蒸汽、有害的飞漆及溶剂挥发物带出油漆操作区，从而能提供一个安全的工作环境。

下吸式喷漆室的空气流动系统如图6-27所示。

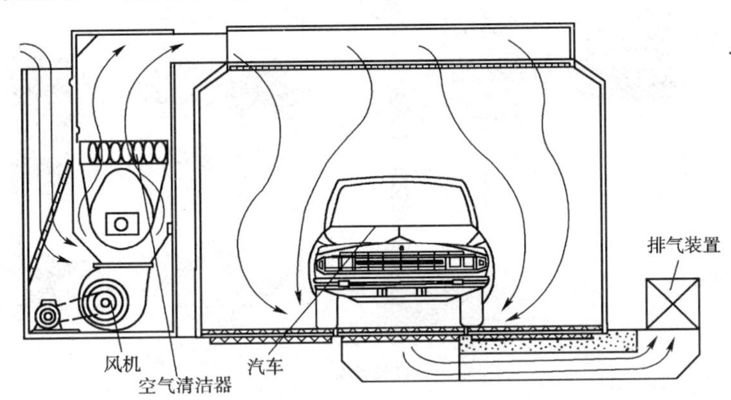

图6-27　下吸式喷漆室的空气流系统

2)烤漆房(烘房)

烤漆房是用来固化、烘干涂膜或加快自干漆涂膜的固化设施。

目前，汽车的喷涂中，许多高质量的涂料在喷涂后都需要经过烘烤才能固化。如氨基醇酸漆、热固性丙烯酸漆、聚氨酯漆等，都需要在一定的温度下固化。为了提高生产率和保证喷涂质量，在汽车制造厂和较大的维修厂，都必须采用相应性能的烤漆房。根据干燥方式不同，烤漆房的干燥方式可分为热空气对流干燥、红外线辐射干燥和紫外线干燥等。目前，以热空气对流干燥和红外线辐射干燥应用最为广泛。

(1)对流式干燥设备。对流式干燥设备是利用热源以对流的方式传递的原理制造的，其通常由箱体、电热丝、电炉板、排雾管、小钢轨及活动推架等组成，如图6-28所示。

对流式干燥设备具有以下特点。

①对流式烘干设备加热均匀，能保证涂层的颜色不变。

②烘干温度范围较大，基本能满足一般类型涂料烘干温度的要求。

③设备使用管理和维修较为方便，使用费用较低。

④热量的传导方向和溶剂蒸发的方向相反。漆层的表面受热后干燥成膜，使漆层下面的溶剂蒸汽不易跑出，干燥速度变慢。如果溶剂蒸汽的压力克服了漆膜的阻力，容易冲破膜

图6-28　对流式干燥设备

表面而产生针孔，因此漆膜质量易受到影响。

⑤烘干时，必须将烘室内的空气加热，热量消耗大。

⑥由于空气的导热性差，涂层的导热性差，故对流式干燥的速度较慢。

(2)辐射式干燥系统。辐射是热传递的一种方式，这种加热方法是将热能转变为各种波长的电磁振动的辐射能，其过程称为热辐射。以红外线为辐射源的干燥设备，称为红外线干燥设备。

红外线干燥设备是利用碳化硅管、碳化硅板、红外线辐射装置等组成，如图 6-29 所示。

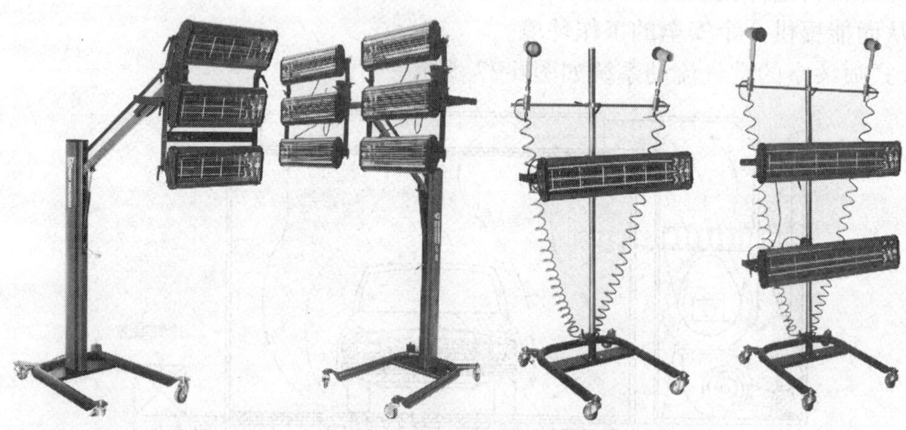

a) 局部烘烤

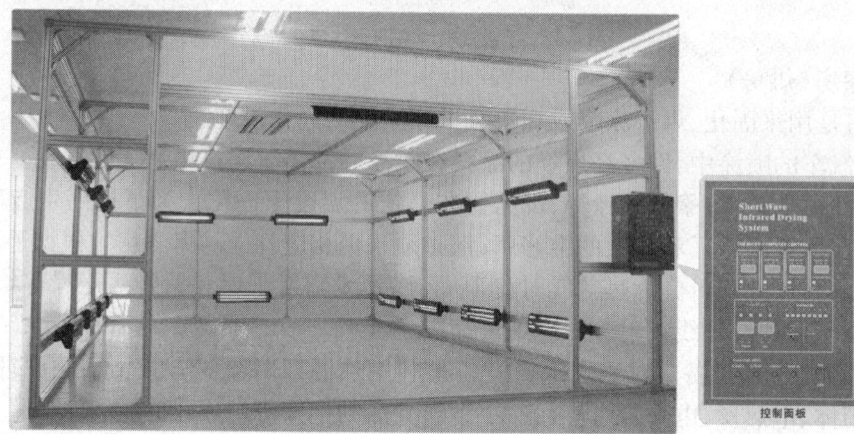

b) 整车烘烤

图 6-29　红外线干燥设备

红外线干燥设备具有以下特点。

①干燥速度快：由于自内层向外干燥，油漆溶剂易于挥发，因而可大大缩短干燥时间，一般可提高效率 2 ~ 5 倍。

②干燥质量好：漆层干燥均匀，可避免或大大减少由于溶剂的蒸发而产生的针孔、气泡现象。

③热损耗小：由于辐射不需要中间媒介，可直接将热源传到被加热的物体上，故没有因有中间媒介而引起的热损耗。

④升温迅速：大大地减少了烘干时间。

⑤设备结构简单：节约设备投资和占地面积。

⑥具有方向性:可调节,可用于局部加热。

4. 喷漆烤漆两用房

对于汽车涂装工艺来说,喷漆室和烤漆房是提高工艺效果,提高产量必不可少的生产设备。但对于一般的汽车美容修理厂来说,由于受场地和经济因素等条件的限制,多将喷漆室与烤漆房合为一间,即采用喷烤两用房。

喷烤两用房也称喷烤漆房,集喷洒与烤漆为一体,是采用高能钢组件式房体、无接缝式天花过滤棉等制成,配合进风过滤系统及正风压,确保进入房内的空气达100%净化。全自动循环进风活门,使烤漆时产生的热空气以循环方式在烤漆房内流动,配合房体的夹心式隔热棉,升温及保温效果较好。喷烤漆房还采用无影灯式日光照明光管,色温与太阳光线极为接近,令颜色校对更准确。全自动操控仪表台一经预调,便能自动提供适当的喷漆、挥发、烤烘、冷却等工序所需的时间及温度。

当作为喷漆室使用时,外部空气吸入,经过滤纯度可达99%,加热后送入室内,使室内温度可控制在20~22℃,同时从天花板送下的暖空气(空气流速为16~40m/s),顺重力方向流至地面,并被抽出,经排气装置分离出漆雾和空气,其中空气被净化后排出室外,可消除对大气的污染,如图6-30a)所示。

喷涂完毕后,工件需静置10 min左右,随即打开加热器对吸入的空气加热,空气的流速为3 m/min左右,此时的空气流动为室内封闭式循环,从而为车体液层干燥;室内的温度可在常温至100℃内任一温度保持恒温,同时按干燥工艺进行控制。该自动程序系统操作方便,在烘漆时,空气的流入量可降低至10%~20%,当温度加热到需要的标准值时,指示灯发出短暂的闪烁。在烘漆的最后阶段,加热器关闭,然后逐渐冷却到室温。开门前,应将室内废气排出,把车移出室外,进行喷漆循环,如图6-30b)所示。

在喷烤两用房中,有的还配备有活动旋转台,轨道式台车系统,便于操作人员喷涂施工、烘烤,以及加速车辆的进出。

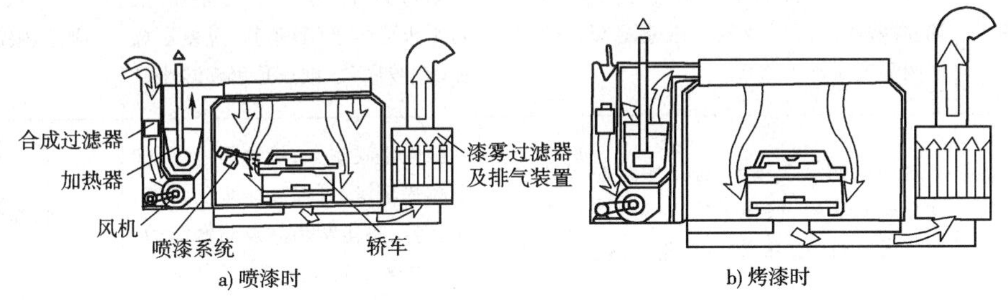

图6-30 喷漆烤漆房的工作示意图

第三节 汽车漆面修复涂料

汽车漆面修复涂料是一种流动状态或粉末状态的有机物质,将其涂覆在物体表面上,干燥固化后会形成连续的牢固附着的一层膜,主要包括底漆、腻子、中涂层、面漆、辅料等。

一、底漆

1. 作用

底漆是车身表面的基础涂料,它的作用主要有两方面:一是防止金属表面的氧化腐蚀,二是增强金属表面与腻子(或面漆)、腻子与面漆之间的附着力。因此,对底漆的要求是:防锈能力和附着能力强;另外,作为两涂层之间的媒介层,要使两者紧密的结合而不发生“咬底”、“揭皮”现象,底漆还应有合理的配套性;后二道底漆还应具有微填充作用。

2. 底漆的性能要求

(1)底漆对经过处理的车身表面具有良好的附着力,所形成的底漆涂膜应具有极好的机械强度(耐冲击强度、硬度、弹性等)。

(2)底漆涂膜必须具有极好的耐腐蚀性、耐水性和抗化学药品腐蚀能力。

(3)底漆与施工物体表面、中间涂层、面漆应有良好的配套性,否则会发生“咬底”、“揭皮”等现象。

(4)有良好的施工性能,能适应先进的汽车涂装工艺。底漆的附着力和涂膜的强度除了与成膜物质有关外,还与涂膜的厚度、均匀度、干燥程度、稀释剂的正确使用及施工环境、表面清洁处理(除锈、除油)等有关。

3. 底漆的类型及其性能

国产常见汽车底漆有酚醛底漆、沥青烘干底漆、醇酸底漆、环氧脂底漆、过氯乙烯底漆、磷化底漆、聚氨酯底漆、硝基底漆、丙烯酸底漆等。各种底漆的性能和用法如表6-5所示。

国产常用汽车底漆的性能和用法 表6-5

品 种	配套面漆与释剂	特 性	施工方法
酚醛底漆	与硝基醇酸、过氯乙烯、热塑性丙烯酸等多种面漆配套使用。稀释剂是200号溶剂汽油、二甲苯或松节油	有一定的防锈能力及良好的附着力,耐水性好,并能耐硝基漆的“咬底”	刷涂、喷涂
沥青烘干底漆	与沥青烘漆、沥青防锈漆、氯化橡胶漆配套使用。稀释剂是200号溶剂汽油	附着力、防腐性、抗水防锈性、抗石击性能强	刷涂、喷涂、浸涂
醇酸底漆	多用于要求较高的汽车,能与硝基、过氯乙烯、醇酸等面漆以及氨基烘漆配套。稀释剂同酚醛底漆	附着力、防锈、力学性能好,能自干也可烘干,耐硝基、过氯乙烯漆的“咬底”。缺点是耐潮湿性差	刷涂、喷涂
环氧脂底漆	对面漆的结合较差,施工中常在二者之间加喷硝基底漆,或喷一层氨基底漆作为结合层。稀释剂是二甲苯、丁醇混合液及二甲苯	涂膜坚硬耐久,机械强度高,加上烘烤干燥,可提高涂膜的防潮、防盐雾、防化学药品及防锈能力。常与X06-1磷化底漆配合作用	刷涂、喷涂、浸涂
硝基底漆	与硝基磁漆配套使用。稀释剂是X-1或X-2硝基漆稀释剂	涂膜干燥快、易打磨	以喷涂为主
过氯乙烯底漆	同类型过氯乙烯磁漆。稀释剂为X-3过氯乙烯稀释剂	具有良好的防锈性及耐化学性。但附着力差,如在60~70℃烘烤1~2 h,可增强附着力	以喷涂为主
丙烯酸底漆	与硝基、过氯乙烯、热塑性丙烯酸等磁漆配套。稀释剂为X-5丙烯酸漆稀释剂	附着力强、耐热、防潮、防锈、防腐和防霉性能好	以喷涂为主
聚氨酯底漆(双组分涂料)	与7182聚氨酯清漆、7583聚氨酯清漆和N-12丙烯酸聚氨酯清磁漆配套。稀释剂为7002聚氨酯专用稀释剂	良好的附着力、耐水性、耐热性、耐化学性和防腐、防潮、防霉性能	喷涂、刷涂

除国产底漆外，较常用的还有进口底漆，主要有美国杜邦底漆、英国 ICI 底漆、德国鹦鹉牌底漆、意大利爱犬牌底漆、美国 PPG 牌底漆等。

二、中涂层涂料

中间涂层是介于底漆与面漆之间的涂层，所用的涂料简称中涂。中涂的主要功用是提高被涂物表面的平整度和光滑度，封闭底漆层的缺陷，以提高面漆涂层的鲜映性和丰满度，增强装饰性，增加涂膜厚度，提高耐水性。对于表面平整度好、装饰性要求不太高的载货汽车和轻型车，几乎不喷中涂，以降低涂装成本。对于装饰性要求较高的中、高级轿车，则需采用中涂。

1. 中间涂层的性能要求

为达到要求，中间涂层应具有以下特性。

(1)与底漆、面漆配套良好，涂层间的结合力强，硬度配套适中，不被面漆的溶剂咬起。

(2)能封闭底漆层上的小缺陷，提高面漆层的丰满度。

(3)耐潮性好，不产生涂层气泡。

(4)打磨性好，在湿打磨后能得到平整、光滑的表面，能高温烘干且干性良好，打磨时不黏砂纸。

2. 中间涂层的分类

国外汽车生产厂的中间涂层涂料一般分为通用底漆、腻子、二道浆、封闭底漆；而国内汽车修补漆则根据涂料的功能分为腻子、二道浆、封闭底漆，将通用底漆并入了二道浆中。

1)通用底漆

通用底漆又称底漆二道浆，它可以直接涂布在金属表面，具有底漆的功能，又具有一定的填平能力。一般采用“湿碰湿”工艺涂布两道，以代替底漆和二道浆，达到简化工艺的目的。

2)腻子

腻子又称为原子灰，是一种专供填平表面用的涂料，刮涂在底涂层上。刮腻子只能提高工件表面的平整度和装饰性，而对整个涂膜则害多利少，因为腻子涂层易老化、开裂，再加上手工涂刮和打磨的劳动强度较大，所以汽车生产厂早就通过提高加工技术和管理水平，确保零件表面的平整度，流水线生产的汽车已不再使用腻子。市售腻子主要供汽车修补使用。

由于普通腻子干燥时间较长，干燥后质地比较软，而且会出现不同程度的凹陷，对其上面的涂膜具有一定的吸收作用，不利于涂装修补和面漆的美观，现在已经不再使用。取而代之的是聚合型腻子，又称为原子灰。

原子灰硬化时间短，常温下 0.5h 即可干燥硬化，即可进行打磨；经打磨后的原子灰表面细腻光洁，表面坚硬，基本无塌陷，对其上面的涂料很少吸收甚至不吸收；附着能力强，耐高温，正常使用时不会出现开裂和脱落现象。因此，原子灰现在被广泛应用于汽车的制造和修补工作中，用于填补作业。

原子灰的类型及其特点如表 6-6 所示。

3)二道浆

二道浆又称喷涂腻子。它的功用介于通用底漆和腻子之间，对被涂工件表面的微小缺陷(不平之处)有一定的填平能力，颜料和填料含量比底漆多，比腻子少，颜色一般为灰色。采用手工喷涂和自动静电喷涂，具有良好的湿打磨性，打磨后可得到非常平滑的表面。

原子灰的类型及其特点 表 6-6

类　型	特　点
普通原子灰	普通原子灰多为聚酯树脂型，膏体细腻，操作方便，填充能力强，适用于大多数底材，例如良好的旧漆层、裸钢板表面等。因其具有良好的附着力和弹性，也可用于车用塑料保险杠和玻璃钢件，但刮涂不宜过厚。普通原子灰不适用于镀锌板、不锈钢板和铝板等和经磷化处理的裸金属表面，附着能力达不到，会造成开裂。但在这些金属表面首先喷涂一层隔绝底漆（通常为环氧基）后，即可正常使用
合金原子灰	合金原子灰也称金属原子灰，比普通原子灰性能更加良好，除可用于普通原子灰所用的一切场合外，还可以直接用于镀锌板、不锈钢板和铝板等裸金属而不必首先施涂隔绝底漆，但不适用于经磷化处理的裸金属表面。合金原子灰因其性能卓越，使用方便，所以应用也很广泛，但价格要高于普通原子灰
纤维原子灰	纤维原子灰的填充材料中含有纤维物质，干燥后质轻，但附着能力和硬度很高，因此能够一次刮涂得很厚，可以直接填充直径小于 50mm 的孔洞或锈蚀而无需钣金修复，对孔洞的隔绝防腐能力也很强。用于有比较深的金属凹陷部位，填补效果良好。但表面呈现多孔状，需要用普通原子灰做填平工作
塑料原子灰	塑料原子灰专用于柔软的塑料制品的填补工作。调和后呈膏状，可以刮涂也可以揩涂，干燥后像软塑料一样，与底材附着良好。虽然干后质地柔软，但打磨性很好，可以机器干磨也可以用水磨，常用于塑料件的修复
幼滑原子灰	幼滑原子灰也称填眼灰，有双组分的也有单组分的，以单组分产品较为常见。填眼灰膏体极其细腻，一般在打磨完中涂层后，喷涂面漆之前使用，主要用途是填补极其微小的小坑、小眼等，提高面漆的装饰性。因其填补能力比较差，且不耐溶剂，易被面漆中的溶剂咬起，所以不能作为大面积刮涂使用。但它干燥时间很短（几分钟），干燥后较软易于打磨，用在填补小坑非常适合，可以提高生产效率并能保证质量，所以也是涂装必备的用品

4）封闭底漆

封闭底漆是涂面漆前的最后一道中间层涂料。其漆基含量介于底漆和面漆之间，涂膜光亮。漆基一般是由底面漆所用的树脂配成。

三、面漆

1. 汽车涂膜色泽类型

（1）单色漆。单色漆又称为素色漆，早期车辆面漆喷涂颜料都是采用单色的，例如黑色、白色、棕黄色、蓝色、绿色、褐红色等，故而称此类面漆为单色漆。这些颜料都是由大量的不透明的色素组成的，不透明的色素截住太阳光，只吸收某种颜色的光线。也就是说，单色涂料的颜色越深，它吸收的光线就越多，而反射的光线就越少。例如：黑色吸收的光线就较多，反射的光线较少；而白色吸收的光线较少，反射的光线较多。打磨以后，单色涂料只能反射一个方向上的光线。随着色彩更绚丽、更饱满的金属漆及珠光漆的出现，就轿车而言，单色漆已逐渐退出市场，但在客车、卡车上仍广泛使用。

（2）金属漆。金属漆是当今非常流行的面漆类型，漆膜具有金属质感，具有强抗紫外线功能，高光泽，具有极好的装饰效果。其原因是因为在面漆涂料里掺配了小金属片，它和色素相混合后产生不断变换的颜色效果。这种效果与金属粉在涂层中的位置有关（图 6-31）。金属片的位置和涂层的厚度影响着车身表面整体颜色的效果。小金属片反射光线，而涂料吸收光线。涂层越厚，吸收的光线就越多。

注意:在修补喷涂中,金属漆涂料在使用前必须经过充分的扰动和混合。因为金属漆是由溶剂、漆基、颜料和小金属片组成的,在长时间的静放中会出现分层现象。漆基与溶剂在最上层,颜料处于中层,而金属片则沉淀在颜料的下面。如果喷涂时让小金属片继续沉淀在容器的底部,喷涂后所得涂膜的色泽效果与原车就不匹配了。

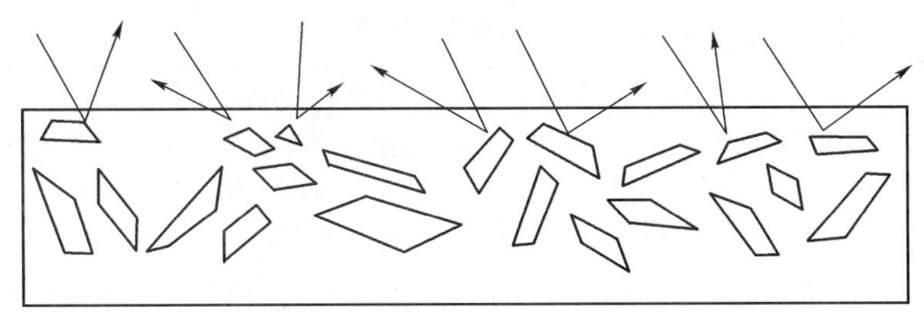

图 6-31 金属漆产生多彩明亮质感的原理图

(3)珠光漆。珠光漆又叫云母漆,也是目前较为流行的一种汽车面漆。它的原理与金属漆是基本相同的。它用云母代替铝粒。在它的漆基中加有涂有二氧化钛和氧化铁的云母颜料。光线射到云母颗粒上后,先带上二氧化钛和氧化铁的颜色,然后在云母颗粒中发生复杂的折射和干涉。因为系统中的珍珠涂层具有半透明性和反射性,反光面不规则,所以看上去要更加炫一点,比如蓝色珍珠和红色珍珠,绝对挑战眼球。变色珍珠则更为神奇,如正面绿色,侧面红色。因此,珠光漆就给人一种新奇的、五光十色、琳琅满目的感觉。

目前市场上,无论是金属漆还是珠光漆都采用双涂层面漆体系,即金属底色漆 + 罩光清漆/珠光底色漆 + 罩光清漆。面漆层增加了一层罩光清漆,既保护底色漆,又可使车体视觉效果变得比较好。

2. 面漆的性能要求

汽车基材不仅要有底漆的防腐、防锈,在汽车修补中用腻子填平凹凸表面,更重要的是要用面漆来涂装,提高对金属的保护。因此,面漆不但要有优良的装饰性、漆面色彩鲜艳、光亮丰满,而且需有良好的保护性,漆面要有耐热、耐水、耐油、耐磨、耐化学腐蚀性能。面漆的好坏,取决于其本身性能的好坏,但如果底漆涂面不清洁,凹陷没填好,研磨不平滑,在面漆涂装后,这些漆面的缺陷就暴露无遗了。所以,在面漆涂装前,对各前道工序必须严格检查,对所使用的喷枪及涂料的种类、特性和施工方法,必须完全了解。特别是对保证施工质量的问题,必须严格控制,保证提高美观性和起到良好的保护性。

3. 面漆的种类与特性

(1)沥青漆。耐水耐腐蚀性好。

(2)硝基漆。施工简单,用于小面积施工,但光泽度和耐候性差。

(3)氨基漆。漆膜坚韧,光泽性好,但干燥温度太高。

(4)醇酸漆。漆膜坚硬,光泽性、附着性好,但干燥速度慢,干燥温度高。

(5)丙烯酸漆。漆膜坚硬,耐水,耐磨,极佳光泽度,但成本高。

(6)丙烯酸聚氨酯漆。干燥速度快,温度低,成膜强度高,光泽好,极佳的修补用漆。

(7)聚酯聚氨酯漆。比丙烯酸聚氨酯漆还好,主要用于高档轿车修理用。

(8)金属漆和云母漆。高档轿车用。

四、辅料

在汽车漆面修复美容中常用的辅料有稀释剂、助剂、固化剂、化白水、催化剂、驳口水、干燥剂、脱漆剂等。

1. 稀释剂

稀释剂是汽车喷漆主要的辅助材料，其作用是调稀喷漆黏度，使之有利于喷涂施工。常用稀释剂可分为国产与进口两大类。国产稀释剂的种类、组成、性能及用途见表 6-7。

国产稀释剂一览表

表 6-7

型号与品名	组成、性能与用途
X-1 硝基漆稀释剂	又称甲级信那水、香蕉水、硝基稀料等，是由酯、酮、醇、苯类溶剂混匀过滤而成，其中酯、酮类溶剂含量较高。对硝基漆有优良的溶解性能，也溶于各种热塑性丙烯酸漆。主要用于硝基清漆、磁漆、底漆等调稀，也用于稀释各种热塑性丙烯酸漆
X-2 硝基漆稀释剂	又称乙级信那水、香蕉水、冲淡剂等，是由酯、酮、醇、苯类溶剂组成，但酯、酮溶剂的用量比较低。溶解力次于 X-1，主要用于硝基底漆、腻子调稀或清洗硝基漆施工工具等，可节约 X-1 稀料，利于降低喷漆成本
X-3 过氯乙烯漆稀释剂	简称过氯乙烯稀料，由酯、酮、苯类溶剂混匀过滤而成。对过氯乙烯漆溶解力良好，挥发速度适中。主要用于稀释过氯乙烯底漆、磁漆、清漆及腻子，也可稀释各种热塑性丙烯酸漆
X-4 氨基漆稀释剂（氨基稀料）	是由二甲苯与醇混合而成，对氨基漆溶解性能优良。主要用于氨基烘漆、氨基锤纹漆及氨基中涂漆、底漆调稀，也可稀释环氧酯底漆或短油度醇酸漆。但不能用于稀释氨基静电漆
X-6 醇酸漆稀释剂（醇酸稀料）	由二甲苯与 200 号溶剂汽油或松节油调制而成，对醇酸漆有优良的溶解性。不但适于调稀各种长、中、短油度醇酸磁漆、清漆及底漆，也适于稀释酯胶与酚醛等低档漆
X-7 环氧漆稀释剂（环氧稀料）	由二甲苯、丁醇及酮类或醚类溶剂调制而成。对环氧漆有优良的溶解力和流平性。主要用于稀释环氧清漆、磁漆及底漆或腻子，也可稀释普通氨基烘漆
X-8 沥青稀释剂（沥青漆稀料）	由重质苯与煤油等溶剂混合而成。对沥青漆有较好溶解性和流平性。主要用于稀释烘烤型沥青漆，但不能用于白干型沥青漆调稀，否则漆面不易干透
X-19 氨基静电漆稀释剂（氨基静电稀料）	由苯类、石油溶剂或煤焦油溶剂及高沸点导电溶剂（如二丙酮醇等）调制而成。对氨基静电漆的溶解性优良，并能降低漆质的电阻。专用于氨基静电漆的调稀，使其具有良好的流平性。但不能用于稀释普通氨基漆，以防漆面产生流淌、流挂
X-29 过氯乙烯漆稀释剂（无苯氯乙烯稀料）	由抽余油、200 号溶剂汽油、酯及酮类溶剂混合组成。对过氯乙烯漆稀释能力良好，挥发速度适中，低毒，主要调稀过氯乙烯磁漆、清漆、底漆
X-5 丙烯酸漆稀释剂	由醋酸丁酯、醋酸乙酯、乙醇、丁醇及苯类溶剂混合过滤而成，对丙烯酸漆稀释能力良好，挥发适中。专供丙烯酸类漆的调稀，也可稀释硝基漆
X-10 聚氨漆稀释剂	由无水环乙酮与无水二甲苯等组成。对聚氨酯漆溶解能力强，但气味大，有毒。主要用于聚氨酯类的调稀

2. 助剂

汽车喷漆常用助剂有增塑剂、增稠剂、防沉淀剂及防结皮剂等。增塑剂又称增韧剂，主要用于硝基漆中，以提高漆面的弹性和抗张强度，防止漆面发脆或龟裂，常用品种有邻苯二甲酸二丁酯等。增稠剂主要用于醇酸类漆中，以防止漆面产生流挂，常用品种有硬脂酸铝、有机膨润土等。防沉淀剂主要用于磁漆、底漆中，以防止在贮存中颜料沉淀，常用品种有硬脂酸铝，滑石粉等。防结皮剂主要用于氧化固化型清漆和色漆中，以防止表面产生结皮或干皮，常用品种有丙酮肟等。

3. 固化剂

对于双组分涂料，漆料本身不会固化，只有加入了固化剂后，通过化学反应，才能干燥和形成坚硬的漆膜。漆料（A 组分）和干燥剂（B 组分）是分开包装的，如图 6-32 所示。

固化剂多为酸、胺、过氧化物等物质，与涂料中的合成树脂发生反应而使涂膜干燥固化。该类型的涂料在未加入固化剂时一般不会干燥结膜，与固化剂混合后在常温下即可发生化学反应而干燥固化，若适当加温（60 ~ 80℃）效果更好。不同树脂的涂料所使用的固化剂成分也不同，例如，聚酯树脂用过氧化物作为固化剂，环氧树脂用胺类作为固化剂，丙烯酸氨酯类用含异氰酸酯类为固化剂等。

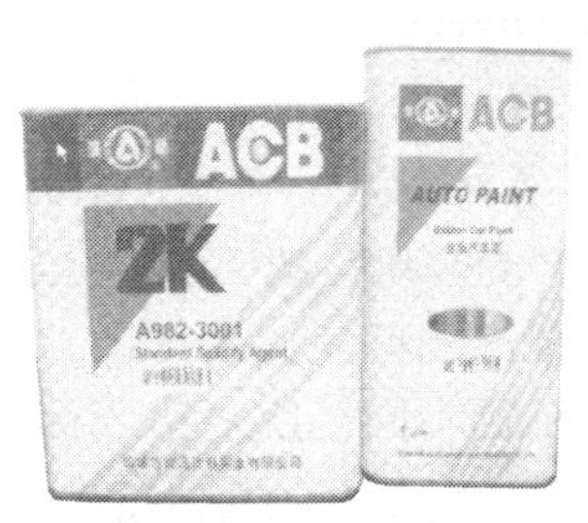

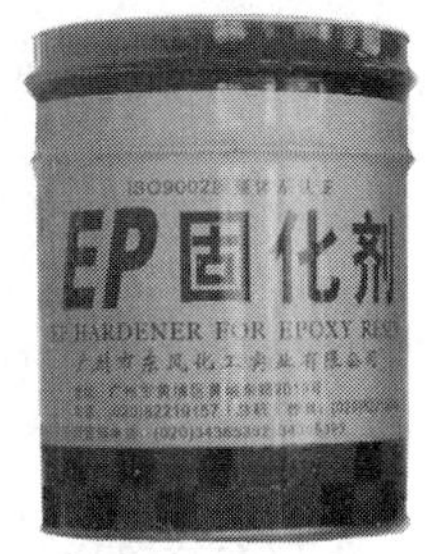

图 6-32　固化剂

干燥剂的加入量应遵照涂料生产厂家的规定。加入过量时，漆膜容易龟裂；加入量不足时，漆膜则难干燥。对于原子灰来说，B 组分便称为固化剂，而一般不称为干燥剂。

4. 化白水

化白水也称防潮剂，是由高沸点的酯类、酮类溶剂组成的。将它加入硝基漆等自然挥发型涂料中能防止涂膜中的溶剂挥发时产生泛白现象。此外，施工环境温度过低接近露点或空气湿度过高和喷涂用的压缩空气中含有过多的水分等也会引起泛白。涂料中加入适量的防潮剂后，由于高沸点溶剂的增多，可减缓溶剂的挥发速度，从而减少水分凝结现象的发生。

化白水的添加量应按油漆生产厂商的规定加入，过量会导致漆膜固化缓慢。

5. 催化剂

催化剂是一种能加速涂层干燥的物质，多使用于醇酸树脂涂料中。催化剂能促进涂膜中 树脂的氧化、聚合作用，大大缩短涂膜的干燥时间，尤其是在冬季施工中涂膜干燥很慢的情况下，加入催化剂后，即使环境温度没有变化，干燥时间也会有明显提高。

6. 驳口水

驳口水是由多种对涂料溶解力强，挥发速度适中的有机溶剂混合而成的，其特点是对喷漆后的漆雾痕迹的溶解能力强，能基本消除明显的漆雾痕迹，使局部补漆后漆膜的光泽与大面光泽一致。如果局部补漆后不使用驳口水，其补漆部位就会出现明显的圆圈形的漆雾痕迹，严重影响补漆质量。

驳口水的品种很多，几乎各大油漆生产厂均有对修补涂料配套的驳口水，以供汽车修补时配套使用。目前，汽车修补漆使用较好的是英国进口的 P07-713 驳口水，这种驳口水含有少量的清漆成分，不仅对漆雾的溶解力强，同时能使补漆后的雾痕基本消失并带有柔和的光泽，使补漆边缘雾痕的光泽距 1m 外目视能与大面光泽基本一致，无明显的光泽差。

7. 干燥剂

干燥剂也叫催干剂、干料，其主要作用是加速涂膜干燥。如果将其用在室温干燥的油性涂料、油基涂料以及醇酸树脂涂料中，可以促进涂膜中的油和树脂的氧化、聚合作用，使涂膜干燥时间大大缩短。常用的催干剂有钴、锰、铅、钙等金属的氧化物、盐类以及它们的各种有机皂类。

使用催干剂时必须注意控制用量，按比例进行（见各造漆厂产品说明），过量催干剂不但不能促进涂膜干燥，还很容易使涂膜出现起皱、橘皮、加速老化等弊病。

第四节　汽车涂料的选配

一、涂料的选择原则

1. 对底漆的选择原则

(1)要满足基本材料(金属、塑料等)对底漆的要求。

(2)要满足车辆使用地域气候条件的特殊要求。

(3)要满足各种车辆不同档次对底漆的要求。

(4)在车辆维修中,要满足面漆对底漆性能的要求。

2. 对中涂层涂料的选择原则

(1)中涂层涂料要满足与底漆和面漆附着力的要求。

(2)在保证涂装质量的条件下,施工方便,生产率高,效益好。

3. 对面漆的选择原则

(1)满足各档次汽车外表的不同要求。

(2)满足与中涂层漆和底漆结合力的要求。

(3)满足地区环境对面漆的"三防"(防腐、防潮、防霉)要求。

(4)在保证面漆性能质量原则下,要求面漆施工方便,涂装效益好。

二、金属对底漆的选择

不同金属对底漆的要求见表6-8。

不同金属对底漆的要求　　表6-8

金属种类	底漆品种
黑色金属(铁、铸铁、钢)	铁红醇酸底漆,铁红纯酚醛底漆,铁红酚醛底漆,铁红酯胶底漆,铁红过氯乙烯底漆,沥青底漆,磷化底漆,各种红丹防锈漆,铁红环氧底漆,铁红硝基底漆,富锌底漆,氨基底漆,丙烯酸底漆
铝及铝、镁合金	锌黄纯酚醛底漆,环氧底漆,钙黄丙烯酸底漆,磷化底漆,锌黄醇酸底漆,锌黄酚醛底漆
锌金属	锌黄纯酚醛底漆,磷化底漆,钙黄丙烯酸底漆,环氧富锌底漆,环氧底漆,醇酸底漆,酚醛底漆
镉金属	锌黄纯酚醛底漆,环氧底漆
铜及铀合金	氨基底漆,磷化底漆,铁红环氧底漆,醇酸底漆,酚醛底漆
铬合金	铁红环氧底漆,醇酸底漆
锡金属	铁红醇酸底漆,环氧底漆,磷化底漆
铅金属	铁红环氧底漆,醇酸底漆
镉铜合金	铁红纯酚醛底漆,环氧底漆,磷化底漆,醇酸底漆,酚醛底漆,丙烯酸底漆
钛合金	钙黄氯酯—氯化橡胶底漆
镁及镁合金	锌黄纯酚醛底漆,锌黄环氧底漆,丙烯酸底漆,锌黄醇酸底漆,锌黄酚醛底漆

三、环境对面漆的选择

不同的地区不同的气候,对汽车的适应性有不同的要求。如我国南方湿热地区使用的汽车,要求涂料对湿热、盐雾、霉菌有良好的防腐、防潮、防霉性能;在北方干寒地区使用的汽车，要求涂料有一定的耐寒性能。另外，在不同的环境下，对涂料的耐候、耐磨、耐冲击和耐汽油等性能都有不同的要求。

在不同的环境气候条件下对面漆的选择见表6-9。

各种环境气候条件下面漆的选用 表6-9

环境条件	油性漆	脂胶漆	沥青漆	酚醛漆	醇酸漆	氨基漆	环氧漆	有机硅漆	过氯乙烯漆	丙烯酸漆	聚氨酯漆	硝基漆	乙烯漆
在一般大气条件下使用，对防腐和装饰性要求不高	▽	▽		▽									
在一般大气条件下使用，但要求耐候性好，装饰性好	▽				▽							▽	
在湿热条件下使用（要求有防腐、防潮、防霉性能）				▽		▽	▽		▽	▽	▽		
在一般大气条件下使用，但要求防潮、耐水性好			▽	▽			▽				▽		
在化工大气条件下使用，或要求耐化学腐蚀性较好			▽	▽			▽		▽		▽		▽
在高温条件下使用								▽					

注：▽表示在此条件下可选用此种面漆。

四、各种金属与常用底漆、面漆的合理配套

在汽车涂装中，各种底漆、腻子、面漆，由于其性能不同，并不是都能搭配。如果配套不当，涂膜间附着力差，会产生起层、脱落、咬底、泛色等现象，严重影响涂装质量。

各种金属与常用底漆、面漆的合理配套如表6-10所示。

各种金属与常用底漆、面漆的合理配套 表6-10

面漆类型	黑色金属	铝及铝合金	铜及铜合金	锌及锌合金	镁及镁合金	镉铜合金
油性漆	油性底漆、酚醛底漆、醇酸底漆	锌黄酚醛底漆、锌黄醇酸底漆	酚醛底漆	酚醛底漆	锌黄酚醛底漆	酚醛底漆
醇酸漆	油性底漆、酚醛底漆、醇酸底漆、环氧底漆	锌黄酚醛底漆、锌黄醇酸底漆	磷化底漆、酚醛底漆	醇酸底	锌黄醇酸底漆	环氧底漆
酚醛漆	油性底漆、酚醛底漆、醇酸底漆	油性底漆、磷化底漆、锌黄酚醛底漆	酚醛底漆	锌黄环氧底漆	锌黄环氧底漆	磷化底漆
氨基漆	醇酸底漆、环氧底漆、氨基底漆	锌黄环氧底漆	环氧底漆	磷化底漆、酚醛底漆	醇酸底漆、酚醛底漆	醇酸底漆、酚醛底漆

续上表

面漆类型	黑色金属	铝及铝合金	铜及铜合金	锌及锌合金	镁及镁合金	镉铜合金
沥青漆	沥青底漆	沥青底漆	沥青底漆	沥青底漆	沥青底漆	沥青底漆
过氯乙烯漆	醇酸底漆、酚醛底漆、丙烯酸底漆、过氯乙烯底漆、磷化底漆	锌黄酚醛底漆、锌黄醇酸底漆、丙烯酸底漆、环氧底漆、磷化底漆	酚醛底漆、磷化底漆、丙烯酸底漆、过氯乙烯底漆	酚醛底漆、醇酸底漆、磷化底漆、环氧底漆	锌黄酚醛底漆、锌黄醇酸底漆、锌黄环氧底漆、丙烯酸底漆	醇酸底漆、环氧底漆、丙烯酸底漆、磷化底漆
丙烯酸漆	醇酸底漆、磷化底漆、环氧底漆、酚醛底漆、丙烯酸底漆	锌黄酚醛底漆、丙烯酸底漆、环氧底漆	酚醛底漆、环氧底漆	酚醛底漆、环氧底漆	锌黄酚醛底漆、锌黄环氧底漆	锌黄酚醛底漆、锌黄环氧底漆
乙烯（缩醛）漆	磷化底漆	丙烯酸底漆、磷化底漆	—	—	—	—
硝基漆	硝基底漆、醇酸底漆、酚醛底漆、环氧底漆	锌黄酚醛底漆、锌黄醇酸底漆、环氧底漆	酚醛底漆、环氧底漆	酚醛底漆、醇酸底漆、环氧底漆	锌黄酚醛底漆、锌黄醇酸底漆、锌黄环氧底漆	酚醛底漆、醇酸底漆、环氧底漆
环氧漆	环氧底漆	环氧底漆	环氧底漆	环氧底漆	环氧底漆	环氧底漆
有机硅漆	醇酸底漆、酚醛底漆、或不用底漆	锌黄酚醛底漆、锌黄醇酸底漆、锌黄环氧底漆	环氧底漆	—	—	—

五、底漆和面漆的配套性（表 6-11）

底漆和面漆的配套性　　表 6-11

面漆底漆	醇酸	酚醛醇酸	乙烯醇酸	乙烯	乙烯丙溶酸酯	催化的环氧	环氧酯	环氧沥青	氧化橡胶	油酚醛	聚氨酯	聚酯玻璃片
醇酸	√	√	×	×	×	×	×	×	×	√	×	×
沥青（铝粉）	×	×	×	×	×	×	×	×	×	×	×	×
乙烯/醇酸	√	√	√	△	△	×	√	×	×	×	×	×
乙烯	√	√	√	√	√	×	×	×	√	×	×	×
环氧酯	√	√	×	×	×	×	√	×		√	×	×
催化的环氧	×	×	△	△	△	△	△	△		×	△	△
无催化的环氧	√	√	√			√	√			√	×	△
环氧锌粉	×	×	×	△	×	√	√	√	√	×	×	×
油/酚醛	√	√	×	×	×	×	√	×	×	√	×	×
乙烯/环氧	√	√	√	√	√	×	√	×	√	√		×
环氧沥青	×	×	×	×⑤	×	△	△	△	×	×	×	×
氯化橡胶	√	√	√	×⑤	√	×	√	×	√	√	×	×
后固化无机锌粉	×	×	×	△	×	△	△	△	△	×	×	×

注：√——正常可配套的；△——需经认真表面处理则可配套；×——一般情况下不推荐；空格为不配套。

六、原车面漆与重喷面漆的配套性（表6-12）

原车面漆与重喷面漆的配套性　　表6-12

原车面漆	醇酸	硅改性醇酸	酚醛/醇酸	乙烯	丙烯酸酯（溶剂型）	催化的环氧	环氧酯	环氧沥青	氯化橡胶	油/酚醛	乙烯/醇酸	乙烯/丙烯酸酯	聚氨酯	聚酯玻璃片
醇酸	√	√	√	×	×	×	×	×	×	√	×	×	×	×
醇酸/酚醛	√	√	√	×	×	×		×	×	√	√	×	×	×
乙烯/醇酸	√	√	√	√	√	×	√	×	√	√	√	√	×	×
乙烯	√	×	√	√	√	×	√	×	√	×	√	√	×	×
乙烯/丙烯酸酯		×		√	√	×		×	√	×	√	√	×	×
丙烯酸酯（溶剂型）	×	×		√	√	×		×		×	√	√	×	×
催化的环氧	×	×	×	△	△	△	△	△	×	×	△	△	△	△
环氧酯	√	√	√	√		×	√	×	√	√	√		×	×
环氧沥青	×	×	×	×	×	△	△	△	×	×	×	×	×	×
氯化橡胶	√	√	√	×	×	×	√	×	√	△	√	×	×	×
油/酚醛	√	√	√	×	×	×	√	×	×	√	×	×	×	×
聚氨酯	×	×	×	×	×	△	×	×	×	×	×	×	△	△
聚酯/玻璃片	×	×	×	×	×	△	×	×	×	×	×	×	△	△
硅改性醇酸	√	√	√	×	×	×	×	×	×	√	×	×	×	×

注：√——正常可配套的；△——需经认真表面处理则可配套；×——一般情况下不推荐；空格为不配套的。

七、常用的进口汽车底漆、腻子和面漆的合理配套

目前，进口面漆多以硝基漆、热塑性丙烯酸漆以及聚氨酯双组分漆为主，而且都是由国外较大的涂料公司生产的，基本上都有相配套使用的底漆、中涂层漆和面漆，产品使用说明书都有比较详细的技术要求和施工条件，以及产品质量检验方法等，这给合理配套选用提供了方便而可靠的条件。但在实际选用时，也应注意以下要求。

（1）最好选用同一国家的同一厂家系列产品，即选用它的配套底漆、中涂层漆和面漆，甚至包括稀释剂、固化剂、防潮剂等。

（2）对于不同厂商的涂料，可根据同类型原料相同的性能产品互换选用，但必须注意产品的使用要求，认真阅读涂料产品的使用说明书，确保涂料产品的合理配套使用。

第五节　汽车涂料的调色

在汽车的维修涂装、装饰美容中，选择涂料和涂料调色均是关键。涂料选错了，会造成

涂装质量事故；调色不当，与原色有较明显差异，也是质量事故。汽车维修，特别是轿车维修，要求表面有较高的装饰性，尽可能达到维修前后的外表颜色基本一致。

要提高涂装质量，提高调色水平，必须对色彩的基本知识和原理有所了解。

一、色彩的基本知识

人能辨色需要具备光源、物体、人眼三个条件。光源是看见物体必不可少的条件，只有当光源发出的光照到物体上时，人们才能看见物体。洁净的白光是由红、橙、黄、绿、青、蓝、紫七种色光组成的，所有这些色光形成了光谱。物体表面含有颜料，颜料选择性地反射一些光线，同时也吸收另外一些光线，颜料决定了物体的颜色。当含有红、橙、黄、绿、青、蓝、紫的白光照到红色颜料上时，只能反射出红光，所以，当我们观察只含有红色颜料的物体时，我们看到了红色。如果一个物体既含有红色颜料，又含有黄色颜料，它将同时反射一部分黄色光。红色和黄色这两种色光混合在一起，得到一种橙色光。白色的颜料可以反射所有的光线，而黑色的颜料却不能反射任何光线。

在红、橙、黄、绿、青、蓝、紫七种色光中，红、黄、蓝是三原色。颜料的三原色可以配成数不胜数的各种颜色。每两种原色混合就可以得到一种复色。如黄 + 蓝 = 绿，红 + 黄 = 橙，蓝 + 红 = 紫。两种原色混合时，有多些的和少些的，混合成的复色就偏向有多些原色的颜色。如黄和蓝混合，当黄色较多时成为黄绿，蓝色较多时成为蓝绿。同理，黄和红混合，会得到黄橙、红橙。红和蓝混合，会得到蓝紫、红紫。而红、黄、蓝加在一起可成黑色。

以下为混合颜色的结果：

红　红 + 橙 = 橙/红
　　红 + 黄 = 橙
　　红 + 绿 = 棕
　　红 + 蓝 = 紫
　　红 + 紫 = 浅棕
　　红 + 白 = 樱桃红
　　红 + 黑 = 棕

黄　黄 + 绿 = 绿/黄
　　黄 + 蓝 = 绿
　　黄 + 紫 = 绿
　　黄 + 红 = 橙
　　黄 + 橙 = 橙/黄
　　黄 + 白 = 浅黄
　　黄 + 黑 = 绿

蓝　蓝 + 紫 = 紫/蓝
　　蓝 + 红 = 红紫色
　　蓝 + 橙 = 棕
　　蓝 + 黄 = 绿
　　紫 + 橙 = 棕
　　紫 + 黄 = 绿
　　紫 + 绿 = 棕
　　蓝 + 绿 = 蓝绿
　　蓝 + 白 = 浅蓝
　　蓝 + 黑 = 深蓝

橙　橙 + 黄 = 黄/橙
　　橙 + 绿 = 棕
　　橙 + 蓝 = 棕
　　橙 + 紫 = 棕
　　橙 + 红 = 红/橙
　　橙 + 白 = 樱桃红
　　橙 + 黑 = 棕

绿　绿 + 蓝 = 蓝绿
　　绿 + 紫 = 棕
　　绿 + 红 = 棕
　　绿 + 橙 = 棕
　　绿 + 黄 = 黄/绿
　　绿 + 白 = 浅绿
　　绿 + 黑 = 深绿

紫　紫 + 红 = 浅棕
　　紫 + 蓝 = 蓝/紫
　　紫 + 白 = 浅紫
　　紫 + 黑 = 深紫

二、颜料与色母

1. 颜料

颜料分为有遮盖力的颜料、半通透的颜料、通透颜料、金属色（铝粉颜料）、云母颜料（珍珠色母）等。有遮盖力的颜料主要用于素色，通透性的颜料和铝粉或云母一起被用于金属色、珠光效果色彩、珍珠幻彩中。

（1）在素色漆中，颜料自身提供遮盖力。

（2）在金属色中，主要是铝粉粒子提供遮盖力。铝粉颜料中含有一层一层像瓦片那样重叠排列的铝粉颗粒，通透的颜料仅使穿透它的光轻微带上某种色光，色光被铝粉颗粒反射出去，铝粉充当的角色就好像是一面面微小的镜子。这样，通透的颜料和铝粉颜料共同作用，在提供颜色深度的同时，又提供了高遮盖力。

（3）云母颜料的机理则不同。云母颜料含有大约0.4 μm厚的云母薄片，在它的表面上包覆着二氧化钛或氧化铁的薄层。云母粒子表面上二氧化钛层不同的厚度使入射光按一定的角度折射，因而可以造成不同的颜色效果。为了得到理想效果，云母颜料总是和通透或半通透的颜料混用。由于单独使用通透的颜料就会露出底材，所以要事先喷上一层具有遮盖力的底层漆面，再加上珍珠云母色层上面的清漆，这种涂膜系统称为三层面系统，即底层色漆（遮盖层）、珍珠色漆层（通透层）、清漆层。

2. 色母

（1）色母的定义。当制造涂料时，颜料被粉碎后和色浆混合均匀，加入适量的溶剂，这个过程叫做分散。通过此种方法可以使每个颜料颗粒外面包覆一层薄薄的色浆薄膜，形成胶囊状的结构，分散的结果是可以得到高含量的色浆。接下来，将透明色浆、溶剂、添加剂加到涂料中，使其具有保护性能。通过这种方式得到的是只含有一种颜料的涂料，叫做色母。

（2）色母的分类。色母是按其中所含有的颜料而分类的，具体分为通透的色母、半通透的色母、有遮盖力的色母、铝粉色母、珍珠效果色母及珍珠幻彩色母。

三、调色方法

调色实际上就是把两种或两种以上的色母均匀混合，调出所需要颜色的过程。

调色的方法包括经验性的手工调色和借助调色设备进行调色。经验性的手工调色就是凭经验，按照调色原理进行。一些小型汽车修理厂没有调漆设备，他们采取的办法是拿着所需喷漆的车身样板，到调色中心调制购买所需涂料（调色中心就是某种涂料品牌的专卖店，可向汽车修理厂提供调好颜色的汽车修补漆）。

科技的发展，给现代生活注入了新的活力，目前，车身涂装修理的调色工作基本上借助于调色设备进行，既省时又准确，同时提高了喷涂的效益和质量。目前，国内有胶片调色和电脑调色两种方式。

四、手工调漆（调色）

1. 手工调漆的依据

手工调漆主要凭实际经验，根据调配色漆的样板或车的实物，确定涂料由几种单色漆组成，以及各单色漆的配比，然后进行调试，选定其最接近实物或样板的方案，作为正式调配方案。

2. 手工调漆的操作要点

(1)根据颜色形成的机理,仔细分析样板的颜色,基本确定参配涂料的色漆种类、比例。

(2)根据分析结果,手工调试小样,待小样干后,与目标样板或实物进行比较分析,若达到了一致,就以此为依据,调配施工用涂料;若不一致,则分析其原因,修改调配比例,直到一致为止。

(3)调配时,应先加入主色(指用量大、着色力小的色漆),再慢慢地、有间断性地加入副色(用量少、着色力强的色漆),并不停地搅拌均匀。

(4)在分析、调配及检查时,环境条件、方法和操作,均应合理和正确,力争在同一状态下进行。操作时应做到“灯下不观色”,同时注意强烈的阳光直射也会造成色差,观测方向、角度应正确一致。

3. 手工调漆的具体操作方法

(1)在做好调色准备之后,开始调试小样,先将主色色漆倒入容器中,再按先浅后深的加入次序,加入其他色漆。

(2)加入色漆时,要边加入,边搅拌,边对照。

(3)如果涂料黏度大,可加入该涂料的稀释剂进行调整。加入稀释剂时,也应逐步少量加入,边加入,边搅拌,边对照。

(4)当颜色接近样板时,可在玻璃板或铁板上做成小样,然后与样板进行对照,按颜色的三属性进行分析、查看。观看色相、明度、纯度是否一致,若发现有误差,应根据三属性的原理进行调配,直到一致为止。

(5)当小样调好后,按小样的主色、副色比例关系,进行较大量的配色,为施工做准备。此时,还应按施工方式涂装(喷、浸或刷)在玻璃板上,再次对比样板,一致时,即可按此调配涂料施工。若有出入,还将继续按上述方法重新调配,直到一致为止。

4. 调配色漆时的注意事项

(1)在临时性调配色漆时,注意由浅入深,尤其是加入着色力强的色漆时,切忌过量。

(2)色漆的颜色,在湿时较浅,在干时较深。所以,在配漆的过程中,湿漆的颜色要比样板上的色漆颜色略浅一些。

(3)事先要掌握原色漆在复色漆中的漂浮程度,以及漆料的特点和变化情况,这对保证复色漆的质量有着重要的影响。

(4)调色漆的操作者,视觉的分辨能力必须强,以防产生视觉误差,而导致调配的复色漆出现问题,所以,色盲者不得担任此工作。

(5)在确认轿车面漆颜色时,需将面漆表面上的蜡去掉,并抛光,否则会影响面漆的确认。

(6)在做颜色比较时,表面积越大,颜色会显得浅淡些。为此,在确认轿车面漆颜色时,最好用遮盖法,使轿车外表露出部分大小与色标差不多,而遮盖色的底色与色卡底色一致,这样更有利于涂料颜色的正确确认。

五、电脑调漆(调色)

1. 电脑调漆的基本原理

在电脑调漆的工作中,电脑实际上就是一个大型的色漆配方的资料库,储存了各种色漆的标准配方。各种色漆均由数码进行标记,不仅复色漆由数码标记,而且单色漆也由数码标记。各类色漆品种数量达千种规格,完全能满足汽车制造和轿车维修的使用。

当送修的轿车到修理厂之后,有的轿车车身面漆在一定部位涂有漆的标号,如果修理厂有同样标号的色漆,那就可以直接选用;若没有时,就可将此标号输入电脑。从荧光屏上就可显示出此种标号复色漆组成各单色漆的组分及重量。按其组分和重量进行调配,就可得出所需要标号的色漆了。

2. 电脑调漆的流程

电脑调漆的工作流程如图 6-33 所示。

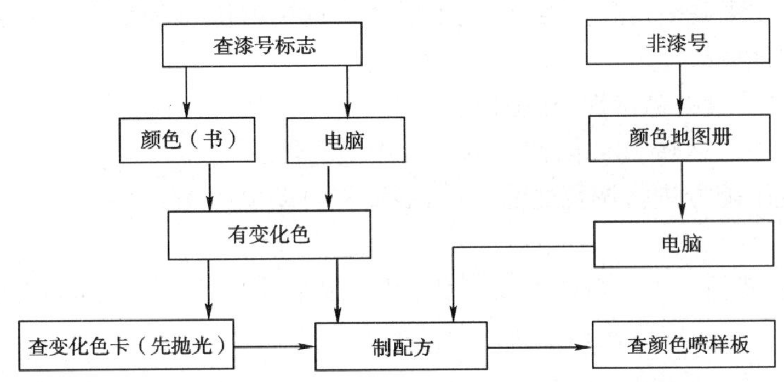

图 6-33　电脑调漆的工作流程

3. 电脑调漆的操作过程

首先,确认所修轿车面漆的漆色品种。通常,对现代高级轿车的面漆有的有漆号标志,找到其漆号标志;有的从维修手册上找到面漆的使用材料品种规格;若都无记载,则用色标卡进行测定。

色标卡是一种专门印制的涂料颜色卡片,是按其颜色的品种和同一品种的不同色度而制定的标准颜色卡片。在卡片上标注其数码编号,每一个色卡编号就是一种色膝的标志。

图 6-34 表示一种紫色漆的不同色度的色漆,301A5 色度最浅,301H1 色度最深。每一个方块色中间有一个圆孔,在认定汽车面漆时,首先目测出近似轿车面漆的色卡。然后将色卡平铺在车身表面,从色卡方块的圆孔中露出轿车车身面漆本色,找出与色卡最近似,甚至一样色的那个方块,即可测出轿车的面漆就是那个方块的数码所代表的色漆。

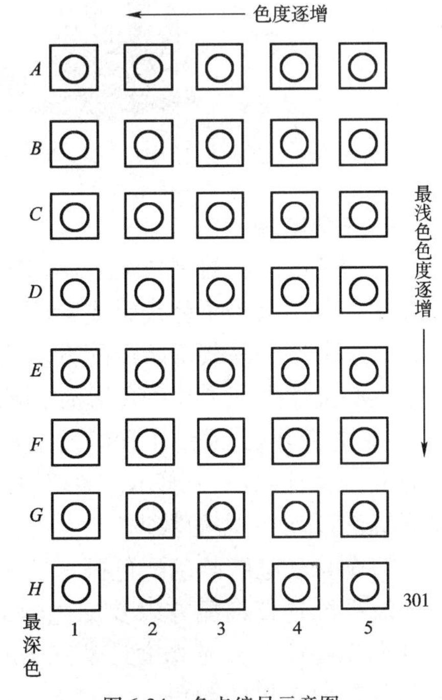

图 6-34　色卡编号示意图

假若测定的轿车面漆数码为 301A5,而库存中又无现成的这种色漆,则将此编码输入到电脑中。从电脑荧光屏中显示出 301A5 的配方:956 为 179.9g;744 为 1.5g;957 为 71.8g;666 为 81.5g;333 为 153.4g。根据以上配方,用电子秤量出各组分的重量,按比例量出所需用量,放入一定的调配容器中。用手工或机械搅拌均匀,按施工要求调到所需浓度,色漆的调配就完成了。

使用电脑调漆,可使对轿车面漆调配工作简便而准确。采购的各种数码的色漆必须严格保证其质量。另外，所用色漆品种规格虽多，但是每种规格的数量较少，因为维修护理不同于批量生产。

4. 电脑调漆设备

电脑调漆设备有混漆机（涂料搅拌机）、调色电脑、菲林机、电子秤、全自动电脑测色配色机等。

1）混漆机

混漆机是一套占地面积只需 $2m^2$ 的电脑调漆设备。只要按一下电钮，混漆机就会自动运转，使每种色母在漆罐中得到搅拌，以便于使用。这种混漆机的优点是占用极小的面积，却可以搅拌所有的色母。

为了确保色母质量的稳定性，在操作混漆机时应注意以下两条。

（1）每天让混漆机运转10min，使色母得到均匀搅拌。

（2）每当确定了配方进行调色之前，开启混漆机自动搅拌1min。

2）菲林机

菲林机实际上就相当于一台放大镜，用它可以观察菲林胶片。只要将所属车型的菲林片放进菲林机，放大镜的屏幕便显示所需调漆的方程式。

3）电子秤

电子秤是调漆过程中各种色漆的称量设备，其精确度较高，可以精确到0.1g。由托盘秤、电子显示器、集成电路板组成，如图6-35所示。考虑到色母极强的着色力，必须做到精确地称量。在称出所需的所有色母之前对各种色母进行搅拌，确保要将漆罐底部及罐壁上的色母一同搅起来，做到搅拌均匀、完全。

图6-35　精密电子秤

4）调色电脑

将调色电脑和数字式天平连起来，便于我们迅速获取所需颜色的配方，并且达到所需的精确度。利用汽车颜色代码或者厂家颜色代码，以及阿克苏代码或者是颜色地图位置就可以在显示屏上轻易获得所需配方。调色天平可以精确到0.1g。这种调色天平的好处在于当不小心突然多加了某种色母时，电脑可以重复计算并且调整配方。这样，可以继续进行调色，不必重新开始，避免了涂料的浪费。如果所需的涂料量太少，以至于达不到可以接受的精确度，电脑将给一个警示。自己设计的配方，也可以储存在计算机中。打印机也可以和电脑联机，打印出所需的数据。

5）全自动电脑测色配色机

该系统是查询配方以及配色的最新工具。这套系统包括一台电脑、一台数字秤和一台分光光度计。分光光度计从三个不同的角度来测量颜色，这样可以做到精确地测量金属色及其他效果的颜色。当测出一部汽车的颜色后，测量数据被输入到计算机中。操作者所做的工作就是给电脑测色机输一些信息，如车型、厂家。如果是金属色或者特殊效果颜色，可输入视觉上的粗糙度（可以对照粗糙度颜色样板来决定要修补汽车的涂膜粗糙度）。

自动测色机的优点：不需要任何文字性的资料，就可以找出所需的颜色代码；可以找出每辆汽车所需颜色，要比菲林片及调色电脑精确得多。

5. 调漆注意事项（表6-13）

调漆注意事项　　表6-13

序号	事项名称	事项内容
1	色漆的类型必须相同	硝基漆只能调硝基漆，不能与醇酸漆、聚氨酯漆混合，否则容易产生咬底、浮色、不干甚至报废等现象
2	初步试调	调色时，一般先注入主要的原色漆（调色中用量最多的一种色漆），然后加入辅助的原色漆（深色或着色力强的色漆），边加入边搅拌，使之互溶。此时应注意两点： （1）必须在日光下比较，因为不同的光源对涂料有不同的效果，使涂料的颜色发生变化，所以要求修补漆在日光下与原车漆匹配良好； （2）色漆干燥后的颜色比未干时的深，因此所配漆色要略淡于补漆处的颜色，这个调色过程比较麻烦，必须要有足够的耐心，加入的深色漆一次比一次少，边加入边搅拌，直到满意为止
3	试喷对色样板	为保证修补漆与原车漆的一致，在正式喷涂前最好做一块样板进行试喷。在试喷样板时应注意以下几点： （1）使用所调漆类指定的稀释剂，并按比例调稀； （2）使用规定喷枪压力，并在样板上喷上足以遮盖试验样板的涂层； （3）待其干燥后（自然干或烘干），进行打磨抛光； （4）在日光或标准光源下，将试喷对色样板与所需补之处颜色进行对色。如样本颜色有差异，可适量调整颜色，调整量宜少，可逐步增加经过调整的涂料，还需重喷样板。这样的工序需要反复几次，直到样板的颜色基本与所补漆颜色相同
4	金属漆的配制	配制金属漆时，应使用一小片具有弹性的金属或纸卡做试喷样板。待试喷样板干燥后，将该样板折成与轿车欲修补部位同样的弧度，在日光或特别的日光配色灯下进行对比，以区别正面和侧面颜色的差异

第六节　汽车喷漆前的车身表面处理

涂装前的汽车车身表面处理，主要包括清洗、除漆、除锈、修补及除油等工序。由于汽车清洗在本书的前面章节中已详细论述了，所以在此只介绍除漆、除锈、修补及除油的相关内容。

一、车身旧漆清除

旧漆清除的方法较多，常用的有机械法、火焰法、脱漆剂法和烧碱清除法等。

1. 机械法清除旧漆

机械法清除旧漆，主要有手工工具清除、机动工具清除和喷砂抛丸清除三种。

1）手工工具清除旧漆层

手工工具清除旧漆层，是最简单、最常用的方法，特别是在无专用设备的维修厂经常使用这种方法。

利用人工借助简单的工具，如铲刀、锉刀、砂纸、钢丝刷等工具，将车身需要修补部位的旧漆层清除干净。这种方法适应性强，但效率不高，清除质量与操作者的责任心和技术水平有关。

2）机动工具清除旧漆

常用的机动工具，如手提式砂轮机、钢刷打磨机、专用剥漆机和除漆机等机具，经人工操作，将车身表面的旧漆层除掉。具体的使用方法和操作规程，应按各个机动工具的使用说明书要求进行。

这种方法较手工清除旧漆法效率高。因为利用机动工具除旧漆时，易产生强烈的气味和漆尘飞扬，所以要求工作间应有良好的通风除尘设施。

3）喷砂或抛丸清除旧漆

利用喷砂和抛丸向旧漆层不断地冲击，靠冲击力将旧漆层清除掉，这种方法除旧漆，其表面光滑平整，但必须有相应的喷砂抛丸设备。

2. 脱漆剂法清除旧漆

脱漆剂法是用脱漆剂（俗称“去漆药水”）清除旧漆面。脱漆剂清除旧漆大致可分为涂刷型和浸渍型两类。

1）涂刷型（触变型）

涂刷型（触变型）脱漆剂有铲刮型和水冲型两种。

铲刮型脱漆剂除漆方法是：将脱漆剂厚涂于待清除的旧漆层表面，待旧漆层起皱被咬起后，用铲刀、钢丝刷等工具将旧漆除净。

水冲型脱漆剂除漆方法是：将脱漆剂厚涂于待清除的旧漆层表面，使旧漆层被咬起泡、起皱之后，用急水冲洗除净。

2）浸渍型

浸渍型脱漆剂又可分为冷浸型和热浸型两类。

冷浸型脱漆剂除漆方法是：在室温下，将旧漆层零件浸于脱漆剂中，待旧漆层被咬起泡、起皱之后，用水冲洗干净后干燥。

热浸型脱漆剂除漆方法是：将旧漆层零件浸在脱漆剂中，加热到60～80 ℃，待旧漆层被咬起泡、起皱之后，用水冲洗干净后干燥。

目前，国内常用的脱漆剂配方如表 6-14 所示。国内常用的碱液脱漆膏配方如表6-15 所示。

国内常用的脱漆剂配方 表 6-14

1 号 溶 液		2 号 溶 液		3 号 溶 液	
成分名称	体积分数（%）	成分名称	体积分数（%）	成分名称	体积分数（%）
石蜡	10	丙酮	20	石蜡	6
甲醇	30	酒精	35	苯	52
丙酮	25	石油溶剂	35	甲醇	42
苯	20	苛性钠	10		
四氯化碳	15				

国内常用的碱液脱漆膏配方 表 6-15

成分名称	质量分数(%)					
	1 号膏	2 号膏	3 号膏	4 号膏	5 号膏	6 号膏
苛性钠	25	20	16	16	—	15
生石灰	—	18	14	18	12 ~ 15	—
马铃薯淀粉	30	—	—	—	—	5
白晋粉	—	25	20	—	—	—
水	45	37	50	34	80	80
碳酸钙	—	—	—	22	6 ~ 10	—
硫酸钠	—	—	—	—	3 ~ 7	—
机械润滑油	—	—	—	10	—	—

3. 火焰法清除旧漆

火焰烤铲法是用于旧漆面中腻子较厚、清除旧漆面较多的构件表面。操作时,用一种喷灯先将旧漆烧软,随后用铲刀将旧漆面铲除。喷灯有两种:一种是煤油喷灯,另一种是汽油喷灯。经火焰烤烘的旧漆面必须彻底清除干净,可用钢丝刷、砂纸打磨光,再用溶剂全面洗净,以防新涂膜起泡脱落。对大面积构件,特别是中央部位,烘烤时间不宜过长,以防温度过高而变形。

4. 烧碱法清除旧漆

火烧碱(氢氧化钠)主要适用于可拆卸的零部件清除旧漆面。首先将固体的烧碱放入水中配制成一定浓度的液碱,然后将拆下来的零件放入经过加温后的浓烧碱液槽中,或用碱液有间隔地分多次涂刷于旧漆表面(一般为 3 ~4 遍),经过约 10 min 的渗透后,漆面软化、溶胀,再用铲刀、钢丝刷将旧漆除去后,用清水冲洗,并立即用烤灯烘干,涂上防锈膜,防止生锈。

二、车身除锈

汽车在使用过程中,不断受到大气等多种方式的腐蚀而被锈蚀,锈蚀可表现为表面锈蚀、锈坑及大面积锈蚀等形式。发现锈蚀后,应及时采取相应措施,进行除锈处理。除锈的方法主要有手工除锈、机械除锈、喷射法除锈、化学除锈和电化学除锈等。

1. 手工除锈

手工除锈是最简单、最灵活的一种除锈方法,主要是利用刮刀、钢丝刷、锉、凿等手工工具,进行磨、刷、刮、铲、敲击等操作方式,将铁锈除去。

2. 机械除锈

机械除锈是利用机械设备产生的冲击和摩擦作用力,把零件表面的铁锈除去的一种方法。此法的优点为,效率高,质量好,可减轻劳动强度。常用的除锈机械有风动刷、风动枪、风动砂轮、电动刷、电动砂轮、电动除锈器和电动锤等。

采用机械除锈时,应注意不得在零件表面产生过度磨损和对零件过度抛光,否则会影响涂装质量。

3. 喷射法除锈

喷射法除锈包括喷砂、喷丸、湿喷砂、干喷砂,以及高压水喷射等方式。其中,湿喷砂效

果较好，在汽车维修行业中广为应用。

4. 化学除锈

利用酸溶液与金属氧化物反应，使锈溶解，从而达到除锈的目的，此法又叫酸洗法。酸洗常用的无机酸有硫酸、盐酸、硝酸、磷酸和氢氟酸等；常用的有机酸有醋酸、柠檬酸等。

酸洗主要有浸渍、喷射和酸洗膏等方式。酸洗的工艺过程为：酸洗除锈→冷水冲洗→热水冲洗→中和处理→冷水冲洗→干燥。

在酸洗过程中，会使金属产生“氢脆”现象，影响金属强度。同时，在酸洗过程中会产生酸雾，对人体和设备均产生危害。为此，在酸洗过程中，应加入适量的缓蚀剂，可减轻“氢脆”现象的影响，而对除锈并无显著影响。酸洗只适用于黑色金属的除锈处理。

5. 电化学除锈

电化学除锈，是在浸渍法酸洗中结合电化学作用进行除锈的方法，分为阳极浸蚀法和阴极浸蚀法。其中，将零件作为阳极，用铅、铜、钢等作为阴极，称为阳极浸蚀法；将零件作为阴极，用铅、铝或锑合金作阳极的，称为阴极浸蚀法。电源可用交流电，也可用直流电，以直流电为佳。此法可加快除锈速度，节约用酸量。

6. 除锈方法的选择

通常根据车身上锈的类型来选择除锈方法，车身上锈的种类和清除方法如表 6-16 所示。

车身上锈的种类和清除方法　　表 6-16

种　类	说　明	清除方法
表面锈蚀	表面锈蚀是金属生锈的开始，锈斑仅仅停留在金属表面，还没有深入到金属内部，属于最轻的一种锈蚀状态，也是锈穿金属基材的开始。如果此时选用了合适的除锈工艺，则一般可以完全清理到合乎涂装标准的水平	一般采用手工除锈或机械除锈方法。清除时应注意： (1)砂磨至显露出金属光泽； (2)采用双组分金属表面调整剂，以清除有可能遗留在缝隙里的铁锈； (3)先用水清洗，然后采用压缩空气吹干表面； (4)尽快进行下一道工序，即喷涂底漆、中间涂层等
锈坑	锈坑是表面锈蚀的继续，属于比较严重的一种锈蚀形式。如果不定期检查涂层，则涂层下面的锈蚀就会不断扩大，引起涂层起泡，并且深入到材料的内部，进而形成锈坑	(1)喷射法除锈是最有效、最快捷的方法； (2)如果无法在汽车车身上的某个部位实施喷砂，则可以采用小型电动磨光机或打磨叶轮直径较小(如直径 0.3 ~0.5cm)的电动打磨机
大面积锈蚀	金属表面锈蚀发展到锈坑，其数量逐渐增多、合并，最后发展成为大面积的锈蚀，以至锈穿，这时只能进行钣金修补	

三、车身修补

对于车身局部锈蚀、轻度硬损伤等缺陷，如果一概挖补、敲平反而有些得不偿失。但不加以修补，而直接以腻子填充，其强度和耐腐蚀性均较差。漆前修补旨在有效地弥补这类缺陷，其方法主要有软金属填补和铝箔树脂板填补两种。

1. 软金属填补

软金属填补（俗称“挂锡”）修补部件表面缺陷，具有附着力好，工艺简单和抗冲击能力强等优点，特别适用于修补发动机罩、车门、侧梁、门槛等部位。

挂锡是技术要求比较严格的操作，对部件的清洁不仅限于漆面、油污的清除，还必须除去金属表面暴露于大气而形成的氧化膜。清洁的范围应比实际使用的稍大些。最好在打磨干净后的金属表面用汽油或酒精擦洗一遍，随后刷涂焊剂加热并及时抹去浮渣。没有挂锡的烙铁不能使用，焊前应先将烙铁打磨干净，然后加热到能使其挂锡的温度，蘸焊剂并挂锡。当需要修补的面积较大时，可一并清理干净后，再分成若干小块逐一挂锡。在挂锡过程中，注意钢板与焊料应同时均匀加热。为使表面平整，可一边加热填补，一边用刮刀修整，使焊料填足又不至于高出周围金属板的表面，以便挂锡后对表面的修平。

修补用的焊料是锡铅合金，比例一般约为7∶3。这一比例的锡铅合金加热到183℃时即可开始熔化，继续加热至253℃便全部熔化。挂锡操作时，应将焊料的加热温度控制在半熔状态下使用。温度过低时焊料不能与之焊接，温度过高时，则会造成焊料的流淌也挂不上。

在挂锡修补中，焊料过渡于焊件表面的方法有两种：一种是用烙铁蘸焊料，然后直接施焊于焊接表面；另一种方法是手持条形焊料，借烙铁温度不断将焊料熔化在需要挂锡的金属表面部位。焊接终了，还要及时修整并清洁金属表面，对不平整之处还可使用锉刀或刮刀等加以修平。

2. 铝箔树脂板填补

在国外和进口的车身维修材料中，有一种被称为“铝箔树脂板”的新产品，是迄今为止最好的局部修补材料之一。其突出的优点是方便、快捷，并能获得良好的修补质量。铝箔上预涂合成树脂中，含有一定比例的金属粉以提高其强度。用铝箔树脂板修补车身金属表面时，应先将金属表面打磨清理干净，并用酒精先擦一遍。然后分别将金属表面和铝箔树脂板加热至50～60℃，随即趁热把铝箔树脂板贴在待修补的部位。常温下经过4～5 min的固化后，即可进行打磨。在敷贴铝箔树脂板时，应均匀用力压平，并使少量树脂由表层上铝箔的小孔中溢出少许为宜。

四、除油

汽车车身表面虽然经过清洗、除漆、除锈和修补等工序，但仍留存有沾污、工具上的油污以及原旧漆上的油污。若在涂底漆前不清除干净，必将影响底漆的附着力，甚至在面漆喷涂后，还会出现脱落或揭皮现象，因此，上漆前还需要除油。

一般的修理及美容车间漆工，通常用干净纱头沾上汽油在车身表面揩擦两遍，再用清洁精白棉纱通揩一遍后涂刷底漆。但是用汽油除蜡效果不太理想，有时它本身也会污染表面待漆的材料，所以最好使用除蜡除油剂，用洁净的干布擦拭待漆表面。

第七节　喷涂底漆与刮涂打磨腻子

一、喷涂底漆

汽车车身经过涂装前的表面处理后，就可以喷涂底漆。根据底漆施工的先后顺序，底漆有头道底漆、二道底漆和封闭底漆。

1. 头道底漆的施工方法

头道底漆的颜料含量最低，填充性能较弱，具有较强的附着力，较难被砂纸打磨。头道底漆的功用是:用于金属表面的防锈和防腐,增加腻子(原子灰)与车身金属表面的黏着作用。头道底漆的施工方法如下。

(1)首先检查待涂金属表面是否干净,应达到无锈、无尘、无水、无油和其他污物。

(2)按指定的稀释剂稀释底漆,并按照说明书调配好底漆。

(3)配用专用工具,在金属表面喷涂一层薄薄的头道底漆。(因头道底漆很薄,禁止打磨,如果底漆上有斑点,用400号或更细的砂纸轻轻地磨光即可。同时,头道底漆喷涂后,不能用手或布接触刚喷涂的头道底漆。

(4)待头道底漆干燥后才进行二道底漆的喷涂。

2. 二道底漆的施工方法

二道底漆具有最高的颜料含量,它的功能是填塞针孔、细眼等,具有良好的打磨性。其施工方法如下。

(1)检查头道底漆是否干透。

(2)使用指定的稀释剂稀释二道底漆。

(3)按施工要求选择好喷枪,并调整和检查好喷枪。在平板上试喷,观察扇辐是否合适。

(4)以上工作完成后,进行喷涂二道底漆。首先,薄薄地喷涂一层二道底漆,并使其自然干燥。

(5)接着再喷涂3~4道,每道涂层的厚度为4mm左右,每道涂层留出一定的待干燥时间,使二道底漆干燥后,进行打磨。

(6)手工打磨时最好采用湿打磨,因为湿打磨比干打磨好。湿打磨最好采用400号水砂纸,而干打磨采用320号、360号砂纸。在打磨边角、脊背和折边等突出部位时要小心,打磨时力度要合适。如果不小心将部分二道底漆甚至头道底漆都磨掉,则必须重复上述工艺过程。

(7)用橡皮刮刀检查涂装质量。

3. 封闭底漆的施工方法

封闭底漆含颜料成分较低,主要用于填平打磨痕迹,给面层涂料提供最大光滑度,使面层涂料丰满,并可防止产生失光、斑点等现象。其施工方法如下。

(1)在已喷涂的二道底漆的表面,用清洗溶剂清洗二道底漆表面。

(2)按照说明书稀释封闭底漆。

(3)在适当压力下喷1~2道封闭底漆,其厚度不能超过产品说明书的指标。

(4)完成上述工作后,让封闭底漆自然干燥30min。

二、腻子的刮涂与打磨

1. 刮涂腻子

1)刮涂腻子常用工具

刮涂腻子常用工具有钢刮刀、橡胶刮板、嵌刀(脚刀)、腻子盘、腻子托板等,如图6-36所示。

2)腻子调制

把腻子取出放在托盘上,较少时可在腻子托板上用刮刀来回翻转挤压,将腻子调匀,调制动作要快,减少空气对腻子的影响;腻子调制一次不能太多,不然,因时间长会使腻子硬化作废。图 6-37 所示为双组分不饱和的聚酯腻子主料与固化剂的调制手法。

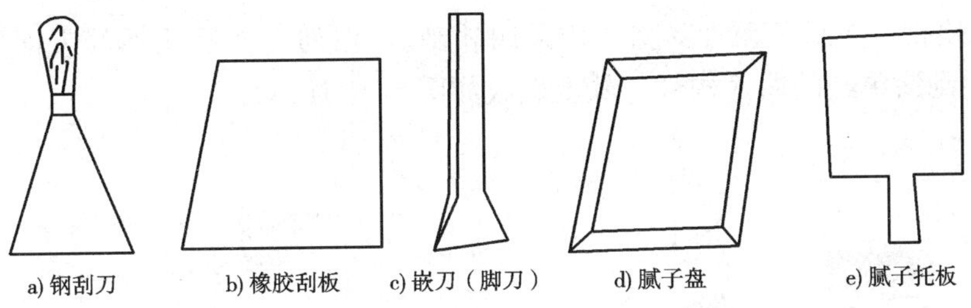

图 6-36 刮涂腻子常用工具

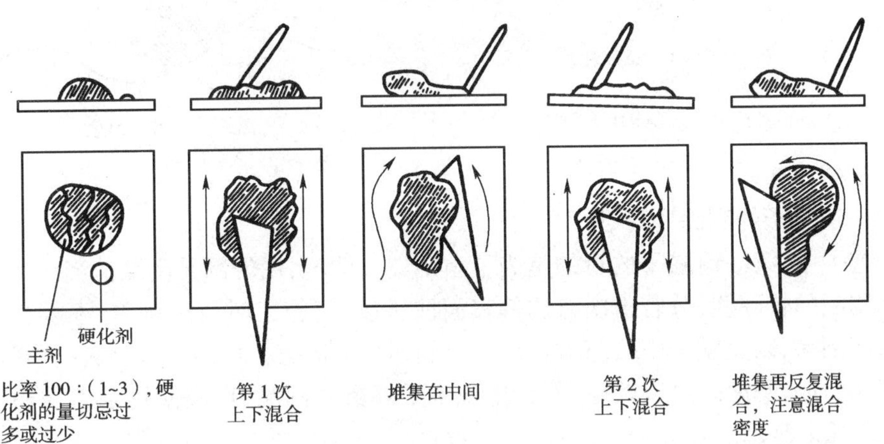

图 6-37 双组分不饱和的聚酯腻子主料与固化剂的调制手法

3) 腻子的刮涂方法

腻子的刮涂很重要，在操作技法上必须得当，不然，就不易把腻子刮实、刮平。腻子的主要刮涂方法有填刮、靠刮、先上后刮、上带刮、软上硬收、硬上硬收、软上软收等。

(1) 填刮。刮涂时主要依靠刮具上部有弹力的部位与手配合操作，目的是利用较稠的腻子分多次把工件表面凹陷填平。填刮手法如图 6-38 所示。

(2) 靠刮。刮涂时，主要依靠硬刮具的刃口以刮涂区外的表面为导向刮涂较浅、较小的凹陷，刮涂的腻子层较薄且光滑，所用的原子灰稠度稍低，一般用于最后一两道的刮涂或用于平滑表面的刮涂。靠刮手法如图 6-39 所示。

(3) 先上后刮。先将腻子逐一填满或刮平，然后再用刮具将其收刮平整。一般用于刮涂较大面积的刮涂。

(4) 上带刮。边上腻子边将其刮平。一般用于较浅、面积较小或形状较复杂部位的刮涂。

(5) 软上硬收。先用软刮具把腻子刮涂在垂直表面上，再用硬刮具将腻子层收刮平整，这样腻子不易掉落。

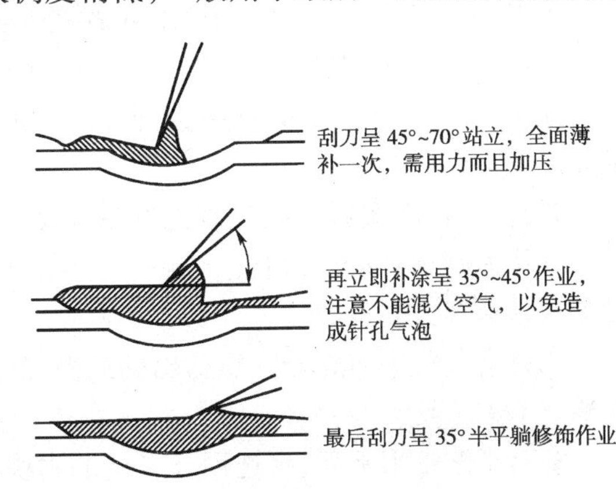

图 6-38 填刮手法

(6)硬上硬收。上腻子和收刮腻子都采用硬刮具。主要用于既有平面又有曲面的构件。

(7)软上软收。上腻子和收刮腻子均采用软刮具,以便于按照构件的表面形状刮出曲面。主要用手刮涂单纯的曲面构件。软上软收如图6-40所示。

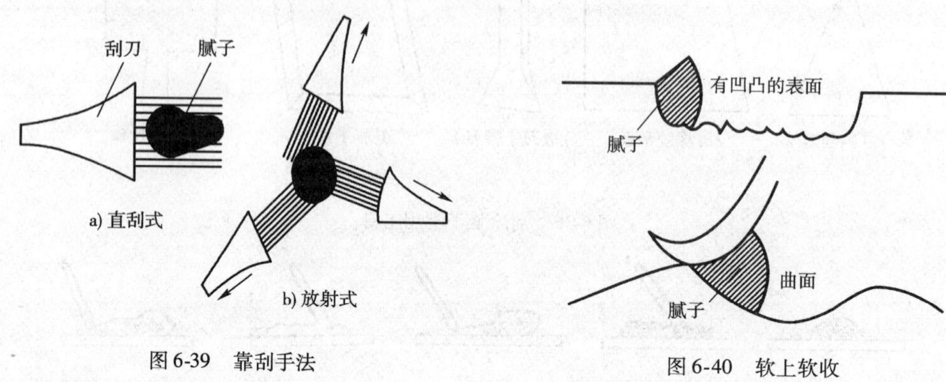

图6-39　靠刮手法

图6-40　软上软收

2. 腻子的打磨

1)第一道腻子的刮涂和打磨

腻子施工中,第一道腻子的目的是为了填刮较大凹坑,用硬刮具刮涂。当使用自制油性腻子时要调制的较硬些,分若干次将构件表面凹坑填平,施工时只求刮平,不求光滑。操作中不能来回刮涂,以免腻子中孔隙被黏死,造成长期不干。原子灰可用粗灰,是聚酯腻子加固化剂调和而成,刮涂时可以较厚,不会出现不干现象。刮涂时,应使用刮刀与构件表面成60°,并略成弧形涂刮。

用手指甲检查腻子软硬程度,自制腻子一般隔夜后才干透,原子灰约需1~2h。当腻子干透后,进行打磨,注意打磨太早腻子会继续收缩,打磨太迟则因腻子过硬不易打磨。打磨的方法:可用手工打磨,也可用机械打磨;可干磨,也可湿磨。主要的打磨方法介绍如下。

(1)手工打磨。手工打磨适用于对小面积腻子的粗磨,包括大面积细磨,以及一些精细工作,如对型线、曲面、转角、圆弧、弯曲部位的修整。手工打磨就是用磨块(木块或橡胶块)包上2~3号铁砂布进行干磨,或用100号水砂纸蘸水湿磨(图6-41)。手工打磨的一般程序如下。

①选用与磨块大小相配的砂纸或者把砂纸裁剪好,便之与磨块尺寸相配。

②将砂纸固定在磨块上,把磨块平放在打磨面上,沿磨块的长度方向均匀施加中等程度的压力,不得急于求成而用力过猛,否则,如果腻子磨穿或磨出凹坑都将使其前功尽弃。

③打磨时,磨块做前后往复的摩擦运动来打磨,打磨行程为较长的直线(图6-42)。不要使磨块做圆周运动,否则会导致漆面上留下明显可见的磨痕。要想达到最佳效果,应始终沿车身外形线方向打磨。

④打磨过程中应充分注意露出的最高点,并以此最高点为准,多次用手摸出平整度加以修整。

⑤对于波浪形平面,可选用长一些的木块作衬块,打磨动作幅度可长些。

⑥对于局部补刮的腻子,打磨时要注意腻子层边缘的平整性,即腻子口要磨平,以防产

生腻子层痕迹,并为第二道腻子的刮、磨带来方便。

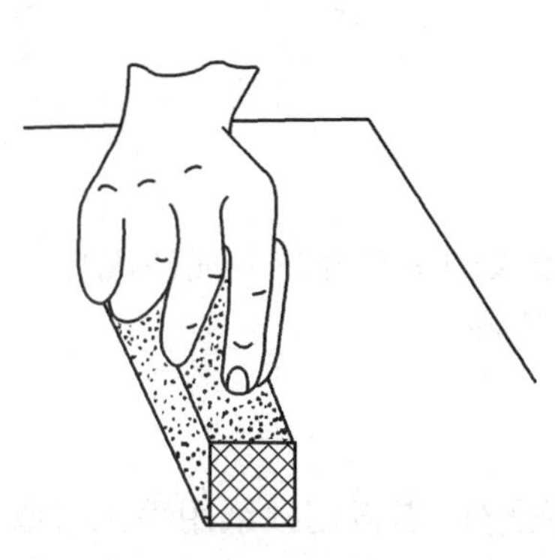
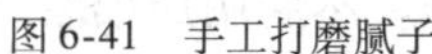
图 6-41 手工打磨腻子

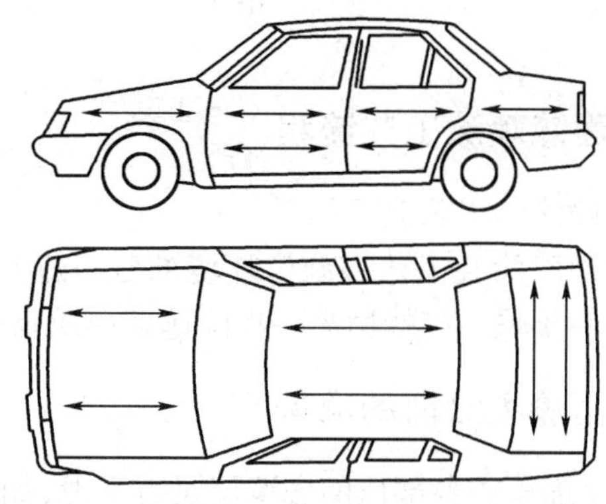
图 6-42 车身打磨方向

⑦打磨型线或圆弧时,则应使用与其形状相近的仿形块打磨。

⑧干磨时,砂纸会将填料的粉末腻住。经常抖动、拍拍砂纸可以去掉一些粉末,也可使用涂有滑石粉的砂纸,这样可减少粉末的堵塞。湿磨时,减少砂纸堵塞方法基本同干磨相同,但还需要用水湿润。

(2)机械打磨。用双手把持打磨机手柄,先用粗砂纸打磨。当腻子表面的刮痕基本消除后,应及时更换细砂纸使腻子表面磨至与周围高度相近,以留出足够的手工细磨余量。为使机械打磨的腻子表面均匀、平整,打磨机应按图 6-43 所示走向进行操作。机械打磨时,如果出现了结球现象就应及时更换砂纸,否则会堆积在一起划伤表面,并降低磨具的打磨效果。

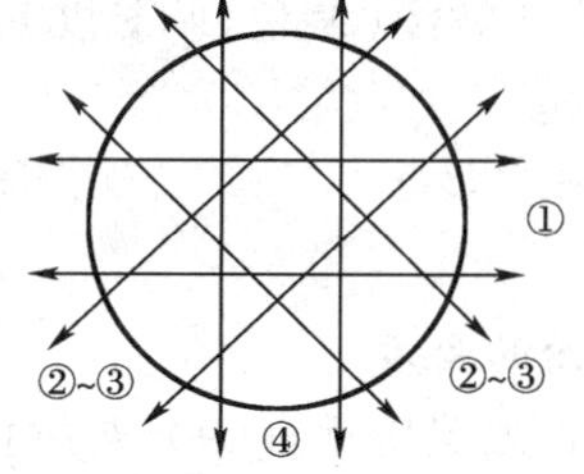

图 6-43 打磨机的走向要求

在刮涂与打磨完后,需等待被打磨后的腻子干燥,然后涂底漆。可以涂刷(或喷涂)一层 F06-1 酚醛底漆。在涂刷底漆时,要选用 200 号溶剂油稀释,并搅拌均匀,对原子灰腻子则不需要涂底漆。

2)第二道腻子的刮涂和打磨

第二道腻子的刮涂目的,仍是以填平低处为主。自制油性腻子调制时要比第一道腻子油性略大些,刮涂厚度应小于第一道。若是局部补刮,则面积要略大于第一道。平面用硬刮刀,圆弯处可用橡皮刮刀。刮涂时应注意顺着汽车造型水平方向,从右到左,从上到下,为减少涂刮接头,刮涂时尽可能拉长一些。原子灰刮涂施工要求用自制腻子。

第二道腻子的打磨,一般采用湿磨,根据腻子层的厚薄可选用 120 ~ 180 号水砂纸。打磨时,用木块或橡胶块衬平水砂纸蘸水,对满刮腻子的打磨以汽车流线型方向为主,横向打磨为辅,来回幅度要长些。打磨动作要均匀平稳,并经常用手摸纵横面的平整性,要注意磨平腻子与旧漆交接处的“口子”,同时对构件边缘残余腻子用手衬砂纸将其磨光滑。打磨完后,等腻子干燥后再涂底漆,要求同第一道工序涂底漆。第三、四道工序主要是补缺。

第八节 喷涂面漆

一、面漆喷涂工艺流程

面漆喷涂的工艺流程如下：

选定面漆涂装工艺→施工环境准备→遮盖不应喷涂的车身部位→面漆配比→调节喷枪→喷漆→干燥→打蜡抛光→拆除遮盖→质量检查→修饰。

二、面漆喷涂前的准备

(1)全面检查各部位的底漆层是否平滑，如有不平之处，需再用砂纸用手工打磨。同时用铲刀清除残留腻子和其他污物，并打磨光滑，彻底清洗干净。然后用压缩空气吹除一切灰尘，再用黏性抹布仔细地擦拭汽车待修补处的表面。黏性抹布是用粗棉布经某种不干的黏性清漆处理而成。最通常的尺寸为36cm×30cm。这种黏性抹布能有效地从金属、塑料、旧涂膜表面清除掉尘埃、污垢、锈渣、打磨时产生的粉尘以及过喷留在表面的漆渣等。在喷漆前用黏性抹布擦拭表面速度要快，力量要轻，否则就有可能将黏性抹布上的清漆遗留在待涂装表面，造成缩孔、针孔，并使附着力、耐介质性能下降等。

(2)对不需要喷涂的部位，用遮盖纸和胶带遮盖封闭。

(3)根据车主的要求调漆(调色、调黏度)。

(4)检查、调整喷枪。

三、喷涂技巧

1. 喷枪与工件表面的角度

喷枪与工作表面必须保持垂直(90°夹角)，绝对不可由手腕或手肘做弧形的摆动，如图6-44所示。

2. 喷枪嘴与工件表面的距离

正常的喷涂距离应与喷枪的气压、喷枪的扇面调整大小以及涂料的种类相配合。一般喷涂距离为15～20cm(可按涂料供应商提供的工艺条件操作)。实际距离可通过对贴在墙上的纸张试喷而定，如图6-45所示。

3. 喷枪的移动速度

喷枪的移动速度与涂料干燥速度、环境温度、涂料的黏度有关，应以30cm/s的速度匀速移动。

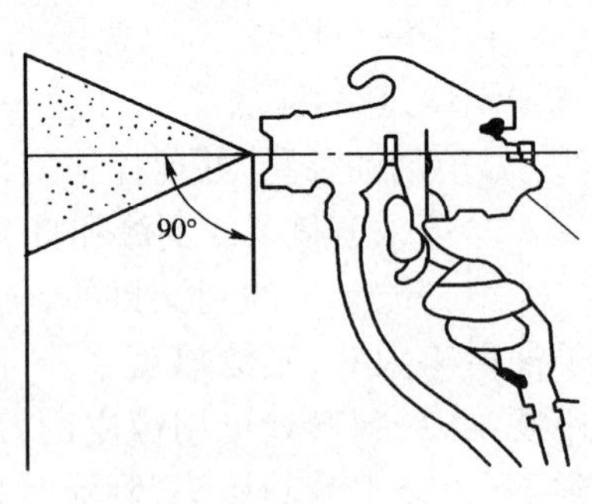

图6-44 喷枪与工件表面的角度

4. 喷涂气体压力

正确的喷涂气体压力与涂料的种类、稀释剂的种类、稀释后黏度有关，一般气压为0.35～0.5MPa，或进行试喷而定。压力过低极有可能雾化不好，会使稀释剂挥发过慢，涂料像雨淋一样喷涂到工件的表面，容易产生流泪、针孔、气泡等现象；而压力过高极有可能过蒸发，严重时形成所谓干喷现象。

5. 喷枪扳机的控制

扳机扣得越深，液体流速越大。传统走枪，扳机总是扣死，而不是半扣。为了避免每次

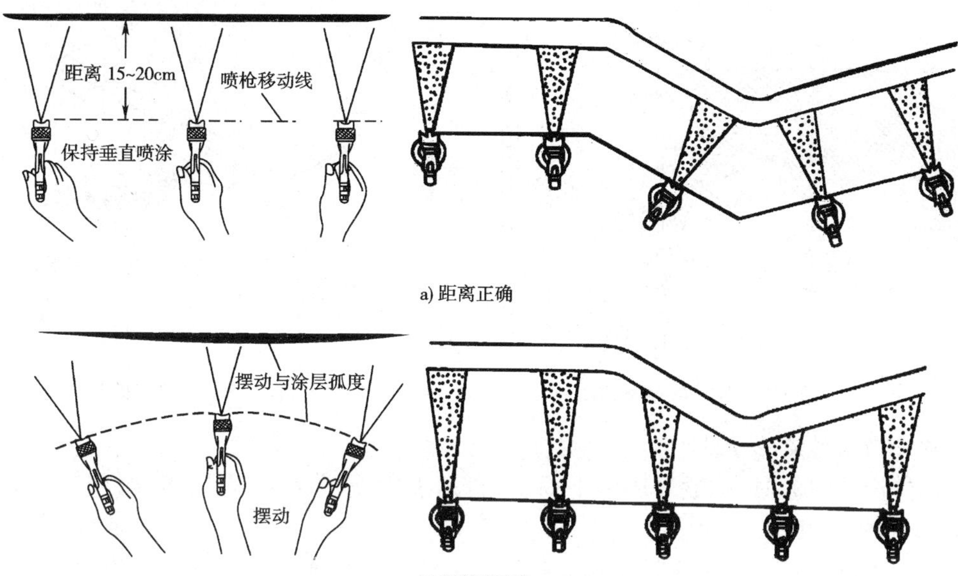

a) 距离正确

b) 距离不正确

图 6-45　喷枪与工件表面的距离

走枪行程即将结束时所喷出的涂料堆积，有经验的涂装工都要略微放松一点扳机，以减少供漆量，如图 6-46 所示。

在"斑点"修补或者新喷涂层与旧涂层的边缘润色加工时都要进行"收边"操作。"收边"是指在走枪开始时不扣死扳机。也就是说，开始时的供漆量很小，随着喷枪的移动，逐渐加大供漆量，直到走枪行程即将结束时再将扳机放开，使供漆量大大减少，从而获得一种特殊的过渡效果。

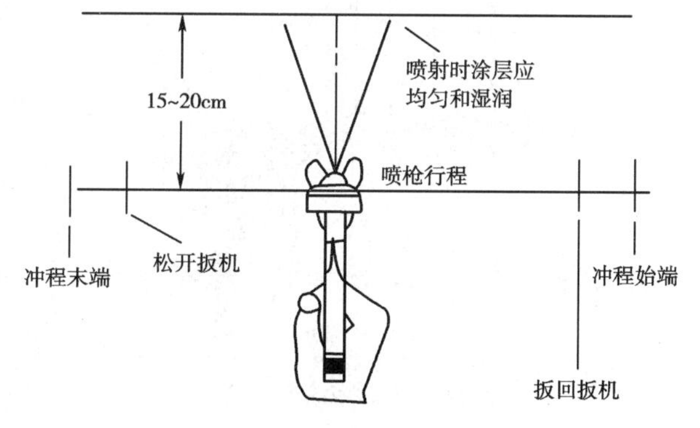

图 6-46　扳机的控制

6. 喷涂方法、路线

喷涂方法有纵行重叠法、横行重叠法、纵横交替喷涂法。喷涂路线应按从高到低、从左到右、从上到下、先里后外顺序进行。在行程终点关闭喷枪，喷枪第二次单方向移动的行程与第一次相反，喷嘴与第一次行程的边缘平齐，雾形的上半部与第一次雾形的下半部重叠，重叠幅度为第二层与上一层重叠 1/3 或 1/2，如图 6-47 所示。

四、走枪的基本手法

汽车修补涂装中，被涂物的情况不同，走枪的手法也不同，以下介绍几种常用的走枪手法。

1. 构件边缘的走枪手法

在构件边缘喷涂时，一般采用由右至左而喷涂，并采用纵喷（喷出涂料呈垂直方向），见图 6-48。

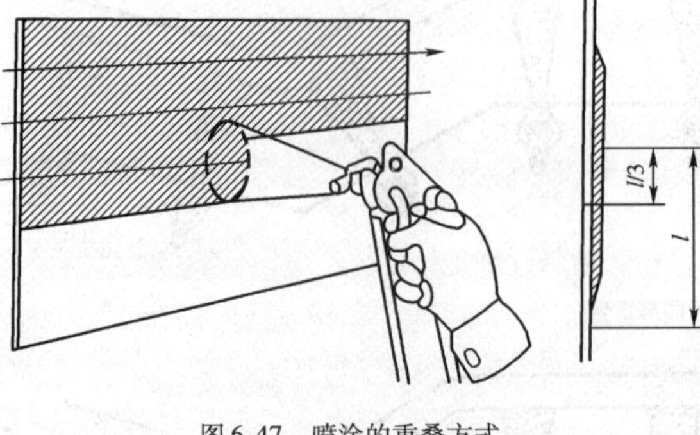

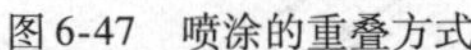

图 6-47　喷涂的重叠方式

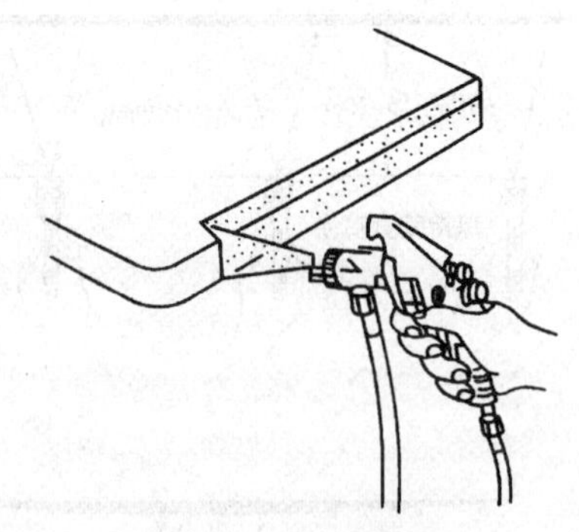

图 6-48　构件边缘喷涂

2. 构件内角的走枪手法

在构件内角喷涂时，一般采用由下而上，再由上而下喷涂，并采用横喷(喷出涂料成水平方向)，见图 6-49。

3. 小而直立构件平面的走枪手法

喷涂小而直立构件平面时，是由上而下的行程进行(1→2)，然后左至右(2→3)，再由下而上进行(3→4)，依次完成(4→5→6→7→8→9)，见图 6-50。

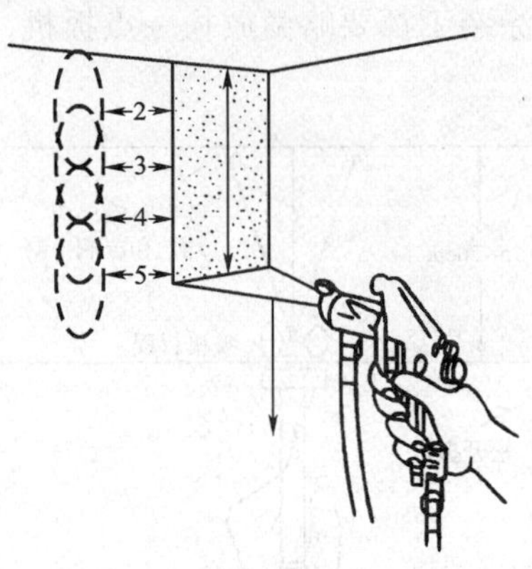

图 6-49　构件内角的喷涂

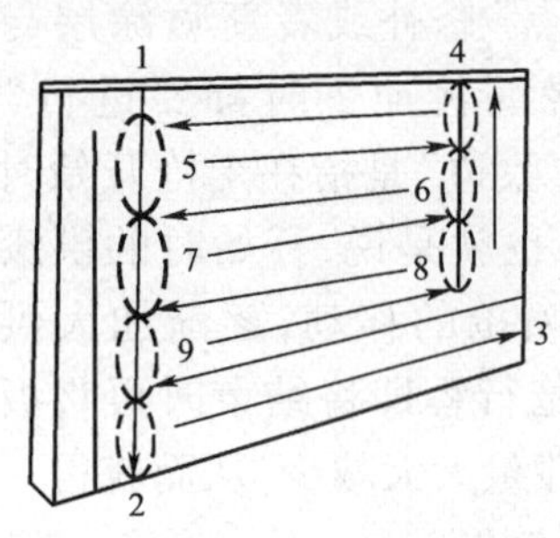

图 6-50　小而直立构件平面的喷涂

4. 长而直立构件平面的走枪手法

喷涂长而直立构件平面时，也是由上而下行程进行，再由左而右，依次沿横向行程，每行程 45 ~90cm，次序 9 以后行程重叠 10cm，见图 6-51。

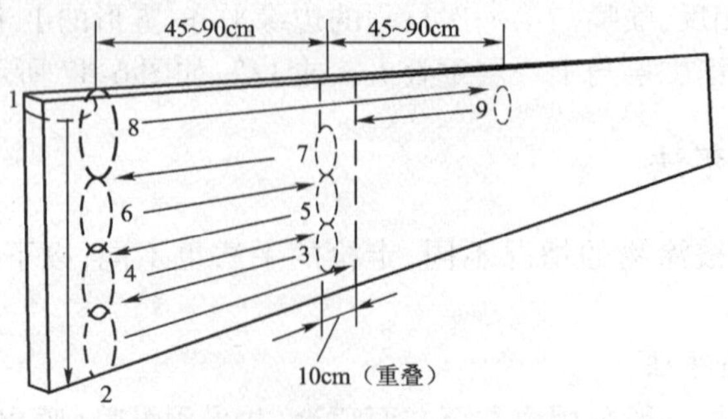

图 6-51　长而直立构件平面的喷涂

5. 中、小圆柱构件的走枪手法

喷涂小圆柱构件时，由圆顶自上往下，再自下往上，分3～6道垂直行程喷完，见图6-52。

a) 小圆柱构件用垂直行程以3道喷完　　b) 中圆柱构件用垂直行程以6道喷完

图6-52　中、小圆柱构件的喷涂

6. 大圆柱构件的走枪手法

喷涂大圆柱构件时，由左至右，再由右至左水平行程，依次喷完，见图6-53。

7. 棒状构件的走枪手法

喷涂较长的、直径不大的棒状构件时，最好将雾束调窄一些与之配合。然而，很多涂装工为了省事，不愿经常调整喷枪，而是将喷枪雾束的方位与棒状构件相适应。这样既可达到完全覆盖又不会导致过喷，见图6-54。

图6-53　大圆柱构件的喷涂

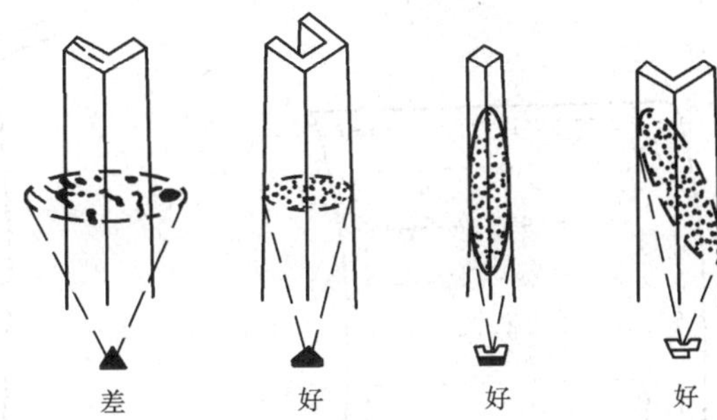

图6-54　棒状构件的喷涂

8. 大型水平表面的走枪手法

喷涂大型水平表面，如发动机罩、车顶、后盖等，可以采用长而直立构件平面的走枪手法，即由左至右移动喷枪至临近基材表面时扣扳机，继续移动喷枪至离开基材表面时放开喷枪。这样，可以获得充分润湿的涂层，而不过喷或干喷。

五、车身各部分的走抢顺序

无论是什么形状的板件，安装于什么位置，走枪时，基本均按照从上到下、从左到右、从内到外的原则。

1. 前翼子板的喷涂顺序

发动机罩的边缘和前翼子板的翻边应该首先涂覆，其基本顺序为：前照灯周围、面板的穹起部位、面板的底部。前翼子板的喷涂顺序按图6-55所示的数字顺序进行。

2. 后翼子板的喷涂顺序

对于后翼子板来说，因为后翼子板和车顶焊接，所以其喷涂顺序和前翼子板的不同。首先喷涂边缘，然后站在翼子板的中间，以一个长的连续的行程喷涂翼子板。如果一次喷涂无法完成，可以将喷涂区域划分为两个区域进行，但要注意两个区域之间的重叠区域。后翼子板的喷涂顺序如图 6-56 所示。

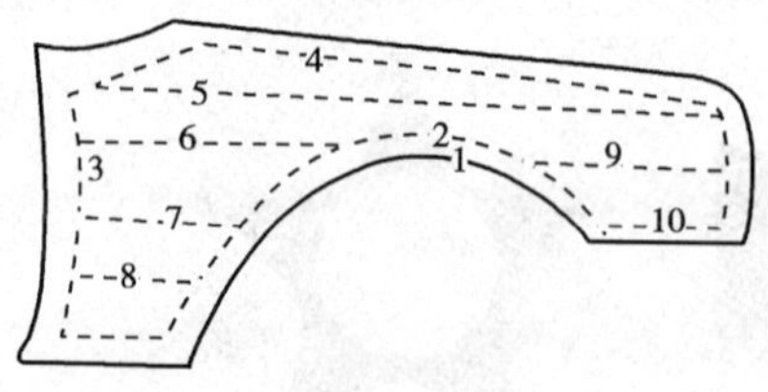

图 6-55　前翼子板的喷涂顺序

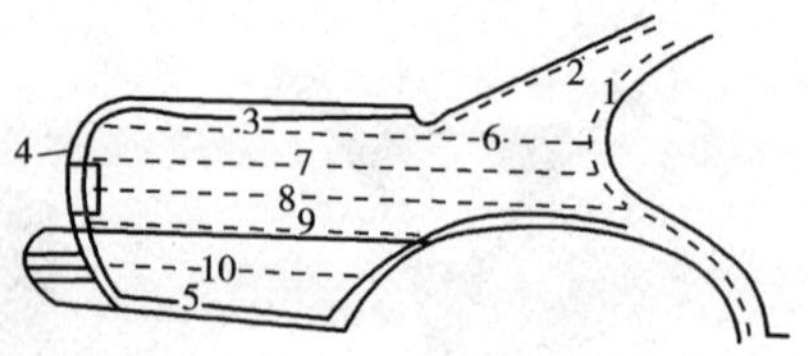

图 6-56　后翼子板的喷涂顺序

3. 发动机罩的喷涂顺序

首先喷涂的是发动机罩的边缘，然后是发动机罩的前部，下一步是在前翼子板的侧面，从中心开始向边缘进行喷涂。另外一侧也使用相同的方法喷涂。发动机罩的喷涂顺序如图 6-57 所示。

4. 车顶盖的喷涂顺序

为了降低车顶盖的施工难度，喷涂时，操作者应站在高凳上进行涂装，首先喷涂一侧的风挡边缘，然后从中心到外边，一侧完成后，另一侧使用同样的方法完成后部和侧面。车顶盖的喷涂顺序如图 6-58 所示。

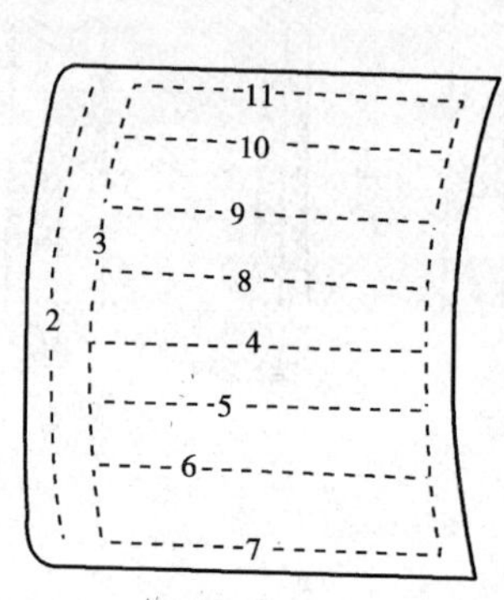

图 6-57　发动机罩的喷涂顺序

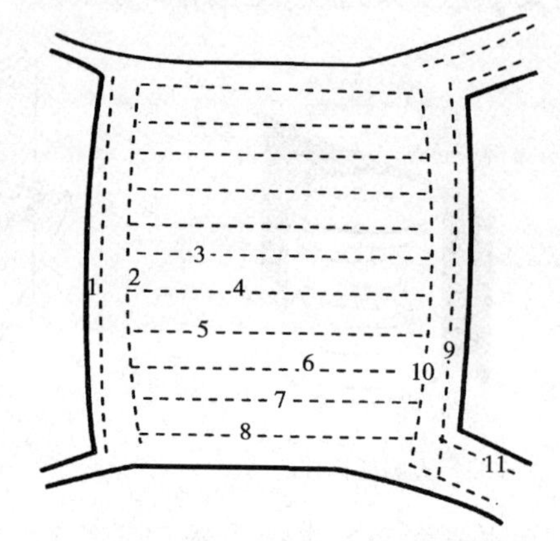

图 6-58　车顶盖的喷涂顺序

5. 整车喷涂的走枪顺序

在横向排风的房间里，离排风扇最远的地方首先喷涂，从而能保证附在喷漆表面的灰尘最小，使漆面更光滑。首先对车顶盖喷涂，然后是左侧或右侧车门，下一步是同侧的后翼子板，接着是行李舱盖和后围板。对汽车另一侧的喷涂是从后翼子板开始的，然后是车门和前翼子板、发动机罩、前裙板、门窗框，最后对另一侧的前翼子板喷涂，具体顺序如图 6-59 序号所示。

六、面漆喷涂的主要方法

1. 干喷

干喷指喷涂时选择的溶剂要快干，气压较大，漆量较小，温度较高等，喷涂后漆面较干。

2. 湿喷

湿喷指喷涂时选择的溶剂要慢干，气压较小，漆量较大，温度较低等，喷涂后漆面较湿。

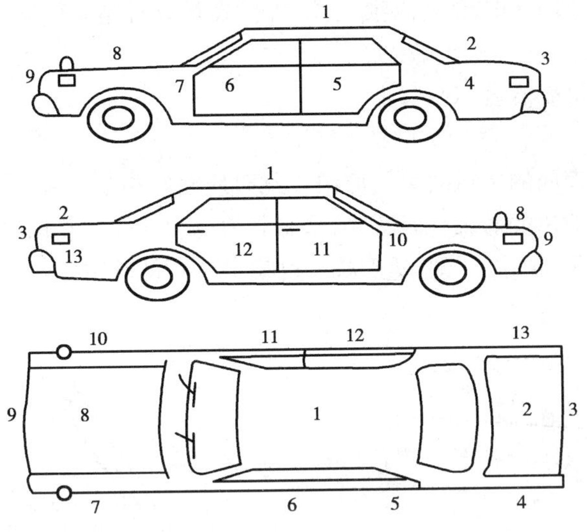

图 6-59　整车喷涂的走枪顺序

3. 湿碰湿

一般来说，湿碰湿同上面讲的湿喷有相似的地方，都是不等上道漆中溶剂挥发继续喷涂下一道漆。

4. 虚枪喷涂

在喷涂色漆后，将大量溶剂或固体成分调整得极低的涂料喷涂在面漆上的操作称为虚枪喷涂。在汽车修补中有两种类型虚枪喷涂法。

(1) 在热塑性丙烯酸面漆上喷虚枪，用来使新喷的修补漆与原来的旧漆之间润色，使汽车表面经过修补后看不出修补的痕迹。

(2) 在新喷涂的丙烯酸或醇酸磁漆上喷虚枪，用来提高其光泽，有时也用来在斑点修补时润色。

5. 雾化喷涂

雾化喷涂俗称飞雾法喷涂，又叫飞漆，是在喷涂金属漆或者碰到条纹、斑点等病态时常采用的喷涂方法。金属漆与色漆喷涂方式方法大不相同。金属漆由于漆中有金属颗粒，有的为云母、珍珠等物制成，密度大，所以喷金属漆时一般用飞雾法像散花状喷涂，同虚枪喷涂有些相似，具体方法如下。

(1) 调整喷枪，全开。

(2) 喷枪距表面为 30 ~ 45cm。

(3) 走枪。扣扳机至 75%，而且始终保持不变，连续围绕待喷涂区进行喷涂，直到获得均一的金属闪光色和外观；继续移动喷枪至相邻区域，使这一区域的外观与前面相同。

6. 一道涂装

喷漆过程中走枪最常用的手法，是使喷枪从左到右，然后再从右到左。每扫一枪在开始和结束的时候分别扣动和放开扳机，直到扫下一枪时，再重复上述操作过程，整个过程平稳而协调，见图 6-60。在喷涂操作时应注意以下几点。

(1) 扫第一枪时，应该将雾束的中心对准待喷涂表面顶部的边缘。

(2) 继续走枪时，应将雾束的中心对准上一枪的底部。

(3) 为了覆盖良好，顶部和底部的边缘需扫两次。

(4)为了保证完全均一的涂装,实际上扣动和放开扳机是在距离每块板前后2.5~5cm的地方。

(5)每道扇幅之间被覆盖50%。

7.带状涂装

当喷涂某个基材表面的边缘时采用此法。此时应将喷枪扇辐调得相对窄一些,一般调整到大约10cm宽,此时喷出的雾束比较集中,呈带状覆盖。这样既能保证边缘部位的覆盖效果,又可保证不致超出要求的喷涂范围,达到减少过喷、节约原材料的目的,见图6-61。

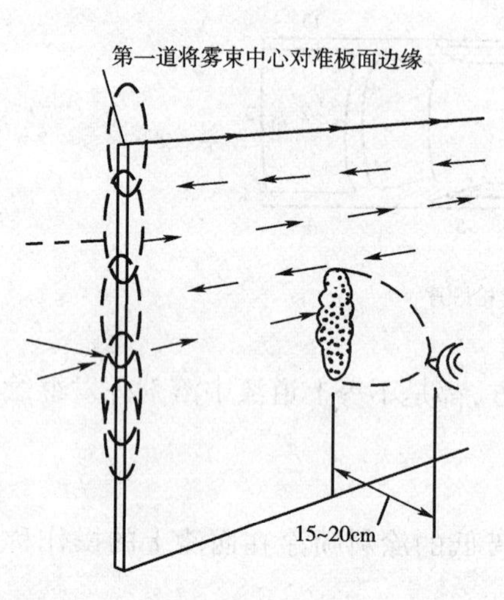

图6-60 一道涂装

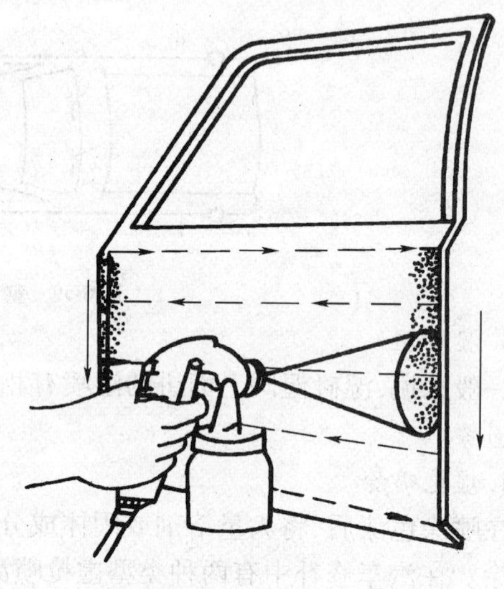
图6-61 带状涂装

8.二道涂装

所谓二道涂装,是在一道涂装后马上进行的第二道涂装。二道涂装通常应用于快干型涂料。一般二道涂装的方向与一道涂装的方向不同,如果第一道是水平喷涂,第二道则采用垂直喷涂。

七、常用面漆喷涂技巧

1.醇酸面漆喷涂

对醇酸面漆的喷涂,一般应喷涂两道。喷涂第一道漆时,采用纵行喷法,而且喷涂时漆面应尽量薄些,使喷涂后的漆面能及时干燥,这样,既便于及时将漆面表面上针孔、砂眼等细小缺陷填平,又可缩短施工周期。喷涂第二道漆时,为获得丰满平整的漆面,应采用湿碰湿喷涂法,喷涂时先薄喷一次,再均匀喷涂时,两次应交替喷涂,如第二次是横喷,第二次喷涂时,在漆面不会产生流淌、流挂的情况下,应尽量足喷,使喷后的漆面达到丰满平整。

湿喷湿工艺要点:醇酸漆中溶剂(如溶剂汽油、二甲苯等)挥发需要一定时间。温度越高,溶剂挥发越快,成膜物氧化聚合反应也越快,其喷涂间隔时间愈短,气温低则相反。若间隔时间控制不当,会使漆面发生流挂、起皱等弊病。表6-17为醇酸漆在不同温度下的控制间隔时间。

醇酸漆控制喷涂的间隔时间　　表6-17

温度(℃)	0	5	10	15	20	25	30	35
间隔时间(min)	60	45	30	25	20	15	5~10	3

2. 硝基面漆喷涂

硝基漆由于固体含量低，成膜较薄，因此，喷涂层数要多些，喷涂压力为0.4～0.55 MPa，黏度约18～23s(涂—4黏度计)。

喷涂第一道硝基漆时宜少宜薄，如喷涂量过多过厚，稀释剂易将底漆咬起。喷涂时，喷枪与物面距离可适当远些，枪头喷出扇面可适当调宽，重叠宽度约1/3～1/2。喷涂的时间间隔约20min。

喷涂第二、第三道时，可采用横喷，纵喷再横喷，使漆面均匀，待漆面完全干燥后，用细砂纸轻轻打磨全部漆面，使漆面无光无橘面(注意不漏打、不磨穿，如用水砂纸需揩清水迹)。干燥后，用硝基快干腻子刮补砂眼及缺陷，再等干燥后用细砂纸打磨直到使整个漆面无砂眼、无缺陷。对整个漆面再喷涂硝基漆2～3层。

如果在喷涂时出现发白现象，可在稀释剂中加体积分数20%的F-1硝基漆防潮剂，即可消除发白现象。施工要求：喷涂均匀，色泽均匀鲜艳、无流痕、无粗粒、无橘皮。喷涂后10 min表面干燥，完全干燥约10～12 h。

3. 热塑性丙烯酸面漆的喷涂

根据施工环境温度选择合适的稀释剂，并按要求(一般4份涂料+5份稀释剂)将涂料调稀，然后调整喷枪空气压力至200～250kPa，如果有必要，可以适当提高压力，将调好色相的面漆装入喷枪即可施工。每道涂层之间要留有足够的闪干时间，闪干时间究竟多少合适，不同涂料生产厂、不同牌号、不同稀释剂都不一样，要根据产品说明书具体要求而定。按产品说明书的要求，待面漆干燥一定时间后，在其表面喷涂2～4道丙烯酸清漆或丙烯酸—聚氨酯清漆，在喷涂热塑性丙烯酸清漆之后，至少干燥1天，最好3～4天，才能进行打蜡、抛光等作业。

4. 丙烯酸改性醇酸面漆的喷涂

丙烯酸改性醇酸涂料较醇酸漆改善了干性速度，缩短了涂层的不沾灰时间，提高了涂层的硬度、耐候性及耐介质性能，保留了醇酸树脂涂料所固有的丰满涂层外观，避免了一些双组份涂料给施工所带来的诸多不便等。其施工工艺如下。

(1)按照产品说明书的要求将涂料稀释，并根据环境选择适当的稀释剂。

(2)喷涂程序同热塑性丙烯酸面漆的喷涂施工。

(3)根据已调整好的施工工艺，正式喷涂到汽车车身待修补的板面上，而且要达到全遮盖。颜色不同时，喷涂的层数也不一样。根据说明书的要求，每层之间留有足够的挥发时间。

(4)待色漆根据说明书的要求干燥一定时间后，在其涂层表面再喷涂2～4层金油(镜面清漆)的丙烯酸改性清漆。

5. 丙烯酸—聚氨酯面漆的喷涂

严格按照产品说明书的要求进行甲、乙组分的混合稀释，通过调整稀释比、空气压力、溶剂类型等参数，使样板色相与原车身面漆色相一致，如仍存在色差则应重新进行面漆调色，直至亮度、色相完全一致。然后进行喷涂，每道涂层间根据要求留出一定的闪干时间，且颜色不同的面漆喷涂次数也不同，2～4次不等。待色漆干燥一定时间后，在其表面上喷涂2道全湿的清漆，每道间留有一定的闪干时间。待表面达到不沾灰程度(一般1～2 h)，才能将车移出喷漆室，烘烤除外。

6. 聚酯—聚氨酯面漆的喷涂

聚酯—聚氨酯涂料的喷涂施工与丙烯酸—聚氨酯涂料基本相同,所不同的是喷枪上的压力有差别,一般喷涂聚酯—聚氨酯涂料的压缩空气要高出 30 ~ 50kPa,其他如每道涂层的闪干时间、稀释比、施工黏度等均大同小异。但品种不同,参数不同,必须根据说明书具体要求进行确定。

7. "底色漆 + 清漆"面漆的喷涂

"底色漆 + 清漆"的喷涂施工与前述本色漆施工基本相同。但不同之处是色漆一般不允许打磨,如果表面确实有缺陷,如疵点、色相不正、严重橘纹等,需要打磨的话,一定要谨慎,打磨后进行表面清洁,再根据需要喷涂 1 ~ 2 道色漆,干燥后喷涂罩光清漆。

第九节　漆面常见缺陷及其防治

一、涂层浮色、发花

这里所说的浮色、发花是指面漆表面颜色不均匀,并不是指原漆的浮色、发花。当原漆如果存在浮色、发花的质量问题,那么肯定会对漆面表面颜色不均匀带来严重影响。除了原漆方面的原因外,其他因素也可能造成面漆的浮色、发花现象。

1. 产生原因

①面漆涂层太厚。

②原漆存在浮色、发花弊病。

③喷涂压力太高或太低。

④稀释剂使用不当。

2. 预防措施

为避免上述缺陷,最好的办法是严格按照油漆制造厂使用说明书要求施工。再就是喷涂面漆时,务必精心操作,挑选技术好、有经验的技师喷涂施工。

3. 解决办法

出现上述缺陷,只能用细砂纸打磨后再重新进行面漆喷涂施工。

二、涂层出现不均匀颗粒

1. 产生原因

①涂料中含有颗粒状物。

②水分及潮气。

③涂装中环境污染。

④操作不当。喷涂气压过高,漆雾飞溅;涂料黏度过高;喷枪距涂面过近或过远等。

⑤喷枪未清洗干净。

2. 预防措施

①涂料选用严格把关,调制时充分搅拌,过滤才可使用。

②认真清除待涂表面杂质、水分,注意检查压缩空气油水分离情况。

③选择合适的喷涂压力及正确地使用喷枪。

3. 解决办法

①对于颗粒情况不严重的涂层表面，可在干燥后用600～800号水砂纸打磨平滑，再用细砂蜡抛光。

②若颗粒涂层面积较大，可在干燥后用320～400号水砂纸打磨平滑后，重新喷涂面漆。

三、涂层泛白

泛白是指涂层干燥后，表面呈白雾状，无光，涂层呈混浊或乳白状。

1. 产生原因

①施工环境湿度太大，在涂层溶剂挥发时，表面造成相对低温度，水分凝结，附着在涂层上，使其泛白。

②稀释剂挥发太快或溶解力不足。

③涂料或涂装工具中含水分。

2. 预防措施

①调节好施工环境湿度。

②选用适当慢干稀释剂。

③正确使用喷涂工具。

3. 解决方法

①轻微泛白，可用打磨抛光方法补救。

②严重泛白，可用红外灯加热涂层后，再喷1～2道面漆。

四、涂层起泡

1. 产生原因

①交联型面漆烘烤温度偏高。

②水性底漆或腻子，内含水分未完全挥发，而面漆采用的是聚氨酯涂料。

③待涂装表面未认真彻底清洗，湿打磨时用水不干净。

2. 预防措施

①认真进行涂装施工前表面处理。

②为底漆、中间涂层、腻子特别是水性涂料留有足够的干燥时间，喷涂面漆保证足够厚度。

③对于原子灰及聚氨酯系中间涂层要采用干打磨办法。

3. 解决办法

如果发生上述现象，只有按修补涂装的整套工艺重新修补施工，即清除受损坏部位的所有涂层，包括底漆在内，然后重新涂装。

五、涂层咬底

涂层咬底，即涂层膨胀起皱，面层与底层分离。

1. 产生原因

①底漆、中间涂层及面漆之间不配套。

②对旧涂层打磨不充分就喷涂新面漆。

③面漆所用稀释剂不当，软化了底层漆面。

④底漆或腻子未干透。

2. 预防措施

①选择配套性好的涂料。

②在旧涂层上涂装，要认真分析旧涂层的涂料，尽可能使用同一类涂料。

③要根据涂装条件，合理掌握涂装节奏，待底层干燥后，再进行施工。

3. 解决办法

铲掉破旧涂层，重新打磨涂装。

六、流挂

涂装垂直表面，部分涂料在重力作用下流淌，形成滴泪状涂层。

1. 产生原因

①涂装湿涂层太厚。

②溶剂挥发速度太慢。

③涂料施工黏度太小。

④每道枪喷之间闪蒸时间太短。

⑤喷枪使用不当。距离施工表面太近或移动速度太慢；喷嘴选择太大。

2. 预防措施

①合理选择及使用喷枪。

②一次涂装不宜过厚，施工时应自上而下垂直涂装。

③恰当选择溶剂，合理使用溶剂。

3. 解决办法

待涂层干燥后，打磨流挂处，重新涂装面漆。

七、橘皮

1. 产生原因

①溶剂干燥太快，涂层未来得及流平。

②喷涂压力太高，距离太近。

③涂料黏度过高，难以流平。

2. 预防措施

①掌握涂装特点及涂装环境，正确选用稀释剂和催干剂。

②正确选择涂料黏度。

③正确使用喷枪。

3. 解决办法

①橘皮轻微，可采用 600 ~ 800 号水砂纸打磨，然后用高光泽抛光蜡抛光。

②橘皮严重，则应采用 320 ~ 400 号水砂纸打磨，重新喷涂面漆。

八、涂层失光

1. 产生原因

①被涂物表面处理不当，存有油渍、水分、灰尘等杂质，涂装时渗入漆层。

②涂装环境相对湿度太大，涂层干燥时吸收水分。

③表层漆涂装时,黏度太低,涂层太薄。
④烘干时间不当,烘烤过度。
2. 预防措施
①重视表面处理及环境条件。
②掌握好合理的烘烤时间。
③涂料调制恰当,黏度不宜过大或过小。
3. 解决办法
用320~400号水砂纸打磨后重新喷涂面漆。

九、涂层龟裂

1. 产生原因
①各层涂料不配套,涂层收缩性不一致。
②涂层太厚或底层未干造成涂层上下干燥不一致。
③旧涂层上喷涂面漆,旧涂层上的裂纹没有很好进行打磨、填平处理。
2. 预防措施
①选择配套性良好的涂料。
②涂层厚度合理。
③各层干燥时间充分。
④涂装施工前,对老化的旧漆层要彻底清除。
3. 解决办法
彻底打磨,重新涂装。

十、涂层脱落

1. 产生原因
①涂前表面处理不彻底,待涂表面有油渍、水分、灰尘等杂质。
②涂装表面附着力不好。
③烘烤温度过高,时间太长。
2. 预防措施
①认真做好涂装前的表面处理。
②对于光滑表面要进行打毛或特殊处理。
③涂装施工节奏要适当,干燥温度、时间合理。
3. 解决办法
彻底打磨,重新涂装。

十一、遮盖力差

1. 主要原因
①在修补范围内面漆颜色不均匀。
②面漆在使用前未经充分混合。
③稀释剂使用不当。
④面漆太薄。

2. 预防措施

①经表面处理，喷涂面漆、中间涂层后，应使其表面呈现同一颜色。

②在喷涂面漆前，必须经过充分搅拌、混合。

③应严格按产品说明书要求选择稀释剂。

④应该保证面漆的涂装厚度。

3. 解决办法

在面漆充分干燥后，先用800号砂纸进行打磨，重新涂装面漆。

十二、渗色

1. 产生原因

①旧涂层使用的某些颜料耐溶剂性能欠佳，被修补涂料中的溶剂所溶解，致使面漆褪色。

②腻子中含有某些过量的有机过氧化物被修补涂料中的溶剂溶解、渗透，然后与涂层中的某些颜料反应，在这些刮涂腻子的部位发生黄褐色转变的褪色现象，在蓝色或绿色的面漆上特别容易产生。

③中间涂层或腻子上残留有沥青或焦油等污物。

2. 预防措施

①根据经验，如某类车辆涂层易渗色，则应该在喷涂面漆之前，预先喷涂一层隔离中间涂层。

②腻子调制要严格按要求添加有机过氧化物。

3. 解决办法

如渗色严重，应打磨掉全部涂层，重新进行修补施工。

十三、鱼眼

1. 产生原因

①基材表面未能彻底清理干净，尚留存有微量杂质，如硅酮、油脂、蜡以及抛光膏等。

②喷漆室内过滤不良，由于不可预计的因素带来污染。

③压缩空气清洁器失效。

2. 预防措施

①彻底清洁涂装表面。

②定期检查保养涂装工具。

3. 解决办法

鱼眼较轻，用1200号砂纸抛光处理；鱼眼较重，必须磨平重新修补施工。

1. 汽车漆面在什么情形下需要进行漆面修复美容？
2. 简述局部漆面修复美容的工艺流程。
3. 简述整车漆面修复美容的工艺流程。

4. 汽车漆面修复美容中常采用哪些除锈工具？各有何特点？

5. 汽车漆面修复美容中常采用哪些刮涂工具？各有何特点？

6. 汽车漆面修复美容中常采用哪些打磨工具？各有何特点？

7. 汽车漆面修复美容中常采用哪些刷涂工具？各有何特点？

8. 喷枪有三种类型，简述各自的特点。

9. 简述喷枪的构造与工作原理。

10. 空气压缩机有哪些类型？各有何特点？

11. 简述活塞式空气压缩机的工作原理。

12. 为何汽车美容店广泛采用喷漆烤漆两用房？

13. 简述烤漆设备的种类及其特点。

14. 汽车漆面修复材料有哪些？各起何作用？

15. 汽车底漆有何作用？常用的汽车底漆有哪些？

16. 腻子有何作用？有哪些类型？为何广泛采用原子灰？原子灰属于腻子吗？

17. 面漆有哪些类型？各有何特点？

18. 汽车漆面修复美容中常采用哪些辅料？

19. 怎样合理搭配底漆、腻子和面漆。

20. 手工调漆应注意哪些要点？

21. 简述电脑调漆的基本原理。

22. 如何对车身旧漆进行脱漆处理？

23. 如何对车身进行除锈处理？

24. 为何要喷三道底漆？各起何作用？每辆车进行漆面修复均需喷三道底漆吗？

25. 刮涂腻子有何技巧？

26. 简述人工打磨腻子的方法。

27. 简述用打磨机打磨腻子的方法。

28. 打磨腻子为何对走向有要求？

29. 观察面漆喷涂过程，绘制面漆喷涂的工艺流程。

30. 如何正确使用操作喷枪？

31. 简述面漆喷涂中对不同构件应采用的正确走枪手法。

32. 喷涂后的面漆，会出现哪些常见缺陷？如何修复？

第七章　汽车外部装饰

教学提示:汽车装饰是以舒适、美观、享受为最终目的,通过增加一些附属的物品,以提高汽车表面和内室的美观性。所增加的附属物品,叫做饰品。汽车装饰可分为汽车外部装饰和汽车内部装饰。汽车外部装饰是在不改变汽车本身功能和结构的前提下,通过加装或改装前后保险杠、大包围、导流板、扰流板、货架等外饰件,改变汽车的外观,从而使汽车更加靓丽和时尚,以满足人们的审美观和个性化需求。

本章主要内容:汽车太阳膜装饰、车身贴饰、车身大包装饰、导流板装饰、扰流板装饰、车顶开天窗装饰、车灯装饰、车底装饰、车轮装饰等。

本章学习目标:

(1)了解汽车外部装饰的主要内容及其发展动向;

(2)了解汽车外部装饰对汽车美容服务的意义;

(3)掌握粘贴太阳膜、加装车身大包围、加装导流板、加装扰流板、车顶开天窗、底盘装甲、装饰灯、加装等外部装饰的工艺过程和技巧;

(4)掌握汽车外部装饰材料的鉴别方法。

本章重点:太阳膜粘贴、车身贴花、大包围制作、氙气前照灯安装、底盘装甲、开天窗的装饰工艺。

本章难点:车窗贴膜和大包围设计。

第一节　汽车太阳膜装饰

车窗在给驾乘人员提供与车外进行视觉交流的同时,也把烈日引进车内,尤其在炎热的夏天,汽车在没有林荫的公路上行驶,即使打开空调也无法躲避烈日及紫外线对人体皮肤的伤害,烈日的直晒会使驾乘人员焦躁不安。如果在车窗上贴上太阳膜,可有效阻止阳光直射,给车内带来清凉。

一、太阳膜的作用

太阳膜主要有以下作用:

(1)隔热降温。车膜可以减小光线照射强度,起到隔热效果,以保持车厢凉爽。汽车防爆太阳膜的隔热率可达50% ~70%,从而有效地降低了汽车空调的使用,节省了燃油,提高了空调效率。

(2)防止玻璃爆裂。当汽车发生意外时,防爆太阳膜可以防止玻璃爆裂飞散,避免事故中的玻璃碎片对司乘人员造成伤害,从而提高汽车安全性。

(3)保护肌肤。阳光中的紫外线对人体肌肤具有一定的侵害力,长期受紫外线照射易引起皮肤疾病。车膜可有效地阻挡紫外线,对肌肤起到保护作用。

(4)保护内饰。阳光中的红外线可将热量保留在椅垫和仪表盘等内饰件中,长期受红外线照射的内饰件易老化、褪色,车窗覆膜后对内饰具有较好的保护作用。

(5)改变色调。五颜六色的车膜可以改变车窗玻璃全部是白色的单一色调,给汽车增添美感。

(6)单向透视。太阳膜的单向透视性可以遮挡来自车外的视线,增强隐蔽性。

二、太阳膜的种类与结构

1. 太阳膜的种类

汽车太阳膜按颜色分有自然色、茶色、棕色、浅灰色、黑色、天蓝色、古铜色、浅绿色等。按产地可分为进口膜和国产膜。按功能(等级)可分为普通膜、防晒太阳膜、防爆隔热膜(或叫防爆太阳膜)。

普通膜属于第一代产品,俗称太阳纸、茶纸。普通膜是一种染色膜,不含金属成分,特点为遮光性强、安装简单、能保持车内空间的隐蔽性;缺点是不隔热、易褪色、易脱胶、对视线影响较大。防晒太阳膜也叫防爆膜属于第二代产品,利用新型黏胶及较厚的膜层提高了防爆效果,具有一定的隔热、防晒性能,隔热率在40% ~60%之间,隔紫外线为80 %左右。防爆隔热膜(或叫防爆太阳膜)属于第三代产品,又名隔热纸、太空膜等,运用了很多新技术,如磁控镀膜、微米技术、纳米技术、光谱微粒子技术等,其有效阻隔紫外线达90%以上,红外线阻隔率提高到30% ~95%,而且胶的黏性更强,从而可达到既降低膜的厚度又提高防爆性能的效果。

2. 太阳膜的结构

太阳膜一般由安全基层、隔热层、彩色腹膜层、紫外线吸收层、特殊透明胶层、PE 合成纤维层、HC 耐磨层等多层组成。

(1)安全基层。透明且具有非常强的耐冲击能力,即使是在强外力的作用下,依然能保护车窗的完好无损,这一层构成了防晒膜的防爆功能。同时,由于其透明,因此它能有效过滤阳光和对方远光灯中的眩光,为驾驶员的行车安全提供了保障。所以说,这是名副其实的"安全基层"。

(2)隔热层。防晒膜的隔热功能是通过这一层来体现的。隔热层是将镍、银等金属的分子通过溅射的方法,涂布在安全基层上。这些金属层会选择性地将阳光中的各种热能源,包括红外线、紫外线及可见光热能反射回去,从而起到有效隔热及保护人体和汽车内饰免受紫外线伤害的作用。

(3)彩色腹膜层。这是决定防晒膜颜色的一层。

(4)紫外线吸收层。该层结构能把通过隔热层的部分紫外线再次吸收。避免了驾驶员被紫外线照射而导致的皮肤晒红、变黑甚至是皮肤癌的形成,当然也避免了驾驶人员产生白内障眼疾的几率。同时,屏蔽掉紫外线,对车内饰也起到了相应的保护作用,使其不至于因紫外线的照射而老化、褪色和龟裂等。

(5)PE 合成纤维层。这一层具有极强的韧性,能将玻璃破裂的碎片依然黏附在一起,从而避免了事故发生时因锋利的玻璃碎片飞溅而伤害到车内人员。

(6)HC 耐磨层。这一层是防晒膜的防划伤层,非常坚韧,超级耐磨。它最大限度地防止了车辆膜面被硬物划伤,保证了玻璃的日久如新。

不同的太阳膜结构差异较大,即使同为防爆隔热膜其结构也不尽相同。如 3M 型汽车防爆隔热膜主要由透明基材、"易施工"胶膜层、感压式粘胶层、隔热膜层、安全基层及耐磨外层组成,如图 7-1a)所示。Liumar 防爆隔热膜主要由保护膜、防粘层、安装胶、紫外线吸收剂、深层染色聚酯膜、合成胶、金属层、防划伤层等组成,如图 7-1b)所示。

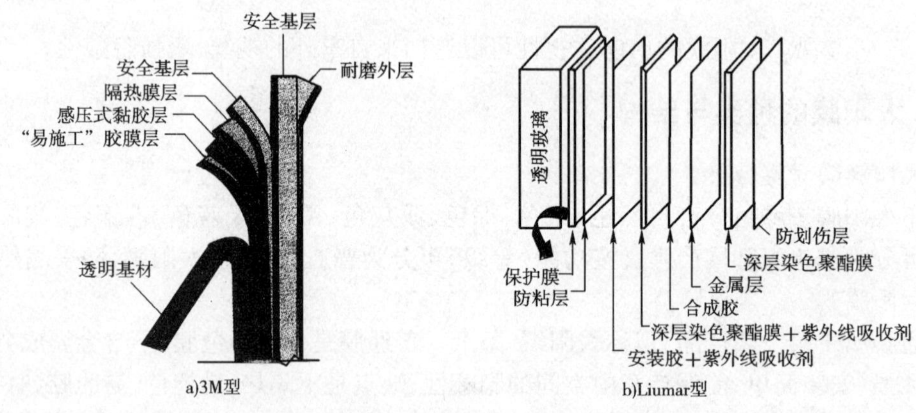

图 7-1　汽车太阳膜结构

三、太阳膜的性能与鉴别方法

1. 太阳膜的性能

(1)遮眩光率和透光率。良好的遮眩光率和透光率能降低阳光的眩目程度,既保证了驾驶员在各种气候环境下都能拥有清晰的视野,同时在其开车时也不会产生刺目的感觉。优质车膜的遮眩光率应在 59% ~83%,透光率应在 70% ~85%,无论颜色深浅夜间视野清晰度都应在 60m 以上,且无视线盲区。

(2)隔热性。隔热效果是衡量车膜质量的重要指标,优质车膜的隔热率可达 85% 以上。

(3)隔紫外线性能。优质车膜应能有效地阻挡紫外线,防止人体肌肤被紫外线照射受到伤害,同时降低车内真皮、塑料等内饰件在阳光直射下造成的耗损,以延长其使用寿命。

(4)防爆性。优质的防爆车膜的结构中必须设有防爆基层,当风窗及门窗玻璃爆裂时应能有效地防止碎片飞散,防止司乘人员受到伤害。

(5)耐磨性。优质太阳膜应具有高质量的耐磨层,膜面应有防划伤保护层,这对延长车膜使用寿命,确保施工时不留下任何划痕,保持车膜美观都有重要作用。

(6)单向透视性。无论白天还是黑夜,从车内往外看应非常清晰,从外往里看应比较模糊。

2. 太阳膜质量鉴别方法

市面上出售的车膜品种繁多,质量差异很大。一般普通膜的使用期在两年左右,优质的防爆太阳膜使用期在 5 年以上。车膜质量的鉴别方法是:

(1)看。一要看透光率。防爆隔热膜无论颜色深浅,透视性能均良好。在夜间、雨天也能保持良好视线,保证行车安全。而普通色膜采用的是普通染色工艺,靠颜色隔热,所以颜色深,从车里向外看总有雾蒙蒙的感觉。

2004 年 10 月 1 日起实行的《机动车运行安全技术条件》规定:“前风窗玻璃及风窗以外玻璃用于驾驶员视区部位的可见光透射比不允许小于 70%。所有车窗玻璃不允许张贴镜面反光遮阳膜”。公安部门明文规定,前挡膜的透光率必须达到 70%。这是因为前风窗玻璃是驾驶员获取交通信息的主要通道,所以,前风窗玻璃必须选择反光度较低、色泽较浅的防晒膜。

二要看颜色。防爆隔热膜是一种高科技产品,它采用金属溅射工艺,将镍、银、钛等高级金属涂于高张力的天然胶膜上,无论在贴膜过程中还是日后的使用过程中都不会出现掉色、褪色现象。防爆隔热膜的颜色多种多样,再加上自然柔和的金属光泽,令防爆隔热膜可以搭配各种颜色、款式的汽车。普通膜和防晒太阳膜是将颜色直接融在胶膜中,撕掉上层塑料纸后,用力刮粘贴面,会有颜色脱落现象,这种膜使用一两年就会褪色。

三看是否起气泡。撕开车膜的塑料内衬后再重新合上,劣质车膜会起泡,而优质车膜合上后完好如初。

(2)摸。防爆隔热膜手感厚实平滑,好的防爆隔热膜表面经过硬化处理,长期使用不会划伤表面。普通膜手感薄而脆,摇动玻璃后,会在膜上留下一道道划痕。

(3)试。剪下一小块膜,在地下摩擦或用化油器清洗剂试验,容易掉色的就是劣质膜,而擦不掉颜色的就是优质膜。另外,对车膜的隔热性只凭肉眼看和手摸是很难鉴别的,可以通过一个简单的测试方法来作比较。在一个碘钨灯上放一块贴着车膜的玻璃,用手感觉不到一丝热的是优质车膜,而立即有烫手感觉的,则是隔热性较差的劣质车膜。

四、太阳膜的选用

1. 质量检查

选购车膜时,应按照上述车膜质量鉴别方法,对车膜的清晰度、透光率、隔热性能、防紫外线性能及防爆性能等进行仔细检查。

2. 颜色选择

在选择车膜颜色时,应考虑三方面的因素。一要选较浅的颜色,如绿色、天蓝色、灰色、棕色、自然色等,这些颜色看上去比较舒服,而且优质膜都是颜色浅又很隔热。二要与汽车漆面颜色合理搭配。目前的车身颜色主要有白、黑、红、蓝四种,此四种颜色的车约占一半。一般浅色的车最好使用色彩鲜明的太阳膜,这类膜大多透明度较高,也不会影响隔热效果。挑选颜色时,应注意不能在阳光下看其深浅,而要将它放在车窗上,并把车门窗关好,再仔细查看。否则,看到的颜色可能和它实际的颜色不一样。三是根据个人的爱好来搭配颜色。

3. 前挡膜的选择

前风窗玻璃是驾驶员获取交通信息的主要通道,为了不影响安全行车,前挡膜的透光率必须大于 70%。因此,前风窗玻璃必须选择反光度较低、颜色较浅的车膜。如果汽车前风窗玻璃斜度较大,在粘贴时必须注意尽量避免产生反射及波纹。现在市面上有一种完全无色的高档透明膜,尤其适合前风窗玻璃使用。这种膜也称白膜,其最大特点就是可以阻隔波长较短的红外线和紫外线,而对大部分可见光则不加阻拦。所以,既不会对视野产生影响,又能起到隔热作用。

另外,选购车窗膜时,还要看其是否有质量保证卡。好的膜保质期通常为 5 年,长可达 8 年。在保质期内正常使用,隔热膜不褪色、金属层不脱落、膜层不脱胶。

五、太阳膜的粘贴

1. 贴膜工艺

贴膜是一项操作技术性高、工艺难度大的工作。做好贴膜除了有扎实的操作技术外，还要做好以下准备工作：一是要准备好贴膜所用的主要工具：抛光辊、电热吹风机、喷水壶、不锈钢板尺、各类刮刀、黏土。二是将专用研磨剂及一些清洁用品准备好。接下来就是如何运用这些工具及用品，按一定的工序进行贴膜了。对于新旧车贴膜工艺差别较大，主要是由于新车玻璃状况好且没有贴过任何东西，所以新车没有必要进行平整光滑处理且清洁处理也相对简单多了。下面就旧车贴膜工艺和新车贴膜工艺分别进行介绍。

防爆太阳膜的表面涂有一层水溶性胶黏剂，其上有一层透明保护膜，施工时必须将这层透明保护膜撕去，在需贴膜的玻璃和胶黏剂上喷上清水，将防爆膜粘贴于玻璃表面上，用塑料刮刀将其刮平，去除内部的气泡和多余的水分，晾干后，防爆膜便能牢固地黏附于玻璃上。具体贴膜工艺如下：

1）准备

粘贴车膜前需做好以下准备工作：一是环境准备，为确保车膜粘贴质量和效果，整个安装车间要做到封闭无尘；二是工具准备，应准备喷雾器、不起毛的擦洗布、棉毛巾、擦洗垫、刮刀和可替换刀片、清洁剂板、超级刮板、重型切刀（可断开刀片）、白塑料硬卡片、放工具的围裙等工具；三是调制粘贴溶液，粘贴溶液由清水与中性溶液配制而成。

2）玻璃外侧的清洁

在玻璃外侧喷洒清水，用手触摸一遍，因为人手的敏感度最强，能感触出稍大的尘粒；然后，用专用刮刀清除黏附的污垢；同时，要注意玻璃橡胶压条缝隙的清洁；最后，喷洒一遍清水（图 7-2a））。

3）下料

（1）粗裁剪。根据玻璃尺寸裁剪合适的防爆膜，裁剪的尺寸要稍微放大一点，给定型裁剪留出余地（图 7-2b）），裁剪时要注意防皱。

（2）定型裁剪。将待贴玻璃外表面喷湿，把裁下的防爆膜贴合在玻璃上（应将防爆膜有保护膜的一面向外），用裁纸刀沿玻璃轮廓修整，使其与玻璃轮廓相吻合（图 7-2c））。

由于车窗玻璃有一定的弧度，对于不能吻合的部位，用电热吹风机进行适当收缩，一边加热一边用塑料刮刀挤压玻璃上的气泡和水分，使防爆膜变形，直至与玻璃的曲面完全吻合（图 7-2d））。特别注意，温度不可过高，以免损坏太阳膜。

4）粘贴

（1）玻璃内侧的清洁。玻璃内侧面为真正的贴膜面，清洁时一定要彻底。首先对驾驶室进行喷雾处理，包括空间、座椅和地板，使空气中的灰尘能沉降下来，减少座椅和地板扬尘对贴膜的影响。在玻璃上喷洒清水，用刮刀将黏附物刮除干净（图 7-2e））。

（2）粘贴防爆膜。粘贴前应进一步清洁待贴玻璃，保持玻璃的清洁，在玻璃表面喷洒一层清水，将裁剪好的防爆膜的保护层去掉，在胶层上喷上一层清水，这样可以减少膜的黏性，并容易去掉静电引起的吸附物。将膜贴到玻璃上，左右滑动，正确定位后，再往膜上稍微喷点水，用刮刀由中间向两边刮压，将玻璃和膜之间的水分和气泡挤出。最后完成边角处的刮贴（图 7-2f））。

5）检查

a)清洁玻璃外侧

b)粗裁剪

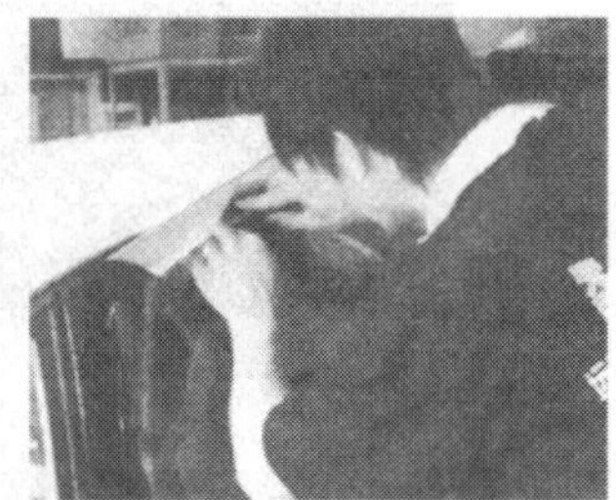

c) 定型裁剪

d) 电吹风收缩

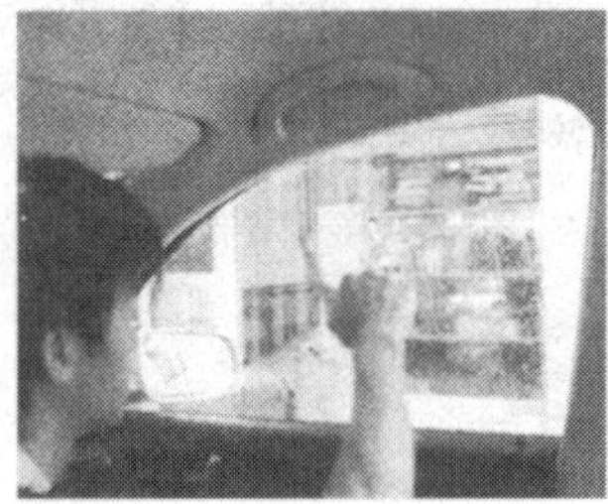

e)清洁玻璃内内侧

f)贴膜

图 7-2　太阳膜的粘贴

防爆膜粘贴完毕后应仔细检查粘贴质量:一是检查粘贴是否牢固,尤其是边角部位;二是检查有无气泡;三是检查车膜有无褶皱;四是检查有无刮痕。如发现问题应返工。

2. 粘贴注意事项

(1)粘贴前,必须保证玻璃的绝对清洁,玻璃上残留有任何细微的粉尘时,均会影响防爆膜的黏附力和透视率。

(2)粗裁剪时,裁定的尺寸要稍微放大一点,以便给贴膜时留有余地。

(3)电热吹风机的温度不可过高,以免损伤防爆膜。

(4)前风窗玻璃粘膜尤其要慎重。一是对膜的质量要求严,透光度要高,隔热性要好,防爆性要强;二是前风窗玻璃的弧度大,面积大,必须整张贴,所以施工的难度高,这就要求在贴膜时需选择好的商家,不仅要注意膜的质量,还要观察其贴膜的工艺水平如何。

(5)在隔热膜粘贴后的 2 ~3 天内,不要升降车窗。

(6)在隔热膜粘贴后 5 ~7 天内,不要用水清洗车窗及开启除雾开关,如果要清理车内玻璃请用湿毛巾或海绵小心擦拭。让膜在这些日子里保持干燥,由于水分未干,若膜有些变形或泥浆是正常的。记住,膜干得越快越好。

第二节　车 身 贴 膜

车身贴饰是在车身外表,贴上各种图案的装饰。这种装饰不仅能突出车身轮廓线,还能协调车身色彩,给人以丰富的联想和舒适的心理感受,使车身更加多彩艳丽(图 7-3)。

车身贴饰主要有彩条装饰、彩带装饰、车身文字涂装和图案涂装等多种形式。

一、彩条装饰

目前,用彩条装饰车身已非常普遍,几乎所有的汽车,都有色彩不一、大小不同的彩条装饰。

图 7-3　车身贴饰效果图

1. 彩条装饰的特点

1）彩条的种类

一般的装饰彩条，均是由汽车制造厂家向有关配套厂家提出设计制造要求。配套厂家按设计要求向汽车制造厂家提供彩条。所以，不同的厂家、不同的车型，各有特定的装饰彩条，彩条的品种因而非常繁多。

2）彩条的材质

市场上的彩条所用材料，绝大部分是塑料制品和金属制品，以塑料最多。由于汽车工业的飞速发展，装饰配套件厂也如雨后春笋般发展起来了，配套装饰产品也层出不穷，这为选购装饰件提供了方便条件。

2. 彩条装饰步骤

1）选择彩条

在众多的装饰彩条中，应选择适合本车型需求又优质鲜艳的彩条作为装饰条，这种选择既是艺术水平和欣赏水平的体现，也是装饰者个性的体现。

2）装饰前的清洗

在车身外表需要装饰的部位，用专用清洗剂进行手工清洗，消除油污、尘垢，使之清洁和干燥，为装饰彩条施工做好准备，以便保证施工质量。

3）装饰彩条的施工

将彩条的衬纸撕掉，按要求的部位把彩条粘贴上。在粘贴过程中，边贴彩条，边用手对彩条进行贴压，排尽彩条与车身表面间的空气，不允许有气泡，要求贴实、贴牢。

粘贴彩条的要点：

（1）彩条粘贴后，必须平整、光滑，不允许有皱褶产生。

（2）彩条与车身漆面之间，不允许有空隙、气泡及异物存在。否则，会影响粘贴质量。出现空隙、气泡时，需压实排除。有皱褶或异物时，应返工重贴。

二、粘贴彩色胶带

车身彩带是一种有彩色图案的带形贴膜，该贴膜有两种类型：一是没有可撕离表层的贴膜，它由彩带层和背纸层组成，彩带层正面是彩带图案，背面是黏性贴面，如图 7-4a）所示；二是有可撕离表层的贴膜，它由背纸层、彩带层及外保护层组成，彩带层也是有彩带图案和黏性贴面两面，如图 7-4b）所示。

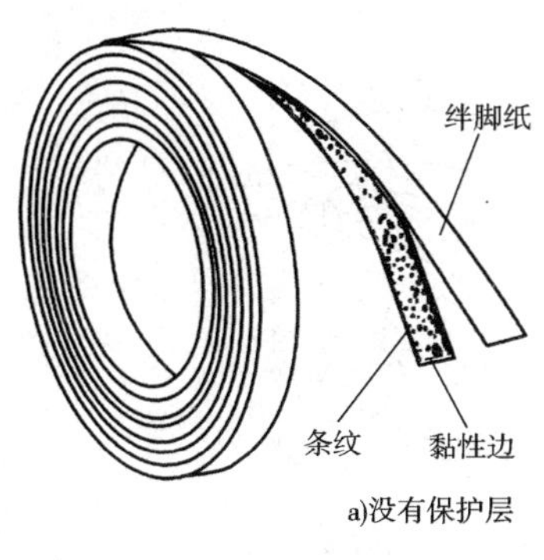

a)没有保护层

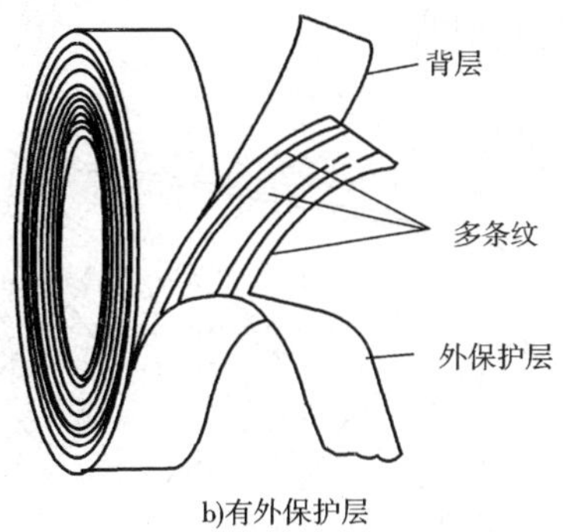

b)有外保护层

图 7-4　彩带贴膜的结构

1. 粘贴条件

粘贴彩带贴膜只能在 16 ~27 ℃之间进行。温度过高,会导致贴膜变大,湿溶液迅速蒸发。温度过低会影响贴膜的柔性,从而影响附着效果。

使用水和中性清洗剂将车身表面彻底清洗干净。为了使彩带正常地贴上去,车身表面必须没有灰尘、蜡和其他脏物。必要时,还应进行抛光处理。

2. 直线形粘贴

现以可撕离表层的彩带贴膜为例,其直线形粘贴的步骤是:

(1)测量所需贴膜的长度。

(2)将贴膜拉直,在比所需长度长几厘米处剪断。

(3)保证车身表面清洗干净。

(4)将贴膜的背纸撕去,并将前面几厘米贴到要贴的位置,如图 7-5 所示。

(5)抓住贴膜的松端。避免手指弄脏贴膜,皮肤上的油脂会影响附着性能。

(6)小心地拉紧贴膜,但注意不要拉长。如果在粘贴时,贴膜被拉长了,以后就会起皱。

(7)利用车身的轮廓线作对齐的参考线,仔细检查贴膜是否对齐。

(8)彩带对齐后,小心地将贴膜贴到车身表面上。一个长条要一次完成粘贴,不能分段粘贴,以保证直线度。

(9)再次检查彩带对齐情况,如果彩带不够直,小心地把贴膜撕开,再试一次。

(10)用橡皮滚子或软擦布压擦贴膜。

(11)贴膜末端可使用小刀或单刃剃刀切割,注意动作要轻,切勿划破车身表面涂层。

(12)要想获得额外的保护层,可在贴膜的末端涂一些透明的清漆。

3. 曲线形粘贴

曲线形粘贴比较复杂,应使用底图的帮助(如曲线板)或用画线笔绘制导向图。现以可撕离表层的彩带贴膜为例,其曲线形粘贴的步骤是:

(1)剪下足够用的贴膜。

(2)用右手画出曲线的弧。

(3)在曲线成形后,用左手的食指把贴膜按压在车身上(图 7-6)。

(4)不要撕去过多的背纸,为避免弄脏附着表面,手持贴膜处的背纸不要撕去。

(5)保持两手沿固定的曲线运动。曲线运动过程中可能会需要一些轻度的拉长,但尽可能避免出现拉长的情况。

(6)如果第一次操作失败,小心地撕开贴膜再试一次。在不好操作的某些情况下,可两手交替进行粘贴。

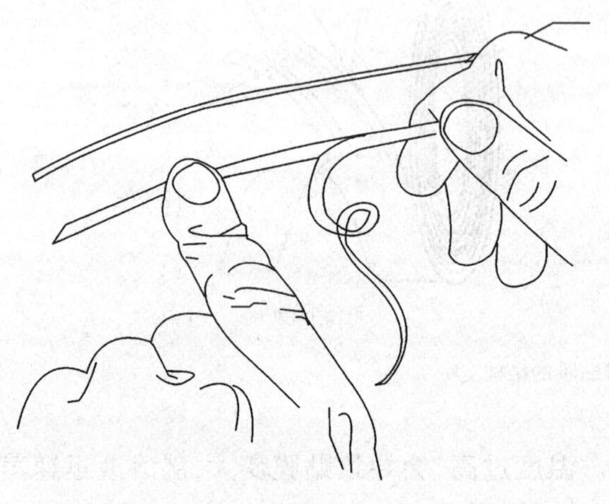

图 7-5　贴第一层贴膜

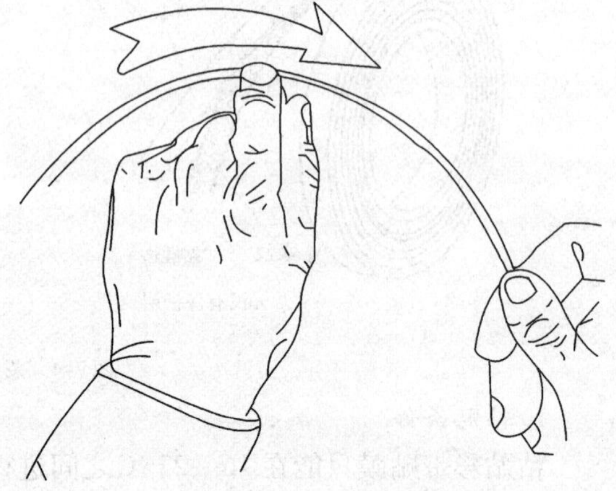

图 7-6　正确放置弧线

(7)曲线贴膜贴好后,将其压紧,以获得持久的附着性能。

(8)其他操作项目与直线形粘贴相同。

4. 宽幅彩带贴膜的粘贴

宽幅彩带贴膜一般为有可撕表层的贴膜,当彩带宽度达到或超过 76mm 时,最好采用湿贴的方法,其粘贴步骤是:

(1)将 1 杯中性清洗剂与 4L 清水混合。该溶液使得贴膜更容易控制,并使其在永久黏附之前可以正确地定位。

(2)将溶液倒入料桶或喷雾罐中。

(3)测量并剪下所需长度的贴膜,测量时应多加几厘米以防出错。

(4)将背纸慢慢地撕去,小心不要弄脏附着表面。

(5)采用清洗剂溶液将贴膜的附着表面彻底弄湿,这将使附着力暂时发挥不出来。

(6)按标签指示的数量,再将清洗剂溶液喷涂到车身粘贴位置上。

(7)将贴膜定位在车身上。当贴膜附着表面和车身表面都是湿润的时候,整条贴膜都可以轻松地运动。

(8)一旦贴膜定位好之后,将其下的清洗剂溶液挤出来,使其牢牢地贴在车身表面上。为避免贴膜起皱,挤压时不要太快,不要太用力,所用的压力足够将水和空气挤出去即可。

(9)将表层从贴膜的末端开始慢慢地撕开,一直撕到贴膜的另一头,中间不要撕断。

(10)按前面介绍过的方法,修整车门和翼子板边缘的贴膜。

5. 彩带末端设计

为增加彩带贴膜的装饰效果,可在彩带末端设计造型各异的图案。末端图案有多种多样,比较流行的是箭头式图案,设计方法有以下两种:

1)单带纹贴膜末端设计

(1)将贴膜剪下一半,裁成成形箭头前半部分的角度。

(2)将第三条角度贴成一段轻微的弧度,形成箭头的后半部分(图 7-7)。

(3)用小刀或单刃剃刀将贴膜多余的部分修整好。

(4)将贴膜抹平,以获得持久的附着。

2)多条纹贴膜末端设计

(1)贴膜开始黏结时,在终端留下足够的长度。

(2)如果有外保护层,将其去除,分离出条纹,用每条条纹制成箭头的背侧(图 7-8)。

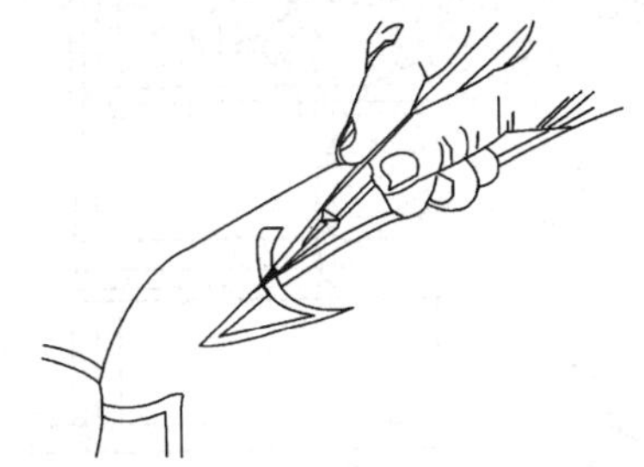

图 7-7 使用单彩带贴膜设计一个箭头

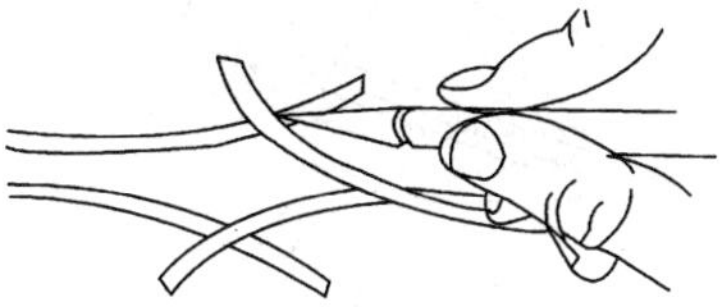

图 7-8 使用多彩带贴膜设计一个箭头

(3)取出另一条贴膜,分离条纹制成实际的箭头。

(4)用刻刀割去多余的贴膜。

(5)压平设计图形和一些多条纹贴膜,包括预先切好的箭头和贴膜的终端,粘上箭头,然后压平。

6. 装格子

1)工艺过程

在车身上粘贴胶带(如门、防护板或柱子上)被称为装格子,过程如下:

(1)在车身的边缘粘上胶带,并为重叠部分留下额外的胶带。

(2)所有的胶带黏结完后,修剪终端,在锐角端,为了黏结牢固,要剪得圆滑些。

(3)在车身装格子完成后,校正各线条。

(4)若必须调整,要小心揭下胶带,重新粘贴。

(5)为了粘贴牢固,必须压平。

2)方格拐角的设计

用彩带做方格时,其拐角设计有标准型、风格型和后退拐角型三种形式。

(1)标准型(图 7-9a))

①在叠粘两条胶带时,应去除外保护层(如果有)。

②在拐角内,要注意正确的颜色搭配(如红配红)。

③去除多余的重叠部分。

(2)风格型(图 7-9b))

①在叠粘两条胶带时,应去除外保护层(如果有)。

②在拐角内,相同颜色不应配用。

③以 90°角切断胶带。

(3)后退拐角(图 7-9c))

①粘贴上并压平水平胶带。

②去除外保护层(如果有)。

③粘贴上竖直胶带,与水平胶带成 90°角重叠。

④在拐角内,相同颜色不应配用。

⑤以 45°角切断胶带。

⑥去除多余的胶带及外保护层(如果有)。

⑦为了粘贴良好，应压平。

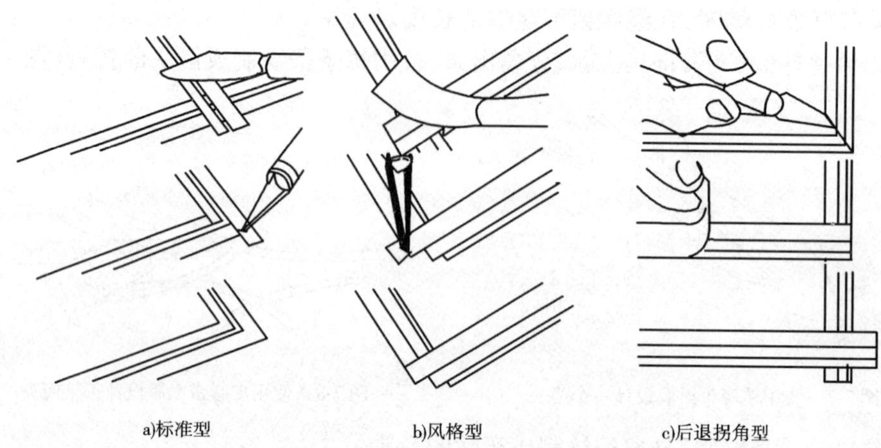

图 7-9　彩带转角方式

三、车身文字和图案涂装

1. 车身文字色彩的设计

车身文字色彩设计要正确处理车身底色与车身图案的关系，使文字具有良好的视认性和注目性。视认性是指便于识别的性质，注目性是指引起视觉注意的性质。车身文字色彩的视认性和注目性与下列因素有关。

1）色彩的进退性

色彩根据人们视觉距离的不同可分为前进色和后退色。比如红、蓝两种颜色的物体与观察者保持等距离，但在观察者看来，似乎红色物体离观察者要近一些，蓝色物体要远一些。因此，把红、黄等色叫前进色，把蓝、绿等色叫后退色。前进色的视认性和注目性较好。

2）色彩的缩胀性

色彩根据人们视觉体积的不同可分为收缩色和膨胀色。蓝色、深绿色为收缩色，看起来比实际的要小；黄、白等色为膨胀色，看起来比实际的要大。膨胀色的视认性和注目性较好。

3）色彩的明暗性

色彩根据人们视觉亮度的不同可分为明色和暗色。红、黄色为明色，明色物体看起来觉得大一些、近一些；蓝、绿色为暗色，暗色物体看起来觉得小一些、远一些。明色的视认性和注目性较好。

4）色彩的反差性

不同的色彩进行合理的搭配，形成反差，其视认性和注目性将大大改善。一般情况下，前进色应与后退色搭配，膨胀色应与收缩色搭配，明色应与暗色搭配。主要颜色的搭配顺序见表 7-1，从表中看出，如果在红色底上涂白色字容易看清，涂蓝、绿色字就难以看清。

主要颜色的搭配顺序　　表 7-1

底色	文字的颜色	底色	文字的颜色	底色	文字的颜色
红色	白→黄→蓝→蓝绿→黄绿	蓝色	白→黄→黄橙→橙	白色	黑→红→紫→红紫→蓝
黄色	黑→红→蓝→蓝紫→绿	紫色	白→黄→黄绿→橙→黄橙	灰色	黄→黄绿→橙→紫→蓝紫
绿色	白→黄→红→黑→黄橙	黑色	白→黄→黄橙→黄绿→橙		

2. 文字或图案纸质漏板的制作

先把文字或图案做成漏板，然后再进行涂装，漏板的制作方法是：

(1)选用坚韧的牛皮纸裁割成适用的矩形块，然后用油漆刷蘸清油或清漆(要调得稀一些)刷涂1~2遍(正、反两面都要刷)。

(2)待干后，把选好的图案或字样复印在纸面上，用一块平板玻璃垫在牛皮纸下面，然后用锋利的刻刀刻制图案或字样。

(3)刻制纸漏板时一定要注意留好连筋，即在刻制时除了应该雕去的部分以外，其余留用的部分都应和整张纸相连接，否则就不好用。连筋的留法在一个漏板上一定要统一，要有规律可循，这样才不会影响美观。

(4)雕刻漏板时，手要握稳刻刀，平直的笔画可用钢直尺靠刻，圆曲的图案线条可用曲线板靠刻，以保证刻制的漏板美观。

3. 涂装方法

(1)用喷涂法进行文字或图案涂装。

(2)在底色面漆实干后，才能进行喷涂。

(3)喷涂时将漏板贴在需涂装的位置，然后喷上文字或图案即可。

第三节　加装车身大包围

车身大包围是车身下部宽大的裙边装饰。汽车加装大包围可使车身加长、重心降低，给人以雍容气派、奔放热情之感。另外，大包围还可改善车身周围气流的运动特性，提高汽车行驶的稳定性。

一、车身大包围的组成

车身大包围由前包围、后包围和侧包围组成。前、后包围有全包围式和半包围式两种形式。全包围式是将原来的保险杠拆除，然后装上大包围，或是将大包围套在原保险杠表面，覆盖原保险杠；半包围是在原来保险杠的下部附加一装饰件，这样可不用拆除原保险杠；侧包围又称侧杠包围或侧杠裙边。

二、车身大包围的设计与制作

1. 设计原则

(1)整体性原则。要将汽车前、后、左、右各包围件作为一个整体进行设计。

(2)协调性原则。各包围件的造型和颜色要与车身相协调。

(3)安全性原则。汽车安装大包围后绝不能影响整车性能和行车安全，设计中要考虑路面状况，所有饰件离地面应保持一定距离(至少20cm)。

(4)标准性原则。设计的大包围组件要符合国家有关规定。

(5)观赏性原则。设计的大包围组件要美观大方，符合消费者审美需求。

2. 制作材料

制作大包围的材料主要有塑料和玻璃钢两种。

(1)塑料。此材料具有成分细微、性能可进行调整且成形性好等特点。塑料是各名牌汽车改装厂生产大包围的主要材料，因为用塑料制作的大包围套件的质量相对较高，但塑料对成形所需的模具和生产设备要求较高,所以产品售价也较高。

(2)玻璃钢。用玻璃钢制作的大包围套件,虽然在细腻程度等方面不如塑料件,但因制作方便,且对模具和生产设备要求不高,所以多数生产商首选玻璃钢作为生产大包围的材料。

3. 制作工艺

现以玻璃钢材料为例,其制作工艺为:做试模→喷涂胶衣→铺纤维→打磨喷漆。

(1)做试模。大包围雏形的设计,被行内称为“做试模”,即先用玻璃钢做成预想的产品形状。试模做成后,就可以在试模上用玻璃纤维套出主模,经过修整后的主模便可以用于生产了。

(2)喷涂胶衣。在主模内表面喷涂一层胶衣,它是产品的表面,也是玻璃钢最重要的材料,同时也起到方便脱模的作用,而且它的颜色也决定了产品胚件的颜色。

(3)铺纤维。等胶衣干后,就可以把预先裁好的纤维往主模上铺。此时,产品的造型就已基本形成。玻璃钢一般要贴上3~5层,确保每个大包围都有足够的刚度。1~4小时后,等玻璃钢干透,即可脱模。

(4)打磨喷漆。脱模后便进入打磨和打水砂的工序。打磨是把产品表面的瑕疵和气泡打掉(因为产品要进行高温烤漆,如果气泡不打掉就很容易膨胀而破坏产品表面);打水砂是把产品表面打毛使喷漆时能较容易地上漆。上述修漆工序完成后,即可喷上专用FRP底漆,再经过喷面漆和烤漆后,大包围产品便制作完成。

三、车身大包围的加装

1. 安装前包围

(1)将安装前包围的部位进行擦拭,将油污、污垢等去除,使装饰部位达到清洁、干燥,做好安装准备。

(2)准备好安装工具和材料。常用的安装工具有手电钻、锤子、旋具、活扳手、钳子等。准备好大包围总成的各种零件,按安装说明书要求做好相应准备。

(3)按前包围安装位置的要求,在车的前端钻好安装孔,并去掉孔边周围的毛刺。

(4)将前包围从保险杠下部插入,对准安装孔,用螺钉从侧面固定拧紧。

前包围零件和前包围零件安装后的状态,如图7-10a)和图7-10b)所示。

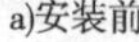

a)安装前

b)安装后

图7-10 安装前包围

2. 安装侧包围

侧包围分左、右两部分,两侧安装方法一样。

(1)清洗安装部位,准备好安装用的工具和材料,做好安装前的一切准备工作。

(2)按安装要求,钻好安装孔。把车门打开,将右侧围的包围件放在安装位置,钻好安装孔,并用螺钉固定好。

左侧围的包围件,如图7-11a)所示。左侧围包围件安装后的状态,如图7-11b)所示。

右侧围包围件的安装,其安装方法与左侧围的一样。对此车而言,左右侧围是对称的,包围件也是对称的。

a)安装前

b)安装后

图7-11 安装左侧围

3. 安装后包围

后部包围件的安装方法与前部一样。但后部包围件上有一个消声器的排气口,制作时将排气口变大了,显得更漂亮。后包围件及大的排气口如图7-12a)所示。安装后包围件后的状态如图7-12b)所示。

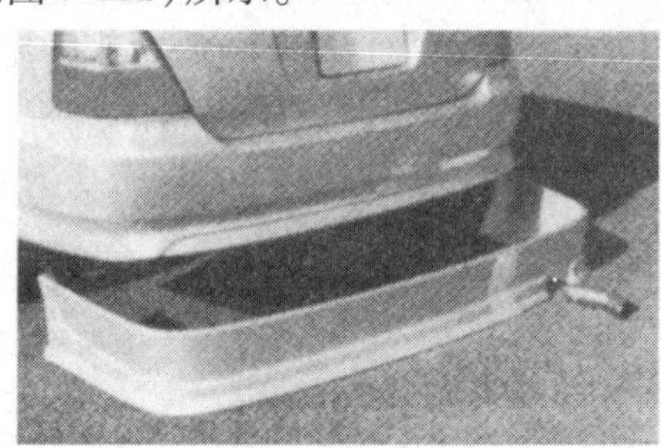
a)安装前

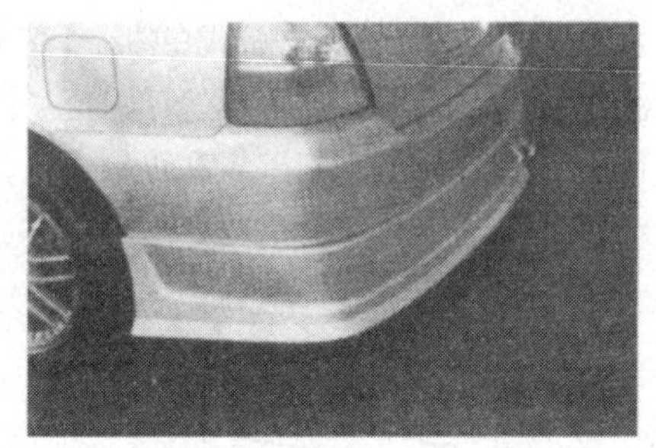
b)安装后

图7-12 安装后包围

4. 安装大包围装饰时的注意事项

(1)大包围总成选择是关键。只要选好了大包围总成的型号和颜色,能与原车配套、协调、达到整体和谐,就能为大包围装饰的成功奠定基础。因为其安装比较简便,安装质量也容易保证。

(2)汽车是否加装大包围,要根据使用的实际情况决定,美观是一方面,但实用才更重要,只有完全在平坦良好的道路上行驶才值得加装大包围。

(3)最好不要选用需要拆掉原车保险杠才能安装的大包围。因为大包围的抗撞击能力非常差,所以尽量选用能将原保险杠包裹在其中的大包围,这样不会影响车辆的安全性。但如果一定要选用拆杠包围,可将原杠中的缓冲区移植到大包围中,以起到保护作用。

第四节 导流板和扰流板装饰

为了提高汽车的性能和装饰水平,现在逐步流行安装前导流板和扰流板。导流板是汽车前端保险杠下方抛物线形连接板。扰流板是汽车行李舱盖上后端形似鸭尾的突出物。

一、导流板的安装

在行车过程中,特别是在高速行车时,伴随着汽车的前进,原来路面上静止的空气被搅得四处流逸,从而产生了阻力。

在汽车底盘下的气流会钻进车体底部不同形状的漏口里,由此而产生阻力,阻碍汽车行进。当气流通过汽车底部时,可对车体前部和发动机底部产生压力,这种压力使车体前端产生略为向上抬起的提升力,导致轮胎抓地能力降低,从而影响汽车转向的控制能力。

汽车前端在气流作用下,其受力状况如图 7-13a)所示。减小前端阻力和提升力,使之尽可能降低,提高行车安全性,这就是安装前导流板的目的。

1. 降低前端提升力的措施

由于汽车在行车时,受到前端气流的作用而影响行车安全性。为减小前端阻力,降低提升力,目前可采取如下两种措施。

(1)提高汽车底盘下面的平顺光滑性。为减小汽车底部空气的压力和阻力,可以使发动机下部及底盘下表面尽量平顺、光滑,减少凸凹变形的部位。这种方法已在昂贵的中置和后置发动机的汽车上采用。这种措施,增加了汽车重量,提高了制造和运行成本,制造安装不方便,但却提高了操纵稳定性,也就提高了行车安全性。

(2)安装前端导流板。在前保险杠的下部,安装一个前导流板,这是普遍采用的措施。导流板是一块坚固的、裙幅式的板。安装导流板后,其对前端气流起到导流作用,减少前端气流从发动机下部和底盘下部通过,从而减少汽车阻力、压力和前端提升力。使前端气流比较通顺地从前端上部和两侧通过。安装前导流板后,汽车前部受力状态如图 7-13b)所示。

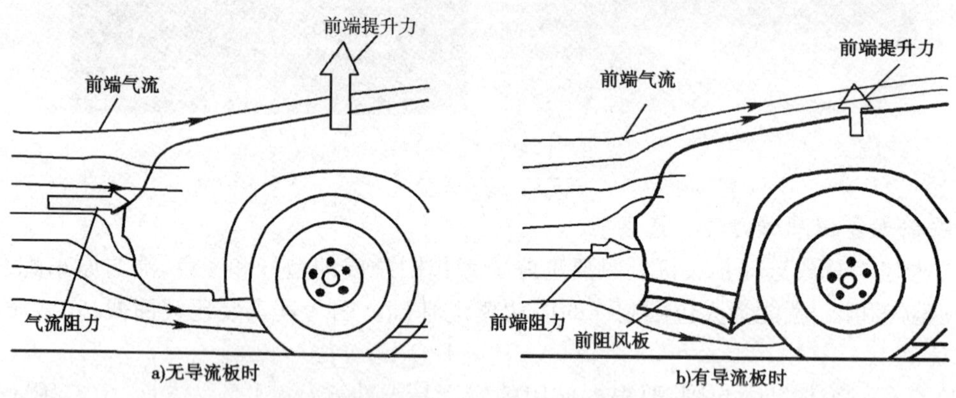

图 7-13　汽车前部受力状态

2. 前导流板的选装

1)选择前导流板

目前,在汽车配件市场上,有同系列、多品种的前导流板产品可供选择。应尽量选择同车型的规格产品,对保证质量和方便安装都有好处。若不是同车型的导流板,则必须仔细阅读产品说明书,是否可通用安装,再仔细查对外形、安装位置和安装尺寸,以防安装时装不上。同时,还要检查配件质量,必须是合格产品。

2)安装前导流板

安装前导流板的步骤如下(图 7-14):

(1)拆下前保险杠下部的车身板件。

(2)在前保险杠的下面换上新导流板,并与两个轮罩对中,还要保证导流板前面的上缘落在前板的里边。

(3)用虎钳夹把导流板的边角夹紧到轮罩上。

(4)将前车身板件的安装孔用画线方法转到导流板上。

(5)用画线方法将导流板端部的安装孔转到轮罩上。

图 7-14 导流板安装

(6)用6.35 mm 的钻头钻6个孔,穿过金属薄板和导流板。

(7)用螺栓松弛地将导流板安装就位,并检查是否正确对中。

(8)最后将螺栓拧紧。

二、扰流板的装饰

1. 安装扰流板的目的

汽车在行驶时,空气流对行车影响很大,有相当大的阻力。气流产生的阻力会在轿车压过的路面上刮起纸屑、沙尘等现象,并能看到纸屑、沙尘跟随汽车后面漂浮一阵。这种现象可证明空气对前进中的汽车所产生的阻力的存在。

在汽车行驶中,后端气流从顶部、两侧及底部流过,使汽车受到阻力和提升力的作用,因此影响汽车行驶的安全性,使操纵不稳定,也对汽车起到破坏作用。

无扰流板时,汽车后端气流及受力状况如图 7-15a)所示。

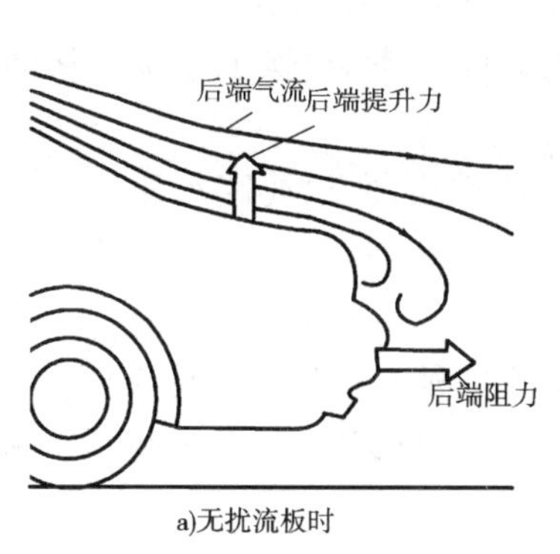

a)无扰流板时

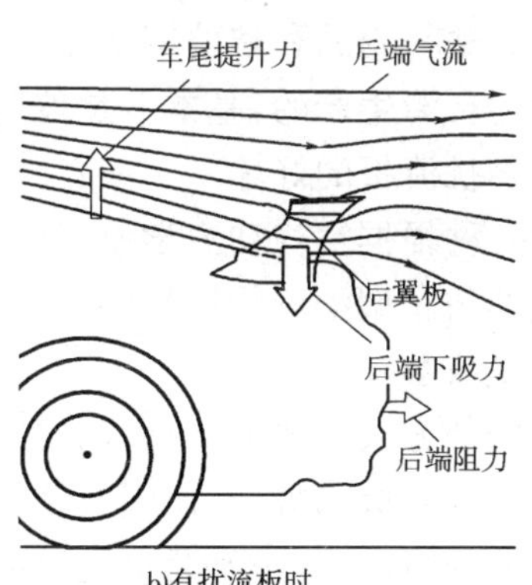

b)有扰流板时

图 7-15 汽车后端的气流及受力状态

为减小后端气流对行车的影响,减小后端提升力及阻力,提高行车的安全性,可采取安装扰流板的措施来实现这一目的。

2. 减小后端提升力和阻力的措施

1)车型设计时应考虑气流的影响

汽车行驶时,紧贴车身轮廓的气流,叫做层流。层流也对汽车造成阻力和提升力,影响行车的安全性,特别是对后窗影响较大。经过实验确定,后窗与水平线保持25°角左右时,其阻力和提升力较小。所以,许多两厢车就是在此原理的基础上设计后窗的。例如雪佛兰

和丰田汽车。

2)紧闭车窗

在行车时,如果车窗开着,室内有大量的气流从前端进入,随后又从后端排出,在车内形成散乱的涡流,这时气流对车的阻力和提升力将显著增加。所以,在行车时紧闭车的门窗是非常必要的。

3)安装扰流板

人们针对汽车后端的阻力和提升力问题,研制出扰流板(又叫后翼板)。扰流板有不同的形状和尺寸,但它们的共同特点是狭长、表面平滑,安装在车上且翘出车体,用以去除和扰乱气流,改变后端气流的流动状态,从而减少后端气流对车的阻力和提升力,如图7-15所示。

3.扰流板的选装

1)扰流板的选用

扰流板有很多样式可供选择。从构造上,可分为无尾灯、半尾灯和全尾灯型三种。无尾灯型就是单一部件而没有尾灯;半尾灯型就是在扰流板后面内置一排小灯泡,由一根导线与制动电路相连接,当踩下制动踏板时,扰流板尾灯会与车身尾灯同步亮起,这与高位制动灯功能近似;全尾灯型可就更醒目了,它内部伸出四条导线与制动、小灯和转向灯电路接通。虽说是整体的,但两侧是转向灯,中间是小灯,制动灯也有自己的位置,而且通过车上继电器控制,转向灯也会与车身上的转向灯一样,一闪一闪的。

从颜色上有不带油漆的和已喷上各种油漆的两类。前者可根据需要,自己选喷喜欢的颜色,但不常见,仅用于配合特殊颜色的车漆;后者适用于不同色彩的轿车。因为现在都已采用电子技术控制调漆,所以可与车身浑然一体,看不出有什么差别,拿来就能直接安装。

从材质上有塑料制品和玻璃钢制品两种。玻璃钢制品结实、美观,但价格高。目前市场上的扰流板多为台湾生产的,基本上是玻璃钢制品,喷漆考究,做工精细。从油漆色泽和做工上就可以鉴别扰流板的好坏。

扰流板是一种根据空气动力学原理研制的科技产品,所以要因车而异。一般选用汽车生产厂商提供的与车型配套的选装件为宜。

2)扰流板的安装

扰流板的安装方式主要有粘贴式和螺栓固定式两种。前者可避免破坏行李舱盖且不会漏水;后者固定牢固,拆卸方便,但因有钻孔会破坏行李舱盖的面貌,若想拆下来就得在后备盖上留下几个孔,并且安装不好时会发生漏水现象。

现以螺栓固定式为例,来说明其安装方法。

(1)在行李舱盖上找到适合的位置,再与扰流板上的螺栓孔配合,做好记号,在行李舱盖上打贯穿孔。

(2)在钻孔位置与扰流板接合处注上硅胶以防漏水。

(3)将固定螺栓由行李舱内侧往外再固定锁紧。

(4)如欲漏水情形,可在固定后在固定架周围注入透明硅胶。

扰流板可设计为可动式,以改变不同角度,适应高速行车的需要(图7-16),也可为固定式。

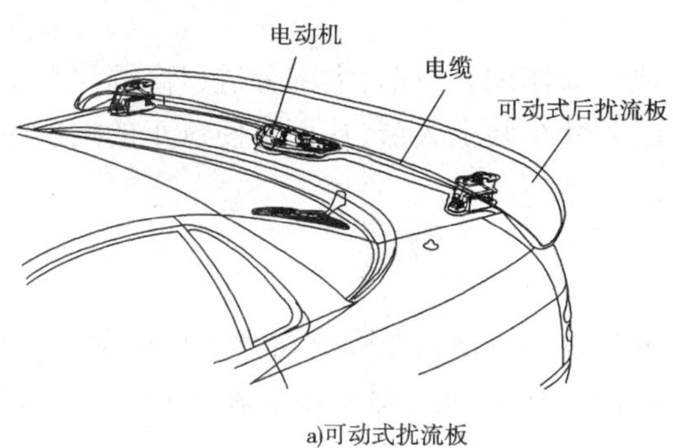

a)可动式扰流板

b)固定式扰流板

图 7-16　扰流板的安装

第五节　天窗装饰

一、汽车天窗的作用

1. 换气

换气是汽车开天窗最直接、最主要的目的。没有安装天窗的汽车，遇到车内空气污浊，如废气、吸烟、夏季车内霉变等，常用打开侧窗的方法给车内换气。这种方法不仅使乘客感到不舒服，而且车外污浊的空气和噪声也会进入车内。汽车在污染严重的城市道路上行驶时，为减少车外污浊空气进入车内，乘客一般都不得不关上侧窗。而在车窗密闭的汽车里，二氧化碳、细小微粒大量积聚，空气的污浊程度往往比车外还要严重，这是因为来自前方的污浊气体流经风口进入车内，同时车内的空气缓慢地经车尾排口溢出，其中的微粒会滞留在车内，并在车内环流。据测算，车内乘客总吸入的微粒是街上行人的 10 倍，长期吸入必然对人体造成危害。同时，封闭的车厢内氧气减少，二氧化碳增多，会直接导致人体疲劳、精力分散、反应灵敏性降低，甚至有困倦、头疼等症状。天窗作为一种新型的换气设备，可以很好地解决车厢内通风换气问题。它采用负压换气，抽去车内浑浊的空气，增加新鲜空气的流动，改善空气循环，始终保持车内新鲜空气的流通，提高车内乘坐的舒适性，减少驾驶员的疲劳驾驶。

2. 节能

开启天窗可降低车内温度，加强冷气效果，节省能源。经测试，阳光暴晒下的车内温度可高达 60℃。这时打开天窗，比开空调降低车内温度速度快 2 ~ 3 倍，并可降低能耗 30% 左右。

3. 除雾

春夏两季雨水多、湿度大，前风窗玻璃容易形成雾气。打开车顶天窗至后翘通风位置，可以轻易消除前风窗的雾气，改善视觉效果，保证行车安全。使用天窗除雾，不仅快捷，而且不必担心雨水被吹进车内。

4. 开阔视野

天窗可以使我们的视野开阔，并且能够亲近自然、沐浴阳光，驱除被封在车厢内的压抑感。

5. 提高汽车档次

天窗不仅是一种很好的换气设备，还起到美观装饰作用。目前，大部分进口高档汽车上基本都配有天窗。在国产轿车还未普及前，将自己的爱车装上天窗，从而可使汽车的档次也随之提高。

二、汽车天窗换气原理

车厢换气包括进气和排气，没有天窗的汽车进气是由进风口采用鼓风等方法实现的，排气是利用行车时车体内外产生的正负压差，使车厢内气体通过缝隙和排气孔排出。此种进气、排气方式使得进气受阻，排气不畅，车内空气无法快速更新。

天窗换气利用的是负压原理，打开天窗时首先将车内的空气抽出，而不是直接进风，污浊的气体被抽走后，从进气口补充进来经过过滤的新鲜空气。采用这种先排气后进气的换气方式，可加快空气的更新速度，对空调的影响也很小。

三、汽车天窗的种类

1. 按驱动方式分

天窗按驱动方式分有手动式和电动式两种。

手动天窗结构比较简单，价格也较便宜，且便于安装。主要有外掀式和敞篷式，外掀式的手动天窗多用于经济型轿车。

电动天窗主要由滑动机构、驱动机构、控制系统和开关等组成。此类天窗档次较高，价格较贵，安装时会涉及布线，安装难度较大。

2. 按面板材质分

按面板材质分，天窗有玻璃面板、金属面板和复合材料面板三种。

3. 按开启方向分

天窗按开启方向分，有外掀式、外滑式、内藏式和敞篷式等(图 7-17)。

外掀式天窗开起时，玻璃向外向后(前)倾斜，其结构原理与大公交车上的天窗相似，只不过制造用的材质及精密度要高些。

外滑式天窗开起时，先向上略升起，再向后滑动；关闭时，先滑动到原启动位置，然后向下关闭。

内藏式天窗在开起后可以保持不同的弧度，具有防夹功能和自动关闭功能，且配有独立的内藏式太阳挡板，天窗的玻璃还具有防紫外线功能和隔热功能。此类天窗由于功能齐全，使用方便，多用于商务车和中高档汽车上。

敞篷式天窗开起时分段折叠在一起，敞开的空间大，结构紧凑。该天窗使用高品质的特殊材料组合而成，具有防紫外线和隔热的效果。此款天窗非常前卫，适合年轻人口味。相对于前三款天窗，敞篷式天窗的密闭防尘效果要略差一些。

四、汽车天窗的选用与安装

汽车天窗的品种较多，但都是生产厂家按车型配套设计制造的，目前国内外都有天窗的生产厂家和产品供应，可供装饰选择。

1. 选择天窗的依据

(1)按车型选择天窗。目前市场上的天窗基本上都是按车型配套的，所以首先应按车型进行选择。

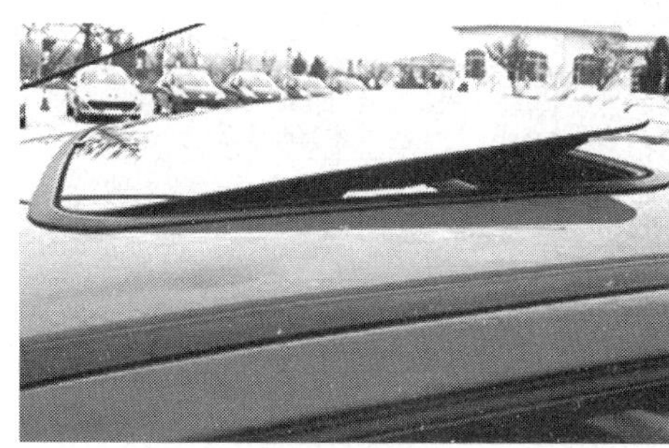
a)外掀式天窗

b)外滑式天窗

c)内藏式天窗

d)敞篷式天窗

图 7-17 天窗按开启方向分类

(2)在同类中应选需要的型号。一般在同类天窗中,有标准型、经济型及豪华型等。选择天窗必须与车型配套协调,高档车应选用豪华型天窗。若低档车选用豪华天窗,则天窗会出现许多多余的功能,既不协调也不经济。

(3)一定要选择正规厂家生产的合格天窗进行改装,这样结构安全性才可以得到保证。因为正规的天窗生产厂家对汽车结构安全性都有自己的专利技术,能够保证车辆在加装天窗后的结构安全性。

2. 天窗的安装

选购了好的天窗,还必须进行高质量地安装。如安装质量较差,使用一段时间后,便会出现天窗开启不灵、车顶渗水等现象。天窗安装的基本工艺如图 7-18 所示。

3. 加装天窗注意事项

(1)认真选择天窗的类型、规格和品种。天窗的类型、规格繁多,必须按车型要求和天窗安装使用条件,综合考虑选定。

(2)选择天窗必须与车型配套协调。在选择天窗的种类、规格时,应与车辆配套协调。

(3)天窗装饰应不影响车辆寿命。一般,天窗是按具体车型精心设计制造的,从结构、材料和制作工艺上都有科学依据,并经过了一定的试验检测。只要选择合理,安装、使用正确,不会影响车辆寿命。

(4)天窗装饰应不影响车辆的安全性。天窗的主体材料是玻璃和框架系统等,这些材质的性能与风窗、侧窗相似。玻璃应采用强化安全玻璃,有防盗和安全系统,这些都说明,在安全性方面,天窗并不低于风窗和侧窗,而只会高于风窗和侧窗。所以,天窗装饰应不影响车辆的安全性。

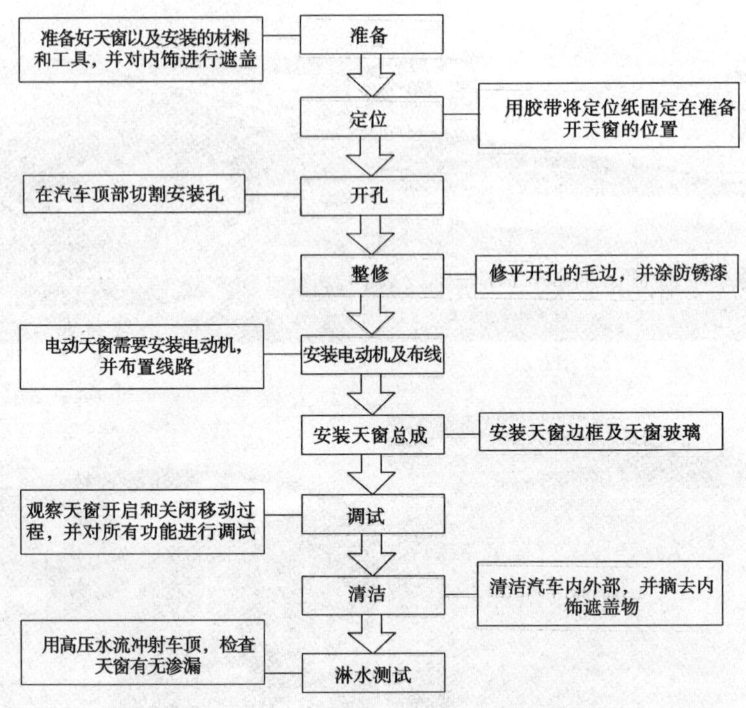

图7-18　天窗安装的基本工艺

(5)天窗新产品在汽车装饰中不断得到推广和应用。天窗的结构和材质不断推陈出新,新产品层出不穷。例如具有特殊变色功能的玻璃材料,能有效地过滤紫外线和其他有害辐射物,并使车内保持一定的亮度;另外,乘客在车内还可以调节玻璃的透明度,既能清楚看到车外的景色,又能使车内有良好的光线氛围。这些新产品,为提高天窗的功能创造了条件。天窗装饰发展很快,在国内的小红旗、神龙富康、金怀海狮、五菱、哈飞、松花江、昌河、桑塔纳、捷达等车上均已批量加装天窗,这就是有力的证明。

第六节　车灯装饰

车灯装饰是通过加装或改装,改变汽车原装车灯总体构成,起到增强照明、增加功能、增添个性等作用的一种装饰。

一、车灯装饰的作用

1. 扮酷爱车

目前市场上有许多装饰性车灯,外形各异,制造精美,每当夜幕降临,打开装饰灯,神秘的色彩给驾车人增添了极其强烈的个性。这种设计精致的装饰灯在打开后,外面看到的是随车辆角度的变化,灯光颜色随之变化的景象,车辆在道路上行驶也安全了许多。

2. 提高照明质量

一般国产车的原厂车灯出厂时的色温为3000K,经过一年使用会降到2500K,甚至降到2000K,如果继续使用,会明显影响照明质量。采用新型高效的车灯能够提高亮度,放宽视野,从而提高夜间行车的安全性。

二、装饰灯的种类

1. 按车灯的安装位置不同分

可分为汽车外部车灯和汽车内部车灯。外部车灯主要安装在车顶、车前脸、车尾、车底及车轮等位置。汽车内部车灯主要安装在仪表盘上、车内顶部、车内后视镜上、后风窗玻璃内侧及变速手柄等位置。值得注意的是，有些车灯尽管安装在车内，但作用效果在车外，此类车灯仍属于汽车外部车灯，如汽车霓虹灯、部分射灯等。

2. 按是否改变原装车灯结构分

可分为车灯加装和车灯改装。车灯加装是不改变原装车灯结构，在车上另外增加的车灯系统。车灯改装是将原装车灯拆除，换上性能更好的车灯，如将前照灯中的卤素灯换成氙气灯。

3. 按车灯的作用效果分

可分为照明灯、装饰灯和警示灯。照明灯是指改善照射性能、增添照射功能的车灯，如氙气灯、射灯等。装饰灯是指具有观赏效果的车灯，如风火轮、水晶灯等。警示灯是提醒其他人或车辆注意的车灯，如高位制动灯等。

三、氙气灯装饰

氙气灯简称 HID(High Intensity Discharge)灯，又称高强度放电灯或气体放电灯。该灯可使灯泡的使用寿命和亮度发挥到极致，且聚光效果好，色泽柔和，灯光白亮。

1. 氙气灯的结构

一套完整的氙气灯组件包括氙气灯泡、安定器、高压启动器，其部件、安装效果及接线方式如图 7-19 所示。

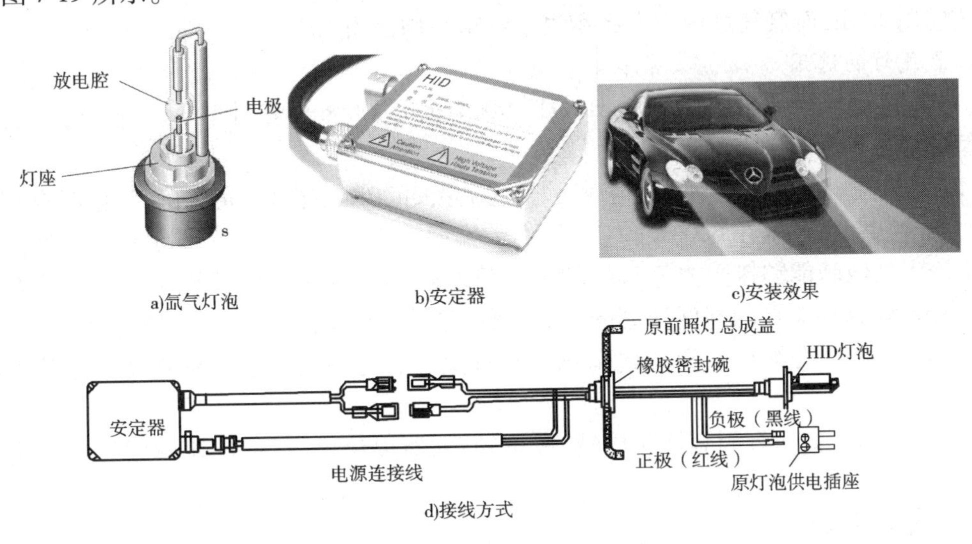

图 7-19　氙气灯

2. 氙气灯的工作原理

氙气灯的工作原理是：接通电源后，首先将车上的 12V 电压在几微秒内升压到 23000V 的高压脉冲电加在石英灯泡内的金属电极之间，激励灯泡内的物质（氙气、少量的水银蒸气及金属卤化物）在电弧中电离产生亮光。由于高温导致碰撞激发，并随压力升高使线光谱变宽形成带光谱。在灯开关接通的一瞬间,氙气灯即产生与55W卤素灯一样的亮度,约3s达到全部光通量。灯内高压氙气可以缩短灯被点亮的时间,灯的发光颜色则由灯泡内的氙气、水银蒸气和少量金属卤化物所决定。

3. 氙气灯的特点

(1)亮度大。氙气灯可以输出高达3000lm(流明——亮度计量单位)的光通量,而一般卤素灯泡只能产生1000lm左右的光通量,300%的亮度提升对于提高夜间及雾中驾驶视线清晰度有着明显的功效。

(2)色调好。普通的卤素车灯的色温在3000K左右,夜间行车时显得昏暗。氙气前照灯仿制太阳光的自然色调,使光亮非常完美,如同昼光。这是因为氙气灯通过高压脉冲电加在完全密闭的微型石英灯泡(管)内的金属电极之间,激励灯泡内的物质在电弧中电离产生亮光。这种亮光的色温与太阳光相似,但含较多的绿色与蓝色成分,因此呈现蓝白色光,这种蓝白色光大幅提高了道路标志和指示牌的亮度。

(3)能耗低。一般的卤素灯功率为55W或60W(H4)以上,而氙气灯功率恒定为35W。在各种电子、电气设备日增的情况下,从前照灯上节约20W的电力有着十分重要的意义,大大减轻了汽车电力系统的负担。

(4)性能好。氙气灯的亮光具有很好的稳定性及连续性,且一旦发生故障,氙气灯不会瞬间熄灭,而是通过逐渐变暗的方式熄灭,使驾驶员能在黑夜行车中赢得时间,紧急靠边停车。此外,氙气灯还有助于缓解人们夜间行驶的疲劳与紧张,增加了驾驶的舒适性与安全性。

(5)寿命长。卤素灯利用钨丝加热发光,钨丝随着使用时间的增长而逐渐蒸发。而氙气灯没有灯丝,它是利用两电极之间放电产生的电弧来发光(情形类似于电弧焊)。因此不存在因灯丝烧断而报废的问题,使用寿命比卤素灯长得多。品质再高的卤素灯泡最多也只能连续使用400h,而氙气灯使用寿命相当于汽车平均使用周期内的全部运行时间。

4. 氙气灯的选用

(1)看型号。氙气灯有H1、H3、H4、H7、9004、9005、9006等多种型号。选购时应根据不同车型选择不同型号的氙气灯。

(2)看色温。色温以绝对温度来表示。色温在3000K左右时,光色偏红;色温在5000K左右时,光色偏蓝;色温在6000K以上时,光色偏白。不同色温的光,具有不同的照明和视觉效果。人类眼睛能够接受的色温在2300~7500K左右,而在实际使用中合适的色温则在3200~5000K,这样车灯的亮度和穿透力对于照明是很合适的。当氙气灯的色温超过6000K时,光色太白太亮,会给行人和其他车辆带来危险。因此在美国和欧洲都禁止使用6000K以上的车灯。

(3)看价格。氙气灯因其性能优越、成本较高,所以价格也较贵,比卤素灯的价格要贵得多。

5. 氙气灯的安装

氙气灯的安装通常有两种方法:一种是更换氙气灯总成,另一种是不改变原车照明系统,再另加装一套氙气灯。

1)更换氙气灯总成

"换总成"就是将原来卤素前照灯总成全部更换成氙气前照灯总成。在欧洲的有关法规中有明确规定只换灯泡的改装方法为非法,只有对整个前照灯系统进行更换,即更换前照灯总成才被视作合法，并且还必须同时配备前照灯清洗装置及自动前照灯调节装置。这种改装方式主要采用原配套氙气前照灯，即氙气光源配合专门为其设计的配光镜和反射镜，因而成为一种最理想的改装方法。采用这种方式改装极为方便，一般只需拆换前照灯总成即可。

2）加装氙气灯总成

另行加装就是不改动原车的照明系统，而是将氙气灯作为辅助灯，另外开辟一个照明系统，将灯安装于汽车头部或顶部的相应位置。这种改装相对比较灵活，用户可以根据车辆的前围造型和自己的喜好挑选适合的产品，选择合理的安装位置进行安装，以满足个性化的需求。氙气辅助灯以远光灯为主，外径一般小至 80 ~ 90mm，大至 200mm，分别适合货车、越野车和轿车等不同车型。氙气辅助灯可以满足高速公路驾驶以及赛车驾驶的特殊需求，射程可达千米以上。此种改装方法对于车辆前围保险杠及格栅有一定的尺寸要求，需仔细测量后再予以改装。

四、外部装饰灯

汽车外部装饰灯主要有霓虹灯、底盘灯、高位制动灯、顶灯、示宽灯、车尾装饰灯、排气管灯、号牌灯、竞技型车灯、探射灯、搜索灯等。

1. 霓虹灯

汽车霓虹灯是指汽车上由按一定规律不断明灭的灯光构成画面的发光体。安装在后风窗玻璃内侧。汽车霓虹灯的发光体是晶体霓虹发光片，这种高科技超薄的平面型光源，厚度仅为 0.3 mm 左右，相当于名片厚度，如图 7-20 所示。

汽车霓虹灯主要由电源、驱动器、发光体及信号线等组成，如图 7-21 所示。电源可由汽车蓄电池供电，也可由干电池供电；驱动器可控制画面中的灯光按一定规律明灭；发光体为晶体霓虹发光片，具有质量轻、利用空间小等特点。

图 7-20　汽车霓虹灯

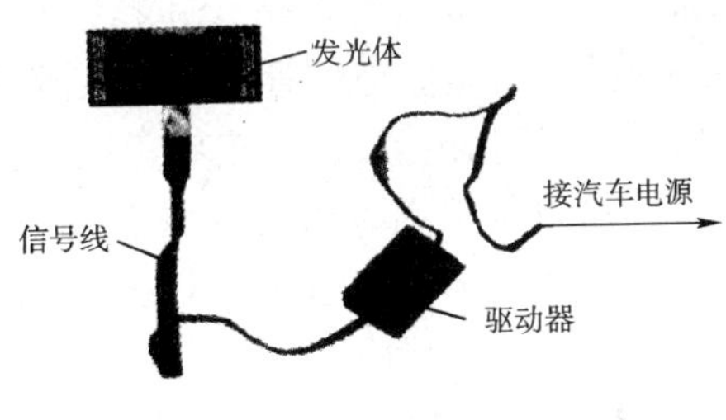

图 7-21　汽车霓虹灯的组成部件

汽车霓虹灯的安装步骤如下：

（1）将晶体霓虹发光片用透明胶粘在后风窗玻璃上。

（2）连接线路和控制开关，如果通过汽车上小灯开关控制，晚上开小灯时即会亮，也可自己加装个开关进行任意控制。

（3）将电源线接到汽车电源（12V）上。

2. 底盘灯

汽车底盘灯安装在汽车底部，集安全性、实用性、装饰性为一体。该灯不仅可用于照明，还可作为制动警示、转向灯及停车显示。比如说打左转向灯，底盘灯左边也会跟着亮起；制动时，底盘灯会全亮；汽车停止时，其是一闪一闪的，可达到警示效果。在夜间、雾天、雨天以及能见度差的路上，它可以很好地为行人或者其他车辆提供自己车辆行驶或停车时的位置标识，以减少事故隐患。另外，当夜间检查汽车底盘或者查看、更换轮胎时，底盘灯还能提供照明，同时还有非常好的装饰效果。

汽车底盘灯具有下列性能特点：

(1)采用LED产生色光，颜色鲜艳靓丽、光线均匀。

(2)具有全亮、快速全闪、慢速全闪、顺向扫描、逆向扫描、快速顺向扫描、来回扫描、声控扫描等多种闪烁效果。

(3)具有良好的防水性能和抗冲击性能，且平时不用维护，不用擦洗。

(4)耗电量低，功率只相当于一个汽车前照灯的功率，使用时不会给汽车蓄电池和发电机带来过多的负担。

(5)质地轻巧，便于安装，一次安装可长期使用。

汽车底盘灯接12V车用电源，不需变压器可直接安装于车上，其安装方法是：

(1)将汽车置于升降台或者地沟上合适位置。

(2)汽车底盘灯分别安装于汽车底盘的前、后、左、右四边底部，如图7-22所示。

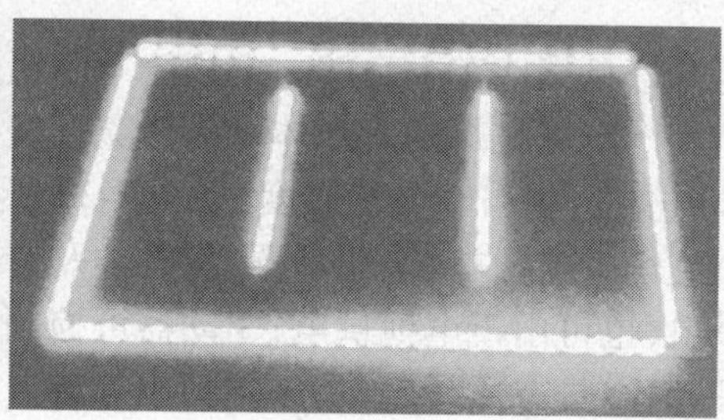

图7-22　汽车底盘灯的安装

(3)灯管安装有粘贴式和螺钉连接式两种。粘贴式安装是将灯管安装底座上的双面胶保护膜撕下，然后把灯管粘在要安装的位置即可。螺钉连接式安装应先根据底盘灯的两端安装支架的孔位置，在汽车底盘铁板上钻孔，然后用产品自带的螺钉拧紧即可。

(4)灯管采用专用的电源线并联，连接时将红线与红线相接，黑线与黑线相接。

(5)检查所有灯管工作状况，如果正常，将灯管用螺钉予以固定。

3. 高位制动灯

高位制动灯俗称刹车灯，它通常安装在汽车尾翼或后风窗玻璃内侧，汽车制动时便会发光。

高位制动灯具有如下作用：

(1)制动警示作用。由于汽车原配制动灯一般均装在尾灯旁边，制动时该灯亮起，但不够醒目。高位制动灯不仅装在醒目的位置，而且灯管长、亮度大，起到制动灯的辅助警示作用。

(2)转向警示作用。有些高位制动灯还可在汽车转向时起到警示作用。当汽车右转弯时，右边一组红灯闪亮；当汽车左转弯时，左边一组红灯闪亮(图7-23)；当汽车制动时，所有灯同时亮。

(3)闪光装饰作用。很多高位制动灯具有闪光功能。在夜间只要打开小灯开关，在没有制动的情况下，灯光就会呈流动型闪亮，有较好的装饰效果。

图 7-23　高位制动灯转向警示

4. 外部顶灯

汽车外部顶灯是安装在汽车顶部，夜间发出高雅闪光的装饰性车灯，如图 7-24 所示。

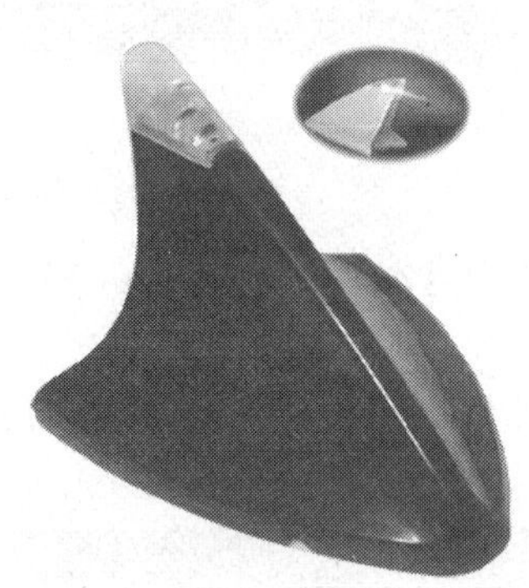

图 7-24　汽车外部顶灯

汽车外部顶灯由发光体、电池、底座及双面胶等组成，如图 7-25 所示。其中发光体包括光控电路、动态感应电路及发光电路。该灯通过底座上的双面胶粘贴在汽车顶部，独立的电路设计，无需改动或连接汽车本身电路。夜间汽车开动时便会发出闪光，白天或停车时不闪光。

5. 车头示宽灯

车头示宽灯（两个）对称地安装在汽车头部两侧，具有示宽和装饰作用，如图 7-26 所示。车头示宽灯安装比较简单，先撕下灯底部的双面胶保护纸，然后粘贴在车头合适位置并压紧，再将导线连接在小灯线上即可。

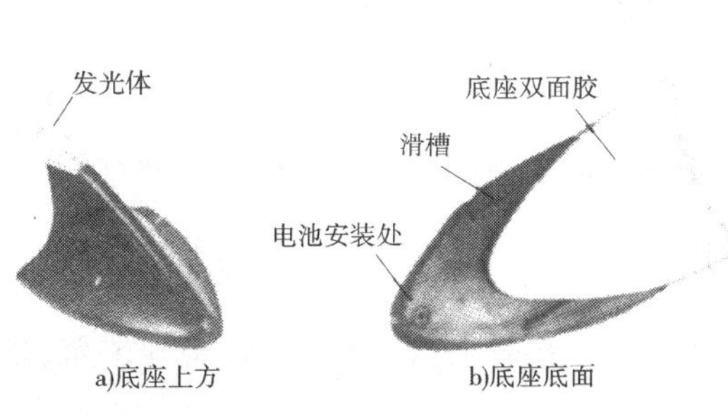

图 7-25　汽车外部顶灯的结构

图 7-26　车头示宽灯

6. 车尾装饰灯

车尾装饰灯一般安装在汽车行李舱盖的两侧，形似飞翔的翅膀，夜间会发出光亮，如图 7-27 所示。

车尾装饰灯的安装方法是：先将所附的软性海绵贴于本体底部，然后将本体底部的金属部位卡在汽车行李舱盖两侧，从盖内用所配螺钉将灯体卡紧固定即可，导线如接于小灯可在夜间常亮，如接于制动灯可作为制动提示灯使用。

图 7-27　车尾装饰灯

7. 排气管灯

排气管灯装于排气管部，连接线接在小灯线上，晚上开小灯时即会变幻闪亮。

8. 车身装饰小灯

车身装饰小灯通过对光线的折射发光，无需电池，该灯采用硬质 PVC 电镀而成，轻便耐用。安装时将其粘贴在车身即可。

9. 竞技型车灯

图 7-28　竞技型车灯

竞技型车灯是安装在越野车顶部，具有亮度大、穿透力强、射程远等特点的装饰灯，如图 7-28 所示。汽车加装竞技型车灯不仅可以作为装饰来扮靓爱车，而且能同时放宽视野，提高能见度，无论天气如何变化，车主都能轻松地应对。黑夜行车有诸多不便，其主要原因是车灯的照射范围有限，尤其遇到雨雪或大雾的恶劣天气，大多数车主会觉得车灯不够亮、穿透力弱且射程近。如果车主为爱车安装了竞技型车灯便可很容易地解决这些问题。

10. 探射灯是一种带有聚光效果的车灯，能够令光线聚合在一个较小的范围，主要用于越野汽车。探射灯安装在车顶上，能做 360°旋转，可为黑夜环境中探路、搜寻及拯救提供照明。

五、车内装饰灯

车内装饰灯有多种形式，主要有太阳能迷你闪光精灵灯、闪光排挡头、车内声控灯、七彩闪光飞机灯、地图灯等。

1. 迷你闪光精灵灯

(1) 安装位置。迷你闪光精灵灯是利用太阳能储能，安装在汽车前窗、后窗等位置，发射出超强闪光的车内装饰灯，如图 7-29 所示。

当装在前风窗玻璃右下角时，能起到很好的装饰作用；当装在后风窗玻璃内侧时，可更好地提醒后面的车保持距离；当装在车门玻璃内侧时，可提示侧面的行人注意，同时当打开车门时，能提醒后车注意。

(2) 安装方法。产品附带双面胶和固定支架，支架为一铁片，可任意弯曲，自己选择一

个最佳角度,安装时通过双面胶将太阳能迷你闪光精灵灯粘贴在个人喜好的安装位置即可。

图 7-29 迷你闪光精灵灯

2. 闪光变速器操纵杆球头

闪光操纵杆球头是安装在变速器手柄头部、具有闪烁彩光的车内装饰品。轻按闪光球头顶部,就会有发光变化,每按一次都会有不同的发光效果,红、黄、绿色不断渐变,有时闪烁多种彩光,每一次闪光都不同,奇妙之极,极富个性。

闪光操纵杆球头的安装步骤:

(1)卸下车上原装操纵杆球头。

(2)拧开闪光操纵杆球头下端螺母。

(3)把操纵杆球头的孔插入汽车变速器操纵杆,如图 7-30 所示。

图 7-30 闪光操纵杆球头的安装

3. 车内声控灯

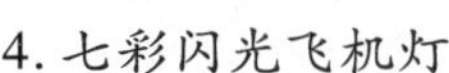

车内声控灯是一种可随音乐闪烁的车内装饰灯。

4. 七彩闪光飞机灯

七彩闪光飞机灯是一种外观造型类似飞机,具有多种闪光的车内装饰灯,该灯有七彩 LED 闪灯效果,闪光方式有时快闪光(多种颜色灯快速变化)和时慢变光(红色慢慢变成绿色,绿色又慢慢变成蓝色……)。

5. 地图灯

地图灯是一种夜间提供照明,方便查看地图的使用型装饰灯。地图灯使用非常方便,只要插入点烟器,打开开关即可发出光亮。

第七节 车 底 装 饰

车底装饰是指对除轮胎以外最贴近地面的汽车部件进行装饰,以防车底零件损坏。车底装饰通常有底盘封塑、底盘装甲、底盘护板等。

一、底盘封塑

底盘封塑是使用专用的底盘喷胶,将一种高附着性的橡胶树脂分多次喷涂在汽车底盘

上，形成约2mm厚的防护层。

1.底盘封塑的作用

底盘封塑的具体作用如下。

(1)防腐蚀。雨水、雪水、洗车污水等残留在车辆底部，长久下去就会腐蚀汽车底盘。如果对汽车底部进行封塑，那么即便是酸雨、融雪剂、洗车污水等，都不容易侵蚀透防护膜。

(2)防撞击。车辆在行驶的过程中，溅起的小石子可能会击破车底金属漆膜，锈蚀底盘。底盘封塑后，车辆底部封塑喷涂材料的厚度可达1.5~2.5 mm，能抗击较大的冲击力，可有效地减轻突起物对底盘的伤害，减小底盘损坏和锈蚀的可能性。

(3)防振动。发动机、车轮均固定在底盘上，它们的振动在某一频率上会与底盘共振，使人产生很不舒服的感觉，而底盘封塑能在一定程度上消除共振。

(4)隔温、节省燃油。在冬季，打开车内空调后，冷热空气大多集中在车辆的地板上进行交换。如果汽车做了底部封塑，其膜内的石英砂会将冷热空气有效隔离，保证车内温度恒定。夏季开空调后，底盘封塑可以隔离外界热气的蒸烤，有效保持车内温度，从而节省燃油。

(5)隔音降噪。车辆快速行驶在道路上，车轮与路面的摩擦声与速度成正比，底盘封塑具有较好的底部防护，起到隔绝噪声，降低车内的噪声的作用。

2.底盘封塑的工艺

底盘封塑的主要工艺包括清洗、烘干、喷涂三个步骤。

1)清洗底盘

(1)在洗车区，按一般洗车程序，对车辆进行首次清洗，重点冲去底盘下部、轮胎上方等部位的大块泥沙。

(2)用举升机把车辆升起，拆卸4个轮胎，配合专用清洁刷及专用清洁剂(或除油剂)对车辆底盘进行彻底清洗。将4轮内衬里面、底板下面的死角用铁铲刀、钢丝刷、砂纸并配合高压水枪等进行彻底清洁，发现起皮、脱落的涂层用灰铲铲去，生锈的部位用砂纸抛光，再用高压水枪冲洗，确保无尘、无锈。只有清洁干净，才能保证施工质量。

2)风干及遮蔽

(1)配合气动风枪对底盘清洁位置进行风干。

(2)使用专用遮蔽纸及遮蔽胶带，对底盘不必施工的位置进行严格遮蔽(排气管、传动轴、制动盘、减振器等)，同时须对车辆整个漆面进行全面遮蔽。

3)开料喷涂

(1)按不同型号材料的要求，用专用稀释剂进行调配。

(2)连接专用喷涂工具，使用标准气压对所需施工的部位均匀喷涂，达到整体覆盖的效果；间隔20min后，再进行第二次喷涂。

(3)底盘大梁两侧至下裙位置及4个轮弧位置，需加强喷涂，使防锈及隔音效果更明显。

4)检查清除遮蔽

(1)喷涂完毕后，使用专用照明灯，对施工位置进行仔细检查，以保证施工效果。

(2)拆除遮蔽纸，检查并清洁污染的位置。

(3)装上4个轮胎，并紧固轮胎螺钉。

底盘封塑效果如图 7-31 所示。

二、底盘装甲

1. 底盘装甲的作用

底盘装甲是目前国际上流行的一种底盘防护措施，是采用橡胶和聚酯材料的混合配方，喷涂在底盘上，施工厚度为 4mm 左右，局部为 5mm 以上。这种涂层具有高弹性，有效减弱了砾石直接打在金属上发出的噪声。它不仅可以减少原有的底盘受侵蚀、隔绝沙石打击底盘发出的噪声，还可以很好地过滤掉行使过程中由底盘传入到驾驶室内的噪声。采用底盘装甲后，可以在车内形成一个较为安静的空间，音响在车辆行驶中的表现也会更好一些。

底盘装甲的作用与底盘封塑类似，不同之处是采用的喷涂材料不同，涂层在 4mm 以上，具有更好的隔音降噪效果。

2. 底盘装甲的工艺

底盘装甲的工艺与底盘封塑的工艺类似，主要有清洗、烘干、喷涂三个步骤。

(1) 清洗底盘，必须用洗车高压喷枪将底盘或车厢等需喷涂部位彻底清洗干净，如果新车有蜡或旧车有锈皮的则要铲除、磨光，达到无水、无尘、无油、无蜡迹，保证无油污、无污垢、无沥青等。

(2) 热风吹干，清除水渍、湿气，彻底干燥。

(3) 用举升机提升车辆，拆除轮胎和挡泥塑料板。

(4) 遮盖附件，将发动机、变速器、传动轴等底盘附件遮盖起来。

(5) 喷涂施工。

(6) 喷涂完成后，自然晾干或用热风吹干。

底盘装甲效果如图 7-32 所示。

图 7-31　底盘封塑效果图

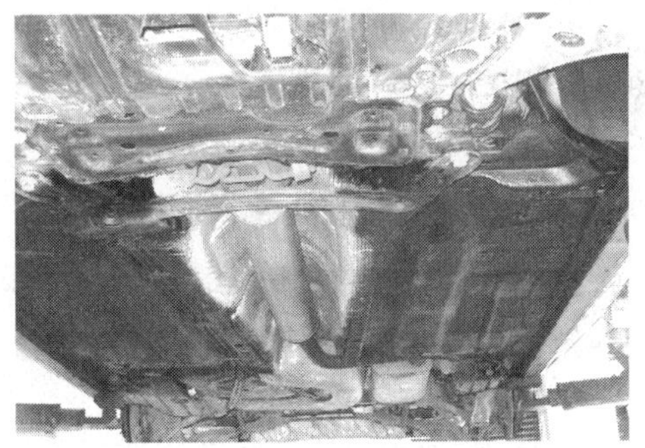

图 7-32　底盘装甲的效果

三、底盘护板

底盘护板是指在车底需要特殊保护的总成和机构（如发动机、变速器、传动轴等）安装护板，以防车底受到碰撞时，保护车底部的部件不受损坏。

底盘护板有塑料护板和钢板护板两种。塑料护板和钢板护板都可以在车辆托底时保护底盘，塑料护板能在剧烈磕碰时断裂或者撕开以吸收磕碰的能量，从而保护需要保护的底盘部件。钢板护板材质十分坚硬，甚至比底盘大梁的硬度还要高。在底盘受到碰撞时，钢板护板的变形较小，可以很好地保护底盘部件不受损坏。

采用塑料护板时,需要注意护板的材料和形状应该满足使用要求。材料尽量选择弹性和硬度较好的,在受到较小的冲击时,可以有一定的变形但不至于破碎,并还可以起到支撑的作用。在受到较大的冲击时,可以因塑料护板的破裂而吸收冲击的能量。

采用钢板护板时,同样需要注意护板的材料和形状应该满足使用要求。车辆在加装钢板护板时,尽量选择原厂的钢板护板,若没有原厂的护板,可以选择选配的护板。但是,一般来说,选装的钢板材质并不是很好。一般托底的时候,选装钢板护板可以起到保护作用,剧烈磕碰的时候虽然不会发生断裂,但钢板的凹陷会顶到需要保护的部件上。也就是说,如果遇到非常剧烈的磕碰时,选装的钢板护板起不到保护的作用。原厂或是品质较高的底盘护板的硬度很高,甚至和车架上使用的高强度钢板的硬度相当,价格相对普通材料的底盘护板要高得多,但可以对底盘的重要部件起到更有效的防护作用。

底盘护板效果如图 7-33 所示。

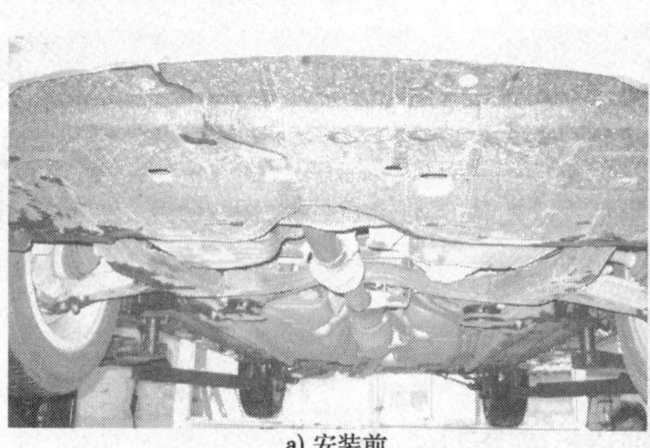

a) 安装前

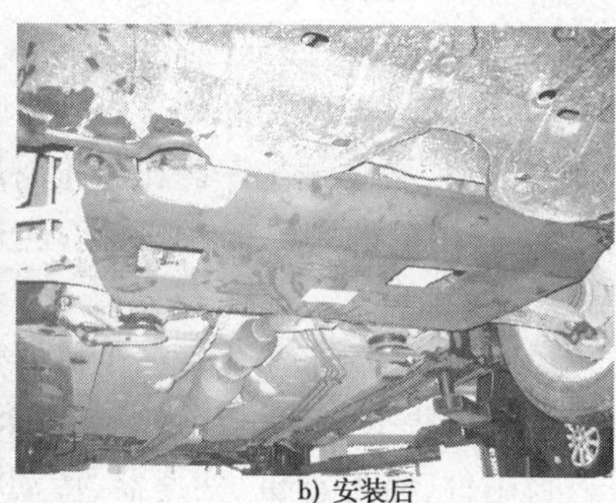

b) 安装后

图 7-33　底盘护板

第八节　其他外饰件

一、车轮饰盖

1. 车轮饰盖的装饰作用

车轮饰盖位于汽车外部的醒目位置,是重要的外装饰件。高品质的饰盖能烘托出整车的造型效果,提高车辆的价值。

2. 对车轮饰盖的要求

造型优美,质量可靠。因为饰盖的位置醒目,如果造型欠佳,会降低整车的装饰效果,使之弄巧成拙;要求质量可靠,必须有足够的强度,结构可靠,装卡牢固,不能轻易掉下。否则,一是饰盖容易破裂;二是饰盖破裂掉落容易引起不安全事故。特别是在城市中,车辆行人均多的情况下,飞落的饰盖易碰伤其他车辆或行人,后果则不堪设想。饰盖掉落在街上的事是时有发生的,所以必须引起重视。

颜色配合要协调。车轮有颜色,整车也有各种颜色,要求装饰的饰盖颜色必须与车轮和整车协调一致,达到和谐美观。

3. 车轮饰盖的类型(图 7-34)

车轮饰盖按材料分主要有铝合金盖和塑料盖两种。铝合金车轮饰盖设计有闪亮的金属光泽,奇异的外形,但价格也很高;经电镀的塑料车轮饰盖也具有较好的装饰效果,但价格要便宜得多。

4. 车轮饰盖的选装

(1)选择质量可靠、色泽协调的车轮饰盖,做好安装准备。

(2)对车轮及饰盖进行清洁处理,清除尘土污物,使车轮和饰盖清洁、干燥。

(3)车轮饰盖是靠钢丝卡簧固定支夹固定在车轮轮辋上的,要有足够的拆卸力,才能将饰盖拆下,以保证其使用的安全性。

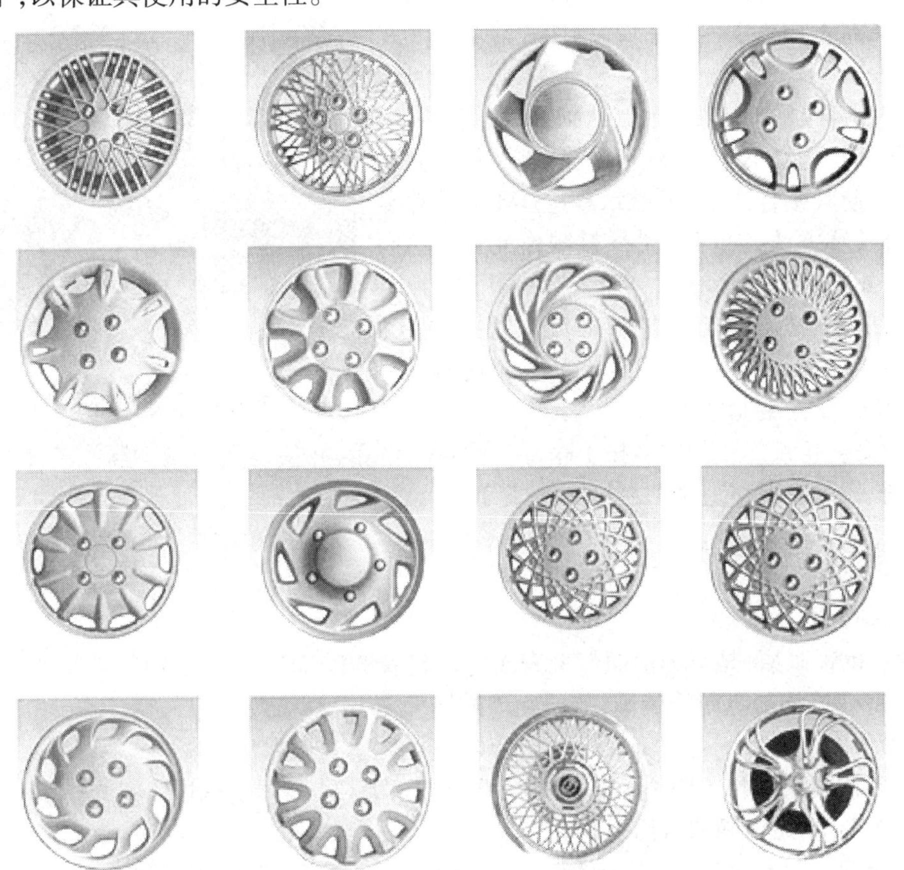

图 7-34　车轮饰盖的类型

二、轮弧饰片装饰

轮弧饰片又称为轮眉或轮眉防撞条。

1. 轮弧饰片的功能

主要功能是保护轮弧翼子板在受到轻微或中度碰撞时,可使其伤痕减至最低程度。另一主要功能是起装饰作用,可使车身外表锦上添花。

2. 轮弧饰片的选装

1)选择轮弧饰片

轮弧饰片是一些装饰配件厂针对一些车型而专门设计制造出的装饰件,有用塑料、金属材料制作的,有不同的色泽和规格,可根据特定的车型和车辆的状态,选择合适的轮弧饰件,安装后可达到预期的保护和装饰目的。

2)轮弧饰片的安装

轮弧饰片的安装方法一般有以下两种安装方法。

(1)用螺钉或拉拔铆钉固定法。在轮弧饰片上,一般都有安装小孔,这是为采用螺钉固定法而设置的安装孔。

在安装前,需对安装部位进行清洗,对轮弧饰片也要擦拭,去除尘土、污物,保持清洁干燥。要特别注意对翼子板凸缘唇的内缘污垢必须清洗干净,使之清洁干燥。按照轮弧饰片的小孔,在翼子板凸缘上配钻安装孔,去除孔边上的毛刺。

图 7-35 不锈钢轮弧饰片装饰

在安装部位的固定处,涂上硅胶,即在翼子板和轮弧饰板的相应位置均需涂上硅胶,使螺钉或拉拔铆钉固紧,使其接合紧密,不积水。这样不易产生锈蚀。这种安装方法,对用金属材料制作的轮弧饰件很适用。如图 7-35 所示。

(2)胶粘法安装。有的轮弧饰片是用保护膜之类的塑料制作的,有的是不干胶产品。对这样的轮弧饰片,用粘贴安装非常容易。

先将安装轮弧饰膜部位擦拭干净,清除污物、尘垢,并使表面干燥。撕掉轮弧饰膜上的衬纸,将轮弧饰膜平整地粘贴在轮弧上即可。

三、眼线装饰

1. 装饰的部位

眼线,也称眼眉,是车的前照灯上表面部位附着的装饰件。这是将车拟人化的表述,将前照灯(左、右)均加上眼线装饰,如同女孩描眉一样,楚楚动人。

2. 眼线装饰施工

(1)眼眉材料选择。眼眉材料大都是类似彩条那样的不干胶制品,应选择质地好、寿命长、色彩丰满、粘贴牢固的眼眉材料。

(2)将眼眉材料,按装饰部位的形状,剪裁成长短、宽窄、形状相匹配的眼眉。要特别注意,左、右眼眉是对称的,不要有差异。

(3)将粘贴眼眉的部位用拭布擦拭干净,以确保粘贴牢固。

(4)将眼眉的衬纸撕掉,把眼眉平整地粘贴到前照灯上部匹配的部位,不得有皱褶、气泡等缺陷。

四、加装旗杆灯

1. 装旗杆灯的作用

在汽车前端、保险杠的转角两侧,选装两个旗杆灯,主要有两个功能:

(1)安全功能。在夜间行车时,有两个旗杆灯的亮光,可使前方迎面而来的车辆能醒目地见到对面有车,提高了行车安全性。

(2)装饰作用。在两根不锈钢管制作的旗杆上,装上两个艺术灯,镜面光亮的旗杆和艺术灯的玻璃,在阳光照射下也会发光,为行车增添亮点。

2. 安装旗杆灯的方法

(1)打开发动机舱盖,在左右两侧的灯组总成处,找出小灯的接线头。

(2)将接线头由中间的塑胶扣压下拉出来,使用延长线在小灯接线头端子处相接。

(3)两延长线的另一端由小灯组座的附近缝隙拉出。

(4)使用手电钻在保险杠前端转角的附近处适当位置钻一小孔(左右各一,位置对称),以便安装旗杆灯。

(5)将旗杆灯小总成置于安装孔上,并在旗杆底部与保险杠上表面处涂上适当的硅胶,把安装位置对正,拧紧固定螺钉。

(6)将旗杆灯的电源线与延长线的线头相接,即完成了旗杆灯的安装。

五、汽车货架

汽车货架是安装在汽车顶部或后部,用于放置货物的装饰品。汽车货架按放置物品的不同可分为车顶货架、行李架和放置自行车的后背式专用摆车架,如图 7-36 所示。

汽车货架一般采用菲锌板及铝合金材料制作,具有表面光滑、安装方便、坚固耐用及不伤车身等特点。安装货架时,一般由车顶排水槽或车门框的上缘来扣住货架的基座。

图 7-36 车顶货架

六、备胎罩

备胎罩是用于遮盖备胎的装饰品,如图 7-37 所示。备胎罩不仅具有很好的装饰效果,使整个车身协调美观,而且可避免备胎遭受日晒、雨淋等自然侵蚀,防止备胎老化。

图 7-37 备胎罩

七、防撞条

防撞条(图7-38)是贴于车身凸出部位的一层特殊保护层,主要用于减少车身遭遇轻微或中度擦撞时受到的损伤,同时还能增强车身美观。防撞条按粘贴位置不同可分为车身防撞条、保险杠防撞条、车门防撞条及后视镜防撞条。车身防撞条贴于车身凸出部位,起防止刮蹭作用;保险杠防撞条贴于保险杠两端边角,防止这个凸出部位产生碰擦;车门防撞条贴于车门开动一侧,防止车门碰上旁边的车身、大树等物体;后视镜防撞条贴于后视镜面。

防撞条在粘贴前应首先将车身粘贴部位擦洗干净,贴上后轻压一次,3 小时后再压一次,24 小时内避免与水、油类接触。

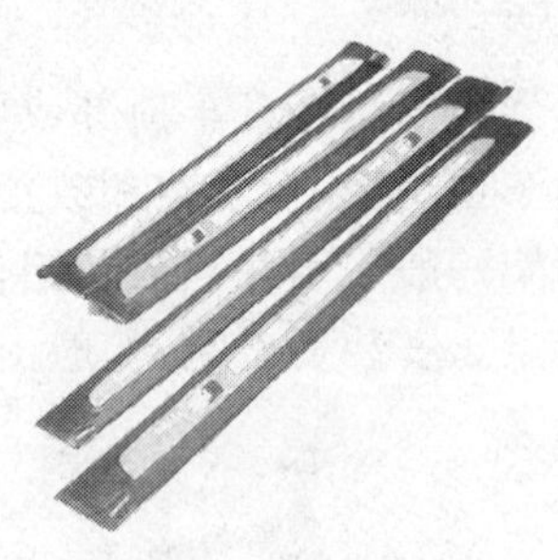

图7-38 防撞条

1. 太阳膜有何作用?
2. 太阳膜的性能指标有哪些? 如何鉴别太阳膜的品质?
3. 简述太阳膜的粘贴工艺。
4. 车身贴饰有何作用? 如何进行车身彩条贴饰?
5. 如何进行车身彩带的直线形和曲线形粘贴?
6. 车身文字和图案的色彩设计应考虑哪些因素?
7. 何谓车身大包围? 有何特点?
8. 简述车身大包围的设计原则。
9. 简述车身大包围的制作和安装工艺。
10. 导流板有何作用? 如何安装?
11. 扰流板有何作用? 如何安装?
12. 天窗有何作用?
13. 简述天窗的换气原理。
14. 天窗有哪些类型? 各有何特点?
15. 简述汽车加装天窗的工艺过程。
16. 为何要进行车灯装饰?
17. 简述装饰灯的类型及其特点。

18. 氙气灯与普通前照灯有何区别？如何更换氙气灯总成？

19. 外部装饰灯有哪些？各有何作用？

20. 车内装饰灯有哪些？各有何作用？

21. 何为车底装饰？常采用哪些方法？

22. 底盘封塑与底盘装甲有何区别？

23. 简述底盘封塑的工艺过程。

24. 车轮饰盖有何作用？如何选用？

25. 现场观察车窗贴膜、车身大包围制作、开天窗、底盘装甲的工作过程，并绘制工艺流程图。

第八章　汽车内部装饰

教学提示：如果说汽车外部装饰使人感到安全与靓丽，那么汽车内部装饰将为车主营造一个温馨与舒适的空间。

本章主要内容：汽车顶衬装饰、车门衬板装饰、侧围衬板装饰、地板装饰、座椅装饰、车内木质装饰、仪表板装饰、车内饰品装饰等。

本章学习目标：

(1)了解汽车内部装饰的主要内容及其发展动向；

(2)掌握汽车顶衬、车门衬板、侧围衬板、地板、座椅、仪表板的装饰方法和技巧；

(3)掌握汽车内部装饰材料质量的鉴别方法；

(4)掌握车内饰品的选用原则和装饰方法。

本章重点：汽车顶衬、车内衬板、侧围衬板、地板、座椅、仪表板的装饰工艺过程。

本章难点：汽车内部的装饰材料(如真皮、桃木、PVC、绒布等)的质量鉴别方法与技巧。

第一节　汽车顶衬装饰

顶衬是汽车整车内饰的重要组成部分，它的主要作用是提高车内的装饰性，同时顶衬还可以提高与车外的隔热效果；降低车内噪声，提高吸音效果；提高成员的舒适性和安全性。随着使用时间的增长，顶衬往往会变色或褪色，也可能在使用过程中染上污物，当用常规方法无法清除污物时就需要更换新的顶衬。此外，由于现代车审美观不断变化，顶衬材质和花色也不断更新，当车的顶衬在色泽和面料上过时时，也要对顶衬进行更换。

一、汽车顶衬的结构

汽车顶衬也称顶棚或顶子等，顶衬的种类、式样和颜色较多，由各种不同的面料制成，其结构也随着车型的不同而不同。

轿车顶衬一般有两种类型，即成形型和非成形型。成形型顶衬采用模压成形技术，安装方便。而非成形型顶衬采用固定衬板，通过供形架固定在车顶。通常新款轿车一般采用成形型顶衬，老款轿车采用非成形型顶衬。

顶衬一般由基层、填空层和表皮层等重叠加工而成，其结构如图 8-1 所示。

基层一般选用浸树脂的再生棉或玻璃纤维、聚氯乙烯泡沫板等材料；填充层一般选用聚氨酯或聚烯烃树脂发泡体；表皮层主要是 PVC 材料。目前，逐渐增加了纺织品材料作表皮层。

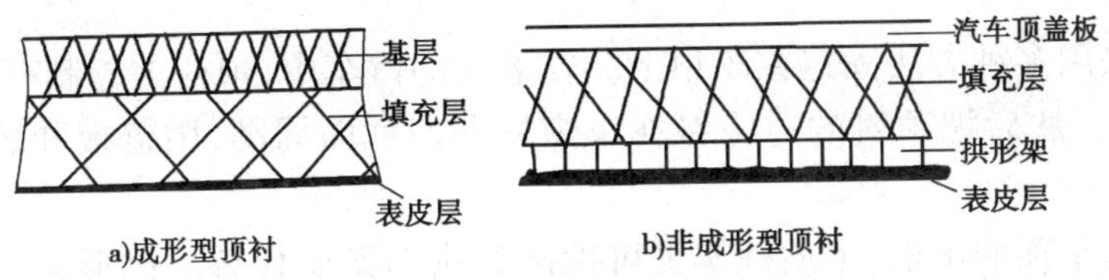

图 8-1　顶衬的结构

二、成形型顶衬装饰

1. 装饰方法

对顶衬表皮层进行重新装饰。可采用两种方法：

方法一：将顶衬表皮层材料（以 PVC 片材为例）采用适当的方法拆下，然后选用同类的新的质量优良的 PVC 片材，经适当的剪裁加工，用粘接法粘贴上，形成新的表皮层的顶衬。

方法二：若原顶衬表皮材料是纺织品材料，表层材料只有老化、褪色，没有其他破损，而且与填充层贴合都很结实牢固时，可按其形状尺寸，经过适当的剪裁和缝制，使之成为一个整体的顶衬表层，然后用胶粘法，把新的顶衬表层直接粘贴到旧的顶衬表层上，使整个顶盖总成的厚度略有增加，自然其隔热和隔音效果也有所提高。同时，也比前一种方法节省装饰时间，即省去了拆下原顶衬表层材料的工序。

2. 装饰工艺

（1）拆下顶棚原顶衬。根据汽车顶棚的具体结构，选用适当的工具，把顶棚内饰上有关的零部件，如顶灯、空调器、支承架等拆下并保存好，然后再把顶棚顶衬拆下。

（2）检查顶衬及顶盖。当顶衬拆下后，要认真检查顶盖的顶衬，查看其结构形式、有无损坏之处以及损坏的程度如何？有无修复的可能？顶衬表皮是何种材料？如何加工而成的？这些内容都是重新装饰时所需的参考资料，可为制定新的装饰工艺提供依据，同时也为重新装饰并保证质量而提供依据。

（3）检查顶盖护板。整个顶衬是以顶盖护板为基材而粘接或用其他方法固定在上面，与之形成汽车顶盖整体。若护板有锈蚀或其他方面的损坏，应根据具体情况进行修复，严重的还需更换新护板。

（4）对顶盖护板内表面进行清洗。除去表面上污垢、异物，并使之清洁干燥，为组装顶衬做好准备。

（5）把装饰后的顶衬进行必要的清洗处理，主要是对顶衬的贴附面（与顶棚内表面相贴附表面）进行清洗并干燥，做好与顶棚安装的准备。

（6）按原顶盖与顶衬的结构形式和安装方法，把装饰好的顶衬安装在顶棚上。

（7）将原来拆下的零部件，如顶灯、空调器系统、装饰压条等零部件，经过清洗、干燥后，按原方法安装复原。

（8）将安装好后的顶棚，进行全面清洗，清除安装过程中造成的尘垢或污物，并用内饰护理剂——多功能清洁柔顺剂对顶棚顶衬表面进行护理，使顶棚内饰焕然一新。

三、非成形型顶衬装饰

1. 拆卸旧顶衬

顶衬可以采用多种方法固定在车顶上。在老式的汽车中,顶衬上缝制有衬边,衬边钉在一个木制框架上,然后把顶衬的边缘钉在车窗框和门框面周围,用盖板和装饰嵌条把钉子遮住。

随着全钢质车顶的出现,木质框架被可拆卸的拱形架所代替。拱形架被制成与车顶曲面相吻合的弓形,在它的两端有大约25mm长的90°弯头,弯头可以插在门框上面的孔中和后窗立柱的基座上。顶衬的衬边缝制有圆形环,拱形架从圆形环中穿过。拱形架采用上面的方法安装好后,同时也就把顶衬一起贴紧在车顶上了。然后,把顶衬的边缘粘在门框或窗框上面,也可以用有锯齿的卡板定位。

旧顶衬的安装方式可通过查看车门框密封条上的特征来获知。如果它是由维尼龙或织物遮盖的直径为13mm橡胶条,通常说明顶衬是采用有锯齿的卡板压住的;如果密封条是U形的硬维尼龙装饰条,即揿压式密封条(如样车采用的密封条),那么顶衬是粘在门框上的。

拆卸老式顶衬的方法是:

(1)首先拆下遮阳板,然后拆下风窗玻璃与后窗四周的装饰条。若有三角窗,三角窗周围的装饰条也拆除。

(2)拆下车顶灯。如果车顶灯罩周围没有螺栓固定的痕迹,可以直接把车顶灯罩抠下来,但用力要柔和。有时候不得不撬下灯罩,一定要小心地进行。拧下固定灯框和装饰条的固定螺钉,取下灯框,然后断开电源线。断开电源线的最安全的办法就是首先断开蓄电池的连接电缆,也可以用胶带把导线露出的部分缠好。最后,拆下所有的挂衣钩、拉手、后视镜和其他零碎的金属物件。

(3)拆下密封条。如果车门用的是揿压式的密封条,直接拆下它。如果是老式的密封压条,可用剪刀、刀子或剃刀沿靠近门框周围贴近密封条处把顶衬切开,这样就可以看到带有锯齿的卡板了。

(4)拆下卡板。卡板用3个蝶形夹固定在门框上,用钳子夹紧夹子的两翼使其松动,这样就能拆下卡板了。夹子可能会因此而断裂,可在门框上原夹子孔处拧上一个13mm长的10号平头螺钉代替夹子。拆下夹子后,卡板就能从门框上卸下来了。拆下卡板时最好在安装处作上定位标记,以方便安装。

(5)拆下顶衬。卡板卸下后,再拆下顶衬。先把卡板翻过来仔细检查一下那些锯齿是怎样把顶衬卡住的。对采用揿压式密封条的汽车,先拆下密封条,然后就可以把顶衬从门框和窗框的金属上直接撕下来。

(6)拆下拱形架。拆下顶衬后,拱形架的弯头就能露出来。拆卸拱形架之前一定要在弯头的插孔处作上标记,大多数汽车有两个孔,有些车辆也有采用三个孔的。然后从前到后依次对拱形架上进行编号,标上数字,以免混淆。因为每个拱形架的形状和长度均不相同,安装中的一点儿差错就可能使顶衬装上后出现褶皱。从门框上拆下拱形架的正确方法是:一只手向上推,使拱形架超过车顶圆弧的中心;另一只手握在弯头附近,把弯头从门框上拔出。用同样的方法从前到后依次地把拱形架一一拆下。在许多车型中,最后的那根拱形架的中部有一根铁丝。这根铁丝将此拱形架绑在后窗框上,如果有就将它除掉。

顶衬拆下来后就可以看到顶衬与车顶之间的隔热层,检查它与车顶粘贴得是否牢固,如果有松动的地方需用胶水将其粘好。

2. 安装新顶衬

1）确定中心线

拆下顶衬后，首先在顶衬的背面确定一条中心线。通常在顶衬的背面都作标记，标记在衬垫的正面也能看得到。在顶衬的前边缘和后边缘上分别剪出一个豁口以确定中心线。

按照拱形架上所做的标记，按顺序将它们插入顶衬的圆形镶边中，然后插入安装孔。操作时不能太用力，不然会捅破顶衬。

2）安装隔热层

隔热层不仅有助于调节温度，而且可降低车内噪声。车顶间隙处的隔热材料塞得越多，开车时所能听到的噪声就越小。泡沫塑料、玻璃纤维以及黄麻等，都是较好的隔热层材料。汽车制造厂考虑到成本问题，有的原车顶衬底下的隔热材料是玻璃纤维板。由于这种材料极易弄脏，所以可根据自己的需要更换泡沫塑料隔热层。

更换时，把泡沫塑料粘在车顶上。注意只能把泡沫粘在车顶横梁之间，如果在梁上也粘贴泡沫的话，顶衬上就会出现凸起。

3）安装拱形架

拱形架在安装时，弯头仍要插回箭头指示的孔中。一般从前到后依次安装。把顶衬的两侧向内撸起，两端分别露出152mm左右的拱形架，将拱形架的中点与顶衬的中心线基本对齐。先把一个弯头插入孔中，然后用一只手托住拱形架的中部，使其离车顶大约305mm。用另一只手把拱形架的另一端的弯头插入孔中。松开托住拱形架中部的手，拱形架就会自动精确地就位了。

为了防止拱形架前后窜动，可用弹簧夹将顶衬的前沿固定在风窗玻璃的上边框上。如已拆下了风窗玻璃，这一步很容易做到。如风窗玻璃没有拆下来就没有地方可夹，可把顶衬的前沿塞入密封条里，也可以使拱形架保持好位置。

把所有的拱形架都插入它们各自的孔中。如果最后面的拱形架是采用铁丝固定的，将铁丝穿过顶衬的布边，绕拱形架进行固定。注意拱形架固定后，顶衬的中心线与拱形架的中心一定要对准。左右调节顶衬，避免顶衬偏向一边。

4）修剪镶条

在拉平顶衬上的褶皱时，会发现顶衬堆积在拱形架的一端，这是因为镶条比拱形架长，所以还要修剪镶条，把顶衬的中心线与拱形架的中心对齐。先从中间拱形架处的一端开始，在拱形架与接缝之间大约51mm处切断镶条，然后拉紧松垂的部分，到另一侧重复上述做法。就这样从一侧到另一侧，剪掉一点，拉紧一点，直至褶皱完全消失。注意整个过程中都要使顶衬的中心线与拱形架的中心点对齐。

剪切镶条时，一定要一点一点地进行，一次不要剪得太多。如果剪得太多，就不能够使顶衬与拱形架的弧度正确配合，当顶衬的面料不松弛后就不能再剪了，镶边在离拱形架的端部25mm以内的部分必须保持完好。

5）粘贴顶衬

消除顶衬的褶皱，确保顶衬的中心线与拱形架的中心对正，就可以把它粘贴到门框上了。粘贴顺序是：先粘贴门框处，再粘贴三角窗处，最后粘贴风窗玻璃和后车窗处。

粘贴时要从中间的拱形架开始，拉紧顶衬，用一把耐酸性的小刷子在顶衬和车门框上刷涂黏合剂，然后把它们粘贴在一起。刷涂时要防止把黏合剂刷涂到刚喷好的漆面上，污染新漆面。最后,在门框外接缝处多余的材料上剪出“拉头”,用来拉平、拉紧顶衬。如果最后忘记裁剪,它们会在拱形架根部形成小的斜褶皱。

当所有的接缝处都拉紧粘好后,再拉紧顶衬的边缘使其贴合好,然后粘贴牢固。注意在每一个曲面上都要在顶衬上剪开适当的豁口,以消除张力。如果汽车采用的是锯齿卡板,要更换新密封条,须切断镶条消除褶皱,然后按下列方法安装卡板。密封条是用平头钉、U形钉或夹子固定的。如果采用平头钉或U形钉进行固定,该密封条称为定位条。老化的定位条可以采用新的塑料定位条替换。密封条的橡胶芯可以买到,但最好购买成品密封条。

更换好密封条,安装好带齿的卡板后,就可以开始安装顶衬的周边了。仿照前面的做法,把顶衬接缝的每边都剪至卡板。大约两侧多出约13mm,并将约25mm的凸边剪到13mm长。然后,用一把油灰刀把凸边向上推,直至把它卡到锯齿上。从接缝的另一边拉紧顶衬,重复上述操作,固定好另一侧的凸边。当全部的接缝都牢牢地安装好后,沿周边修剪顶衬至卡板外25mm宽,再用油灰刀如前面的做法把它们全部塞入卡板底下。卡板的圆弧形边使顶衬边缘产生一个圆滑过渡边缘,紧贴密封条,外形非常美观。

6)车窗周围的粘贴

为了使顶衬在后窗处没有褶皱地贴紧,要从上到下沿后窗立柱拉紧它,并把它一直粘到支撑行李舱盖的支架处。然后,用剪刀在拐角处的面料沿45°角剪开至拐角。在第一个开口的两侧大约13mm处分别再剪开两个开口,把因此而形成的两条布条粘到拐角处。在与之相对的另一侧用同样的方法处理,然后再把顶盖和边粘好。

后车窗密封条的安装操作方法与前边的处理方法相同。在拐角处剪一个45°的切口,但开口仅仅剪至密封条与风窗玻璃的交界线,要多剪一些开口,然后在这些布头上涂少量的胶。把橡胶密封条边缘掀起,在其下面的边框上涂抹少量的胶,再把圆角处的顶衬粘在上面。当橡胶密封条重新装回后就盖住了顶衬的边缘,外形很漂亮。

然后,在风窗玻璃的拐角处剪开一条45°的开口。因为此处的圆角比后车窗处的圆角大,所以这里要多剪几条开口以消除此处的应力。像以前一样,如果这里的密封条没有被拆除掉,就得把密封条掀起一些,然后把顶衬的边缘粘到其下。

最后,剪掉多余的面料,用刀片来做最合适。一般习惯是先留着它,等一切完全确定好后再剪,这样一旦发现不妥之处还可以拆下顶衬,重新调整。

7)安装密封条

应购买与顶衬配套的密封条,这样安装起来才能合适。维尼龙揿压式密封条的安装非常简单,只需把它按上即可。安装时使其稍微向后弯曲,这样密封条在此处的开口有向外张开的倾向,这样安装就非常省力。密封条安装就位后,再用塑料锤、皮锤或是木榾轻轻地敲击,使它结合牢靠。

最后把原来拆下来的零部件装上。可以用手指感觉顶衬底下的坑来寻找压在下面的螺钉孔,但最好使用探杆。探杆能准确找到螺钉孔但不会刺穿顶衬,用它来寻找嵌条下的螺钉孔很好用,可以避免手指的判断失误,造成顶衬上不必要的穿孔。

四、装饰顶衬注意事项

(1)顶棚顶衬表皮装饰,关键是表皮材料、胶粘剂、粘接工艺的正确选用,相互之间必须是配套、协调的;主色应与车厢内部的内饰和谐,否则其装饰效果不佳。

(2)用热风枪加热时,必须控制好温度,温度过高,易损伤顶衬结构或表皮。用电熨铁熨平皱纹时，也要控制好加热温度，要适度移动，不能在一处停留的时间过长，否则，易损坏顶衬表皮，影响装饰效果。用电熨铁熨平皱纹时的操作，如图 8-2 所示。

(3)在粘贴过程中，如发现有气泡时，可用刚性的塑料刮板除去气泡，当胶粘剂还没有固化时，也可用塑料压板施加压力，除去皱纹，其操作方式，如图 8-3 所示。

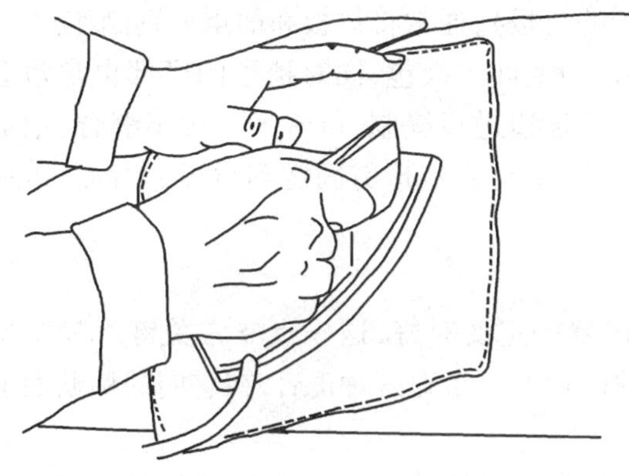

图 8-2 电熨铁熨平顶衬皱纹

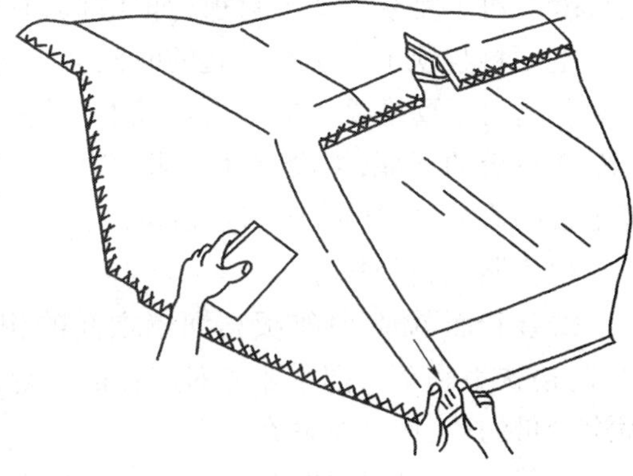

图 8-3 用塑料压板除去顶衬内气泡或皱纹

(4)在清洗或涂胶时，要特别注意不要把清洗剂、胶液等散落到车窗、座椅和地板上。必要时，要对这些部位进行遮盖，遮盖材料和方法与喷涂维修遮盖原则上一样。

第二节 车门衬板和侧围衬板装饰

一、车门衬板的装饰

1. 车门衬板的特点

车门衬板的结构比较复杂，尤其是轿车的左、右前门的衬板形状更复杂，切面形状尺寸变化大，有凹槽。有的是整体式，有的是组合式，有的还装有杂物袋，供驾驶员放置常用的物品。

2. 更换车门衬板

当原车门衬板已经损伤，又不易修复时，应采用同车型的新的门衬板进行更换。如有同规格的车门衬板，直接安装更换即可。如无同规格的车门衬板，则需要制作车门衬板，再进行安装，其具体工艺过程如下：

1)车门顶衬板的拆卸

拆掉所有的紧固件，然后把衬板从车门上拆下。用螺丝刀把锯齿形塑料螺钉撬起，注意螺丝刀要顶在塑料螺钉的颈部再撬它。一定不要撬到螺钉的纤维板盖上，以防撬坏。

2)除掉旧的面罩

衬板上的面罩是热压在纤维板上的，周边用胶粘到板的背面。先把面罩的周边从板子的背面上揭起，再用剪刀把它剪掉，然后小心地把面罩从板子上撕下来。老型号车上有的面罩边缘是用 U 形钉钉住的，有的边上用不锈钢装饰条。不锈钢条通过它上边的舌片卡在纤维板上，穿过纤维板在板的背面压弯。拆卸时把舌片弄直后就能从衬板上取下装饰条。

3)制作新的衬板面罩

小心地揭下衬板上的旧面罩，不要损坏纤维板，这样可以利用旧面罩作为模板裁剪新面罩。注意车门扶手和把手周围的特殊曲线的凹痕，在新衬板上也照原样进行制作。

为了精确地定位“特殊曲线”，把前面制作的模板放置在新衬板上，对齐褶痕，便可确定曲线的位置。用粉笔沿它的轮廓画线，就可以在褶痕和特殊曲线画出的标线处缝制出一条明线缝。对于复杂一些的衬板（如底部衬有毯子的衬板），通常将衬板和面罩分别制作。

把面料与毯子缝制在一起的时候会在接缝处产生许多鼓包，同时毯子的底部也常常会鼓起。这时不要把毯子的周边都缝上，只在毯子的顶边进行缝制，留着另一边不缝合，把毯子粘在衬板的下部，把没有缝的那一边包住衬板，用胶或是U形钉固定到衬板的背面，盖住纤维板的边缘，使外形既整洁又漂亮。

4）安装新衬板面罩

安装新面罩时，纤维板与面罩之间的相对位置一定要对好，这一点非常关键。只有这样，门边扶手和车门把手才能对应在面罩合适的位置上。当确信对正后，在它们的粘贴面上喷涂少量的胶，使之粘贴在一起。

面罩上衬板以外的泡沫应剪掉，以免把泡沫包裹在衬板的边缘上，导致边缘处鼓胀。同时还应在纤维板的拐角处剪一些V形剪口，这也是为了达到同样的目的。最后把面罩的边缘修剪好，把面罩粘牢在衬板上。

5）安装新衬板

首先把衬板安装到车门上，把两三个塑料紧固件半插入定位孔中，观察一下车门把手和车窗摇柄在面罩上顶起的位置，然后在那里小心地切开缝。切缝比开孔好，以防孔开得过大，盖板（或装饰框）不可能把开大的孔盖住。

为豪华汽车制作车门顶衬板时，一定要注意在为诸如柱、柄或孔开口时要尽量地小，还要确保衬板上所有电器功能正常，在粘合衬板之前先要仔细检查。

所有孔位都定准后，仔细地把孔边缘修好。然后把所有塑料紧固件全部安装固定好，最后再安装好车窗摇柄、门边把手和车门把手的盖板。

3. 粘贴法装饰车门衬板

当门衬板基本完好，只是护板表皮层表面稍有划伤或刮裂，车主又不愿意更换新的护板时，可采用粘贴法进行装饰。操作方法如下：

（1）拆下门衬板上的一些附件或装饰件，如门手把、杂物袋、装饰压条等物品，并将其清洗干净，干燥后保存好，以备装饰后复原安装。

（2）用热风枪对表皮边缘加热，使胶体软化，然后用夹钳把表皮拉出，继续不断向中部逐渐加热，逐渐拉起表皮，直到把表皮全部拉下为止。

（3）参照拉下的旧表皮形状尺寸，用新的表皮材料进行裁剪，缝制出新的表皮。在裁剪、缝制时，要特别注意门衬板表皮的凸凹部分，不要把形状尺寸弄反了，不然粘贴时会出错，安装不上。缝制好后，可在未涂胶之前试贴检查一下，能否贴服或有无不当之处。如有不当之处，此时可改正，以使粘贴时顺利。

（4）进行粘贴，选用适合的胶粘剂，按使用要求将新的护板表皮粘贴到衬板上，要求粘贴后不得有皱纹和气泡，应平整牢固。

（5）粘贴完后，待胶粘剂固化一定时间后，再将原拆下的有关零部件复原安装。

（6）最后清洗护理衬板，可使新安装上的表皮更加光滑靓丽。

二、侧围衬板的装饰

1. 侧围衬板的特点

1)轿车侧围衬板

轿车的侧面,由于侧门的结构占有绝大部分面积,除了侧门之外,门框和门立柱的内面成为内侧面,只占很小一部分面积,而这一部分面积绝大部分都是由薄钢板压制而成的,表层则是喷涂的涂料。也有少数的门框、门立柱内护面用铝合金制作。有的双门对开的四门轿车,门的中立柱只有很短的一部分,下部内侧已成为门框内侧的一部分,从而说明轿车内护面的装饰是很小的部分面积,而车门内护面装饰则成为车内侧护面装饰的主要部分。

2)客车侧围衬板

客车的侧围内护面积大,车窗的下部至车地板以上全是内护面,形状比较平直。使用的材料有用薄铁板压制的,有用胶合板制作的,还有用塑料板或其他复合材料制作的。在进行具体装饰时,可参照原车情况综合考虑。

2. 侧围衬板的材料

轿车侧围衬板的主要材料是塑料,占内饰材料的60%以上,而且还在逐年增加。在国外,内饰塑料采用最多的是PU、PVC、ABS和PP。在日本,这几种装饰材料在内饰中占80%以上。西欧地区使用PU最多,约占80%。近年来,由于PP的改良及生产工艺的进步,大有替代ABS和PVC的趋势。

在一些高级轿车上,侧围衬板采用真皮装饰,内护面也是很流行的,可显得格外豪华和高贵。使用复合材料装饰衬板这是目前使用最多的。衬板的装饰中也有使用纺织物的。

客车的档次比轿车低,内护面的制作材料有的用薄铁板压制,有的用胶合板、纤维板或塑料板制作。在内饰装饰上,用金属制作的内护面,绝大部分用涂料喷涂装饰;用胶合板制作的内护面,一般采用人造革粘贴表皮进行装饰;塑料板的内护面,有的是利用塑料板本身的光泽与花纹装饰,也有的粘贴人造革或纺织物进行装饰。

3. 侧围衬板的装饰原则

(1)按车型档次特点进行装饰。车型不一样,则装饰要求也不一样。轿车的档次高,要求高,装饰材质高级,装饰工艺精细;而小型客车或旅行车的档次低些,自然比轿车装饰档次要低些。

(2)视车况而确定装饰方案。一般来说有两种情况:一是内护面完好,只是尘污较多、表皮光泽稍褪;二是表面有轻微划痕或划伤,褪色严重。显然装饰方法应有所差别。

4. 侧围衬板的装饰

内护面有损伤,而且老化褪色严重,可拆掉原内护面旧的表皮,安装新的聚氯乙烯人造革表皮。具体装护方法如下:

(1)拆除原内护面上的装饰件和功能件,并清洗干净和保存好,以备装饰后复位安装。

(2)用热风枪对内护面表皮加热,使原粘胶软化,用尖嘴夹钳把人造革边缘拉出,继续边加热边拉起人造革,直至把旧的人造革全部拉掉。

(3)参照原内护面的人造革形状尺寸,剪裁出新的人造革片材,按需要缝制成整块,留出一定的装饰余量,以备粘贴使用。

(4)选用通用胶粘剂,按胶粘剂的使用方法,把新的聚氯乙烯人造革粘贴到衬板上,要求平整、光滑、无皱纹和气泡。

(5)将原拆下的装饰件和功能件,按拆下时的反向工序安装好。

(6)对安装好后的新内护面表皮进行清洁护理,便可使改装后的内护面光亮一新。

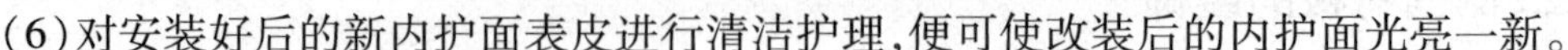

第三节 地板装饰

汽车地板在底盘的上部,是车厢的基础部分,承着车内的各类设施和人员,要求有可靠的安全性,能稳固地起到支承功能。同时,它又是车厢与地面之间的隔离层,又要求它能起到保温、隔热、防湿、防潮、防尘等作用,也要防止外部噪声进入车内。

一、地板装饰材料的选用

1. 地板装饰材料选用的原则

对地板进行装饰,主要是因为原地板陈旧或损伤需要装饰,可参照原地板使用的材料、色泽和地板构造,采用适当的方法进行装饰。

若是为了提高原车装饰档次,可在内饰改装的同时,对地板进行改装。这时需综合考虑,使之与内饰和谐。可采用在原地板的基础上,选装汽车地毯,直接放置在地板上即可。

2. 地板装饰材料色泽的选用

地板装饰的颜色,最常用的是深灰色和红色。深灰色的地板,可使车内有一种洁净舒适的感觉;红色,给人以兴奋的感觉。在选择装饰材料的颜色时,还应考虑侧围、顶盖和座椅等的颜色,使整个内饰的色泽达到统一、和谐,给人以明亮、舒适的感觉。

二、铺装汽车地毯

在原汽车地板的表层,选装适用的汽车地毯,这也是汽车地板装饰的最简便而有效的方法,还可增强地板层的防噪声效果。

在选用汽车地毯装饰地板时,不仅要使地毯的装饰达到理想效果,而且还要考虑防噪声的效果。具体的装饰方法如下。

1. 拆除旧地毯

大多数车型的地毯很好拆除,从车门框上拆下防磨板,拉出地毯就行了。但也有些车型必须在拆下座椅、安全带和松开脚踏板后才能拆下地毯。

如果车上有中央操纵台,那么多数情况要把镶边拆除。有些车上地毯只是简单地压在镶边下,可以轻松的拽下。有些旧车型上地毯用铆钉定位,也有一些用螺钉固定,如果是这样,可以扯动地毯找到铆钉和螺钉。另外,有些老车型需要拆下脚踏板和变速杆护套才能拆除地毯。

拆除时应注意,不管地毯与何处相连都不要硬拽,先拆下连接件,然后再想办法拆下旧地毯,应视具体情况而定。

2. 加衬垫

所有的车用地毯下面都有衬垫,生产厂和零配件市场的成型地毯背面也自带衬垫。对于不带衬垫的地毯必须另行制作衬垫,然后把它粘到地板上。

地毯衬垫主要有三种:黄麻纤维毡、泡沫和再生材料产品。黄麻板隔离性能最好,但价格较高。13mm 厚的泡沫塑料板非常好用,它贴合紧密,能形成双向曲面而不会出现折痕。再生材料是环保型产品,再生毡由可回收利用的碎屑制成,再生泡沫是可循环利用的泡沫。

用泡沫塑料制作地毯衬垫,应首先测量地板横向和纵向的尺寸。然后在每个方向的测量结果上加 20% 的余量,按照这个结果进行裁剪。再把裁剪好的材料塞进车里,摆正后在变速杆的地方对折,剪出一个切口。接下来把泡沫铺好,对照变速杆护套的尺寸剪去多余的材料。如果变速杆护套是可拆卸的,则只需在泡沫上剪开一个变速杆能活动开的孔就行了。粘贴时掀起一侧,在泡沫的背面和地板上喷些胶,然后按下并粘贴,另一侧也用同样的方法处理。

用黄麻毡或再生材料板制作地毯衬垫,必须分几片来做。一片用在曲面的凸起部,两片用在两侧的地板上。对有深坑的地板,每一处坑都要单独处理,为它裁剪好合适的衬垫。如果感觉衬垫较薄,可在第一层上面再加一层泡沫。把衬垫粘贴到地板上之前,要确信已为座椅框架和安全带开好了孔。

当衬垫平整地与地板粘牢后,开始测量、修剪、调整和缝纫地毯。

3. 调整和安装

裁剪、调整和安装地毯的工作通常从变速器的隆起处开始,然后分别向驾驶员一侧和乘客一侧进行。

测量变速器隆起处的面积。纵向尺寸从驾驶室前隔板量到后边座椅的底部,横向尺寸从一侧量到另一侧,然后把测量结果都加上 152mm。测量驾驶员和乘客侧的地板面积时,前后距离也是前到隔板,后到座椅底部。大多数车的座椅并不能够完全遮住到车门之间的地板,所以此处地毯应一直铺到座椅后面,也可以另用一块小地毯铺在此处。

从地毯卷上剪下三块面料,一定要保证地毯的绒毛倒向一致。为了便于记忆绒毛的方向,在面料的顶边或是面向仪表板的一边画上一条线。这样只要线对齐了,三块地毯上的绒毛方向就一致了。

首先将一块地毯放在变速杆前方,留出足够盖在驾驶室前隔板的余量,这样前后左右摆好,使地毯位于中央位置。地毯盖过隆起后,还分别在驾驶员和乘客侧各边留有 76mm 的余量。然后,把紧靠变速杆前方处的地毯对折,用刀片剪开一个切口,大小能使变速杆手柄刚好通过。

把地毯套过变速杆后,在原来的开口的基础上切出放射型切口,使其能套过变速杆的护套。最后剪掉多余的地毯,并把毛边压在护套下方。如果护套是可拆卸的,则开口的大小只要能为挡位槽留出空间即可,再装回护套挡住毛边。变速杆周围的地毯,需要仔细处理好,地毯毛边处要镶边。

如果装饰的汽车有中央控制台,对于这样的车也要从中间的隆起部位开始,做完一侧再做另一侧。地毯一定要留出足够的宽毛边,以使控制台的装饰边能够盖住它。

安装离合器外壳凸起部分的地毯要一直延续到仪表板处。安装时,把地毯在金属的凸起处向右折出一个折痕,从乘客侧的底部到驾驶员侧的底部标记出一条折痕。然后,用刀片沿这条线进行切割。

把整块地毯放到缝纫机上,在切口边缘缝制一条镶边。但前部的毛边不要缝制(此边靠近换挡杆)。然后,把缝制好的地毯套过换挡杆,并展平。长切口和边缘使地毯能够向两边弯曲,边缘盖在毛边上大约 12.5 ~25mm。

当对一切均满意后,便可粘牢地毯。并把其余的侧片地毯放置好,在前面画上一条线。以 45°角一直裁剪到凸起处接缝的开始端,把地毯折起,然后沿凸起边缘画线。

在切口前把地毯片折起。在背面画出一条线直到地毯的前边缘。然后,把地毯取出,沿

画出的线修剪地毯的边缘，并进行缝合。然后再粘贴上地毯。

在粘贴前，一定要对座椅框架和座椅安全带固定架处进行切口。如果没有切口便粘贴，就很难精确地切割出孔的位置。如果发生了这种情况，可以用一把螺丝刀或一根缝针来确定这些孔的位置。

4. 铺驾驶员侧的地毯

驾驶员侧地毯的裁剪、调整和缝制方法与乘客侧地毯的裁剪、调整和缝制方法只有少许不同。

在一些汽车，特别是老式汽车上，操纵踏板（加速踏板、离合器踏板、制动踏板）与地板相连或从地板孔中穿过，这些地方必须对齐，调整好。拆下加速踏板固定螺钉，在地毯上切出一个与操纵杆相同的小孔，然后穿过地毯，把踏板安装在地板上。

如果离合器踏板和制动踏板穿过地板，必须在每个踏板前面各切出一条长缝。然后，用包边材料把这些切缝边包起来。在有拐弯的地方应裁剪出剪口，以缓解张力。一些豪华汽车的踏板是可拆卸式的，可以裁剪出一些小的孔。然后穿过踏板杆后，重新固定踏板。

如果地板上有灯光变光开关，仅在开关的四周切开，并用塑料垫圈盖住孔的边缘。市场上有多种颜色的塑料垫圈，可以根据车主喜好选取。

三、选装脚垫

中、高档汽车上都铺有地毯，一旦有脏物、污垢留在上面，很难清理。若上面铺上一层防水、易擦洗的物品，清理起来就方便多了，这层保护物就是脚垫。

根据车内地板和内饰的装饰色调，选择适合的汽车脚垫成品或原料。当选择的脚垫是适合的成品时，可直接布置在清洁后的地板上即可。当选择的是原料时，可按车内地板布置需要的形状尺寸进行剪裁，以方便使用为准分成几块。

手工制作脚垫的方法如下：

（1）首先调整好地毯，把脚垫处的地毯铺平。然后，用粉笔画出需要脚垫保护的区域的边缘。把脚垫和地毯一起拿到缝纫机上，在画出的区域把脚垫缝制到地毯上。

（2）也可从地毯上裁剪一块大小合适的小块地毯。它既耐脏，又容易更换，每天均可以取下来进行清扫。而且，其保护的面积要比脚垫保护的区域大。破损后，扔掉再换一块就可以了，这比更换一块脚垫要便宜得多。其制作方法是：首先测量出放脚垫区域所能够容下的最大面积，按照这个测量结果裁剪一块地毯，然后再用一个茶杯比照着裁剪此地毯片的拐角，最后，将其安装到车上。

第四节　座椅装饰

汽车的座椅基本上都是由汽车配件厂专门生产的。座椅的主骨架和形体，一般是按人体工程学原理，以保证乘坐舒适、安全而设计的，其基本结构为复合型。

座椅装饰，主要集中在座椅的表皮层，主要是对表皮层材料的选用、加工制作。表皮层材料主要用棉毛纺织物、化纤及混纺纺织物和皮革等。目前，以化纤、混纺织物和人造革用得最广泛，以真皮装饰为最豪华。

座椅的装饰中，还以功能的扩展、加装精品等方式，以提高座椅的装饰性和使用性。

一、真皮座椅装饰

1. 真皮座椅的特点

真皮座椅(图8-4)与布艺座椅相比,具有以下优点:

1)优点

(1)提高汽车档次。真皮座椅高贵的品质、精美的造型、多彩的色调,可提高汽车配置档次。

(2)美观耐用。真皮座椅能让汽车能够在视觉上、触觉上,甚至在味觉上都有一个好的感觉,给汽车增光添彩。同时,真皮结实耐磨,使用寿命长。

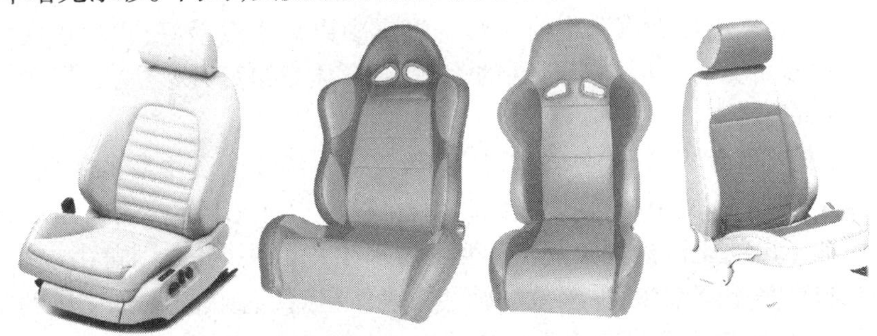

图8-4 真皮座椅

(3)利于散热。真皮座椅的散热性比绒布座椅要好。在炎热的夏日,真皮座椅只会表面较热,轻拍几下,热气会很快消散。长时间坐在皮椅上时,也会将体热散去,而不像绒布座椅那么吸热。

(4)便于护理。真皮座椅不像绒布座椅那么容易藏污纳垢,顶多只是灰尘落在座椅的表面,不会堆积在座椅的较深处而不易清理。即使真皮沾上污垢,只要喷上真皮清洗剂,然后用干净布一擦即可。

2)缺点

(1)易刮伤。真皮如碰到尖锐的物品,表面容易受到损伤,所以在使用中要特别小心。

(2)易老化。真皮座椅受热后会出现老化现象,从而过早失去光泽。

(3)易滑。真皮座椅在乘坐上要比绒布座椅滑。虽然厂家在座椅表面做褶皱或反皮处理,以降低滑感,但与绒布比,同一椅型真皮座椅的乘坐感还是要滑一些。

2. 真皮的类型

真皮制品由动物面革制作,为正确选择真皮制品,必须掌握不同面革的特点及表面特征。

1)黄牛皮

毛孔细小,呈圆形,分布均匀紧密,毛孔较直地深入革内,排列不规则,革面丰满光亮,皮板柔软,纹细,结实,手感坚实而富有弹性。

2)水牛皮

水牛皮皮面毛孔比黄牛皮大,毛孔数量稀少,皮革表面弹性相对较差,易出现松弛,且皮革表面略显粗糙,硬质感觉比黄牛皮明显,透气性较好。

3)羊皮革

羊皮皮面较牛皮薄,柔软性优于牛皮,毛孔排列均匀细腻,质感柔顺。羊皮皮面分山羊皮和绵羊皮两种:山羊皮纹路是在圆弧上排列2~4个粗毛孔,周围有大量绒毛孔;绵羊皮皮板薄,手感柔软,毛孔细小,呈扁圆形,由几个毛孔构成一个组,排成长列,分布很均匀,但不结实。天然羊皮在阳光辐射、高温时会散发出膻味,生产中去除异味工艺复杂,制作成本高。

4)猪皮革

毛孔粗大,一个毛孔三根毛,呈三角排列,毛眼相距较远,皮层表面不平整,革面粗糙,柔软性差。

5)马皮革

毛孔椭圆形,不明显,比牛皮革孔略大,斜入革内呈山脉形状有规律排列,革面松而软,色泽昏暗。

上述皮革中唯有牛皮可做汽车座椅座套。牛皮中以黄牛皮最好,水牛皮次之。牛皮可进行多层分割(最多可分为八层),最外层的为头层皮,质量最好,次之为二层皮,其强度、弹性和透气性都不如头层皮。

牛皮按等级不同可分为A级皮、B级皮、C级皮。A级皮为黄牛皮的头层皮,是所有汽车真皮座椅中最为常见的使用材料,表面细腻手感柔软,几乎看不到毛孔,质地结实又非常具有韧性,因而加工出的座椅极为美观。B级皮为水牛皮的头层皮,同黄牛皮相比,它的优点是结实耐磨,缺点是不够柔软、手感差、韧性差、表面粗糙、毛孔清晰,加工出的座椅同黄牛皮相比外观稍差。C级皮为黄牛或水牛的二层皮。

3. 真皮的识别

1)皮质真假识别

分辨原车皮椅的皮质或改装好的皮椅的皮质真假,可用以下方法进行识别。

(1)按压鉴别法。对已做好的座椅,用按压法进行质量鉴别是很有效的。具体方法是:伸出食指,按压在座椅的表面,压住不放手,若是有许多细微的皮纹向手压处伸去,这种现象表明座椅表皮是用真皮制作的。如果按下去以后,座椅表面没有细微的皮纹向手压处伸去,这就说明座椅的表皮材料不是真皮的,是人造革制作的。

(2)延展性鉴别法。如果是定做装饰,可在制作的装饰店找出制作时的边角料进行检查,如果制作座椅材料的边角料延展性能很好,还有较好的弹性,即拉边角料时,伸展较长,而不用力拉时,它还能缩回去一部分,这种现象表明,这种材料是人造革的,而真皮的延展性差,回弹性也差。

(3)燃烧鉴别法。燃烧制造座椅表层的边角料,看其燃烧时的现象。人造革的主要原料是塑料,很容易燃烧;而真皮是不易燃烧的,特别是真牛皮是很难烧着的。

(4)断面形状鉴别法。仔细观察边角料的断面形状,真皮材料的断面表层结构紧密,可见毛孔,内层较粗糙一些,可见一些很细的纤维状的层纹,纤维细绒不易拉出。而人造革,特别是仿皮革,表面层光滑细密,无毛孔,而内层也较粗糙,有的纤维用夹子夹住可拉出,可见断面整齐的切断状,比真皮的纤维粗而长,这些都是人造革的特征。

在鉴别时,可根据实际情况,综合选用上述方法,一般是能够把假货鉴别出来的。

2)皮质档次的识别

从专业性的角度上讲,要从皮子的气味、密度、耐光性、耐迁移性、雾化性、热黄变、耐摩擦性等方面来判断其质量。由于多数车主不具有这方面的专业知识,判断起来比较困难,这里提供一个简单的方法:

(1)拉。首先用两只手拿住皮子的对角,然后稍用力向两边拉,好的牛皮拉起来变形不大,牢靠度较好、弹性不大,延伸率和张幅适中。若皮面出现缝痕或露出浅白的底色,则说明皮子的弹性及染色工艺不过关。

(2)看。一看皮质,头层皮皮面光滑,皮纹细致,色泽光亮且没有反光感,厚度在1.0~1.2mm且厚薄均匀。如果皮纹不明显,只是异常光滑,则说明皮质在加工过程中进行了磨面处理,或是用二层牛皮喷上颜色后压出皮纹制成。二看皮质的张幅大小,通常进口皮张幅有1.2~1.5m^2,次皮的张幅要小一些。

(3)闻。就是闻一闻皮革的气味,好的牛皮有自然的皮香味,装上车后再次打开车门,有一股令人舒适的香气。劣质的牛皮通常带有强烈的刺激味。

(4)摸。就是用手摸皮面,质量好的头层皮摸起来手感好,柔软舒适、滑爽而且富有弹性,若皮面板硬或发黏均为劣质皮。

(5)刮。用指甲刮一刮,看看是否容易把漆皮刮掉。容易刮掉,则说明是劣质皮。

4. 真皮座套的选购与安装

1)真皮座套的选购

(1)商家选择。一般有实力的商家,裁剪、缝制、安装都是流水作业,缝制安装时间短、速度快、质量好。具有规模的商家还可提供上门服务,只要打一个电话,商家派人上门拆卸座椅,并提供皮样供选择,把座椅包上真皮后,交回来给车装上。

(2)产地选择。同是真皮座套,由于产地不同,技术不一样,质量和价格也相差甚多。世界皮革产地很多,但唯独欧洲(北欧、意大利、奥地利、德国等)皮革工业的历史较为悠久,真皮中最高档次的当属意大利黄牛皮,质地厚实,柔软光滑,有弹性。其次是泰国水牛皮,它水分充足,质地柔软,价格也低一档次。如果轿车属于一般档次,可选择国产牛皮,国产牛皮一般质地较硬、色泽均匀度欠佳,但价格比较便宜。

(3)颜色选择。汽车专用的牛皮颜色不多,主要有红、黄、黑、浅灰等,要根据轿车的颜色和车内的环境协调搭配,这样不仅坐着舒服,看着也觉得高雅华贵。

2)真皮套的安装

当购买了真皮座套后,直接套在座椅上即可。但使用时间稍长,座套易发生变形和移位。为了解决座套的变形和移位,目前采用了座套胶粘法安装,可收到比较好的效果。具体做法是选用适当的胶粘剂,按胶粘剂的使用方法,将真皮座套粘贴在原座椅的表面上。也可用胶条将安装好的真皮座套粘接到原座椅上。这种方式也比较好,粘贴牢固,甚至原真皮座椅的皮纹也可再现。

5. 真皮座椅的制作与安装

这种装饰方式是将原座椅表层的绒布或化纤织品拆除,然后照原样缝制一层真皮的座椅表皮并固定在座椅上。这样做,不仅可以保持原设计的线条,还可确保在长久使用情况下,椅面不至于变形或移位。这种方法应该是首选的。其工艺流程如图8-5所示:

1)拆卸座椅

更换真皮座套,必须先把原座椅拆卸下来,取下原来的座套。拆卸座椅应使用专用工具,因为汽车在制造中,对座椅的安全性有严格的规定和要求,没有专用工具很难将座椅拆下。如用非专用工具硬撬猛敲,盲目施工,将造成拆卸部位变形。再装时,难以保证原车的安全可靠性。

2)制板下料

要制作与座椅配套的牛皮座套,先要用原车座套制板,再根据板形对牛皮裁剪下料。其中制板非常重要,很大程度上决定着真皮座套制成后是否得体、好看。裁剪下料时还要考虑皮料的正确选用,牛背的皮质、皮面是一张皮子最好的部位,一般用于座椅的靠背及坐垫部分,因为座椅的这两处长期受压、受摩擦,也是我们最易感观到的部位。牛肚、牛脖的皮表面较差,一般用于座椅的裙部或不易看到的部位,皮与布一样都有一定的拉伸方向,有的皮椅坐了一两个月后就出现凹凸现象,多数是因为裁皮方向不当造成的。

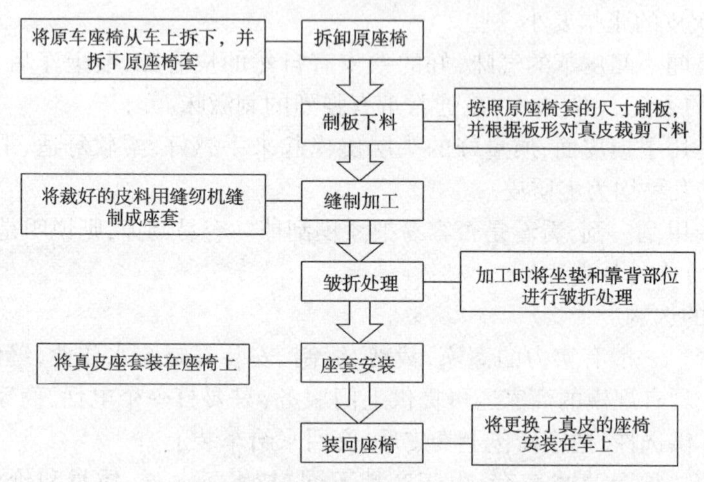

图 8-5　真皮座套的制作与安装工艺流程

3)缝制加工

对裁好的皮料用缝纫机进行缝制,缝制应一次完成,不能修改,否则,皮料上会留下明显的针孔。做工要细,成品表面能看到的只有明线和“做缝”,明线必须横平竖直,“做缝”要在3mm 以上。否则,皮套在使用过程中可能由此开裂。

4)皱折处理

加工时对坐垫和靠背部位应进行皱折处理或选用打孔皮,因为这两个部位在使用中长期受压,一定要预留伸缩量,以确保长期使用而不会变形。

5)座套安装

牛皮座套制成后,在安装前先在座套下面垫上 12 ~ 15mm 厚的带网底的海绵,再套上座套,将卡钉装上即可。安装时应注意:一是不要划伤或撕裂皮套;二是套上后要通过拍打、拉拽将皮套贴实在座椅上;三是固定皮套的卡钉要选择防锈的,卡钉分布的尺寸、松紧要一致;四是坐垫与靠垫的合缝要对称整齐。

6)装回座椅

车门、车内的空间有限,座椅的尺寸又较大,且比较重。回装时,既要避免划伤椅面,又不能碰到车漆,所以必须按照回装工艺要求去做,否则,稍有不慎,就会前功尽弃。

二、布艺座椅装饰

除了上述的真皮座椅之外,还有其他像绒布、棉布、棉混纺、化纤等座椅面料。布艺座椅有相当大的选择空间,各种材质、各种花色琳琅满目。与真皮座椅相比,布艺座椅的透气性能、吸水性能、隔温性能更优。绒布手感顺滑、耐脏、不易变形;棉布透气舒适、健康环保。它们制作简单,价格低廉,容易清洗,可供选择的颜色也丰富。

选择非真皮座椅很重要的一点就是选择颜色。众所周知,颜色对人的心理会产生影响,所以可以通过选择不同色调布艺座椅来调节情绪，一般而言烦躁的人适宜用冷色调，抑郁的人适宜选择暖色调。由于传统文化习惯等因素的作用，人们对某种色彩会产生根深蒂固的观念，不会轻易改变。一般来说，各种色彩给人的感觉如下：

米白：象征真理、清白和快乐，给人明快清新的感觉。

红色：象征热情、生命和爱情，喻示着雄心和勇敢，可促进血液流通。

绿色：意味着生命，象征希望，给人宁静的感觉，使情绪安定。

黄色：象征鲜明、个性知识和光明，令人愉快、激发朝气。

橙色：象征思想和年轻，令人温暖、活泼和热烈，并能启发思维。

蓝色：意味着冷静、高雅、和谐及满足，令人平静。

灰色：给人以朴素、安全、柔和、含蓄之感。

银色：是宇航飞行器常用的色彩，象征着富有和高贵。

在布艺座椅颜色的选择上，汽车的使用功能或使用对象也有一定的影响。

例如，一般情况下，公务用车的车身主要以黑色、灰色、墨绿等稳重的颜色为主，所以汽车布艺座椅也应以灰、蓝、杏或米黄为基调。纯色纯棉加刺绣的布艺座椅是不错的选择，避免了单调，更提升了内装的档次。

而一般的家庭用车，可选用轻松、休闲设计风格的布艺座椅，色调方面可选择黄色、橙色、绿色或蓝色。还有一些小型的家庭用车，外观颜色采用粉红、正红、绿色、香槟金等跳跃性颜色，车主可根据自己的个性选择家居味较重的温馨色彩的布艺座椅，也可以选用热情的红色或奔放的卡通图案。

至于越野车，根据该车型的使用特点，适宜选择迷彩图案或抽象图案等设计比较前卫的布艺座椅。

三、坐垫

1. 汽车坐垫的作用

坐垫是置于座椅之上，用于提高座椅舒适性和耐磨性的一种装饰。

(1) 柔软的坐垫使身体与座椅更伏贴，可减缓汽车颠簸产生的振动，减轻旅途疲劳。

(2) 夏季使用的硬塑料或竹制品坐垫具有良好的透气性，给人以凉爽的感觉，有降温除汗功效。

(3) 汽车保健坐垫可通过振动按摩或磁场效应，改善驾乘人员身体局部的新陈代谢，促进血液循环，消除紧张疲劳，达到保健目的。

(4) 汽车坐垫可方便地拆卸和清洗，从而使座椅保持洁净。

2. 汽车坐垫的种类

1) 按功用分

汽车坐垫按功用不同可分为保暖坐垫、清凉坐垫、保健坐垫及电热坐垫，如图 8-6 所示。保暖坐垫主要由棉、毛及化纤等材料制成，具有柔软、舒适、韧性强等特点，在冬季使用具有很好的保暖作用；清凉坐垫主要由竹、木、石、藤及亚麻等材料制成，具有极好的透气性，是高温季节防暑降温的佳品；保健坐垫是根据人们保健需求制成的高科技产品，当驾乘人员随汽车颠簸振动时可起到自动按摩效果，另外坐垫的磁场效应对人体保健也大有益处；电热坐垫是在保暖坐垫中加入电加热装置，使坐垫温度升高，保暖效果便佳。

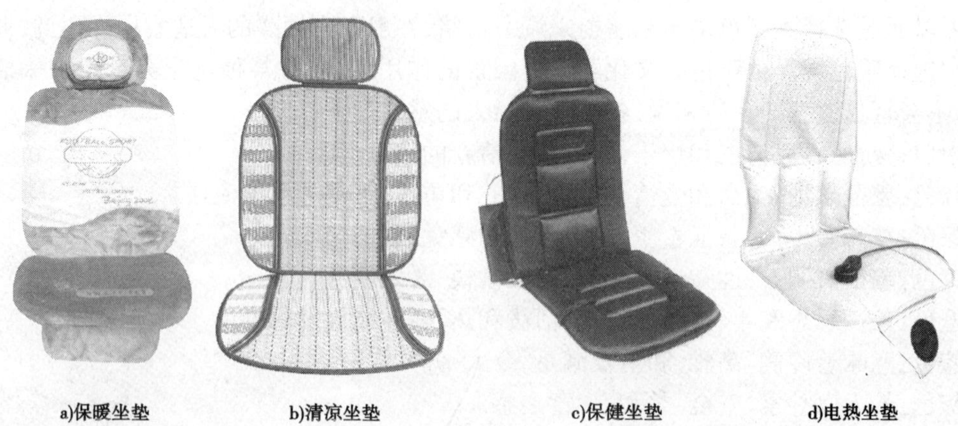
a)保暖坐垫　b)清凉坐垫　c)保健坐垫　d)电热坐垫

图 8-6　汽车坐垫的类型

2）按制作工艺分

汽车坐垫按制作工艺不同可分为纺织坐垫、编织坐垫及串珠坐垫。

(1)纺织坐垫。是采用棉、毛等原料经纺织缝纫加工而成,主要由纯毛坐垫、混纺坐垫和帘式坐垫三种。

①纯毛坐垫。具有乘坐舒适、柔软度好、透气性能优良等特点,同时还可以有效防止车室静电产生,但价格较高,适用于中高档汽车。

②混纺坐垫。混纺坐垫根据参与编织的原料不同,可细分为棉麻混纺坐垫、棉毛混纺坐垫等。其中棉麻混纺坐垫具有透气性能优良、韧性强、易于日常清洁护理等特点,但若护理不当会变黄,影响视觉效果。棉毛混纺坐垫含棉毛量越高,其柔软程度越好。还有一类化纤与棉麻混纺坐垫,价格低,透气性好,但易产生车室静电,适用于中低档汽车。

③帘式坐垫。帘式坐垫一般用硬塑制品或竹制品串连而成,其透气性极佳,适于高温季节或车室空调环境不良的情况下使用。

(2)编织坐垫。是采用草、麻、藤等原料经编织加工而成。

(3)串珠坐垫。是将竹、木、石、玻璃等原材料制成小块单元体,然后将单元体串接而成。

3. 汽车坐垫的选用

(1)根据气温条件选用。高温季节应选用清凉坐垫,以利于降温防暑;气温不高时应选用保暖坐垫,以利于保温,并提高舒适性。

(2)根据汽车档次选用。中高档轿车可选用材质极好的纯毛坐垫或保健坐垫。另外,中高档轿车空调效果较好,高温季节也不必使用清凉坐垫,以提高舒适性。

(3)根据座椅结构选用。汽车座椅的大小和外形不尽相同,应选择与座椅配套的坐垫。真皮座椅必须选择有柔软底衬布的坐垫。由于真皮的可塑性较低,当选用清凉坐垫,尤其是高档的串珠坐垫时,应检查坐垫底部衬布是否柔软,否则将使真皮产生凹坑,影响真皮座椅美观。

四、枕垫装饰

1. 汽车枕垫的作用

汽车枕垫是根据需要置于驾乘人员的头、颈、腰等部位,用于改善局部舒适性的一种装饰。其作用主要是对人体的头部、颈部、腰部进行柔性支撑,从而缓解疲劳,增强舒适性,创造良好的乘车环境。

2. 汽车枕垫的种类

汽车枕垫按使用部位的不同分为颈枕（或头枕）和腰枕，如图 8-7 所示。头枕套安装在汽车座椅原装头枕上，可缓解驾乘人员头部、颈部的疲劳，舒缓颈部压力；腰枕放置在座椅靠背的下方，用于支撑腰部，使腰部和背部均感到舒适。

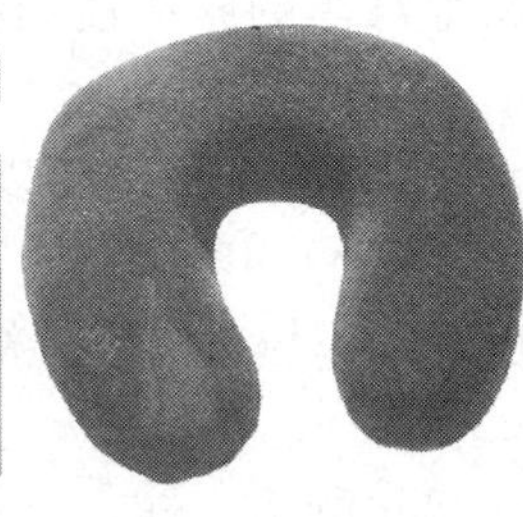

a)头枕（颈枕）

b)腰枕

图 8-7　汽车枕垫的种类

3. 汽车枕垫的选用

选用汽车枕垫应根据实际需要，主要是根据驾乘人员坐在座椅上感到某些部位不适进行选用，同时也要根据驾乘人员的身体状况选用。例如驾乘人员颈椎不好，可选用颈垫；腰部不好，可选用腰垫。

五、椅套

1. 椅套的作用

椅套是套在座椅外部的装饰品。其作用主要有以下三点：

(1)保护作用。汽车座椅是驾乘人员在车内接触最多的部件，在汽车行驶中，驾乘人员随车颠簸，与座椅表层发生摩擦，导致表层易于磨耗。安装椅套后便可对座椅表层起到保护作用，即使椅套损坏了，更换比较方便，价格也比较便宜。

(2)保洁作用。汽车座椅在使用过程中，经常会沾上汗渍、油渍等污垢，因座椅表层难以拆卸，清洁护理极为不便。椅套具有拆装方便、换洗容易等特点，可使座椅始终保持洁净。

(3)装饰作用。加装花色各异的椅套的座椅更加美观、漂亮、个性，如图 8-8 所示。

图 8-8　花色各异的椅套

2. 椅套的选购

选购椅套主要应考虑面料、颜色等因素。椅套面料主要有丝绒、平绒、纯棉、混纺等材料,可根据不同档次的汽车选购。椅套颜色主要应根据不同种类的汽车选择,具体选择方法是:

(1)公共用车。出租、旅行、公交等汽车的座椅使用频率高,应选用蓝色、灰色、墨绿色等耐脏的深色。

(2)公务用车。行政、商务等公务用车的车身主要以黑色、灰色、墨绿色等稳重的颜色为主,所以汽车椅套也应以灰色、蓝色或杏色为基调。

(3)私家车和越野车。椅套颜色的选择与布艺座椅相同。

3. 椅套的安装

汽车椅套的安装步骤及方法如图 8-9 所示。

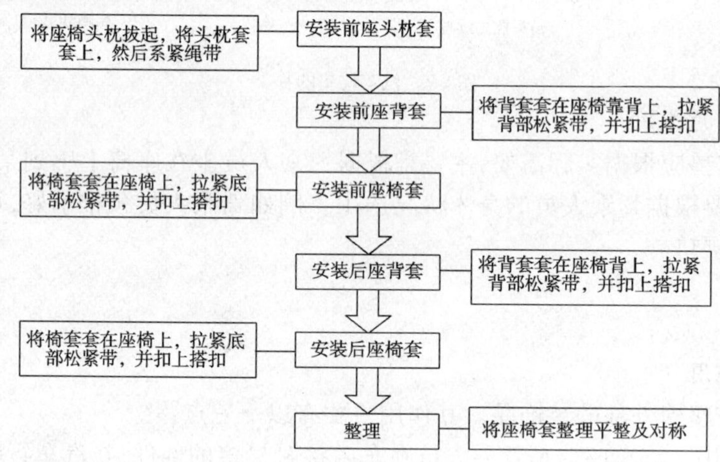

图 8-9 汽车椅套的安装步骤及方法

六、儿童座椅装饰

1. 安装儿童座椅的目的

1)保证儿童健康成长和发育

处于成长发育期的儿童,骨骼还比较柔软和脆弱,难以承受汽车行驶中产生的剧烈振动与颠簸。另外,儿童的脑部在 0 ~ 3 岁期间发育最为显著,在此时期,脑部组织经常受到强烈振动与冲击将影响脑部正常发育。因此,为使经常乘车的儿童能够健康地成长发育,减小乘车时产生的外界冲击力量,车主家庭有儿童的,应尽快在轿车上安装儿童安全座椅。

2)保证儿童的安全

有关交通安全的研究显示,一个 7 kg 重的婴孩在汽车以 48 km/h 的速度下发生碰撞时,足以在身上产生 140 kg 的前冲力,是一个婴孩体重的 20 倍,无论大人抱得多紧,也无法确保孩子不摔出去。若抱着婴孩的成人没有系上安全带,成人极可能与婴孩一起冲向仪表板或风窗玻璃,从而对婴孩造成伤害。同时,随着安全气囊的不断普及,这一对成人起着安全保护作用的设备,却成为可能对儿童造成致命伤害的重要因素。

3)增加乘坐的舒适性

汽车座椅是为成人设计的,儿童因身材矮小,坐在成人座椅上很不舒服。若想靠上座椅

后背，则腿不能弯曲，若想让腿能够弯曲，则又靠不上座椅后背，且腿弯曲后脚也不能着地，所以是靠着不舒服，不靠着也不舒服。儿童安全座椅是为儿童量身设计制作的，较好地解决了这一问题，因此，为了孩子的安全，应在车内安装儿童安全座椅。

2. 儿童座椅的种类

儿童座椅有很多种型号，随着儿童的成长，应选择最适合其身高、体重的儿童座椅。儿童安全座椅按照安装方向的不同，可分为后向式和前向式两种。

1）后向式儿童安全座椅（图 8-10）

后向式儿童安全座椅是儿童坐上后正面向后的一种座椅，它的安全性能最高，这种座椅尤其适合 3 岁以下婴幼儿的使用。3 岁以下婴幼儿的头部可能与他身体其余部位的重量相当，加上柔弱而不稳的脖子，当正面碰撞发生时，如果他们是面向前方而坐，其处境会十分危险。有关专家认为：儿童头部的重量被摔向前方，而他的脖子不能承受其力量，其结果会是致命伤或者致残。如果儿童坐在面向后方的座位上，由于座椅的支持，则可避免或减轻儿童在交通事故中受到伤害。

2）前向式儿童安全座椅（图 8-11）

前向式儿童安全座椅是儿童坐上后正面向前的一种座椅，这种座椅适合 3 岁以上儿童使用。3 岁以上的儿童更喜欢前向式儿童安全座椅，主要是因为坐在前向式儿童安全座椅上视觉大为改善，便于与家长交流及欣赏沿途风景。

图 8-10 后向式儿童安全座椅

图 8-11 前向式儿童安全座椅

3. 儿童座椅的选择与安装

1）儿童安全座椅的选购

挑选儿童安全座椅时应注意以下两点：

（1）要选择与儿童身材相当的儿童安全座椅。儿童安全座椅有很多的型号，要注意选择。一般可分为婴儿、幼儿和小学生三种。

（2）要选择与汽车相适配的座椅。这一点非常重要，买座椅时最好开车前往，当场就将座椅安装在汽车座位上看是否合适。

2）儿童安全座椅的安装

其安装方法有三种，即安全带捆绑法、锁扣法和用固定装置法。

（1）安全带捆绑式安装。安全带捆绑式安装就是利用汽车座椅上的安全带将儿童安全座椅捆绑在汽车座椅上，如图 8-12 所示。

（2）锁扣安装。锁扣是儿童安全座椅上附加的标准化安装装置，它包括 3 个锁扣和一根系绳。3 个锁扣中,其中两个在座位底部,一个在上部。

锁扣安装必须在配有相应金属插槽的汽车上进行,金属插槽应与儿童安全座椅的锁扣相吻合。

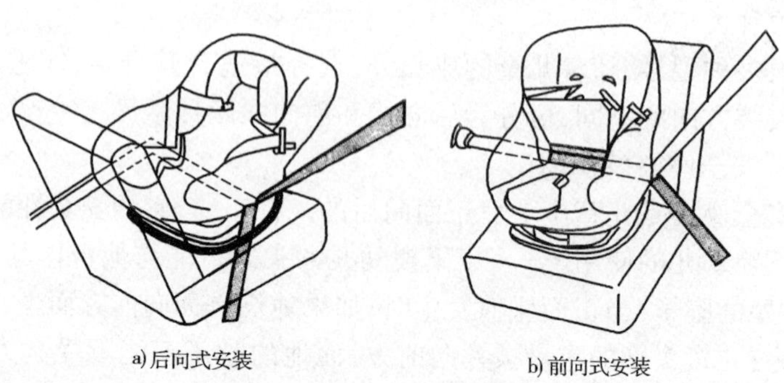

a)后向式安装　　b)前向式安装

图 8-12　安全带捆绑式安装

(3)用固定装置安装。有些儿童安全座椅上设计有安装的固定装置,例如,Volvo ISO FIX 国际标准固定器,只要轿车配有 ISO FIX 扣锁,就可将儿童安全座椅快捷、安全地安装或卸载。

儿童安全座椅安装在前排或后排均可,最好是安装在后排座椅上,因为从统计数据上显示,后排乘客的安全系数更高。另外,副驾驶座位上的安全气囊在打开时会对儿童造成致命的伤害,因此,当副驾驶座上安装儿童安全座椅时,一定要将副驾驶座上的安全气囊关掉。

儿童安全座椅安装一定要牢固,安装时要仔细阅读说明书,将儿童安全座椅牢牢地安装在合适的位置上,并保证安装儿童安全座椅的座椅靠背不能放倒。

第五节　车内木质装饰

木质装饰是将木质或仿木质材料镶嵌在仪表板、中控板、变速器操纵杆球头、车门扶手、转向盘、扶手箱、门拉手、烟灰盒等部件外表面的一种装饰(图 8-13)。木质或仿木质材料具有美观、高雅、显豪华等特点,其独有的花纹图案可获得特殊的装饰效果。中高档轿车,在车内配置木质材料,可显示豪华气势;中低档轿车,在车内配置仿木质材料,可提高档次。因此,目前木质或仿木质内饰非常流行,它体现了轿车装饰的高档化。

图 8-13　车内木质装饰部位

一、木质装饰的材料

轿车内饰木质材料一般是指桃木和花梨木,早期还有鸟眼枫木和橡木,现在大多采用桃木。由于桃木具有纹理优美、坚韧、不会变形等优点,其成为中高档轿车内饰的首选材料。仿木质材料是用塑料仿造木质纹理生产的一种内饰材料。

桃木亦名“降龙木”，现在汽车上使用的桃木并不是真正的桃木，而是胡桃木、核桃木和樱桃木，真正的桃木是山桃木，也就是水果中桃子的母体。山桃木木材处理起来非常困难，它本身是果树，所以含有过高的糖分和果树胶，为了使它做成成品后不变形、不开裂，要经过泡、煮、焐、烘、凉等 81 道工序处理，处理周期长达三个半月。为此，汽车上使用的所谓桃木其实均为胡桃木、核桃木和樱桃木，几种桃木的花纹如图 8-14 所示。

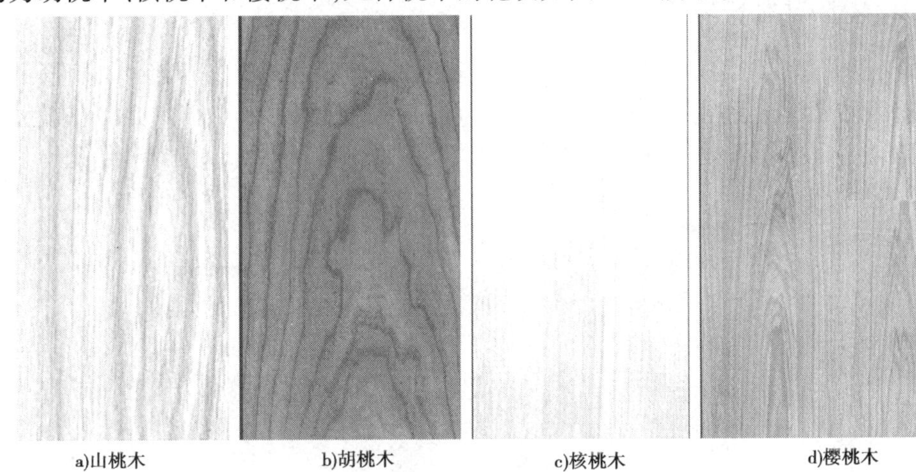

a)山桃木　　b)胡桃木　　c)核桃木　　d)樱桃木

图 8-14　几种桃木花纹

天然的优质桃木数量少、制造工艺颇为复杂，因此成本偏高，于是仿桃木内饰应运而生。仿桃木是采用一种“转印”技术，模仿桃木花纹制作的一种材料，即用一张具有桃木纹路的薄纸（业内叫“木纹纸”），通过专业的技术转印到塑料板上，出来的效果和真桃木几乎相同。

二、桃木内饰的鉴别

（1）现代科学技术可令仿桃木做得惟妙惟肖、以假乱真，其纹路、光泽与真的桃木材料极为相似，鉴别时主要通过纹路图案来进行区别。成批生产的塑料仿桃木内饰的纹路图案一般是件件都一样，而真桃木内饰的纹路图案却是独一无二的。

（2）专业鉴别桃木内饰的优劣是通过检测仪器对其硬度、附着力、耐酸碱和耐紫外线等进行检验，而车主一般通过眼看、手摸等进行鉴别。其简易的鉴别方法是：一是看原材料的质量，看纹路是否清晰，有无裂痕；二是看油漆情况，看光油是否均匀，附着力好不好，光泽度、丰满度如何，表面有无灰尘（在喷光油的时候非常容易沾到灰尘，如果设备不好，厂房设计不好的话，就会有很多灰尘在上面）；三是用手摸一摸，看其硬度怎样，对于一件桃木内饰件来说，硬度是非常重要的，如果硬度不好，做出来的内饰件很容易被刮伤，手表、戒指等小饰件都可能在上面留下痕迹而影响到美观。

第六节　仪表板装饰

汽车仪表板是汽车上的重要功能件与装饰件，是一种壁薄、体积大，上面开有很多安装各种仪表用的孔和洞且形状复杂的零部件。由于人们对汽车的性能要求越来越高，使用的各种仪表也越来越多，造成仪表板越来越复杂，对仪表板的设计要求越来越高。现代汽车仪表板不但要满足承载安装各种仪表和安全驾驶汽车的需要，而且也要成为车内最主要、最引人注目、最重要的装饰件。因此,对仪表板的装饰也就十分重要。另外,仪表板也体现了汽车内饰的个性和风格。

仪表板的装饰方法有多种形式,主要有简朴装饰、真皮装饰、桃木装饰、色彩装饰、个性装饰等。

一、仪表板的简朴装饰

整个仪表板总成结构很简朴,除必要的仪表以外,无其他装饰物。整个上表面和正面基本上平整,简洁光滑。上平面颜色较深,通常为中灰色,正面颜色较浅,一般为白色,这样比较符合色彩的搭配,对驾驶员的安全驾车毫无影响,如图 8-15 所示。

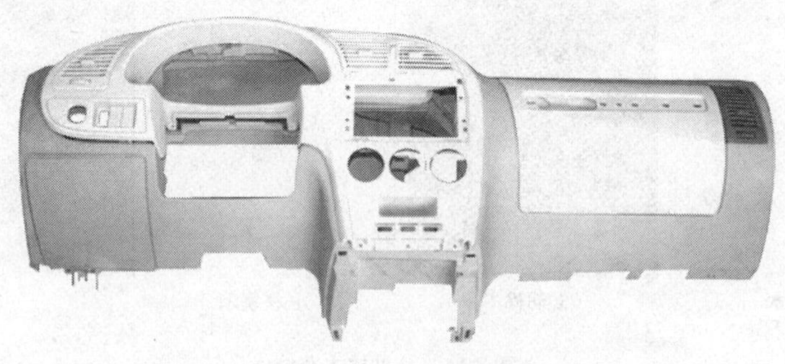

图 8-15 简朴的仪表板装饰

二、仪表板的真皮装饰

用真皮装饰仪表板属于豪华装饰,通常采用黄牛皮,其效果如图 8-16 所示。

图 8-16 真皮装饰的仪表板

用真皮装饰仪表板的工艺过程包括拆卸仪表板表皮、缝制新仪表板表皮、粘贴仪表板表皮、安装仪表板及清洗护理等。

1. 拆下原来的仪表板表皮

根据原仪表板的情况和车型,选择合适的方法把仪表板上的各种仪表和装饰件全部拆下,进行必要的清洗后保存好。如果是胶粘式的,先用热喷枪对表板边缘处进行加热,使胶软化,然后用通用尖嘴钳拉出人造革边,逐步向中间加热,并不断地拉起旧的人造革,直到把旧的人造革全部拆下。此外,在拆下仪表板之前,还应该把仪表板上各种仪表和装饰拆下,并将其进行必要的清洗,以备安装时使用。

2. 缝制真皮仪表板

一般来说缝制一张新的仪表板大体分三步。第一步是选择合适的表皮材料,通常根据原来的表皮材料来完成，选择与原表皮材料相同的同类型规格的材料即可。如车主要求提高车的档次，可选用高级的材料。第二步，裁剪并缝制新表皮。这时也要参照原表皮的尺寸。如要把表皮裁剪好，还需要裁剪师具有丰富的经验。第三步，在完成新表皮的裁剪和制作后，必须进行检查。检查的方法就是把新表皮进行试贴，看其是否能够很好地贴合，这要通过多次试贴和修改才能达到平整的效果。

3. 粘贴仪表板表皮

粘贴仪表板时，要注意选择合适的胶黏剂，常选用汽车通用的 841 胶黏剂进行粘贴，要保证粘贴质量。先在仪表板的填充层表面均匀地涂一层 841 胶黏剂，等到用手触摸粘胶表面不粘手时，便可将仪表板的表皮对准，从中部开始向两边逐一展开，一手拉着表皮，一手轻压表皮与填充层表面接触，贴服无差异时，再用手压表皮与填充层表面，压实填平，并把边缘转折到内侧粘贴牢固。要达到表皮粘贴位置正确、无气泡、无皱纹、表面光滑、平整无划痕的要求时，才算粘贴成功。

4. 安装仪表板

当粘贴后的仪表板完全固化之后（按胶黏剂使用要求而定，一般 24h 可达到粘接最高强度，即完全固化），按拆下时的反向工序，把仪表板固定在车身上，然后装上各种仪表和其他附件、装饰件等即完成了仪表板的安装。

5. 清洗护理

安装后的仪表板，还须进行清洗护理，以使整个仪表板总成面貌一新，达到重新装饰的效果，其方法与汽车美容部分相同。

三、仪表板的桃木装饰

在汽车仪表板装饰中，目前使用桃木装饰成为一种趋势。桃木具有纹理优美、坚韧、不会变形等特点，成为高中档轿车仪表板装饰中的首选，它能凸显回归自然的特色。桃木装饰的仪表板如图 8-17 所示。除了桃木外，许多汽车采用仿桃木来装饰仪表板，效果也很理想。

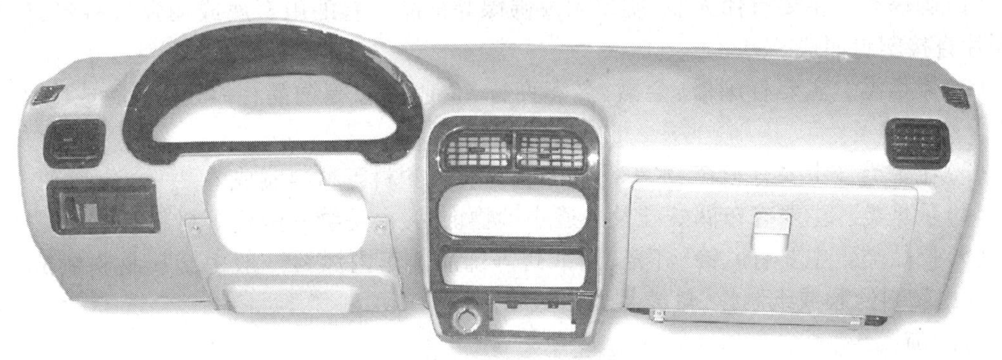

图 8-17　桃木装饰的仪表板

四、仪表板装饰时的注意事项

（1）仪表板装饰时要结合车辆的实际情况来进行，避免低档车进行豪华装饰和高档车进行低水平装饰。

（2）要与其他内饰相协调，绝不能影响到整个内饰的装饰效果，毕竟仪表板只是整个内饰的一部分。

（3）装饰方法和仪表的选择都要慎重，根据车辆的实际情况来选择合适的装饰方法并选用合适的仪表。由于汽车的各种仪表，具有特定的功能和使用条件，只有具有高技能的人员才能正确选用和改装汽车仪表的布置、安装和调试，否则不但达不到装饰的目的，还可能适得其反，造成事故的发生。

（4）装饰过程中要选用合适的胶黏剂，仔细地阅读各种胶黏剂的使用说明书，然后根据实际需要选用满足使用条件的胶黏剂。如不能把握，可先用少量的胶黏剂来试用，看其是否满足要求。当发现确实能够满足使用要求时再使用它。

（5）汽车仪表板的装饰中，表皮装饰很重要，用真皮材料或桃木材料装饰仪表板会给人一种华贵、气派的感觉。

第七节　车内饰品装饰

车内饰品装饰是通过在车内布置各种装饰品，以美化车内环境，并为驾乘人员提供各种方便的装饰。用心装点爱车，营造温馨、舒适、美观、个性化的车内环境是车主们的良好愿望。

一、车内饰品的种类

车内饰品种类很多，按照功能可分为观赏类饰品和实用类饰品两种。

1. 观赏类饰品

观赏类饰品按照与车体连接形式可分为挂饰、贴饰和摆饰三种。

1）挂饰

挂饰是将饰品通过绳、链等连接件悬挂在车内顶部的一种装饰。挂饰按饰品的不同可分为以下五类：

（1）画像类。主要有伟人照、明星照及佛像等饰品。有的由金属或陶瓷材料制成，有的是照片直接塑封而成。

（2）徽章类。主要有国徽、会徽、名车商标、企业标志等饰品，一般由金属或陶瓷材料制作。

（3）花果类。主要有彩花、水果等饰品，由绸缎、塑料等材料制成。

（4）玩具类。主要有布偶娃娃及卡通小动物饰品，由毛绒和陶瓷等材料制成。

（5）物品类。主要有风铃、灯笼、千纸鹤等饰品。车内风铃一般由金属材料制成，千纸鹤一般由塑料薄膜或纸制作，灯笼主要由绒布制成。

2）贴饰

贴饰是将图案和标语等制在贴膜上，然后粘贴在车内的装饰。贴饰按内容的不同可分为以下三类：

（1）商标类。大多为名车商标。

（2）图片类。主要有人物、名车及卡通等图片。

（3）公益广告类。主要是对驾驶员及乘员进行提醒或警告的标语，如“注意安全”、“车内严禁吸烟”、“注意车内卫生”等。

3）摆饰

摆饰是将饰品摆放在汽车控制台或座椅上的一种装饰，主要有以下两类：

（1）展示品类。主要有名车模型、地球仪、水平仪、国旗及精美的珍藏品等，一般摆放在汽车控制台上。

（2）布偶类。私家轿车习惯上前座是夫妻两人的专位，后方才是孩子们的活动空间。做父母的总会在后座放几个布偶给孩子们当玩具。不过，由于现在很多布偶制作得相当精美，也备受年轻人和女性车主的青睐。

2. 实用类饰品

实用类饰品按功能不同可分为显示类和置物类两种。

1）显示类饰品

显示类饰品是显示时间、方向、温度、湿度、平衡度等信息的饰品。主要有汽车钟、指南球、温（湿）度计、平衡仪、坡度仪等，如图 8-18 所示。

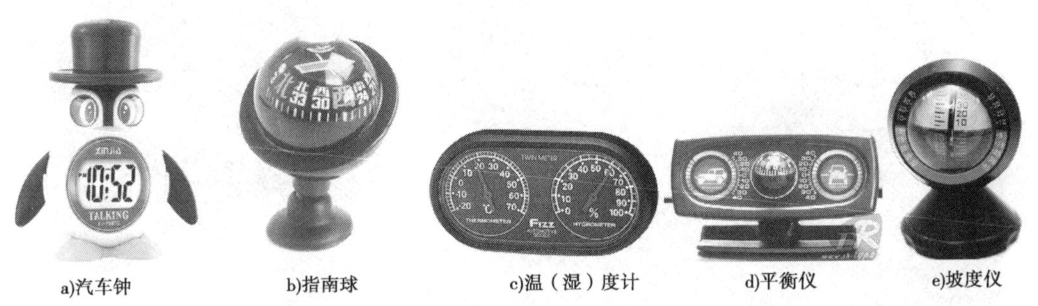

a)汽车钟　b)指南球　c)温（湿）度计　d)平衡仪　e)坡度仪

图 8-18　车载显示类饰品

2）置物类饰品

置物类饰品是用于放置物品的饰品。置物类饰品按其结构形式不同分为架类饰品、夹类饰品、袋类饰品、筒类饰品、盒类饰品、套类饰品、垫类饰品、钩类饰品和托盘类饰品等。

架类饰品主要有手机架、饮料架、茶杯架、衣服架等，还有些手机架和饮料架是组合在一起的，如图 8-19 所示。

夹类饰品主要有眼镜夹、明片夹、票据夹等，如图 8-20 所示。

袋类饰品主要有杂物袋（也称便利袋、收纳袋）、手机袋、CD 袋等，如图 8-21 所示。

筒类饰品主要有杂物筒、雨伞筒、饮料筒等，如图 8-22 所示。

盒类饰品主要有杂物盒、纸巾盒等，如图 8-23 所示。

套类饰品主要有转向盘套、变速手柄套、驻车制动杆套、车内镜套等，如图 8-24 所示。

垫类饰品主要有防滑垫和脚垫，如图 8-25 所示。防滑垫一般放置在控制台上方，垫上摆放物品不会因汽车行驶颠簸而滑落。脚垫放置在地毯上，起保护地毯的作用。

钩类饰品主要有椅背挂钩和方便挂钩，如图 8-26 所示。椅背挂钩安装在座椅靠背上，方便挂钩可安装在车内任意位置。

托盘类饰品主要有转向盘托盘和椅背托盘，其作用是方便在车内进行学习、工作、餐饮和化妆等事宜，如图 8-27 所示。

a)手机架

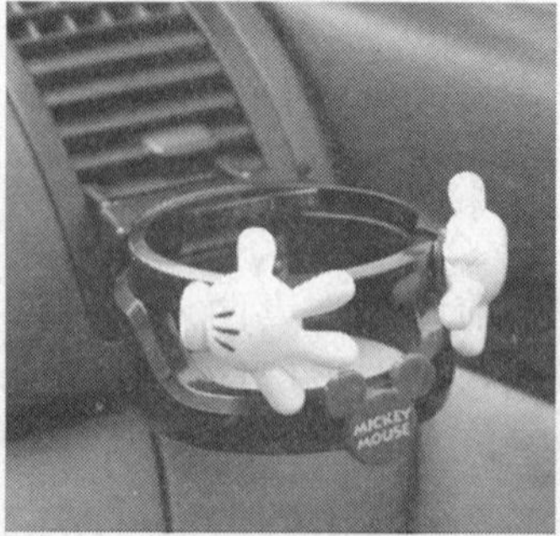

b)茶杯架

c)衣架

d)茶杯架

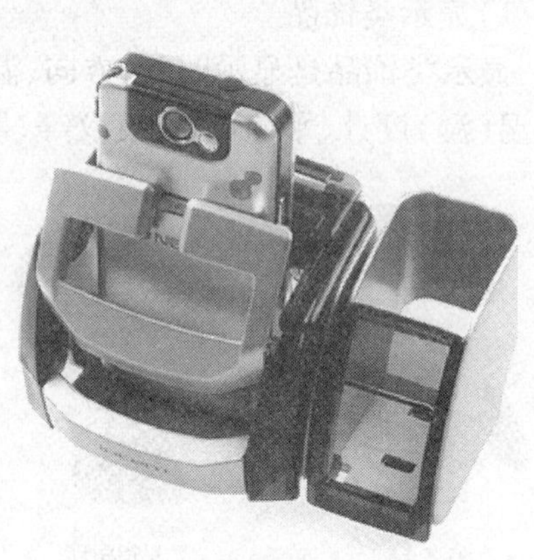

e)组合架

图 8-19　架类饰品

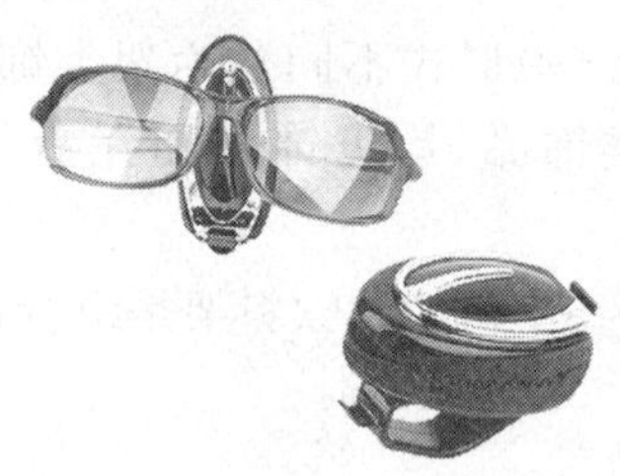

a)眼镜夹

b)名片夹

c)票据夹

图 8-20　夹类饰物

a)杂物袋

b)手机袋

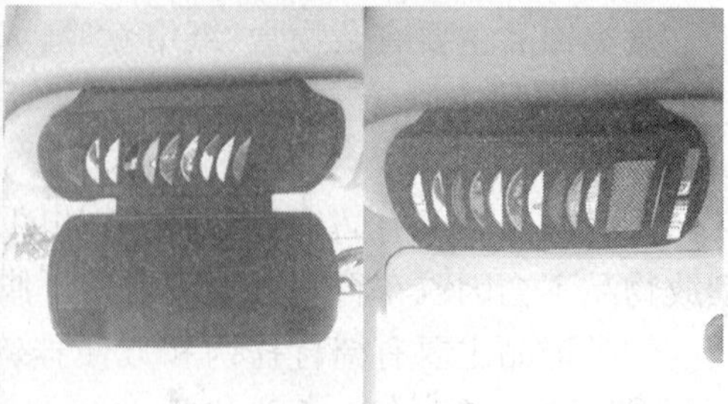

c)CD袋

图 8-21　袋类饰物

a)杂物桶

b)雨伞桶

c)饮料桶

图 8-22　筒类饰品

a)杂物盒　　b)纸巾盒

图 8-23　盒类饰物

a)转向盘套

b)变速手柄套

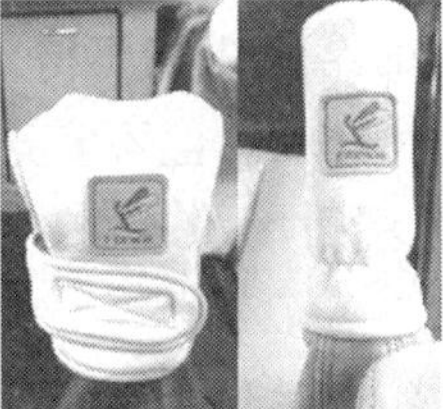
c)驻车制动套

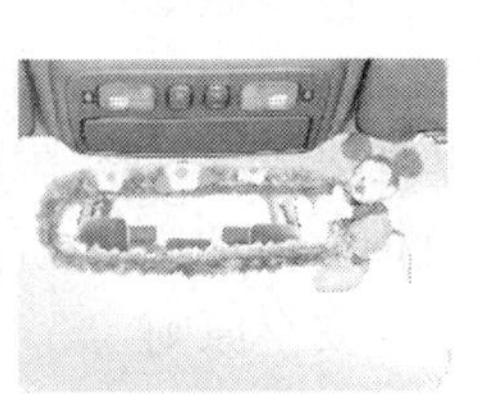
d)车内镜套

图 8-24　套类饰品

a)防滑垫

b)脚垫

图 8-25　垫类饰品

车内后座多用途挂物钩

图 8-26　钩类饰品

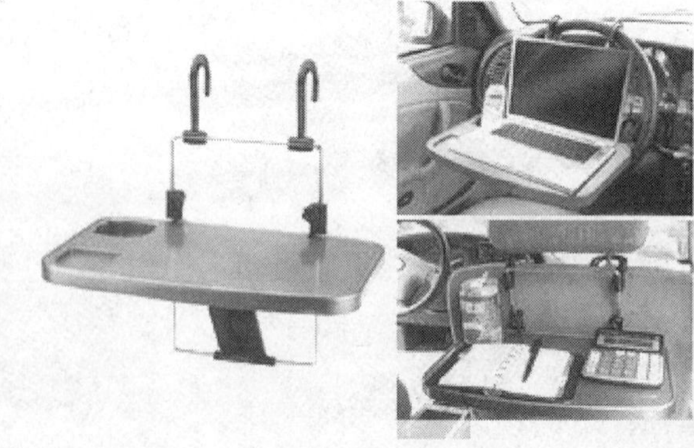

图 8-27　托盘类饰品

二、车内饰品的选购

1. 选购原则

由于车主的爱好、情趣及审美观各不相同，因此所选用的饰品也将是各式各样，在此无需进行统一，但应掌握以下几个原则。

1）美观原则

车内选用饰品的主要目的就是给人带来美感，要做到这一点，首先在选购时，应挑选造型、色彩及质地都比较讲究的饰品。其次要保持饰品干净、卫生、摆放有序。另外，还应注意车内饰品不宜过多。否则，车内将给人一种饰品陈列柜的感觉。

2）协调原则

“协调”也就是车内饰品的选用要得体：一是要与车主的身份相协调，如在一些商务专车里可选用伟人照、国旗等饰品，但不宜选用佛像及宠物等饰品；二是要与车主的年龄相协调，如车主是年轻人可选用明星照、宠物等饰品，但这些饰品对年长者车主则不宜选用。

3）安全原则

车内选用任何饰品都不能对行车安全造成影响。如车内前侧顶部不能悬挂过大、过长、过重的挂饰，控制台上不能放置过大、过重的摆饰，前、后风窗玻璃上不能粘贴大面积的贴饰。否则，过大、过长的饰品会影响到驾驶员的视线，过重的饰品在急制动时，会撞坏前风窗玻璃，这些都不利于安全。

2. 选购方法

如今的饰品琳琅满目，不仅汽车装饰店中有售，而且一般工艺品店中也有售。选购时，一是要根据个人爱好，如男士喜欢挂图片类和徽章类饰品，而女士则喜欢挂公仔玩具的动物类；二是要注意流行款式，如几年前悬挂毛主席像、周总理像，曾经风靡全国大江南北，再后来比较流行悬挂“招财进宝”、“一路平安”等祈福的挂饰；三是要选购安全饰品，如玻璃材料制作的风铃不能选购。

三、车内饰品的布置与安装

1. 车内饰品的布置

挂饰一般布置在前后风窗玻璃的内侧，主要悬挂在车内后视镜架上；贴饰主要布置在控制台(前排乘员席前端)、车门内侧及前排座椅后侧;摆饰主要布置在控制台上端和后排座椅上;实用类物品有的布置在控制台上(如汽车钟、指南针等),有的布置在操纵件上(如变速杆套、驻车制动套等),有的布置在座椅背后上(如饮料食物便利袋、收纳便利袋等)。

2. 车内饰品的安装

车内饰品的安装比较简单,但在安装中应注意以下事项:

(1)悬挂的链绳应在镜面背后,否则会遮挡后视镜。链绳的长度要适当,过短,挂饰没有摆动效果;过长,摆动幅度太大,会影响驾驶员视线。

(2)贴饰不能粘贴在前风窗玻璃上,否则影响视线。

(3)控制台上的饰品应采用吸盘式安装,即摆饰品下端应带有吸盘,将摆饰品吸在控制台上,否则摆饰品会因汽车颠簸而经常移位,甚至掉下。

1. 汽车顶衬有哪两大类?各有何特点?
2. 简述成形型顶衬的两种装饰方法。
3. 简述非成形型顶衬的装饰工艺过程。
4. 简述车门衬板更换装饰的工艺过程。
5. 简述侧围衬板装饰的工艺过程。
6. 如何铺设汽车地毯?
7. 怎样用手工方法制作脚垫?
8. 与布艺座椅相比,真皮座椅有何特点?
9. 如何鉴别真皮座椅的皮质?
10. 简述真皮座椅制作的工艺过程。
11. 布艺座椅有何特点?
12. 坐垫有何功用?如何选择?
13. 为何要专门安装儿童座椅?
14. 如何安装儿童座椅?
15. 木质装饰通常安装在车内哪些部位?
16. 如何鉴别桃木与仿桃木?
17. 简述车内木质内饰的选用原则。
18. 为何要对仪表板进行装饰?
19. 试比较真皮仪表板与桃木仪表板的特点。
20. 汽车仪表板装饰有何新动向?
21. 观赏类饰品有哪些类型?各有何饰品?
22. 实用类饰品有哪些类型?各有何饰品?
23. 请收集各种汽车饰品,提高自己的鉴赏力。
24. 试述汽车内部装饰的发展动向。
25. 去汽车美容店现场观察汽车顶衬制作或侧围更换或地毯铺设或真皮座椅制作安装或桃木仪表板铺设的工艺过程,并绘制工艺流程图。

第九章　汽车精品装饰

教学提示：汽车精品装饰是一种汽车美容服务的延伸项目，使汽车美容服务更加贴心，从而体现人性化的服务。

本章主要内容：车载信息精品、汽车安全精品、汽车多媒体精品、车内香品、车载电器精品等。

本章学习目标：

(1)掌握汽车精品装饰美容的内涵；

(2)理解车载信息精品的种类、功用、原理与安装方式；

(3)理解汽车安全精品的种类、功用、原理与安装方式；

(4)理解汽车多媒体的种类、功用、原理与安装方式；

(5)了解车载电器精品的类别及功用；

(6)了解车内香品的功用与类别。

本章重点：车载 GPS、防盗器、倒车雷达、汽车 VCD、车载冰箱、车载氧吧、车内香品等精品的功能与选用。

本章难点：车载 GPS 的类别与选用、倒车雷达的功能与选用、车载多媒体的选配。

第一节　车载信息精品

随着电子技术和信息技术的迅速发展，越来越多的车载电子信息用品得到应用，如车载 GPS、车载电话、车载对讲机、行驶记录仪等，这些用品使汽车美容服务更加贴心，从而体现个性化服务。

一、车载 GPS

1. GPS 的定义

GPS(Global Positioning System)即全球定位系统，顾名思义，无论在地球的任何地方都可收到人造卫星发过来的信息并可以测定静止或移动的物体的位置，是一个全天候的定位监测系统。

2. 车载 GPS 的功能

目前功能齐全的车载 GPS，结合了全球卫星定位系统(GPS)、地理信息系统(GIS)、全球移动通信系统(GSM)和计算机网络技术，能实现定位、导航、防盗、防劫、监控、商务信息服务等多项功能。

(1)导航功能。驾驶员只要输入起点和终点,该系统便可立即指出两地之间的最佳路径,驾驶员还可通过车辆的监控中心查询行走路线。

(2)定位功能。可根据用户要求24h全天候对车辆定位,跟踪汽车的方位、速度和方向,并反映在电子地图上。

(3)防盗功能。当车主离开车辆,车辆处于安全设防状态时,如果有人非法开启车门或发动车辆,车辆会自动报警,此时,车主手机、车辆监控中心同时会收到报警电话,监控中心的值班人员会立即联系110报警,且车辆自动启动断油、断电程序。

(4)报警功能。车载GPS除防盗报警外,还具有紧急报警、碰撞报警和偏航报警等功能。紧急报警是在紧急情况下,如汽车遇抢劫、急救、故障、交通事故等,车上人员可按车上系统的紧急报警按钮,向监控中心求援,同时监控中心可启动监听录音装置(此功能只能在报警状态下才能启动);碰撞报警是当汽车在行驶状态下发生碰撞时,感应器立即将碰撞情况传向监控中心;偏航报警是监控中心对指定车辆设置行车路线后,当车辆偏离行车路线时,车载终端自动向监控中心发出偏航报警信息。

(5)通信功能。具有移动电话的所有功能。

(6)监控功能。监控中心通过下发监控指令对指定车辆进行实时监控,终端根据中心的不同监控指令回传车辆当前的定位信息到中心。

(7)调度功能。配置调度显示屏,可由调度中心和手机向车载终端发送中文调度信息,显示在车载终端的调度显示屏上。

(8)服务功能。监控中心工作人员24h值班,不管在什么时候,只需拨打一个电话便可为车主提供全方位商务信息服务(除了24h实时定位、跟踪外,还可代订酒店房间、火车票、飞机票,代客送鲜花、礼品,代办汽车年审、汽车保险,以及提供股票信息、天气预报等)。

3. 车载GPS的工作原理

汽车上的GPS接收机接收卫星发来的不同卫星信号,可根据卫星信号到达接收机的时间差,算出接收机到卫星的距离及接收机海拔高度。另外,卫星的位置是已知的,通过对接收机同时接收的4颗卫星的导航信息进行"伪距离与载波相位"的解算,即可精确地定出汽车的经纬度(位置)。有的接收信息与信息处理都放在一个较小的匣内,即可对汽车定位、导航(图9-1)。

车载GPS设备接收至少由3颗卫星发来的定位数据,根据这些数据计算出自身所在的位置坐标,并将坐标等数据经无线调制解调器从无线电台发射给主控中心。主控中心接收信息后,通过无线调制解调器将车载GPS设备发回的坐标数据等信息还原,并进行各种数据处理,最后在主控中心计算机系统的电子地图上,把汽车的正确位置即经纬度、海拔高度等参数显示出来,以便主控中心人员调度指挥、防盗、反劫。

4. 车载GPS的类型

目前市场上充斥着各种各样的GPS,除了个别与CD机头结合在一起的产品外,大部分都无需对车辆电气部件进行改造。只用一个吸盘、一套支架就可以固定在车内,完全可以实现无损加装。

(1)手机式GPS系统。采用智能系统的诺基亚系列手机是手机式GPS导航系统的典型代表,其通过蓝牙系统接驳一个GPS信号接收模块LD-3W(或LD-1W、LD-4W),便可以通过手机内的导航软件进行导航操作了。手机式导航系统携带方便,一个小小的模块丝毫不会成为负担,价格相对众多 GPS 产品也比较低廉。手机式 GPS 系统如图 9-2 所示。

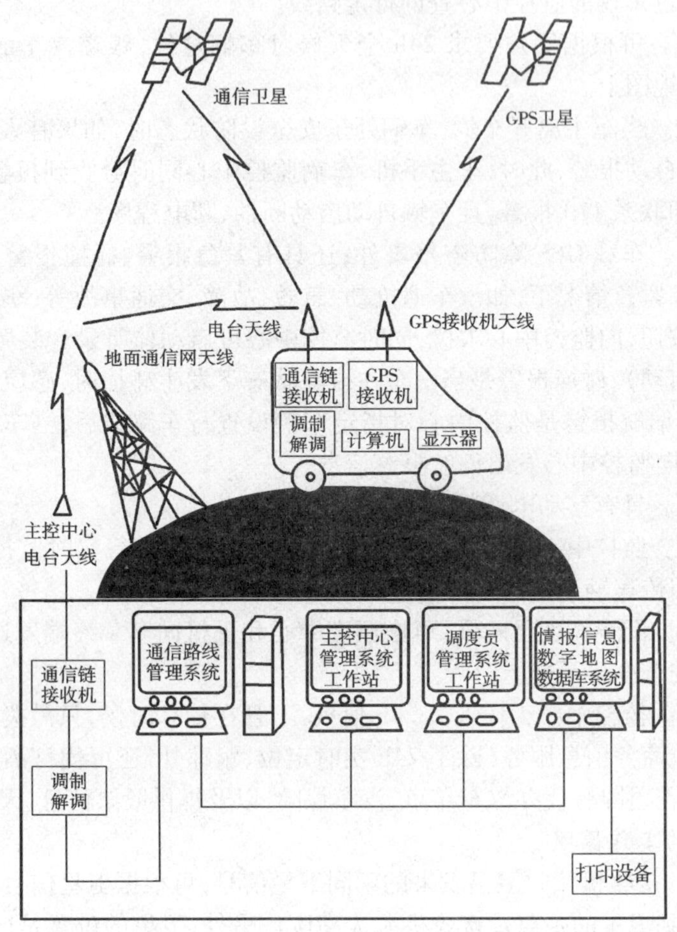

图 9-1　车载 GPS 的工作原理

(2)PDA 式 GPS 系统。

现在市场上出现了许多 PDA + 手机的组合,PDA 是 Personal Digital Assistant 的缩写,字面意思是"个人数字助理"。这种手持设备集中了计算、电话、传真和网络等多种功能。它不仅可用来管理个人信息,还可以浏览网页,收发 E-mail。虽然有部分 PDA 的以上功能会由于缺乏相应的服务而不能实现。但可以预见,PDA 发展的趋势和潮流就是计算、通信、网络、存储、娱乐、电子商务等多功能的融合。PDA 式 GPS 系统如图 9-3 所示。

无手机功能的 PDA 式 GPS 系统的最大好处,便是直接内置了 GPS 接收模块。而其另一优点则是对于地图软件的选择性增多,可以尝试各种不同的软件和地图,直至找到最适合自己的。

(3)车载式 GPS。车载式 GPS 除了放在车上使用外,几乎没有其他功能可言,也正是由于其功能的单一性,它们可以做得更加简便而实用。车载式 GPS 系统如图 9-4 所示。

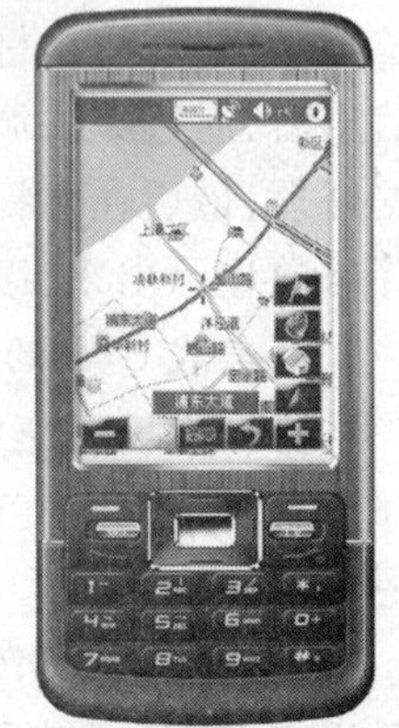

图 9-2　手机式 GPS 系统

图 9-3　PDA 式 GPS 系统

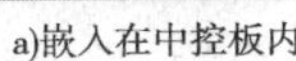
a)嵌入在中控板内

b)内后视镜式

图 9-4　车载式 GPS

5. 车载 GPS 的安装

目前较为常见的 GPS 车载导航系统为 PDA 式导航系统，该系统安装比较方便。PDA 式 GPS 导航系统如图 9-5 所示。

(1)主机的安装。GPS 主机体积不大，主要安装位置为行李箱右侧。主机线从后座下方布线。

(2)电源安装。车载 PDA 式 GPS 系统电源系统采用点烟器电源接口，一般即用即插，比较方便。

(3)PDA 显示屏。车载 PDA 式 GPS 系统的显示屏，通过一个背面带有吸盘的支架吸附在前风窗玻璃上。PDA 显示屏的安装，如图 9-6 所示。

(4)GSM 天线。车载 PDA 式 GPS 系统的 GSM 天线一般安装在后风窗玻璃处。从主机引出的信号线，从后座旁边引出。布线时要注意，走线完成后，需将天线遮蔽。

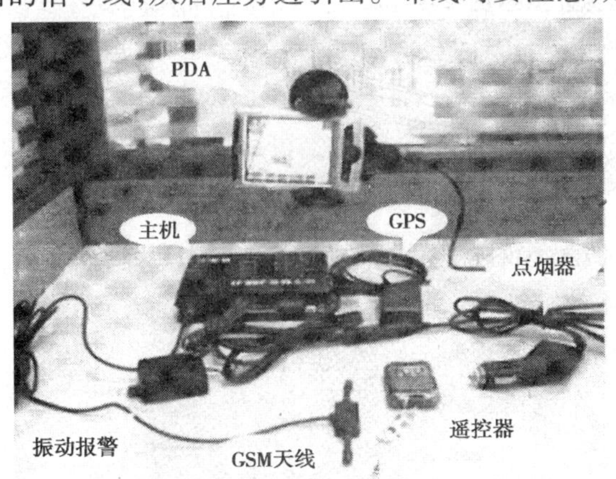

图 9-5　PDA 式 GPS 导航系统

图 9-6　PDA 显示屏

二、车载电话

1. 车载电话的功能

(1)车载电话具有声控免提功能，避免了开车用手接打手机造成的危险。

(2)有 DPS 数字系统，可以过滤杂音，使得语音更清晰，避免了驾车者注意力下降，从而避免了开车危险。

(3)车载电话的天线置于汽车外面，车内没有电子信号辐射，对人体是安全的，也不会对车内的精密仪器（如 ABS 系统、气囊等）产生干扰。

车载电话还可以延伸出许多功能，如多方通话、语音和数据切换，加上传真机或者电脑，就可以使车成为移动办公室。因此，它是符合未来人类商业活动以及生活形态发展的产品。

2. 车载电话的分类

车载电话可以分为车载蜂窝电话和车载手机免提电话两大类。

1）车载蜂窝电话

车载蜂窝电话固定安装在车辆上，可以随车移动，它与交换台之间依靠无线电联系。为了有效利用无线电波，增加用户容量，必须利用相同频率的无线电波。为此，将通信区域划分为一个个小区，每个小区建立覆盖整个区域的基站，相邻小区的边缘存在重叠区，这样，当汽车行驶在这些区域时，通过信号的相互转换就可以保证通信不中断。

车载蜂窝电话的主要设备包括无线电发射/接收机、电话机和天线（图 9-7），一般用于高档商务车上。

车载蜂窝电话通常固定在前排中央扶手中，按键放置在空调出风口处（图 9-8）。通话效果比较好，即使在屏蔽性和电磁干扰较大的车厢内也依然能保持优良的通话效果。接收信号性能比无线耳机所连接的手机高 25%，再配合专用车载天线后，在许多手机信号极弱环境下，也能保持清晰的通话效果。同时还可与汽车音响自动切换，也就是说，一旦来了电话，汽车音响中原有的音乐等声音就会暂停。

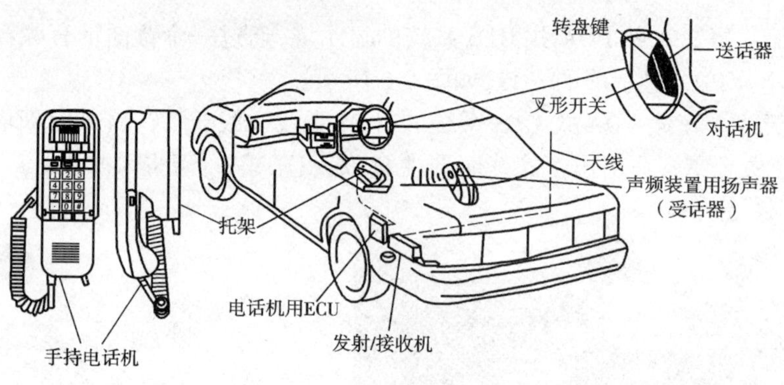

图 9-7　车载蜂窝电话的组成

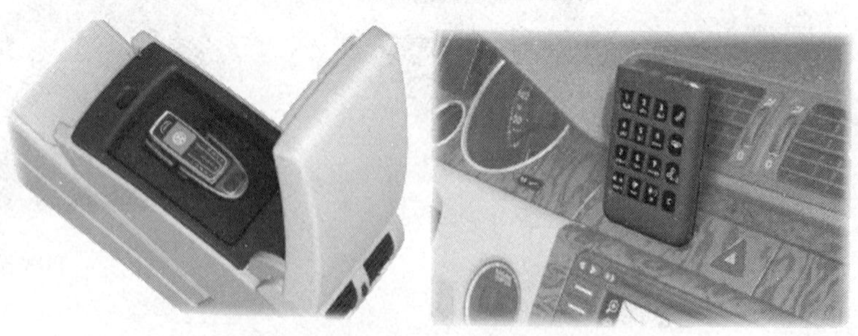

图 9-8　车载蜂窝电话的安装位置

2）车载手机免提电话

这类电话的原理很简单，用车主的手机接收通信信号，然后利用拾音器收集手机声音，通过车载广播系统或者车载音响播放。车主佩戴一个无线耳机接听声音。车载手机免提电话通俗地说就是“上车是车载，下车是手机”。设备的主体部分使用点烟器作插口，同时连线与手机的耳机插孔连接，安装后设备终端会自动转换到免提模式。这类车载电话安装很简单,无需专业人员安装,可以说是即买即用,因而价格较车载蜂窝电话要便宜很多,但它对电磁波辐射的控制没有车载蜂窝电话好,因而音质和可听辨程度也较差。

车载手机免提电话因其结构简单,安装方便,成本低廉,成为目前汽车通信的主流。

车载手机免提电话按其组成部件的结构特点及功能,可分为有线车载免提电话、无线车载免提电话和蓝牙车载免提电话。车载手机免提电话如图 9-9 所示。

图 9-9　车载手机免提电话

三、车载对讲机

车载对讲机是一种安装在汽车上使用,可与一个人或一组人通话的通信设备。

1. 车载对讲机的特点

车载对讲机与车载电话相比,具有以下特点:

(1)对讲机不受公用通信网络限制,可在网络未覆盖的地区进行无线通话。

(2)没有通话费用,是一种无成本通话方式。

(3)对讲机可提供一对多的通话方式,方便集体联络。

(4)对讲机的不足之处是通信有效距离有限,一般为 3 ~ 5km,最远不超过 20km。

2. 车载对讲机的组成

一般对讲机主要有主机、充电器及耳机等部件组成,如图 9-10 所示。

图 9-10　对讲机的主机

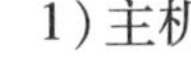

1)主机

主机包括机体、天线及电池。

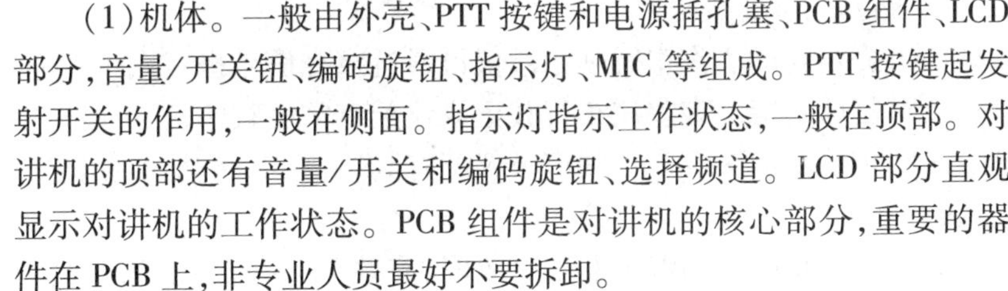

(1)机体。一般由外壳、PTT 按键和电源插孔塞、PCB 组件、LCD 部分,音量/开关钮、编码旋钮、指示灯、MIC 等组成。PTT 按键起发射开关的作用,一般在侧面。指示灯指示工作状态,一般在顶部。对讲机的顶部还有音量/开关和编码旋钮、选择频道。LCD 部分直观显示对讲机的工作状态。PCB 组件是对讲机的核心部分,重要的器件在 PCB 上,非专业人员最好不要拆卸。

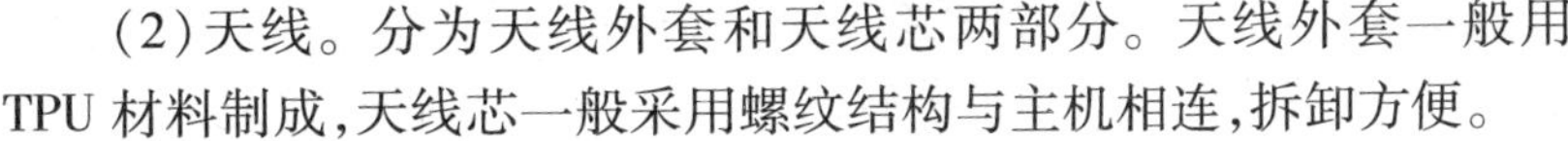

(2)天线。分为天线外套和天线芯两部分。天线外套一般用 TPU 材料制成,天线芯一般采用螺纹结构与主机相连,拆卸方便。

(3)电池。电池分 Ni - Cd、Ni - MH 电池,容量有 600mAh,800mAh、1100mAh、1300mAh、1500mAh 不等。电池面、底壳采用超声波焊接,牢固、可靠。

2)充电器

充电器与交流电转换器共用,对电池或整机进行充电。充电器一般有 DC 插座、充电弹片、指示灯、按键等组成。DC 插座与交流电转换器相连,弹片与电池极片相连,按键起放电作用。

3)耳机

耳机通过信号线与主机相连,放在耳朵上,可使对讲机免提。

四、行驶记录仪

汽车行驶记录仪，俗称汽车黑匣子，是对车辆行驶速度、时间、里程以及有关车辆行驶的其他状态信息进行记录、存储并可通过接口实现数据输出的数字式电子记录装置，如图9-11所示。

由于记录仪能够实时地记录车辆运行和驾驶员驾驶活动的相关信息，它可在约束驾驶人员的不良驾驶行为（如疲劳驾驶、超速等）、预防道路交通事故、保障车辆行驶安全、提高营运管理水平等诸多方面发挥重要的作用，并将为事故分析和鉴定提供原始数据。

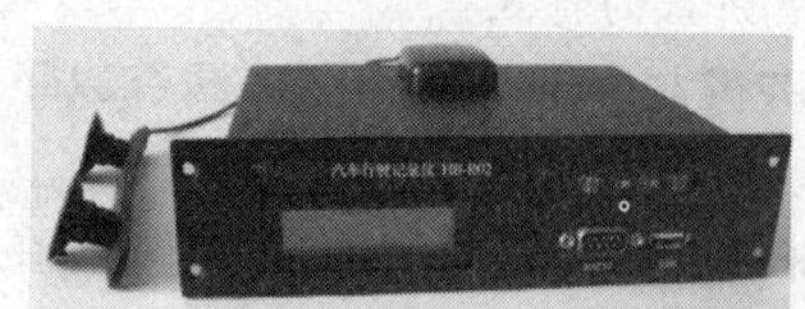

图9-11　汽车行驶记录仪

1. 汽车行驶记录仪的功能

（1）记录功能。汽车行驶记录仪能够监测并记录车辆行驶的速度、制动、鸣笛、转向、倒车、停车、灯光使用、行驶里程、工作时间等多项数据。

（2）存储功能。汽车行驶记录仪可存储车辆、驾驶员及主管单位的基本信息，并可将监测和记录数据进行及时存储。

（3）显示功能。汽车行驶记录仪配备的显示器可实时显示当前车速及时间，也可显示之前存储和记录的数据。

（4）提示功能。汽车行驶记录仪可通过声光信号提示汽车超速、驾驶员疲劳等信息。

（5）打印功能。有些汽车行驶记录仪配有掌上打印机，可随时打印所需信息。

（6）传输功能。汽车行驶记录仪配有USB接口，可通过优盘将信息传输到PC机或笔记本电脑上。

（7）报警功能。当汽车发生事故时，有些汽车行驶记录仪可立即通过无线电通知与行驶记录仪相连的中心传播系统。另外，有些汽车行驶记录仪里还附加了一套全球定位系统（GPS），该系统会在汽车出事后，立即找出离出事地点最近的急救号码并自动拨打，随后又将出事汽车的信息立即通过传输器传送给医院或者外伤中心，以方便医生在前来抢救的过程中，就了解了伤者的伤势。

（8）防盗功能。有些汽车行驶记录仪还具有反劫防盗功能，汽车装上这种行驶记录仪后，除了车主和车主委托的人外，其他人有了车钥匙也无法起动汽车，即使拆除汽车行驶记录仪也还是无法起动汽车。

2. 汽车行驶记录仪的组成

汽车行驶记录仪由硬件和软件两部分组成。硬件主要包括传感器、记录器、显示器和数据采集器，软件为计算机处理软件系统。

（1）传感器。传感器是向记录器传递其感知到的汽车各种工作状态的物理器件，其与主机上的标准接口连接。

(2)记录器。记录器是汽车行驶记录仪的主体部分。记录器能在汽车行驶过程中客观、精确地记录下多种工作状况,如前进、加减速、匀速、转弯、倒车、爬坡、怠速、超速时的参数。记录器具有防水、抗振、防火、抗燃烧、抗电子干扰等性能,其工作状态稳定,工作温度适用的范围较宽(-25~65℃),且具有数据存储功能,当遇到不测或被切断电源后,原先记录下的数据仍被保留下来,并可保存10年以上。

(3)显示器。显示器是用于显示汽车行驶时各动态数据的器件。具体的显示内容包括时间(年、月、日、时、分),行驶中的瞬时车速,本次里程等。其中,瞬时速度可以反映出停车前1min和10min内两个行程的最高车速。显示器位于仪表板上,供驾驶员随时了解车辆行驶状况,以便及时修正和控制车辆运行状况。

(4)数据采集器。数据采集可使用数据采集处理卡或USB可移动磁盘。数据采集处理卡是一种便携式的用于数据采集、存储、显示、存档和报警受话的磁卡,将其插入记录器里,便显示并记录下该汽车的牌号、驾驶证号、采集的时间及各种状态下的工作数据,也可把采集到的若干数据传输到计算机存档,进行图像处理、事故再现分析等。

(5)计算机处理软件系统。计算机处理软件系统可直接采集、设置记录器中的时间、限速范围和一切能改写的汽车参数,也可采集从采集处理器中得到的数据,供事故分析和存档。该系统还可用图像形式再现发生事故的汽车行驶轨迹。

第二节 汽车安全精品

汽车安全精品主要有防盗器、倒车雷达和安全预警装置等。

一、汽车防盗器

汽车防盗器就是一种安装在车上用来增加盗车难度和延长盗车时间的装置。它是汽车的保护神,通过将防盗器与汽车电路配接在一起,从而可以达到防止车辆被盗、被侵犯,保护汽车并实现防盗器各种功能的目的。

1.汽车防盗器的类型

汽车防盗装置按其结构可分为机械式、电子式和网络式三大类。

机械式防盗装置是采用金属材料制作的各种防盗锁具,包括转向柱锁、转向盘锁、变速器操纵杆锁、离合器踏板锁、制动踏板锁、车轮锁等(见图9-12),通过这些防盗锁具锁住汽车的操纵部件,使窃贼无法将汽车开走。该防盗装置操作简单、价格便宜,缺点是不能报警。

电子式防盗装置也称微电脑防盗装置,主要有插片式、按键式和遥控式等种类。该防盗装置通过电子设备控制汽车的起动、点火等电路,当整个系统开启之后,如果有非法移动汽车、开启车门、发动机盖、行李舱盖、接点火线路时,防盗装置立刻发出警报,顿时灯光闪烁,报警鸣笛,同时切断起动电路、点火电路、喷油电路、供油电路,甚至自动变速器电路,使汽车处于完全瘫痪状态。该防盗装置安装隐蔽,功能齐全,无线遥控,操作简便,是目前中、高档轿车上广泛使用的防盗装置。典型的电子式防盗装置如图9-13所示。

网络式汽车防盗系统是目前国际上比较流行而且比较先进实用的一种防盗方式。它是在充分总结了前几种防盗方式存在的人防与技防脱节、防盗方式单一、防盗不防劫的弊端之

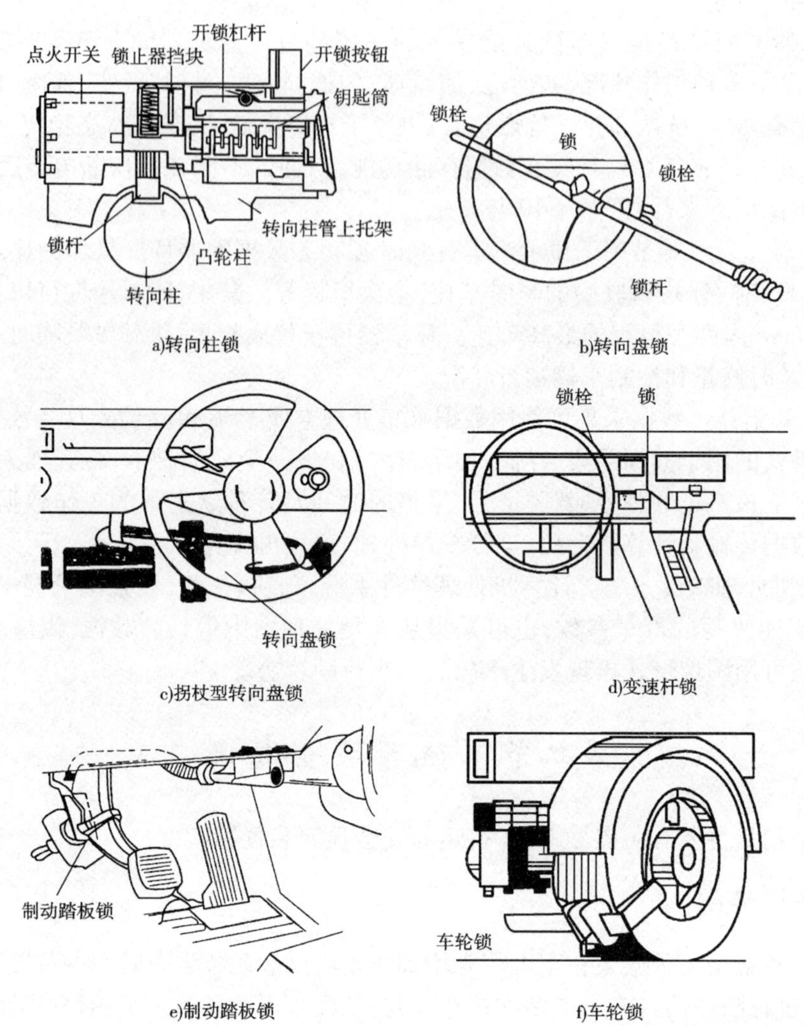

图 9-12　机械式防盗装置

后而发展起来的一种新型的汽车防盗方式。其主要有两种：一种是全球卫星定位，通过数字通（GSM）进行无线传输的 GPS 防盗系统，俗称“天网”；另一种是以地面信标定位，通过有线和无线传输对汽车进行定位跟踪和防盗防劫的防盗系统，俗称“地网”。该类防盗系统最大的优点是改变了传统防盗装置单一的技防功能，而增加了人防功能，它通过建立在天空和地面的“网”对车辆进行及时报警并跟踪定位，从而使公安快速出警追堵被盗车辆成为可能，而且这种防盗系统具有阻断油路、电路和熄火停车等防盗又防劫功能。

2. 汽车防盗器的功能

随着汽车防护要求的提高，车用防盗器的功能也日趋完备，目前市场上汽车防盗器主要有以下一些功能：

(1) 防盗设定与解除。其主要作用是警戒车辆，以防被盗或受侵害。

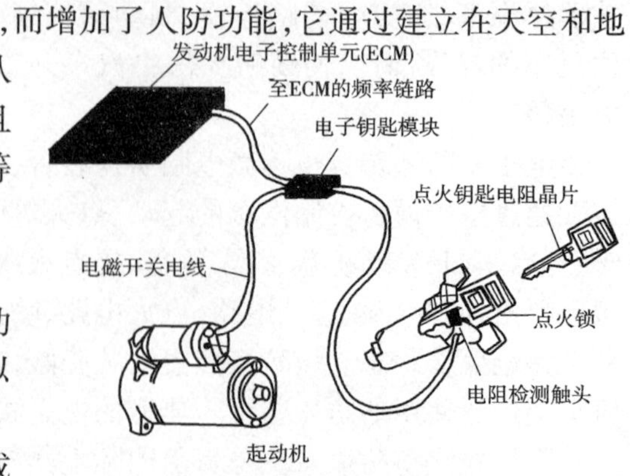

图 9-13　电子式防盗装置

(2)全自动设防。若车主忘记设防,报警器将自动进入防盗警戒状态。

(3)静音设防与静音解除。静音设防与解除时无噪声,适合于在夜间、医院和特殊环境下使用。

(4)二次设防。设防解除后,若30s内车主未开车门,则主机自动进入防盗状态。

(5)寻车功能。在停车场内帮助车主寻找车辆。

(6)求救。在紧急事态发生时能设定紧急呼救。

(7)振动感应器暂时关闭。遇恶劣天气,但汽车处在安全环境下,使用此功能可减少误报和噪声。

(8)进场维修模式。适用于汽车进场维修,遥控器无须交给维修厂,安全方便。

(9)行车时控功能。点火后车门自动落锁,熄火后车门自动开锁,车辆使用安全、方便。

(10)密码抗扫描。电脑自动判别密码正确与否,并过滤扫描器信号,杜绝扫描密码,因而可防止盗贼用扫描器扫描报警密码盗车。

(11)跳码抗复制。每次进行设防和解除警戒时,主机及遥控器都同时更改密码,防止盗贼用无线电截码盗车。

(12)BP机联机呼叫。主机呼叫输出可与防盗寻呼机连接,通过BP机判断是否是自己车辆受侵。

(13)遥控发动机起动。并可预先打开空调,创造良好的室内驾车环境。

3.汽车防盗器的选择

各个品牌的防盗器从原理设计、元器件的选择、加工工艺及其功能设计上都有很多的不同,主要体现在以下方面:

(1)是否采用了FR4双面板设计。其优点是元器件焊点牢固,防盗器的抗振性强,对于安装在每天处于振动、颠簸中的汽车防盗器来说,抗振性强可延长其使用寿命。防盗器主机小,便于隐藏安装。

(2)是否采用了多重电路保护系统。其优点是可适应于更大范围的蓄电池电压变化,不会因蓄电池电压过低,造成防盗主机电脑死机,且抗干扰能力更强。

(3)电脑是否采用记忆时间较长的IC卡。

(4)是否较多地采用了贴片元器件。

(5)采用的元器件是否具有较好的耐温性和耐压性。

正是由于这些不同,决定了防盗器的寿命、性能及价位各不相同。

4.汽车防盗器的选装

1)数码汽车防盗报警器的选装

(1)报警器特点。数码汽车防盗报警器以数码技术,解决常规(固定码)汽车防盗报警器存在的基本缺陷有密码组合少,产品易重码;密码一经固定后就不可改变,保密性差,容易破译及盗拷;无记忆等。采用高性价比的8位单片机,密码组合为6万亿个,自动编码无规律、非线性、不重复,而且具有防截取及扫描盗拷,可记忆功能。

(2)报警器功能。数码汽车防盗报警器一般具有声光静音防盗、自动再警戒功能、中央控制锁自动化、遥控起动功能、防抢防盗功能、寻车起车指示、紧急呼叫功能、学习和删除旧遥控器功能等。

2)智能型防盗锁的选装

智能防盗锁是采用雷达收发器的原理工作的。在点火器外装有螺旋天线,钥匙孔内装有微晶片。当钥匙转动时,天线便成为一种转换器,供电给微晶片,以显示密码秩序,若符合授权身份,便可启动车门。

每一把钥匙的密码都是由一组固定密码及一组常变化密码组成。此系统可提供6套密码组合,以备万一。一旦钥匙遗失,该系统能让车主注销任意一把钥匙。

3)微晶辨识密码防盗系统的选装

该系统采用接线点火的方式来控制模组。独特的电子密码高达500多亿种,当装有密码发射器的汽车钥匙插入之后,钥匙孔内的接受模组将密码传至控制模组进行判读,若吻合即可使发动机起动;若控制模组未解除禁令,发动机就无法起动。

4)数码防盗钥匙的选装

这是将小型化的无线电发射机与汽车钥匙组合成一体,并在转向盘隐蔽的地方安装一个接收阅读机。当汽车钥匙插入点火开关时,一个有20位数字码的无线电信号即发射出来,阅读机接收后,确认无误时,点火开关便起动汽车;若数码对不上或无信号发出,汽车就无法起动。

5)智能IC卡汽车防盗系统的选装

智能IC汽车防盗系统,是以先进的IC卡技术和单片机电路为核心,具有极高的安全可靠性,不仅具有防盗、防劫功能,还可用于汽车和驾驶员的管理。

主要功能有:

(1)IC卡配合汽车钥匙,方可起动车辆,做到了双保险。

(2)非法入侵车内、撬开车辆发动机盖、行李舱盖,车辆可自动报警。

(3)剪断产品电源线,或断开车辆蓄电池电源,可自动报警。

(4)通过触发防劫开关,使车辆在一定的时间内自动熄火、报警,以达到防盗的目的。

(5)多点控制车辆电路部分,也可控制车辆的油路部分。

(6)可在IC卡上录入行车证件,实施计算机管理。

(7)无误报扰民,可扩展功能,安全和保密性好,优质可靠性高。

6)智能防盗钥匙的选装

智能钥匙能发出红外线信号,既可打开车门、行李舱和燃油加注孔盖,又可操纵汽车的车窗和天窗。更先进的智能钥匙像一张信用卡,当口袋里装有这种卡的驾驶员触到车门把手时,中央控制系统便开始工作,并发射出一种无线电查询信号,智能钥匙卡做出正确答应后,车门便自动打开,只有中央处理器感到钥匙卡已在汽车内时,发动机才能起动。

使用智能钥匙时,只要靠近汽车,车门就会立刻打开,而且不用插进只要转动一下点火开关钥匙,就会使发动机起动。

7)全球通信网络汽车防盗系统

以呼叫器控制汽车的起动系统和车门开关,可在汽车被盗后,以电话的方式将动力系统解除,使车辆在10s内停止行驶。并使警铃大叫,盗贼也只好仓皇而逃。

8)电话控制防盗系统

该系统仅有香烟盒大小,可暗藏于汽车内的任何部位,车主和警方可在世界上的任何地方,通过拨打电话,使汽车置于车主和警方的控制之中。这样,不仅可以找回被盗的汽车,还可确保车主的人身安全,达到将盗贼抓获的目的。

9)GPS车用卫星导航防盗系统

利用其信号发射器,可将信号发射到卫星上,再传回控制中心,通过地理咨询系统,克服地形、电流的干扰，可有效地掌握汽车的行踪。

二、倒车雷达

为使汽车驾驶员和行人及时了解汽车运行过程中的各种信息，采取果断措施，确保行车安全，现代汽车上安装了多种安全报警装置。如普通倒车报警装置、语音倒车报警器和倒车雷达等。

普通倒车报警装置可以在汽车挂倒挡时发出间歇的蜂鸣声，提醒路人注意正在倒向行驶的车辆。语音倒车报警装置可以在汽车挂倒挡时重复发出“倒车，请注意！”的声音，以提醒过往行人避开车辆而确保车辆安全倒车。这种倒车报警装置以其体积小，价格低廉，声音清晰，得到了较广泛的使用。而倒车雷达是一种先进的倒车报警系统，在轿车上得到了广泛使用。

1. 倒车雷达的功能

倒车雷达具有以下功能：

(1)能准确地测出车尾与最近障碍物间的距离，并在驾驶室用数字进行显示，特别适合在空间狭小的地方，快速准确地停车。

(2)倒车至极限安全距离(距障碍物0.5m)时，能发出急促的警告声提醒驾驶员注意制动。

(3)能重复发出“倒车，请注意！”的语音警告声，提醒行人注意。

2. 倒车雷达的构造与工作原理

1)基本结构

如图9-14所示为一种实用的超声波测距报警装置，它主要由发射、接收、数字显示和报警四大部分组成。

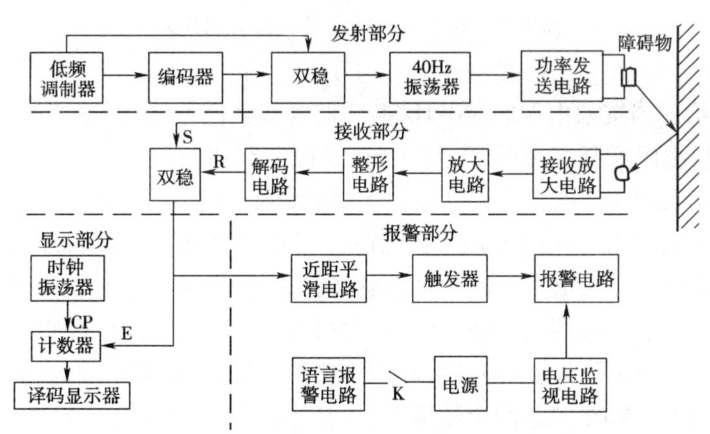

图9-14 倒车雷达的结构原理框图

(1)发射部分。由低频调制器、编码器、双稳回器、40kHz振荡器、功率发送器及发射控头等组成。40 kHz振荡器受双稳态回路控制断续送出经低频调制器调制的信号，同时，为防止误计数，提高抗干扰性，将此信号经编码器编码，再经功率放大器放大，由超声控头向车后发射。

(2)接收部分。由接收控头、第1级放大电路、第2级放大电路、整形回路、解码器及双稳回路组成。接收控头接收到反射信号后,由第 1 级及第 2 级放大器放大后,再送入施密特触发器进行整形,经解码器解码,最后经双稳电路送入数字处理部分。

(3)数字显示部分。由时钟振荡器、计数器、译码及显示器组成。时钟振荡器一接通电源即开始振荡,但只有计数器的闸门打开时,它才能进入计数器被计数,一旦接收到反射波信号,即关闭闸门,数据被锁存,经译码后通过显示器显示出来。

(4)报警部分。由电源电压监测电路、近距检测、平滑电路、触发器及语言声光报警电路组成。因控测到的反射波信号是一组脉冲信号,将其平滑后送入触发器,一旦超过触发门值报警电路就接通,发出声光报警,当电源电压低于 11.2V 时,同样使报警电路导通发出声光报警。另外在接通电源的同时接通语音报警电路,不断发出“倒车,请注意!”的语音报警声。

有的倒车雷达在安装了摄像头和显示器后升级为倒车影像系统,可进行可视倒车,如图 9-15 所示。

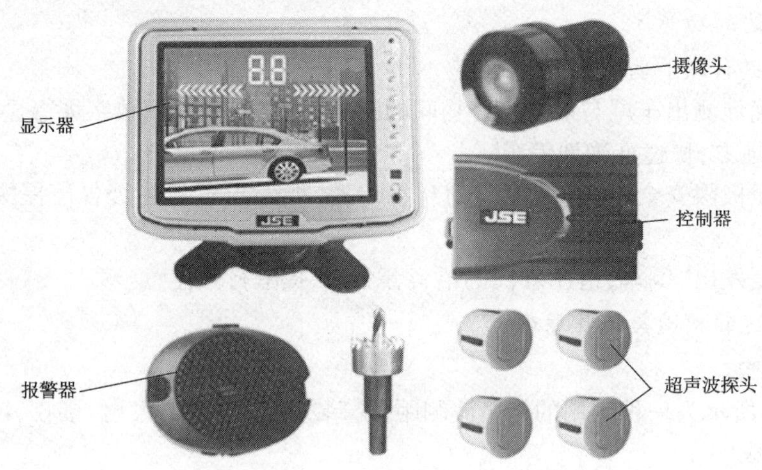

图 9-15 可视倒车雷达的部件组成(带摄像头)

2)工作原理

(1)测距显示。当接通电源时,40kHz 振荡器受双稳回路控制,置位时开始振荡,同时受低频调制器调制,编码器开始编码,编码完毕,双稳电路即被复位,40kHz 振荡器停振,其间产生的经调制、编码的超声波信号经功率放大器放大后,通过发射探头向空中辐射,遇到障碍物即反射回来(反射角 = 入射角)。接收探头接收到反射信号后即将此信号放大,然后送入施密特触发器进行整形,形成标准的触发脉冲再去解码,解码后的信号再送入另一双稳电路,此双稳电路在发射信号的同时被置位,同时打开了计数器的闸门,使时钟振荡器信号得以进入计数器,当接收到反射波信号后,此双稳电路复位,计数器闸门关闭,时钟脉冲被禁止输入,锁存器将进入计数器的脉冲个数锁存,并经译码通过 LED 显示器显示出来。

(2)报警。为了使仪器具有近距报警功能,特增设了近距 RC 平滑电路及触发器,由 RC 电路将反射波脉冲进行平滑,送入触发器,一旦达到触发电平门值,即使报警电路导通,发出声光报警。

(3)语音提醒。为了使车后的行人也同时知道汽车在倒车,及时躲避,增设了“倒车,请注意!”的语音提示功能,提醒行人注意。

3. 倒车雷达的安装

由于各种汽车倒车报警装置的结构不同,其安装方法也不尽相同,主要安装方式有以下两种:

1)粘贴式

此种安装仅限于具有粘贴式探头的报警器，其特点是不需要在车体上开孔，只要将报警器粘贴在适当的位置即可，安装拆卸均不会影响汽车美观。

(1)安装位置。此种报警器一般安装在尾灯附近或行李舱门边，如图 9-16 所示。安装的最佳宽度为 0.66 ~ 0.80m，如图 9-17 所示。安装的最佳离地距离为 0.55 ~ 0.70m，如图 9-18 所示。

(2)安装方法

①将附带橡胶圈套在传感器(探头)上，引线向下，并与地面垂直，探头一般不安装在汽车最尾部，以免撞坏，如图 9-19a)所示。

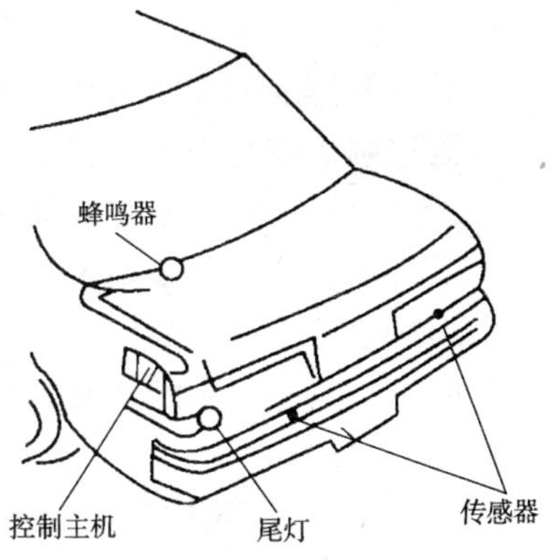

图 9-16　倒车雷达部件安装位置

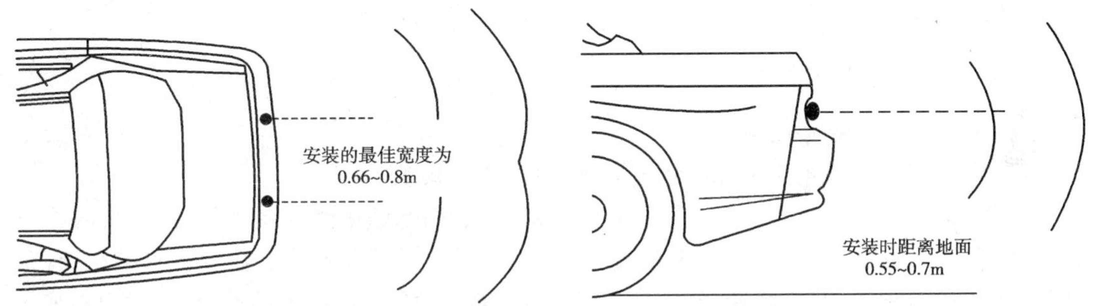

图 9-17　探头安装宽度

图 9-18　探头安装离地距离

②确定传感器安装位置，侧视 90°。应无障碍物，否则会影响探测结果，产生误报警，如图 9-19b)所示。

③传感器贴合必须选择垂直方向，向上或向下均会影响使用，如图 9-19c)所示。

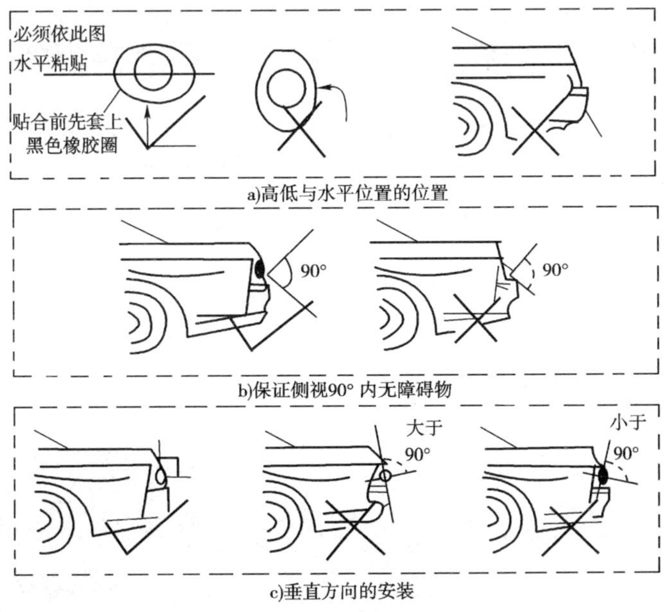

图 9-19　传感器安装位置

④用电吹风将双面贴加热,然后撕去面纸,贴到确定部位,48 小时后才能达到最佳贴合效果。

⑤报警器的闪光指示灯应安装在仪表台易被驾驶员视线捕捉的位置。

⑥控制盒安装在安全、不热、不潮湿、不溅水的位置,通常将其安装在行李舱侧面。

⑦蜂鸣器一般安装在后风窗玻璃前的平台上。

⑧传感器屏蔽线要隐蔽铺设,以防止压扁刺穿,且以求美观。

2)固定式安装

固定式安装适用于具有开孔式探头的报警器,一般安装在汽车尾部或保险杠上。其探头的安装方法如下:

①在车身尾部或保险杠上开孔。

②将胶套安装在已打好的孔内,如图 9-20a)所示。

③将已接好线的探头从基材背面安装在探头胶套上,如图 9-20b)所示。

④将探头喷涂成与车身或保险杠相匹配的颜色。

三、汽车安全预警装置

1. 汽车安全预警装置的功能

汽车安全预警装置是一种综合预警装置,其主要功能有:

(1)轮胎异常预警功能。汽车每一个轮胎都安装有高度灵敏的传感器,在行车状态下实时监测轮胎的各种数据,通过无线方式发射到接收器,并在显示器上显示各种数据,任何原因导致的轮胎漏气、温度升高、气压异常等不安全状况,系统都会自动预警,并发出对应的语音、数字显示、灯光提示,使驾驶员及时获知警情。

(2)引路导航及防追尾功能。视线不好的天气,开启可自动调光的强光警示灯,实现引路导航及防追尾功能。

(3)倒车测距预警功能。当倒车车尾距障碍物 0.3 ~ 2m 时,会以语音、无线方式及时预警。

(4)防盗报警功能。当有活动物非法进入车内时该装置会自动报警。

2. 汽车安全预警装置的组成

汽车安全预警装置由主机、分机、警示灯、传感器及附件(如连接线等)组成。其中,主机与警示灯制成一体,安装在驾驶室内,分机分别固定在各轮胎内。图 9-21 所示为 SAS-2A 型汽车安全预警装置的主机。

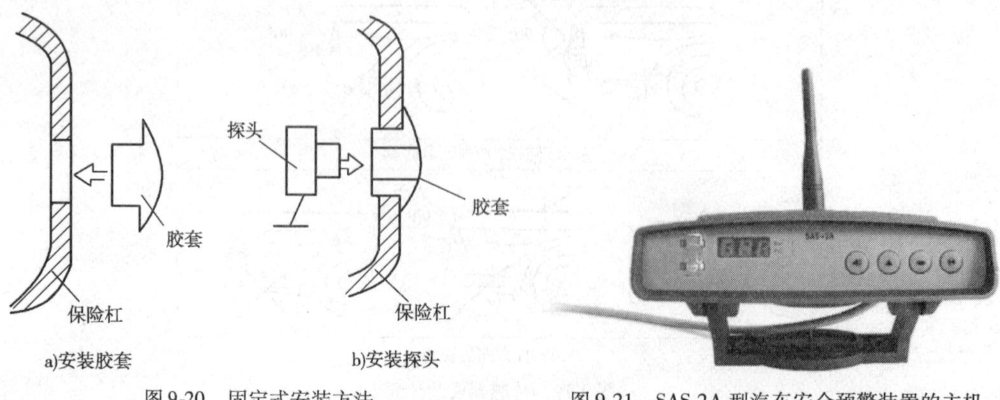

图 9-20　固定式安装方法

图 9-21　SAS-2A 型汽车安全预警装置的主机

第三节 汽车多媒体精品

一、汽车多媒体的组成

汽车多媒体系统是在传统的汽车音响的基础上增加了视频信号源(AV 功能),即 VCD 影碟机或 DVD 影碟机,同时增加了显示器。由于 VCD 和 DVD 兼容 CD 功能,所以 CD 唱机就可以不装了。因此汽车多媒体系统主要由主机(信号源)、放大器、扬声器、显示器、辅助部分组成(图 9-22)。汽车多媒体主要部件的布置位置如图 9-23 所示。

传统的汽车音响是汽车多媒体的核心部分,是一种没有显示功能的多媒体,或者说是一种狭义的多媒体系统。

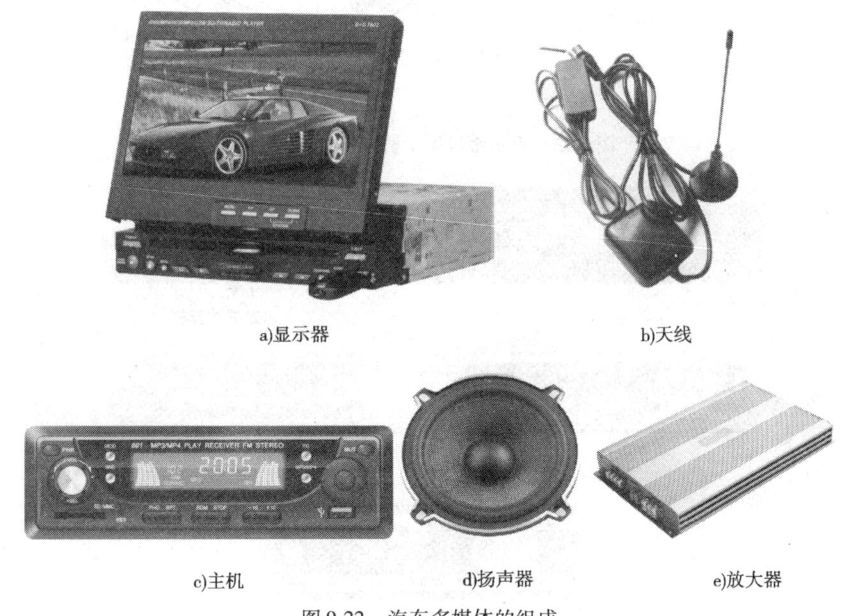

图 9-22 汽车多媒体的组成

1. 主机(信号源)

主机,即信号源,是汽车视听系统的节目源,包括汽车收音机(调谐器)、磁带放音机、CD 唱机、车用 VCD 机或 DVD 机等(图 9-24)。目前,普通中低档车用视听系统的信号源主要是车用收放音机和 VCD 机,高档汽车视听系统的信号源主要是收放音机、车用 DVD 机,还可以选装 MP3 和 MD 唱机。

1)收音机

汽车收音机是汽车多媒体的信号源之一,其主要功能是接收广播电台发送的调频和调幅广播信号,并对广播信号进行处理得到音频信号。汽车收音机与普通收音机是不同的,这是因为汽车收音机内部不包括低频功率放大器、扬声器、天线等部件,所以汽车收音机实质上是一个调谐器,一般资料也称汽车收音机为调谐器。

2)磁带放音机

由于磁带节目源丰富,取放简单,所以汽车磁带放音机被广泛应用在中、低档汽车上,是汽车多媒体的主要节目源之一。车用磁带放音机与一般盒式录音机的结构组成基本相同,只是没有录音机和抹音功能。其主要由控制面板、机芯、控制电路和磁带等部分组成。

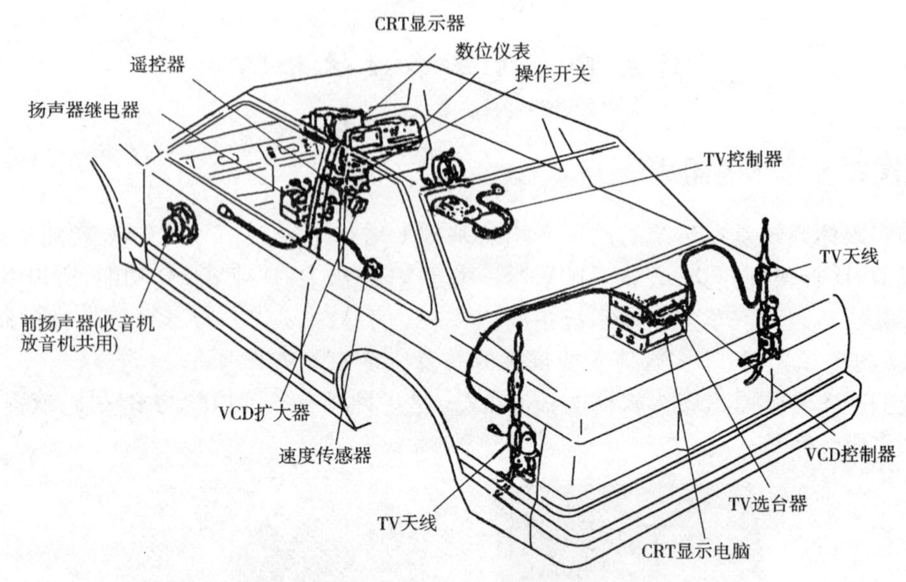

图 9-23　汽车多媒体主要部件的布置位置

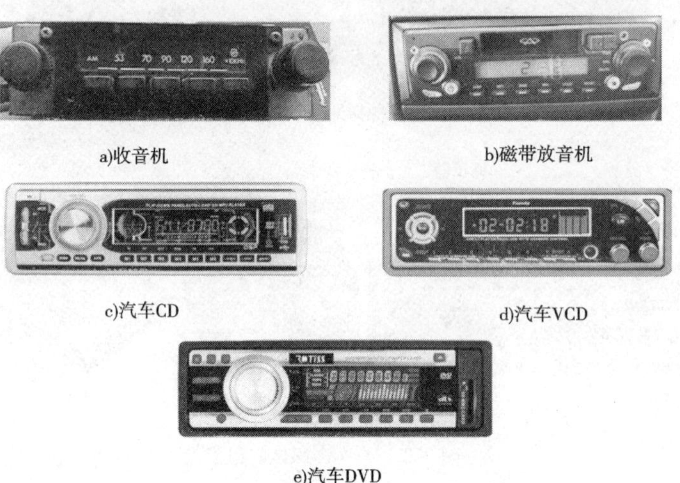

图 9-24　汽车多媒体系统主机(信号源)的外形

3）汽车 CD

CD 唱机即是激光唱机，是用来播放激光唱片的设备。它是融激光技术、精密伺服技术、微处理器技术和大规模集成电路为一体的高档多媒体系统设备。按工作方式划分，CD 唱机可分为两大类：

（1）单碟机。一次只能装一张碟片，用完一张碟片必须拿出后再换另一张，比较麻烦，好在是装在中控台内，伸手可及，也算是使用方便、直接。汽车 CD 的单碟机一般面板都比较漂亮，显示屏大且显示内容丰富。颜色大多以黑色和银灰色为主。

（2）多碟机。多碟机有两种：一种是前置多碟机，一般出现在较高级的汽车上，结构复杂，把控制系统和换碟系统合而为一。另一种是套机，套机是由控制主机（也有单碟机作控制主机的）和换片机（俗称“背包”）两大部分组成的。换片机一般装在汽车的行李箱中，由主机控制其工作，换片机按不同的型号可一次性放置 6 ~ 12 张碟片，供需要时任意转换。由于具有良好的抗振系统结构，套机的抗振性比单碟机好。

4)汽车 VCD

车用 VCD 影碟机是构成汽车视听系统的重要组成，是移动影院的视频信号源。目前，大中型的长途客车和旅游客车上普遍装用了车用 VCD 系统，而且为了使用方便，一般都还配有多片式自动换片机。

车用 VCD、DVD 等激光影音装置与普通 VCD、DVD 的结构、组成基本一致，主要区别是机芯集成度更高，结构更紧凑，具有防振功能。

VCD 机是用来播放采用 MPEG-1 标准压缩编码的 VCD 激光影碟的设备。VCD 影碟机激光拾音器工作方式同 CD 激光唱机一样，机芯是通用的，目前 CD 机芯主要以飞利浦和索尼机芯为主。但由于 VCD 碟片上刻录的是压缩了的数字化音视信号，因此，VCD 影碟机与 CD 激光唱机唯一的不同是增加了数字化音视信号解压缩功能，并分别经数模变换后输出模拟的声音和图像信号。可以说，VCD 影碟机兼容了 CD 唱机的功能。

5)汽车 DVD

DVD 机即是数字影碟机，采用的是 MPEG－2 标准压缩编码。DVD 机解决了 VCD 图像清晰度不够高的问题，是更高级的激光影碟机。DVD 影碟机的构成与 VCD 机相似，也是由机芯、机芯电路、解码系统和控制系统组成。主机信号源既可选用 2 以上的单一信号源，也可由几种信号源搭配选用。目前，应用较广的搭配模式有：

①普通磁带＋收音；

②单碟 CD＋收音；

③多碟 CD＋收音＋磁带；

④多碟 CD＋单碟(CD＋收音＋磁带)；

⑤MD＋多碟 CD＋收音；

⑥多碟 CD＋单碟 CD＋收音；

⑦MP3(兼容 VCD、CD)＋收音；

⑧DVD(兼容 VCD＋CDS)＋收音。

2. 功率放大器

功率放大器(简称“功放”)又称信号放大器，其基本作用是将音频信号进行功率放大(电流放大)，用来驱动扬声器重放声音。

一般主机带有内置功率放大器，但其功率动态范围都较小，故不能满足较高水平的听音要求，更无法与外置功率放大器相提并论，并且低音单元必须有功率放大器来推动，主机是没有能力推动低音单元这么大的功率的。信号放大是整套汽车多媒体系统中至关重要的部分。虽然大多数主机都内置功率放大器，但其功率和效果都无法和外置功率放大器相提并论。

3. 扬声器

扬声器又称为喇叭，是汽车视听系统的终端，决定着车内音响性能。扬声器的数量、口径和安装位置由汽车舒适性的要求而定，但是为了能欣赏立体声，车内至少需要装用两只扬声器。高档汽车视听系统为了营造车内逼真的移动影院效果，一般采用 AC-3 的 5.1 标准，在汽车的两侧车门和后部设置多个音箱，具有多声道输出功能。

扬声器的主要功能是把音频信号还原成声音传达出来，而其不同的声音，需要大小不同的喇叭来执行。一般而言，扬声器的体积越大，其声音越低沉；体积越小，声音越高。为了欣赏立体声音响效果，车上最少要装 2 个扬声器。扬声器的种类有：

（1）全频扬声器，功能是重放全频段的声音。

（2）高音扬声器，功能是重放高频段的声音。

（3）中音扬声器，功能是重放中频段的声音。

（4）低音扬声器，功能是重放低频段的声音。

（5）超低音扬声器，对超低音进行重放。

普通的全频扬声器虽然可以表现各个音域的声音，但每个音域的表现都不是很好。而多组分频扬声器中每只扬声器只表现某一个频率范围的声音，其效果明显。

4. 显示器

1）车载显示器的结构特点

车载显示器的主要结构特点如下：

（1）N/P 制式转换；

（2）视频 1、视频 2 转换；

（3）亮度、色度、对比度调节；

（4）图像的上下左右方向翻转，这也是车载显示器特有的。

由于车内环境都是比较明亮的，因而车载显示器的亮度和对比度都设计得比较高。

2）车载显示器的类型

（1）按工作原理分。按工作原理不同，车载显示器有彩色显像管式和液晶显示式两种。彩色显像管式主要用在旅行客车上。由于其体积大、质量重、安装困难、耗电多、耐热差等缺点，应用越来越少，正逐步被液晶显示器所代替。

液晶显示器具有体积小、质量轻、图像稳定、耗电少、发热少、耐高温、耐低温等优点，因此在汽车上得到广泛采用。

（2）按安装位置不同。车载显示器可分成支架式、遮阳板式、吸顶式、头枕式、2DIN 式等多种（图 9-25）

a)支架式显示器

b)遮阳板式显示器

c)吸顶式显示器

d)头枕式显示器

e)2DIN式显示器

图 9-25　汽车多媒体显示器的类型

5. 辅助部件

汽车多媒体系统除了信号源(收音机、放音机、CD、VCD、DVD、MP3 等)、功率放大器、扬声器、显示器等主要部件之外,还有一些辅助部件,如天线、电子分音器、均衡器、线束、电容、电熔丝等。

二、汽车多媒体的选配

汽车多媒体系统基本上和家用多媒体一样,由音源(收放机、CD、VCD、DVD)对包含节目源的音乐信号进行增幅的功率放大器、作为声音出口的扬声器和图像出口的显示器等构件组合而成。

主机内装的功率放大器多数输出功率很小,如果想得到更好的音质或推动更大功率的扬声器,那么安装一个或更多的功率放大器是非常必要的。如果把主机比作汽车多媒体大脑的话,功率放大器则为其"心脏",强化"心脏",就相当强化身体。主机、功率放大器和扬声器等系统即构成汽车多媒体。

增加扬声器数量也是可以考虑的。仅仅使用左右各一只扬声器,其动态范围狭窄,难以播出家用多媒体那样丰富的低音和鲜明的高音。所以若想表现各个频域,就应该选用高音域的高音扬声器,中低音的中低音扬声器,还有重低音用的重低音扬声器或低音炮这些辅助系统。其设置多为:高音扬声器主要安装在 A 柱或仪表台面板两侧,中音扬声器安装在前门或后门内,重低音扬声器在行李舱内。在某场合,为了能充分驱动几个扬声器,必须装有数个功率放大器。

1. 汽车多媒体的配置原则

由于汽车内空间狭小,同时存在各种噪声以及由驻波引起的共鸣,这就形成了一个相对较差的音响环境。在这种环境下,如何配置一套音响才能获得最好的效果呢? 因此,汽车多媒体配置时需要考虑以下几点:

1)系统平衡原则

(1)价格的平衡性。指整个汽车音响系统的档次要和汽车的听音环境相配合。一部价格为二三十万元的轿车,通常车内噪声较小,车体较厚,隔音效果较好,这时搭配一套价格在 2 ~4 万元左右的高档音响丝毫不足为过。

因此,汽车多媒体系统的档次要与汽车档次相协调,即高档汽车应配置高档多媒体,中档汽车应配置中档多媒体,低档汽车应配置低档多媒体。

(2)搭配的平衡性。搭配汽车音响时一定要考虑一套音响各个组成部分的平衡,即主机、功率放大器、扬声器和线材等都要进行恰当的选择,合理使用,切忌在配置中某一部分使用相差悬殊的设备器材。因为配置悬殊。过高的器材发挥不出其效能造成浪费,较差的器材又会使整套系统指标下降,得不偿失。

2)整体平衡原则

搭配汽车多媒体时,一定要考虑一套多媒体各个组成部分的平衡,即主机、功放、扬声器、显示器和线材等都要进行恰当的选择,不可偏废。如果主机与扬声器的音质不匹配,主机功率或功放功率与扬声器功率不匹配,选择扬声器只看功率不看灵敏度,都属于不合理的搭配。此外,依照车主喜好的音乐风格也是很重要的。汽车多媒体可大致分为两大流派:音质型,以古典乐、交响乐为主;劲量型,以流行音乐、摇滚音乐为主。主机、功放、扬声器、显示器等都应按同一风格配置。

3）大功率输出原则

所谓大功率输出原则是指在一套多媒体系统中，主机或功放的输出功率一定要大，因为它们的输出功率越大，表明它们能够控制的音频线性范围越大，这也就意味着其驱动扬声器的能力越强。而小功率的功放不仅容易引起声音上的失真，更会导致烧毁功放或扬声器线圈。

4）音质自然重放原则

当专业多媒体人士评判一套多媒体系统的优劣时，都会不约而同地将其频响曲线的平滑性作为评价的主要客观参数。所谓频响，是表明系统再现音域频率范围的指标。从理论上讲，人耳能感受到的频率范围是 20Hz ~ 20kHz。但在实际中，分辨不出 40Hz 以下、18kHz 以上的频率。但是高质量 CD 机的频响却能达到这一范围。

众多的技术参数不能完全说明多媒体系统的好坏，只能表明该多媒体系统的技术特性、指标。衡量一套多媒体系统好坏最直接有效的方法就是亲耳试听，即以个人听感为主，技术为辅。在听感方面：一是临场效果好；二是音乐整体平衡感强；三是对于移动的声像，有较好的表现，要有层次感。当然，欣赏一套器材的视听效果，与听者的欣赏水平、文化素质、现场情绪等因素是分不开的。

2. 配置方式

汽车多媒体的配置有多种方式，主要有以下几种方式：

1）主机 +4 扬声器的配置

这种配置方式（图 9-26）目的是加大内置功率放大器的功率。所有主机上标明的功率输出值都是峰值功率。由于主机内空间的限制，以目前通用的技术还无法使内置功率放大器的效果达到外置功率放大器般的强劲及高清晰的解析度。

这种配置是主机内置功率放大器直接输出四路高电平信号至两对扬声器重放。通常原车都是这种配置，是一种简单的配置。当然还有一种更为简单的配置，即主机 + 一对扬声器，主要用在一些经济型汽车上，由于车内空间等因素，只装一对前置扬声器也是可接受的。

2）主机 + 功率放大器 +4 扬声器（套装）

主机 + 功率放大器 +4 扬声器的配置（图 9-27）是一套标准的搭配方式。这种搭配最适于能欣赏传统音乐、流行歌曲及交响乐等的中、高档轿车。

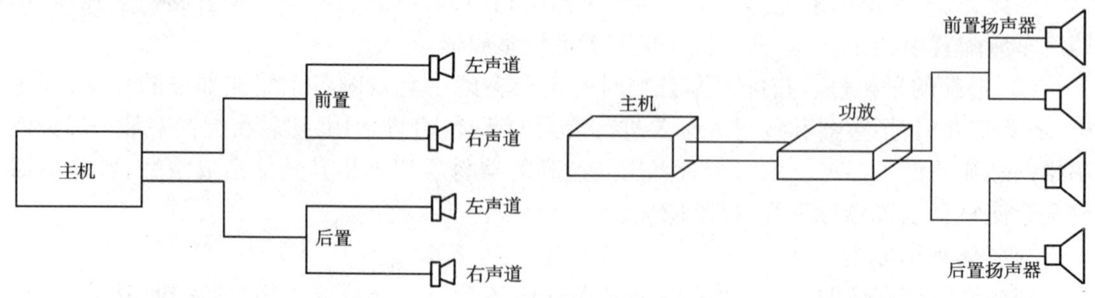

图 9-26　主机 +4 扬声器的配置　　图 9-27　主机 + 功率放大器 +4 扬声器的配置

3）主机 + 四路功率放大器 + 四只（两对）扬声器

这种搭配最常见，一般推荐前置扬声器用套装，以获得较好的声场定位；后置扬声器推荐低音较好的扬声器，使声音更饱满（图 9-28）。

如果主机只有 1 组（两路）RCA 信号输出，可用二根分音线分成四路输出。其缺点是前、后声道平衡不能调节。对立体声有要求的车主，应推荐有四路 RCA 输出的主机。使用分音线还有一个缺点就是分音后，所得到的电平值只有原来 RCA 信号的一半，在增益控制上就要适当增量，这将会影响系统的信噪比。

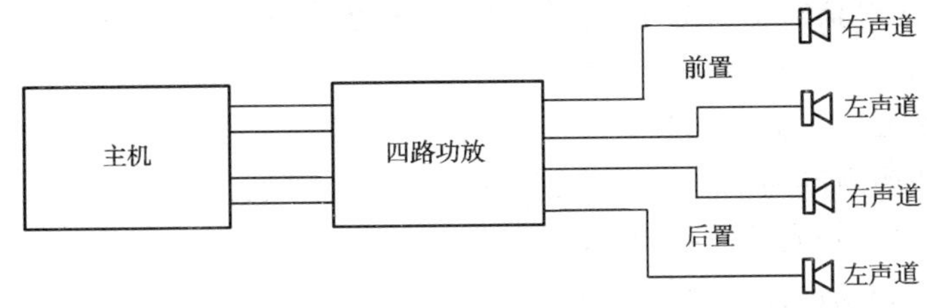

图 9-28　主机 + 四路功率放大器 +4 扬声器的配置

4）主机 + 功率放大器 +4 扬声器 + 超低音扬声器

有些四声道功率放大器具有的无衰减前级输出，使系统扩展超低音（BASS）显得轻而易举（图 9-29）。装有超低音的系统最适合于那些喜欢爵士乐、摇滚乐、重金属音乐的顾客。

对于某些中档次的车型，为了达到消除噪声，提高低音部分的声压级目的，也不妨采用这种搭配。复杂的音响配置主机与功率放大器之间还有电子分音器、均衡器等。

如果主机只有四路 RCA 输出（这很普遍），而四路功率放大器有 1 组二路 RCA 输出，可以将二路功率放大器的 RCA 输入和四路功率放大器的 RCA 输出连接。

超低音扬声器通常是只用一只。如果不做声压竞赛同时不是超大体积的车厢，一只低音扬声器是足够的。然而所用的功率放大器通常是二路输出的。通常用桥接的方法来将一只低音扬声器接在二路功率放大器上。桥接可以在电功率不增加的情况下声功率增加一倍。而如果采用普通接法，即只接在一路输出上，则另外一路未接的电功率就可能转换成热能，功率放大器反而容易被烧毁。

同一台功率放大器可以有不同接法。假设功率放大器每声道输出是 100W，最小阻抗是 4Ω，则普通接法的输出功率为每声道 100W，而桥接后的输出功率为 200W。功率放大器的最小输出阻抗由 4Ω 变为 2Ω。

5）主机 + 功率放大器 +4 扬声器 + 超低音扬声器 + 显示器

对于高档汽车，逐渐装配了显示器，其配置方式如图 9-30 所示，这种配置是目前最高级的多媒体形式。

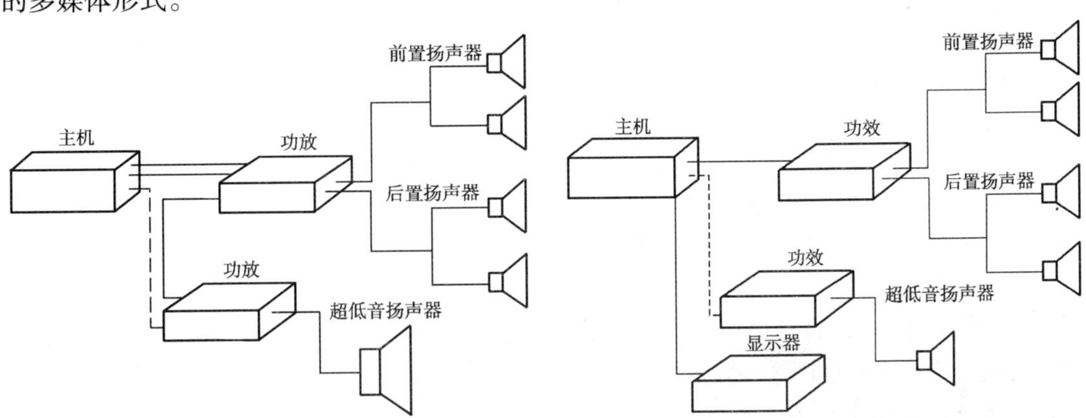

图 9-29　主机 + 功率放大器 +4 扬声器 + 超低音扬声器的配置

图 9-30　主机 + 功率放大器 +4 扬声器 + 超低音扬声器 + 显示器的配置

阻抗:阻抗是纯电阻、容抗、感抗的统称。它表示电路部分对交变电信号流通产生的阻力,单位为Ω。

功率:功率是指在单位时间里输出的或接收的电能,单位为W。

频率:频率在这里指的是声频率,是在声线上某点单位时间里传播波的个数,其单位为Hz。声频率在数值上等于声源的振动频率。

3. 功率放大器与扬声器的配置

功率放大器和扬声器的匹配很重要,二者只有做到阻抗、功率和工作频段的匹配,才能保证设备的安全运行,并充分发掘出最大潜能。

1)功率放大器和扬声器的阻抗匹配

如果功率放大器的阻抗为每声道2Ω,相关扬声器的阻抗也应该是2Ω;如果选用的是4Ω扬声器,则功率得不到完全发挥,功率将减半;如果是1Ω扬声器,则会导致功率放大器发热,最后烧毁。

2)功率匹配

功率放大器的输出功率有两种,即最大输出功率和持续输出功率。最大输出功率是功率放大器在瞬间能达到的最大功率,而持续输出功率是功率放大器的实际功率,这个功率的数值反映了功率放大器真实的工作状态。

功率放大器和扬声器的匹配应该是功率放大器的持续输出功率稍大于扬声器的功率(大25%最佳)。许多人认为扬声器被烧毁是因为扬声器的功率小于功率放大器功率,扬声器承受不了而被烧毁。这种情况有,但很少,实际上,多数情况是和人们想象的相反。假如功率放大器的持续输出功率是200W,而扬声器的功率是300W,当调音调至功率放大器的满负荷200W时,而扬声器还有100W的余量;如果不知道功率放大器已到极限,继续加大音量,此时的输出功率就超过了功率放大器的持续输出功率值,就产生了失真。失真的信号是一种类似直流的电信号,而扬声器最怕的就是直流电信号的冲击,因为直流的电信号能很轻易地烧毁扬声器的音圈。这种失真被称为“削波失真”。所以保证功率放大器的持续输出功率稍稍大于扬声器的功率是最佳选择。功率放大器比扬声器功率约大25%为宜。如果条件所限,只有小功率的功率放大器配大功率的扬声器,则应注意控制音量,防止削波失真。需要注意的是:烧扬声器是失真造成的,而不是声音太大。

这里需要补充的是:扬声器是交变电流来推动的,禁止使用直流电。通常用小电池来测试扬声器时,只能以触碰的方式来测试,不能长时间通电。使用小电池来测试不是正规的做法,但在实践中用得比较普遍。

3)频率匹配

在功率放大器中常用的是全频段功率放大器,低音专用功率放大器用得不多。低音专用功率放大器只能用于低音,不能用来推动中音和高音扬声器,因为它的输出信号频率在250Hz以下,而中高音扬声器不能重放这么低的频率,因此,低音专用功率放大器只在有条件的情况下使用。

全频段功率放大器有低频段和中高频段、全频段的选择,即高频信号通过HL(高通),全频段信号通过OFF(全通),低频段信号通过LP(低通)。

4. 扬声器的配置对车内声场的影响

由于车内环境的限制,声场的处理有很大的难度,处理得不好,声场极不真实、不自然,其效果还不如原装音响或是像直接塞入听者的耳朵里,或是从听者的身后传出的。

车内扬声器的配置、安装位置及方向是影响声场的一个重要因素，应根据各种扬声器的特征、功率、频响范围来配置和布局。

1）前置扬声器的配置

一般采用的是套装扬声器。声音的位置取决于高频部分，所以高音扬声器的安装位置就决定了声场的方位。一般驾乘者希望声音是从前方出来的，因此高音被安排在靠前的位置，如A柱上或是仪表台两侧。选择套装扬声器是由于其高音是独立的，可以轻易地装在上述两个位置上。但这也存在一个问题，如果中音和高音分得太开，不利于声场的准确性，两者距离最好不超过30cm。而在套装扬声器中，中音扬声器一般被安排在前车门上，这样就和高音扬声器有了一定的距离，但也有的把高音扬声器安排在车门上（有些车在车门上甚至预留了安装位置），这样将使整个声场后退。在鱼与熊掌不可兼得的情况下，如何取舍应根据实际情况和车主的意见来处理。

2）后置扬声器的配置

后置扬声器一般不太重视高音部分，强调的是中低音的表现，只能作为整个声场的一个补充，使声音具有一定的厚度和层次。通常选用的是全音扬声器和同轴扬声器。要注意的是后置扬声器只是补充，而不能喧宾夺主。

3）超低音扬声器的配置

超低音扬声器大都安装在车后行李舱内。由于超低频的波长通常都超过4m，人耳是感受不出它的方向的。但是，当它和后置扬声器的衔接不太好时，超低频的频段可能和中低频的部分频段重合，等于大大加强了中低频的响度，于是整个声场被拉后了。在调音时应考虑如果只是听听迪斯科和流行音乐，选择253mm、200mm的低音扬声器就可以了；如果想听更低沉的"隆隆"声，则可选用300mm以上的低音。应指出的是低音的口径和车厢容积的大小关系不大，只是和频率有关。音箱的制作水平和最终效果的关系也是非常大的。

在配置扬声器的过程中，应尽量利用原车的扬声器孔。如果扬声器是被装在车门内，应考虑扬声器安装后是否会影响到其他的功能，如车窗的升降等。在条件允许的情况下，尽量推荐口径较大的扬声器。

总之，扬声器的配置原则除了以上几条外，扬声器的厚度、口径、品牌都应考虑进去。

第四节　其他车载电器精品

除了上述车载音响、车载GPS等电器设备之外，还有车载冰箱、车载饮水机、车载净湿器、车载微波炉、车载氧吧等电器设备，这些车载电器设备不仅给驾乘人员提供便利，其各自的造型也使汽车显得更加高贵典雅。

一、车载冰箱

车载冰箱是汽车上的一种冷藏设备，可以盛放矿泉水、可乐等饮料和水果，一般制冷的环境温度在18℃左右。常见的车载冰箱按其容积可以分为8L、15L等，其按功能可分为：储能型冰箱、冷热型冰箱和车家两用型冰箱；按结构形式可分为：立式冰箱、卧式冰箱、扶手式冰箱和掌上式冰箱。安装车载冰箱很简便，车主只需将冰箱的电源插头插在汽车的点烟器插口就可以正常工作了（图9-31）。有的简易冰箱还不需要电源，直接用冰块就行。

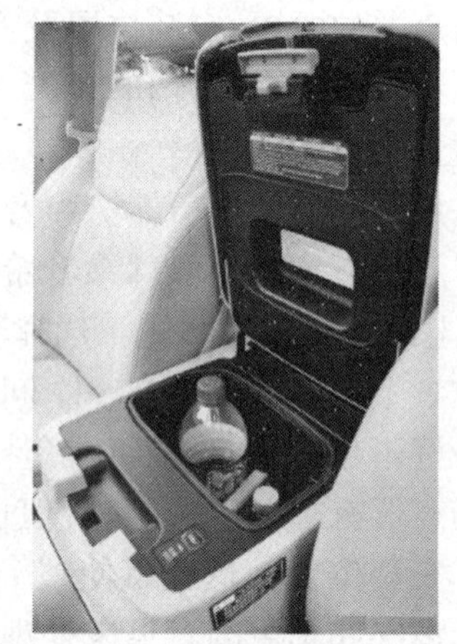

图 9-31　车载冰箱

二、车载饮水机

车载饮水机是汽车上用于装载饮用水并可制冷和加热的电器产品。使用车载饮水机可以喝到冰镇的冷水和沸腾的热水,即满足了一般驾乘人员的饮水需要,也为喜爱泡茶、冲咖啡的朋友提供了方便。轿车专用型饮水机一般安装在前排两座椅之间或仪表板左下方,如图 9-32 所示。有些机型随机配备有可调节长、宽、高的无打孔安装支架。

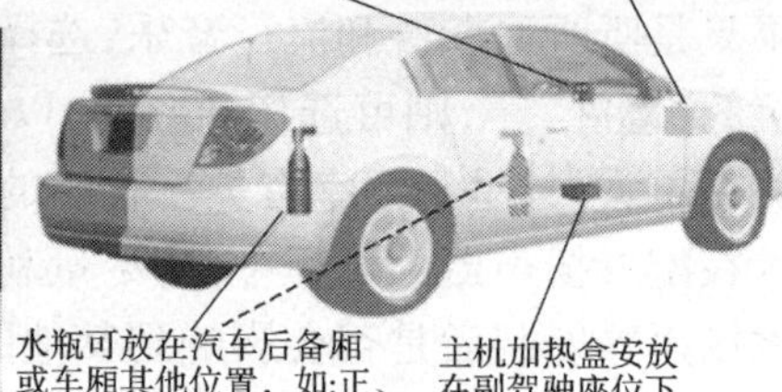

图 9-32　轿车专用型饮水机的安装位置

三、车载净湿器

车载净湿器是一种融空气净化和加湿功能于一体的车用产品,其作用是营造清洁、健康、舒适的车内环境,如图 9-33 所示。

图 9-33　车载净湿器

车载净湿器具有净化、加湿、美容等功能。

(1)净化功能。车载净湿器的振荡元件的频率可高达每秒四百多万次,产生的超精细冷雾颗粒仅为普通加湿器雾化颗粒的二百分之一,能附着空气中的灰尘及各种有害物质,起到净化车内空气的作用。另外,车载净湿器配备的抗菌净水过滤器,其滤芯具有良好的导水性及过滤性,彻底滤去水中的杂质,令车内空气清新湿润。

(2)加湿功能。车载净湿器采用冷雾加湿,可显著改善冬季车内空调热风引发的干燥状况,也可大大缓解夏季车内空调冷风造成的乏力现象,更可使肌肤彻底告别因空气干燥引

发的过敏等不适症状。

(3)美容功能。车载净湿器产生的超精细冷雾颗粒,可防止皮肤产生粗糙、干裂等症状,令肌肤更娇嫩,更健康,常葆青春,特别适合天生爱美的女性车主。

车载净湿器的安装与使用非常简单,汽车专用净湿器一般放置在控制台上方,使用时将插头插入点烟器即可。

四、车载微波炉

车载微波炉是安装在车内通过微波烹制食品的车载电器,如图 9-34 所示。车载微波炉的工作原理是:首先将车载蓄电池 12V(或 24V)的低压电经高频直接升压至 4000V,然后驱动磁控管发射微波烹制食品。该装置具有结构简单、体积小巧、携带方便、使用可靠等特点。车载微波炉安装非常简单,只要将其放置在车内合适位置,然后接通电源即可。

图 9-34　车载微波炉

五、汽车氧吧

汽车氧吧的工作原理是利用活性氧发生技术,运用高新技术通过高频振荡,快速生成负离子,除了消除汽车内部的空气异味外,还具有消毒、杀菌、防霉和提神等功效。工作电压为 DC12V,其工作电流一般小于 200mA。适用面积一般可达 $10m^2$。

1. 汽车氧吧工作特点

①集先进的过滤技术于一体,空气通过粗滤网、活性炭网和光触媒网的有效净化。

②采用的光触媒净化技术能有效地分解甲醛、苯等有害气体。

③活性炭网具有超强吸附、祛除异味功能。

④负氧离子清新净化功能,1000 万氧离子维生素,促进新陈代谢,提高人体免疫力。

2. 汽车氧吧类型

(1)外接电源式氧吧。其电源供电需要将外接接头插入点烟器孔中,和太阳能式氧吧相比缺点是需要接电源线。外接电源式氧吧如图 9-35 所示。

(2)太阳能式氧吧。其电源供电不需要外接电源。其电源供电主要依靠氧吧内部太阳能锂电池接收太阳光照射发电供电。太阳能式氧吧如图 9-36 所示。

图 9-35　外接电源式氧吧

图 9-36　太阳能氧吧

第五节 车用香品

由于车内通风条件较差,霉味、烟味及橡胶、皮革等材料的气味难以散发,为使车内空气清新,营造温馨、舒适的车内环境,车用香品应运而生。

一、车用香品的功能

(1)净化车内空气。车用香品能清除车内异味、杀灭细菌,从而使车内空气得到净化。

(2)营造温馨环境。车用香品怡人的芳香,营造了温馨、舒适的车内环境,增添了车内浪漫情趣。车内一种好的香品配置,就像是一首优美的抒情诗、一段迷人的曲子、一杯浓郁的香茗。

(3)利于行车安全。车用香品使车内空气清新,具有清醒头脑、抗抑郁和使人镇定等功效,从而减少行车事故的发生。

(4)兼作车内饰品。车用香品的容器造型各异,绚丽多彩,可与车内饰品相媲美,让人赏心悦目,具有独特的装饰效果。如图 9-37 所示。

图 9-37　香品容器的装饰效果

二、车用香品的种类

车用香品按形态可分为气雾型、液体型和固体型 3 种。

1. 气雾型车用香品

也称空气清新剂,主要由香精、挥发性溶剂和气雾剂组成,可分为干雾型和湿雾型等多个品种。这种香品里还含有除菌消臭剂,可以覆盖车内某些特殊异味,如行李舱味、烟草味、鱼腥味和小动物体味等。

2. 液体型车用香品

也称车用香水,是车用香品中比较常见的品种,使用也比较广泛。它是由香精和挥发性溶剂混合而成,盛放在各种具有艺术造型的容器中。

3. 固体型车用香品

主要是将香精与一些材料(如 UV 硬化树脂)混合,然后加压成各种造型,也有将其制成香珠,存放在香珠盒内垂挂在轿车空调出风口,香气便会随风慢慢散发。另外,一种除烟味香沙能分解吸烟时发出的臭气而不会影响香烟的原有味道,共有 5 种味道可供选择,既能保证吸烟者的享受,又能为非吸烟者带来和谐的环境。

此外,还有一些利用芳香材料制成的车内用品如香味织物制成的香花、用香味陶瓷制成的艺术台笔等。

三、车用香品的配制

香精是根据车用香品应具备使人愉悦、净化空气、杀菌等性能，利用化学合成或天然香料，经反复实验调配而成。化学合成的香精气味非常浓烈，常常有盖住车内异味的作用；天然香料是一种理想的香品原料，如薄荷、樟脑、檀木等，香气宜人，但价格一般较昂贵。不同的香精按一定比例加入到基料中，可使车用香品散发出各种奇妙的香气。

在香品中往往还配有一种收酵素的化学原料，它能使香气缓慢释放，并具有氧化作用，可分解臭气和杀菌，使香品中释放出来的香气具有抗异味、清脑、镇定等功效。

一般，车用香品的香型和颜色是相互关联的，如黄色为柠檬香、草绿色为青苹果香、粉红色为草莓香、嫩绿色为松木香、紫色为葡萄香、乳白为茉莉香、淡蓝或淡绿色为薄荷香、橘红为樱桃香。

四、车用香品的选用

1. 根据季节气候选用

在寒冷的冬季或炎热的夏季，车内开空调时需选用挥发性强的香品，以便有效地去除空调引起的车内异味及其他异味，达到清新车内空气的目的；而在冷暖适宜的春、秋季节，可选自己喜爱的香型。

2. 按个人需求选用

驾驶员行车时，需要保持一定的平衡心态，车内的环境需保持温馨、宁静。所以，可选择清甜的鲜花香气、清凉的药草香气、怡人的琥珀香气等香型的香品。

有的驾驶人员习惯吸烟，不妨选用有浓郁的药草香、新鲜的绿茶香、甜润苹果香等香味的香品，可以有效地去除烟草中的刺激气味。最好不要选用气雾型的香品，因为气雾型香品易着火。如果喜欢开快车，应最好选凝胶型固体香品。

3. 根据性别选用

如果驾车者是女性，专用乘车者也是女性，一般女性选用各种清甜的水果香或淡雅的花香型香品。近来动物造型的车用香水，因造型活泼可爱、优雅风趣，很受成熟女性的喜爱。若驾车者和专用乘车者均是男性，则选用香品的外观造型比较单调，选择香品时，以古朴为准，并与车内饰物浑然一体，如淡雅的古龙香、琉璃香、龙涎香等车用香品，比较受欢迎。在外观上，木纹、皮革等式样也比较合适。那种过于夸张，过于艳丽的包装车用香水，往往使人感到不舒适，一般不受欢迎。

4. 根据车辆状况选用

因车辆状况差异很大，车内装饰差异也很大，如大型货车与高级轿车的内饰。所以，在选择车用香品时，还要考虑与车内装饰协调，讲究整体和谐。

总之，以上这些的原则，均是为了达到使用车用香品的最终完美效果。

1. 汽车精品如何起到美容作用？
2. 车载信息精品有哪些？各起何作用？

3. 简述车载 GPS 的工作原理。GPS 有何功能?
4. 为何车载免提电话在汽车上应用较广?
5. 车载对讲机与车载电话有何不同?
6. 行驶记录仪有何功能?
7. 汽车安全精品有哪些? 各有何功能?
8. 汽车防盗器有哪些类型? 各有何特点?
9. 简述倒车雷达的工作原理。
10. 汽车多媒体有哪些部件组成?
11. 汽车多媒体中的主机(信号源)有几种类型? 各有何特点?
12. 为何在汽车多媒体中需加装功率放大器?
13. 汽车多媒体中,显示器有几种安装方式? 各有何特点?
14. 如何选配汽车多媒体的各部件?
15. 车载冰箱有哪些类型? 如何安装在轿车上?
16. 汽车饮水机如何安装在汽车上?
17. 车载净湿器有何功能?
18. 为何要在汽车上安装氧吧?
19. 车用香品有何作用? 常见的车用香品有哪些类型?

参考文献

[1] Don Taylor(美).汽车装饰与美容实用教程[M].郭韬,等,译.北京:北京理工大学出版社,2001.

[2] GP企画室(日).汽车车身底盘图解[M].宋桔桔,等,译.吉林科学技术出版社,1995.

[3] 甘文嘉. 现代汽车美容与装饰[M].上海:上海交通大学出版社, 2002.

[4] 马勇智. 汽车美容[M].北京:人民交通出版社, 2004.

[5] 冉黎涛,薛川. 汽车美容教材[M].北京:机械工业出版社,2008.

[6] 宋东方.汽车装饰与美容[M].北京:化学工业出版社,2009.

[7] 孙庆峰. 汽车美容[M].北京:中国林业出版社, 2003.

[8] 覃维献. 汽车美容[M].北京:北京理工大学出版社,2009.

[9] 吴兴敏. 汽车车身修复与美容[M].北京:机械工业出版社, 2002.

[10] 杨江河. 汽车美容[M].北京:机械工业出版社, 2004.

[11] 姚时俊,杨明. 汽车装饰[M].北京:人民交通出版社, 2003.

[12] 姚时俊. 汽车装饰经验谈[M].北京:机械工业出版社,2007.

[13] 于福清. 跟我学汽车美容[M].北京:电子工业出版社, 2004.

[14] 张德金. 汽车装饰美容实用手册[M].北京:机械工业出版社, 2004.

[15] 周燕. 汽车美容与装饰(第2版)[M].北京:机械工业出版社,2008.